EUROPA-FACHBUCHREIHE
für elektrotechnische Berufe

Arbeitsblätter Fachkunde Elektrotechnik

4. Auflage

Bearbeitet von Lehrern und Ingenieuren an beruflichen Schulen

Lektorat: Jürgen Manderla

Verlag Europa-Lehrmittel · Nourney, Vollmer GmbH & Co. KG
Düsselberger Straße 23 · 42781 Haan-Gruiten

Europa-Nr.: 31204

Autoren der Arbeitsblätter Fachkunde Elektrotechnik:

Käppel, Thomas	Münchberg
Manderla, Jürgen	Berlin
Tkotz, Klaus	Kronach

Lektorat und Leitung des Arbeitskreises:

Jürgen Manderla

Firmenverzeichnis und Warenzeichen:

Die Autoren und der Verlag bedanken sich bei den nachfolgenden Firmen und dem Bildautor für die Unterstützung

- **AEG Hausgeräte GmbH,** 90429 Nürnberg
- **AEG Kleinmotoren GmbH,** 26133 Oldenburg
- **Deutsches Kupferinstitut e.V.,** 40474 Düsseldorf
- **ECE-Ing. Ehlers & Co. Elektrogeräte GmbH,** 58515 Lüdenscheid-Bierbaum
- **Eltako GmbH,** 70736 Fellbach
- **Fluke Deutschland GmbH,** 34123 Kassel
- **GMC-I Gossen-Metrawatt GmbH,** 90471 Nürnberg
- **GÜDE GmbH & Co. KG,** 74549 Wolpertshausen
- **© h368k742 – Fotolia.com**
- **Hager Vertriebsgesellschaft mbH & Co. KG,** 66440 Blieskastel
- **Heinrich Kopp GmbH,** 63793 Kahl
- **HUGO BRENNENSTUHL GMBH & CO.,** 72074 Tübingen
- **Joh. Vaillant GmbH & Co. KG,** 42810 Remscheid
- **© ludodesign – Fotolia.com**
- **Moeller GmbH,** 53115 Bonn
- **© Ozaiachin – shutterstock.com**
- **Siemens AG,** 80333 München
- **Terfloth, Sebastian,** 01069 Dresden
- **Trafo-Schneider,** 79232 March-Buchheim
- **© XONOVETS – shutterstock.com**
  Nachdruck der Box Shots von Microsoft-Produkten mit freundlicher Erlaubnis der Microsoft Corporation. Alle anderen Produkte, Warenzeichen, Schriftarten, Firmennamen und Logos sind Eigentum oder eingetragene Warenzeichen ihrer jeweiligen Eigentümer.

Bildbearbeitung:

Zeichenbüro des Verlages Europa-Lehrmittel GmbH & Co. KG, Ostfildern

4. Auflage 2019

Druck 5 4 3 2 1

Alle Drucke derselben Auflage sind parallel einsetzbar, da sie bis auf die Behebung von Druckfehlern untereinander unverändert bleiben.

ISBN 978-3-8085-3723-7

Alle Rechte vorbehalten. Das Werk ist urheberrechtlich geschützt. Jede Verwertung außerhalb der gesetzlich geregelten Fälle muss vom Verlag schriftlich genehmigt werden.

© 2019 by Verlag Europa-Lehrmittel, Nourney, Vollmer GmbH & Co. KG, 42781 Haan-Gruiten
http://www.europa-lehrmittel.de

Umschlag: braunwerbeagentur, 42477 Radevormwald
Umschlagfotos: Diana Talium – Fotolia.com (Bleistift, Radiergummi); Figur: Klaus Tkotz; Kleinsteuergerät LOGO!: Siemens AG; erdquadrat – Fotolia.com (Weltkugel); Multimeter: ZF Friedrichshafen AG
Satz: Satz+Layout Werkstatt Kluth GmbH, 50374 Erftstadt
Druck: Himmer GmbH, 86167 Augsburg

Liebe Leserin, lieber Leser,

die „Arbeitsblätter Fachkunde Elektrotechnik" wenden sich hauptsächlich an Sie als Lernende der energietechnischen Elektroberufe. Diese Arbeitsblätter möchten das Arbeiten mit dem fachkundlichen Wissen der Elektrotechnik unterstützen.

Mithilfe der zu lösenden Aufgaben überprüfen Sie Ihr **fachliches Wissen** und erweitern so Ihre Kompetenzen, damit Sie handlungsorientierte, komplexe Aufgaben der beruflichen Praxis lösen können. Zusammen mit dem Buch **„Fachkunde Elektrotechnik"**, sowie mit den **Simulationen zur Elektrotechnik (SimElektro)** und den hier vorliegenden **Arbeitsblättern** können Sie selbstständig, auch außerhalb des Unterrichtes, elektrotechnische Themen bearbeiten oder sich auf fachkundliche Prüfungen vorbereiten. Auch können Lernprozesse, die im Unterricht nur angestoßen werden, mithilfe der Arbeitsblätter vertieft werden. Weiterhin können Sie sich mit den Aufgaben der Arbeitsblätter auf kommende Unterrichtsstunden vorbereiten.

Eine besondere Bearbeitung kommt dem Themenkomplex **Basiskompetenzen** zu. Der Begriff der Basiskompetenz bezieht sich hier auf die fachlichen Bereiche des Lesens, der Mathematik, des technischen Zeichnens und Skizzierens, die zur Voraussetzung der Arbeit mit den Arbeitsblättern gehören. Sie sollten diese Aufgaben unbedingt zuerst bearbeiten, um eventuelle Probleme rechtzeitig zu erkennen.

Die vorliegende **4. Auflage** der Arbeitsblätter wurde so verbessert, dass die Texte besser lesbar sind. In der 4. Auflage sind zu ausgewählten Themen der Arbeitsblätter, z. B. dem Gleichstromkreis, die interaktiven Simulationen zur Elektrotechnik „SimElektro Grundstufe 1.0" durch ein Icon mit der zutreffenden Simulationsnummer zugeordnet.

Hinweise zum Bearbeiten der Arbeitsblätter

- Diese Arbeitsblätter möchten Ihnen helfen, sich in die **Schwerpunkte** der elektrotechnischen Energietechnik, sowie ihrer Anwendungen einzuarbeiten. Das ist möglich, wenn Sie die Arbeitsblätter sorgfältig bearbeiten und vollständig ausfüllen.

- Die **Reihenfolge** des Bearbeitens der einzelnen Themen ist frei wählbar und kann so dem lernfeldorientierten Unterricht angepasst werden.

- Zur Unterstützung der Bearbeitung einzelner Themen können Sie zum besseren Verständnis die **SimElektro** einsetzen. Alle Seiten im Buch, bei denen die Simulationen eingesetzt werden können, sind mit dem SimElektro-Icon mit der entsprechenden Simulationsnummer gekennzeichnet.

- Eine kostenlose **Demosimulation** finden Sie unter www.europa-lehrmittel.de/simelektro.

- Zum Ausfüllen verwenden Sie dort, wo Sie mit späteren Verbesserungen rechnen oder sich unsicher fühlen, z. B. bei Skizzen oder beim Lösen von Rechenaufgaben, einen **weichen Bleistift** (Härte HB bzw. B), damit Sie eventuell radieren können. Sie brauchen einen Radiergummi und Farbstifte in Rot und Blau.

- Kreuzen Sie zu Ihrer **Kontrolle** im Inhaltsverzeichnis die bearbeiteten Blätter nur dann an, wenn Sie wissen, dass die Lösungen der Aufgaben richtig sind.

- Die von Ihnen auszufüllenden **Zeilen** sind rötlich, die **Felder und Flächen** sind dunkelgelb bzw. durch hellgrüne Rechenkästchen markiert. Wenn Ihr Blatt bearbeitet ist, müssen also alle Markierungen bearbeitet sein.

- Sollten Sie eine Aufgabe nicht lösen können, gibt es ein ausführliches **Lösungsbuch**.

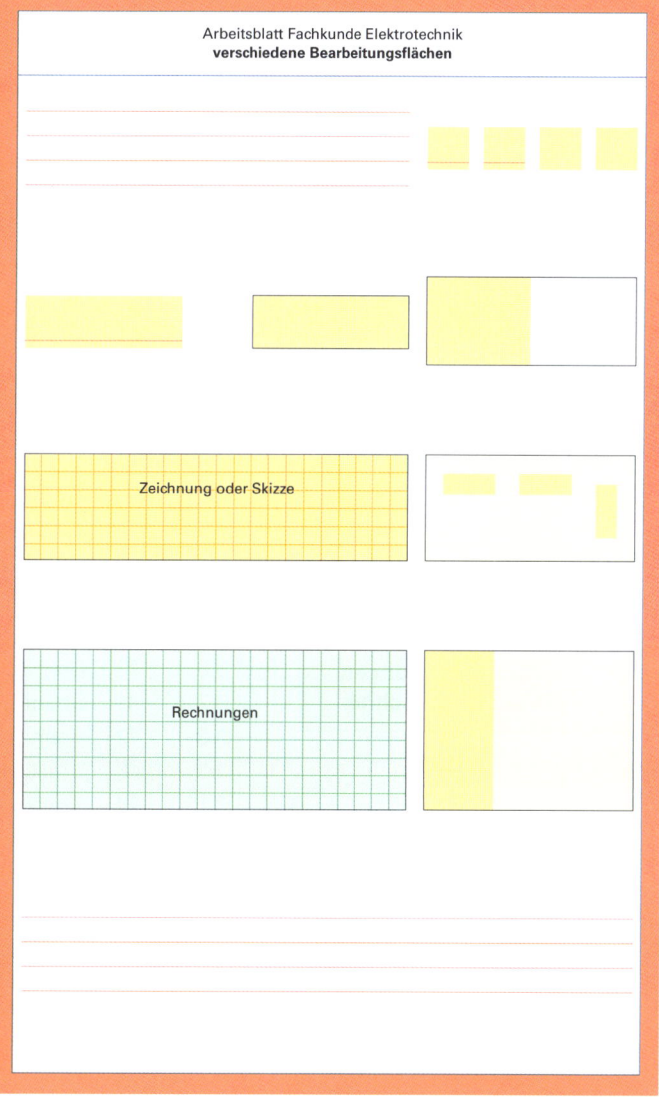

Ihre Meinung zu diesen Arbeitsblättern ist uns Autoren wichtig. Darum möchten wir Ihre Kritik, Ihre Verbesserungsvorschläge, aber auch Ihr Lob erfahren. Schreiben Sie uns unter: info@europa-lehrmittel.de.

Mit diesen Arbeitsblättern wünschen Ihnen das Autorenteam und der Verlag Europa-Lehrmittel viel Erfolg und wertvolle Anregungen für Ihre berufliche Tätigkeit.

Sommer 2019   Die Autoren und der Verlag Europa-Lehrmittel

Inhaltsverzeichnis

Themenkomplex	Kontrolle*	Blatt-Nr.	Seite	Thema
0. Basiskompetenzen		0.1	8	Lesen von Fachtexten 1
		0.2	9	Lesen von Fachtexten 2
		0.3	10	Arbeiten mit Formelzeichen, Einheiten und -vorsätzen für physikalische Größen
		0.4	11	Umstellen von Formeln (1)
		0.5	12	Umstellen von Formeln (2)
		0.6	13	Arbeiten mit Funktionen, Formeln und Diagrammen
		0.7	14	Hilfe zum Lösen von Rechenaufgaben
		0.8	15	Rechnen mit Potenzen, Quadrat-Wurzeln und Winkelfunktionen
		0.9	16	Zeichnen (1)
		0.10	17	Zeichnen (2)
		0.11	18	Zeichnen (3)
		0.12	19	Zeichnen (4)
1. Arbeitssicherheit und Gesundheitsschutz		1.1	20	Gesetze und Vorschriften sowie Erste Hilfe
		1.2	21	Sicherheitszeichen
		1.3	22	Die 5 Sicherheitsregeln
		1.4	23	Elektrischer Schlag
		1.5	24	Berührungsspannung und Körperstrom
2. Grundbegriffe der Elektrotechnik		2.1	25	Elektrische Stromstärke
		2.2	26	Stromkreisarten
		2.3	27	Spannungen (1)
		2.4	28	Spannungen (2), Potenziale
		2.5	29	Elektrischer Widerstand
		2.6	30	Ohmsches Gesetz (1)
		2.7	31	Ohmsches Gesetz (2)
		2.8	32	Elektrische Energie und Arbeit
		2.9	33	Elektrische Leistung
		2.10	34	Wirkungsgrad
3. Grundschaltungen der Elektrotechnik		3.1	35	Reihenschaltung von Widerständen (1)
		3.2	36	Reihenschaltung von Widerständen (2)
		3.3	37	Berechnung von Vorwiderständen
		3.4	38	Parallelschaltung von Widerständen (1)
		3.5	39	Parallelschaltung von Widerständen (2)
		3.6	40	Gemischte Schaltung und Ersatzwiderstand
		3.7	41	Spannungsteiler (1)
		3.8	42	Spannungsteiler (2)
		3.9	43	Brückenschaltung (1)
		3.10	44	Brückenschaltung (2)
		3.11	45	Spannungsquellen (1)
		3.12	46	Spannungsquellen (2)
4. Elektrisches Feld		4.1	47	Grundgesetze
		4.2	48	Kondensator als Bauelement
		4.3	49	Kondensator an Gleichspannung
		4.4	50	Laden und Entladen von Kondensatoren (1)
		4.5	51	Laden und Entladen von Kondensatoren (2)

* Abhaken, nur wenn das Thema bearbeitet und kontrolliert ist!

Inhaltsverzeichnis

Themenkomplex	Kontrolle*	Blatt-Nr.	Seite	Thema
5. Magnetisches Feld	☐	5.1	52	Magnete und magnetische Feldlinien (1)
	☐	5.2	53	Magnete und magnetische Feldlinien (2)
	☐	5.3	54	Elektromagnetismus (1)
	☐	5.4	55	Elektromagnetismus (2)
	☐	5.5	56	Magnetische Größen (1)
	☐	5.6	57	Magnetische Größen (2)
	☐	5.7	58	Magnetische Kennlinien
	☐	5.8	59	Stromdurchflossene Leiter im Magnetfeld (1)
	☐	5.9	60	Stromdurchflossene Leiter im Magnetfeld (2), Motorprinzip
	☐	5.10	61	Elektromagnetische Induktion, Prinzip
	☐	5.11	62	Elektromagnetische Induktion, Anwendungen
6. Schaltungstechnik	☐	6.1	63	Schaltungsunterlagen (1)
	☐	6.2	64	Schaltungsunterlagen (2)
	☐	6.3	65	Installationsschaltungen (1)
	☐	6.4	66	Installationsschaltungen (2)
	☐	6.5	67	Installationsschaltungen (3)
	☐	6.6	68	Installationsschaltungen (4)
	☐	6.7	69	Klingel- und Türöffneranlage
	☐	6.8	70	Elektromagnetische Schalter (1)
	☐	6.9	71	Elektromagnetische Schalter (2)
	☐	6.10	72	Grundschaltungen mit Schützen (1)
	☐	6.11	73	Grundschaltungen mit Schützen (2)
	☐	6.12	74	Steuerschaltungen mit Zeitrelais (1)
	☐	6.13	75	Steuerschaltungen mit Zeitrelais (2)
	☐	6.14	76	Treppenlicht-Schaltungen
7. Wechselstromtechnik	☐	7.1	77	Sinusförmige Wechselspannung, Kenngrößen (1)
	☐	7.2	78	Kenngrößen (2), Darstellungshilfen
	☐	7.3	79	Ideales Verhalten elektrischer Bauelemente (1)
	☐	7.4	80	Ideales Verhalten elektrischer Bauelemente (2)
	☐	7.5	81	Die Spule an Wechselspannung
	☐	7.6	82	Wechselstromleistungen
	☐	7.7	83	Aufgaben
	☐	7.8	84	Dreiphasenwechselspannung (1)
	☐	7.9	85	Dreiphasenwechselspannung (2)
	☐	7.10	86	Leistungen im Drehstromnetz (1)
	☐	7.11	87	Leistungen im Drehstromnetz (2)
	☐	7.12	88	Leiterfehler im Drehstromnetz (1)
	☐	7.13	89	Leiterfehler im Drehstromnetz (2)
	☐	7.14	90	Symmetrische Belastung in Drehstromnetzen
	☐	7.15	91	Unsymmetrische Last in Drehstromnetzen (1)
	☐	7.16	92	Unsymmetrische Last in Drehstromnetzen (2)
8. Messtechnik	☐	8.1	93	Analoge Messgeräte
	☐	8.2	94	Digitale Messgeräte (1)
	☐	8.3	95	Digitale Messgeräte (2)
	☐	8.4	96	Messen elektrischer Spannung (1)
	☐	8.5	97	Messen elektrischer Spannung (2)
	☐	8.6	98	Messen elektrischer Stromstärke (1)
	☐	8.7	99	Messen elektrischer Stromstärke (2)
	☐	8.8	100	Leistungsmessungen
	☐	8.9	101	Messen mit dem Oszilloskop (1)
	☐	8.10	102	Messen mit dem Oszilloskop (2)
	☐	8.11	103	Messen mit dem Oszilloskop (3)

* Abhaken, nur wenn das Thema bearbeitet und kontrolliert ist!

Inhaltsverzeichnis

Themenkomplex	Kontrolle*	Blatt-Nr.	Seite	Thema
9. Elektronik	☐	9.1	104	Stromleitung in Halbleitern
	☐	9.2	105	PN-Übergang und Diode
	☐	9.3	106	Halbleiterwiderstände NTC, PTC und VDR (1)
	☐	9.4	107	Halbleiterwiderstände NTC, PTC und VDR (2)
	☐	9.5	108	Bipolare Transistoren (1)
	☐	9.6	109	Bipolare Transistoren (2)
	☐	9.7	110	Feldeffekttransistor (1)
	☐	9.8	111	Feldeffekttransistor (2)
	☐	9.9	112	Optoelektronische Sender und Empfänger (1)
	☐	9.10	113	Optoelektronische Sender und Empfänger (2)
	☐	9.11	114	Operationsverstärker (1)
	☐	9.12	115	Operationsverstärker (2)
	☐	9.13	116	Schaltalgebra (1)
	☐	9.14	117	Schaltalgebra (2)
	☐	9.15	118	Grundbegriffe der Digitaltechnik und logische Grundverknüpfungen (1)
	☐	9.16	119	Grundbegriffe der Digitaltechnik und logische Grundverknüpfungen (2)
	☐	9.17	120	Thyristor
	☐	9.18	121	Triac und Diac
	☐	9.19	122	Phasenanschnittsteuerung (1)
	☐	9.20	123	Phasenanschnittsteuerung (2)
	☐	9.21	124	Gleichrichterschaltungen (1)
	☐	9.22	125	Gleichrichterschaltungen (2)
	☐	9.23	126	Gedruckte Schaltungen (1)
	☐	9.24	127	Gedruckte Schaltungen (2)
10. Elektrische Anlagen	☐	10.1	128	Netzformen für die Elektroenergieübertragung und -verteilung
	☐	10.2	129	Schmelzsicherungen (1)
	☐	10.3	130	Schmelzsicherungen (2)
	☐	10.4	131	Leitungsschutzschalter
	☐	10.5	132	Thermisches Überlastrelais und Motorschutzschalter
	☐	10.6	133	Leitungsberechnung (1)
	☐	10.7	134	Leitungsberechnung (2)
	☐	10.8	135	Leitungsberechnung (3)
	☐	10.9	136	Leitungsberechnung (4)
	☐	10.10	137	Zählerschrank mit Stromkreis- und Multimediaverteiler
	☐	10.11	138	Verdrahtung im Verteilerfeld
11. Schutzmaßnahmen	☐	11.1	139	Isolationsfehler (1)
	☐	11.2	140	Isolationsfehler (2)
	☐	11.3	141	Fachbegriffe: Schutz gegen elektrischen Schlag (1)
	☐	11.4	142	Fachbegriffe: Schutz gegen elektrischen Schlag (2)
	☐	11.5	143	Netzsysteme (1)
	☐	11.6	144	Netzsysteme (2)
	☐	11.7	145	Schutzpotenzialausgleich (1)
	☐	11.8	146	Schutzpotenzialausgleich (2)
	☐	11.9	147	Schutz durch autom. Abschaltung der Stromversorgung im TN-System
	☐	11.10	148	Zusätzlicher Schutz durch Fehlerstrom-Schutzeinrichtung (RCD) im N-System
	☐	11.11	149	Schutz durch autom. Abschalten der Stromversorgung im TT-System
	☐	11.12	150	Schutz durch autom. Abschalten der Stromversorgung im IT-System

* Abhaken, nur wenn das Thema bearbeitet und kontrolliert ist!

Inhaltsverzeichnis

Themenkomplex	Kontrolle*	Blatt-Nr.	Seite	Thema
12. Gebäudetechnische Anlagen	☐	12.1	151	Lichttechnische Größen bei Beleuchtungsanlagen (1)
	☐	12.2	152	Lichttechnische Größen bei Beleuchtungsanlagen (2)
	☐	12.3	153	Lampen (1)
	☐	12.4	154	Lampen (2)
	☐	12.5	155	Elektrogeräte – Aufbau und Funktion (1)
	☐	12.6	156	Elektrogeräte – Aufbau und Funktion (2)
	☐	12.7	157	Prüfung von Elektrogeräten (1)
	☐	12.8	158	Prüfung von Elektrogeräten (2)
	☐	12.9	159	Dämpfung und Verstärkung in Antennenanlagen
	☐	12.10	160	Pegelrechnung in Antennenanlagen
	☐	12.11	161	Planung einer DVB-T/DVB-S/UKW-Antennenanlage (1)
	☐	12.12	162	Planung einer DVB-T/DVB-S/UKW-Antennenanlage (2)
	☐	12.13	163	Planung einer BK-Antennenanlage
	☐	12.14	164	Multimedia-Verkabelung
	☐	12.15	165	Telekommunikation (1)
	☐	12.16	166	Telekommunikation (2)
	☐	12.17	167	Blitzschutz (1)
	☐	12.18	168	Blitzschutz (2)
13. Elektrische Maschinen	☐	13.1	169	Aufbau und Arbeitsweise des Einphasentransformators
	☐	13.2	170	Betriebsverhalten des Einphasentransformators (1)
	☐	13.3	171	Betriebsverhalten des Einphasentransformators (2)
	☐	13.4	172	Übersetzungen beim Einphasentransformator (1)
	☐	13.5	173	Übersetzungen beim Einphasentransformator (2)
	☐	13.6	174	Berechnungen am Einphasentransformator
	☐	13.7	175	Drehfeld
	☐	13.8	176	Drehstrom-Asynchronmotor, Kurzschlussläufermotor (1)
	☐	13.9	177	Drehstrom-Asynchronmotor, Kurzschlussläufermotor (2)
	☐	13.10	178	Drehstrom-Asynchronmotor am Dreh- und Wechselstromnetz
	☐	13.11	179	Einschaltvorschriften und Stern-Dreieck-Anlassverfahren
	☐	13.12	180	Drehstrom-Asynchronmotor, elektrische Drehzahländerung
	☐	13.13	181	Kondensatormotor
	☐	13.14	182	Aufbau der Gleichstrommotoren
	☐	13.15	183	Arten von Gleichstrommotoren
	☐	13.16	184	Spaltpolmotor
	☐	13.17	185	Allgemeine Arbeitsweise der Elektromotoren
	☐	13.18	186	Motor-Leistungsschild, Klemmbrett und Netzanschluss (1)
	☐	13.19	187	Motor-Leistungsschild, Klemmbrett und Netzanschluss (2)
14. Informationstechnik	☐	14.1	188	Computersystem (1)
	☐	14.2	189	Computersystem (2)
	☐	14.3	190	PC-Mainboard (1)
	☐	14.4	191	PC-Mainboard (2)
	☐	14.5	192	Peripheriegeräte für Computer (1)
	☐	14.6	193	Peripheriegeräte für Computer (2)
	☐	14.7	194	Netzwerktechnik Grundlagen (1)
	☐	14.8	195	Netzwerktechnik Grundlagen (2)
	☐	14.9	196	Lokales Netzwerk nach Fast Ethernet-Standard planen
	☐	14.10	197	Lokales Netzwerk nach WLAN-Standard planen und umsetzen
15. Automatisierungstechnik	☐	15.1	198	Speicherprogrammierbare Steuerungen (SPS) (1)
	☐	15.2	199	Speicherprogrammierbare Steuerungen (SPS) (2)
	☐	15.3	200	Kleinsteuergeräte (1)
	☐	15.4	201	Kleinsteuergeräte (2)
	☐	15.5	202	Motorsteuerung mit SPS (1)
	☐	15.6	203	Motorsteuerung mit SPS (2)
	☐	15.7	204	Programmieren von Kleinsteuergeräten (1)
	☐	15.8	205	Programmieren von Kleinsteuergeräten (2)
	☐	15.9	206	Regelungstechnik Grundlagen (1)
	☐	15.10	207	Regelungstechnik Grundlagen (2)

* Abhaken, nur wenn das Thema bearbeitet und kontrolliert ist!

Basiskompetenzen
Lesen von Fachtexten (1)

Blatt-Nr.: 0.1

 Um Fachtexte, z.B. in Fachbüchern, Arbeitsblättern, Texte im Internet oder auch Prüfungsaufgaben, zu verstehen, zu nutzen und die Informationen in der Praxis anzuwenden, muss man sie sorgfältig lesen. Bevor Sie den Text lesen, verschaffen Sie sich einen Überblick über den Text. So stellen Sie fest, was besonders wichtig ist.

1. Lesen Sie den Fachtext und beantworten Sie dann die Fragen **a)** bis **f)**.

Die Leiterwerkstoffe Kupfer und Aluminium dienen dem verlustarmen Transport von elektrischer Energie zwischen Energieerzeugern und -verbrauchern **(Bild 1)**, zur Stromleitung zwischen Bauelementen einer elektronischen Schaltung **(Bild 2)** und zur Informationsübertragung. Wegen des geringen spezifischen Gewichts gegenüber Kupfer wird Aluminium vorrangig für Freileitungsseile und Kabel verwendet, nicht aber für Installationsleitungen, wie z. B. Mantelleitungen (NYM).

Bild 1: Kupferkabel zur Elektroenergieübertragung

Leiterwerkstoffe müssen als wichtige Eigenschaft eine große elektrische Leitfähigkeit haben. Die elektrische Leitfähigkeit hängt von der Anzahl der freien Elektronen (Leitungselektronen) und ihrer Beweglichkeit ab. Diese werden von der Werkstoffreinheit, vom Herstellungsverfahren und von der Leitertemperatur beeinflusst.

Kupfer (Cu). Für die große elektrische Leitfähigkeit von Kupfer ist ein Reinheitsgrad von etwa 99,98 % notwendig. Mithilfe elektrolytischer Verfahren wird Katodenkupfer hergestellt. Durch nachfolgendes Umschmelzen entsteht dann das in der Elektrotechnik vorrangig einge-

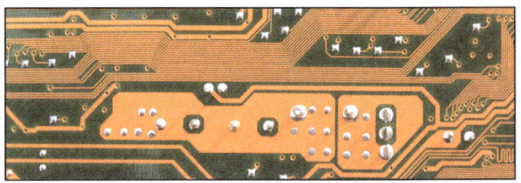

Bild 2: Unteransicht einer Leiterplatte

setzte Elektrolytkupfer. Elektrolytkupfer wird z. B. für Leitungen, Kabel, Stromschienen, Wickeldrähte und für Leiterbahnen in gedruckten Schaltungen verwendet. Im Elektromaschinenbau wird Kupfer z. B. für Wicklungen und Stromwender eingesetzt.

Aluminium (Al). Bei einem Reinheitsgrad zwischen 99,5 % und 99,99 % beträgt die elektrische Leitfähigkeit nur etwa 60 % der Leitfähigkeit von Kupfer. Trotzdem werden z. B. Stromschienen aus Aluminium hergestellt. Da Aluminium unter Druck „fließt", das bedeutet, es weicht dem Druck aus, können sich Klemmverbindungen lockern, sodass Schweiß- oder spezielle Pressverbindungen notwendig sind. Wegen der elektrochemischen Korrosion ist eine direkte Verbindung von Aluminium und Kupfer zu vermeiden.

a) Welche Aufgaben erfüllen die Leiterwerkstoffe Kupfer und Aluminium in der Elektrotechnik?

b) Welche wichtige Eigenschaft muss ein Leiterwerkstoff haben?

c) Wie wird die große elektrische Leitfähigkeit von Kupfer erreicht?

d) Warum wird meist Aluminium bevorzugt und nicht Kupfer für Freileitungsseile verwendet?

e) Warum lockern sich allmählich die Klemmverbindungen von Aluminiumleitern?

f) Warum darf man Aluminium nicht direkt mit Kupfer mechanisch verbinden?

Blatt-Nr.: 0.2 | Basiskompetenzen, **Lesen von Fachtexten (2)**

2. Lesen Sie den Fachtext und markieren oder unterstreichen Sie beim Lesen die wichtigen Aussagen im Text. Beachten Sie beim Lesen auch die Bilder. Schreiben Sie dann mithilfe der markierten oder unterstrichenen Wörter mit Ihren eigenen Worten eine Kurzfassung des vorgegebenen Fachtextes.

Fachtext:

In Metallen sind die Atome dicht aneinander gedrängt. Ein Elektron auf der Außenschale eines Atoms kann dabei so nahe an ein benachbartes Atom gelangen, dass es von dessen Atomkern ebenso weit entfernt ist wie vom eigenen Atomkern. Die Anziehungskräfte der Kerne auf dieses Elektron heben sich in diesem Falle auf. Das Elektron kann sich so frei innerhalb des Metalls bewegen und wird freies Elektron genannt **(Bild 1)**. Zwar wird ein solches freies Elektron wieder einmal von einem anderen Atomrumpf eingefangen, dafür entsteht aber an anderer Stelle im Metall erneut ein freies Elektron. Im Mittel hat ein Metall bei gleichbleibender Temperatur immer gleich viele freie Elektronen. Sobald im Metall ein Elektron frei wird, hinterlässt es einen positiv geladenen Atomrumpf, den man auch positives Ion nennt.

In Spannungsquellen erfolgt durch Energiezufuhr eine Ladungstrennung. Auf einer Seite entsteht Elektronenmangel, der Plus-Pol (+), da hier die positiven Ladungen überwiegen. Auf der anderen Seite entsteht ein Elektronenüberschuss, der Minus-Pol (−), da hier die negativen Ladungen überwiegen. Zwischen dem Plus-Pol und dem Minus-Pol einer Spannungsquelle entsteht ein Ausgleichsbestreben, Quellenspannung U_0, genannt **(Bild 2)**.

Verbindet man z. B. eine Lampe mit einer Spannungsquelle, so wirkt die Quellenspannung auf alle freien Elektronen, auch auf die freien Elektronen im Glühfaden der Lampe. Sie fließen fast gleichzeitig in eine Richtung und man erkennt die Leuchtwirkung sofort. Es fließt ein elektrischer Strom. Die freien Elektronen kommen aber nur mit einer sehr geringen Geschwindigkeit von ca. 0,1 mm/s bis 10 mm/s vorwärts, da sie im Atomverband behindert werden. Die Strömungsgeschwindigkeit der Elektronen hängt von ihrer Beweglichkeit, von der Stromstärke, vom Leiterwerkstoff und vom Leiterquerschnitt ab. Die sehr vielen freien Elektronen im Leiter stoßen sich wie bei einer Kettenreaktion fast gleichzeitig an. Dies geschieht in ganz kurzer Zeit mit einer Geschwindigkeit, die wesentlich höher ist als die Elektronengeschwindigkeit. Sie erfolgt annähernd mit Lichtgeschwindigkeit c = 300 000 km/s. Deshalb bemerkt man auch am Ende von sehr langen Leitungen sofort die Stromwirkung im Verbraucher. So leuchtet z. B. eine Lampe sofort, wenn der Stromkreis eingeschaltet wird.

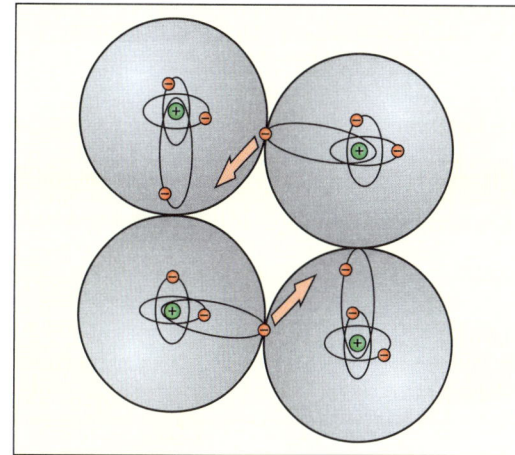

Bild 1: Entstehen freier Elektronen im Metall

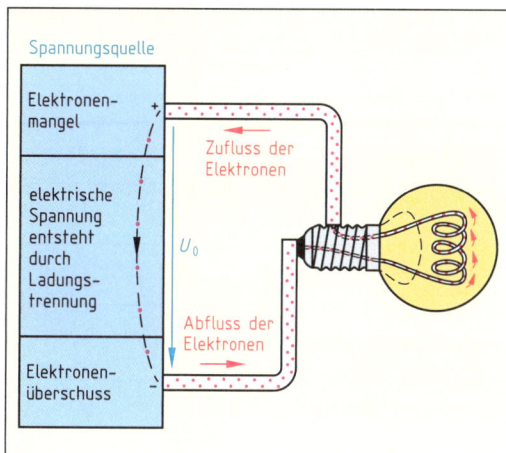

Bild 2: Spannungsquelle und Elektronenbewegung im Stromkreis

Kurzfassung des Fachtextes:

Basiskompetenzen
Arbeiten mit Formelzeichen, Einheiten und -vorsätzen für physikalische Größen

Blatt-Nr.: 0.3

 Um elektrotechnische Formeln verstehen und Rechenaufgaben lösen zu können, muss man den physikalischen Größen, z. B. der Spannung, das festgelegte Formelzeichen mit der zugehörigen Einheit zuordnen können. Wichtig ist auch, dass man beim Rechnen mit physikalischen Größen die Einheitenvorsätze beachtet.

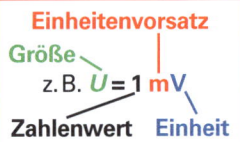

1. Ergänzen Sie die **Tabelle 1** nach dem vorgegebenen Beispiel bei Kraft.

Tabelle 1: Zusammenhang zwischen physikalischer Größe, Formelzeichen und Einheit			
physikalische Größe	Formelzeichen*	Einheitenname	Einheit (Einheitenzeichen)
Kraft	F	Newton	N
Masse			g oder kg
Temperatur		Grad Celsius	
Zeit			s
Länge		Meter	
Durchmesser	d		
Querschnittsfläche		Quadratmillimeter	
Stromstärke	I		
Spannung		Volt	
ohmscher Widerstand			Ω
elektrische Leitfähigkeit	—		$\dfrac{m}{\Omega \cdot mm^2}$
elektrische Arbeit	W		
elektrische (Wirk-)Leistung			
elektrische Kapazität	C	Farad	

* **Hinweis:** Formelzeichen werden nach DIN 1313 *kursiv*, z. B. U, geschrieben.

2. Ergänzen Sie die **Tabelle 2** nach dem vorgegebenen Beispiel.

Tabelle 2: Vergrößernde und verkleinernde Einheitenvorsätze				
Vorsatzzeichen	Vorsatzname	Faktor als Zehnerpotenz	Faktor als Dezimalzahl oder -bruch	Beispiele
k	Kilo	10^3	1000	380 kV = $380 \cdot 10^3$ V = 380 000 V
M				50 MW = W
G				4 GWh = Wh
d				20 dm = m
c				0,63 cm = m
m				44 mΩ = Ω
µ				60 µF = F
n				2000 nF = F

Basiskompetenzen
Umstellen von Formeln (1)

Blatt-Nr.: 0.4

- Formeln beschreiben den mathematischen Zusammenhang zwischen physikalischen Größen, z. B. Spannung, Strom und Widerstand.
- Formeln bestehen aus einem Formelzeichen, z. B. U, I, und Rechenzeichen, z. B. +, −.
- Formeln haben eine linke und rechte Seite, dazwischen verbunden mit einem Gleichheitszeichen.
- Die gesuchte Größe muss beim Umstellen von Formeln links neben dem Gleichheitszeichen alleine stehen.
- Beim Auflösen von Formeln müssen alle Rechenoperationen, z.B. Multiplizieren, an beiden Seiten der Gleichung ausgeführt werden **(Beispiel 1)**.
- Formeln können auch mithilfe von Umkehrfunktionen umgestellt werden **(Beispiel 4)**.
  Bei einem Seitentausch wird aus: Multiplikation ⇒ Division; Addition ⇒ Subtraktion; Potenzieren ⇒ Wurzelziehen und umgekehrt.

Beispiele zum Umstellen und Auflösen von Formeln

Beispiel 1: Auflösen nach U_1

Ausgangsformel: $\quad U = U_1 + U_2$

U_2 subtrahieren: $\quad U - U_2 = U_1 + U_2 - U_2$

$\quad U - U_2 = U_1$

Seiten vertauschen,
Lösung: $\quad U_1 = U - U_2$

Beispiel 2: Auflösen nach I

Ausgangsformel: $\quad U = R \cdot I$

durch R dividieren und kürzen: $\quad \dfrac{U}{R} = \dfrac{R}{R} \cdot I = I$

Seiten vertauschen,
Lösung: $\quad I = \dfrac{U}{R}$

Beispiel 3: Auflösen nach U

Ausgangsformel: $\quad P = \dfrac{U^2}{R}$

mit R multiplizieren und kürzen: $\quad P \cdot R = \dfrac{U^2}{R} \cdot R = U^2$

radizieren: $\quad \sqrt{P \cdot R} = \sqrt{U^2}$
(Hinweis: $\sqrt{U^2} = U$)

Seiten vertauschen,
Lösung: $\quad U = \sqrt{P \cdot R}$

Beispiel 4: Auflösen nach R_1

Ausgangsformel: $\quad \dfrac{1}{R} = \dfrac{1}{R_1} + \dfrac{1}{R_2}$

subtrahieren von $\dfrac{1}{R_2}$: $\quad \dfrac{1}{R} - \dfrac{1}{R_2} = \dfrac{1}{R_1}$

Hauptnenner $R \cdot R_2$ bilden:
$$\dfrac{1}{R} - \dfrac{1}{R_2} = \dfrac{1 \cdot R_2 - 1 \cdot R}{R \cdot R_2} = \dfrac{R_2 - R}{R \cdot R_2}$$

Hauptnenner einsetzen: $\quad \dfrac{R_2 - R}{R \cdot R_2} = \dfrac{1}{R_1}$

Seiten vertauschen und Kehrwert bilden: $\quad \dfrac{1}{R_1} = \dfrac{R_2 - R}{R \cdot R_2}$

Lösung: $\quad R_1 = \dfrac{R \cdot R_2}{R_2 - R}$

Beispiel 5: Auflösen nach I

Ausgangsformel: $\quad P = U \cdot I \cdot \cos\varphi$

durch U dividieren und kürzen: $\quad \dfrac{P}{U} = \dfrac{I \cdot U \cdot \cos\varphi}{U}$

$\quad \dfrac{P}{U} = I \cdot \cos\varphi$

durch $\cos\varphi$ dividieren und kürzen: $\quad \dfrac{P}{U \cdot \cos\varphi} = \dfrac{I \cdot \cos\varphi}{\cos\varphi}$

Seiten vertauschen,
Lösung: $\quad I = \dfrac{P}{U \cdot \cos\varphi}$

Beispiel 6: Auflösen nach C

Ausgangsformel: $\quad T = 2 \cdot \pi \cdot \sqrt{L \cdot C}$

durch $2 \cdot \pi$ dividieren und kürzen: $\quad \dfrac{T}{2 \cdot \pi} = \dfrac{2 \cdot \pi \cdot \sqrt{L \cdot C}}{2 \cdot \pi}$

quadrieren: $\quad \left(\dfrac{T}{2 \cdot \pi}\right)^2 = \left(\sqrt{L \cdot C}\right)^2$

$\quad \dfrac{T^2}{4 \cdot \pi^2} = L \cdot C$

durch L dividieren und kürzen: $\quad \dfrac{T^2}{4 \cdot \pi^2 \cdot L} = \dfrac{L \cdot C}{L}$

Seiten vertauschen,
Lösung: $\quad C = \dfrac{T^2}{4 \cdot \pi^2 \cdot L}$

Basiskompetenzen
Umstellen von Formeln (2)

Blatt-Nr.: 0.5

 In der Elektrotechnik ist das Arbeiten mit Formeln unerlässlich. Wichtig ist das Umstellen nach einer gesuchten Größe.

z. B. $U = I \cdot R$
$I = \dfrac{U}{R}$
$R = \dfrac{U}{I}$

Stellen Sie in der **Tabelle** die gegebenen Formeln aus der Mechanik und der Elektrotechnik nach den gesuchten Größen um.

Tabelle: Formeln der Mechanik und der Elektrotechnik (Beispiele)

Formel	Umstellung 1	Umstellung 2	Umstellung 3
$W = F \cdot s$	$s = \dfrac{W}{F}$	$F = \dfrac{W}{s}$	/
$F = m \cdot g \cdot h$	$m =$	$g =$	$h =$
$P = \dfrac{W}{t}$	$W =$	$t =$	/
$P = \dfrac{F \cdot s}{t}$	$F =$	$s =$	$t =$
$A = \dfrac{\pi}{4} \cdot d^2$	$d^2 =$	$d =$	/
$Q = n \cdot e$	$n =$	$e =$	/
$U_{21} = \varphi_2 - \varphi_1$	$\varphi_2 =$	$\varphi_1 =$	/
$I = \dfrac{Q}{t}$	$t =$	$Q =$	/
$I_1 + I_2 = I_3 + I_4$	$I_2 =$	$I_4 =$	$I_3 =$
$R = \dfrac{l}{\gamma \cdot A}$	$A =$	$\gamma =$	$l =$
$I = \dfrac{U}{R}$	$R =$	$U =$	/
$\dfrac{U_1}{U_2} = \dfrac{R_1}{R_2}$	$U_1 =$	$U_2 =$	$R_1 =$
$P = U \cdot I$	$I =$	$U =$	/
$P = \dfrac{U^2}{R}$	$U^2 =$	$U =$	$R =$
$W = U \cdot I \cdot t$	$I =$	$U =$	$t =$
$P = I^2 \cdot R$	$I^2 =$	$I =$	$R =$

Basiskompetenzen
Arbeiten mit Funktionen, Formeln und Diagrammen

Blatt-Nr.: 0.6

 Eine Funktion ordnet einer Größe x eine zweite Größe y so zu, dass zu jedem Wert von x ein bestimmter Wert von y gehört. Diese Zuordnungsvorschrift wird durch die Gleichung $y = f(x)$ ausgedrückt (sprich: „y gleich Funktion von x"). x nennt man die veränderliche Größe oder auch die Ursachengröße. y ist die von x abhängige Größe oder auch die Wirkungsgröße.

Angegeben wird eine Funktion durch eine Formel, durch Wertepaare in einer Wertetabelle oder durch ein Diagramm.

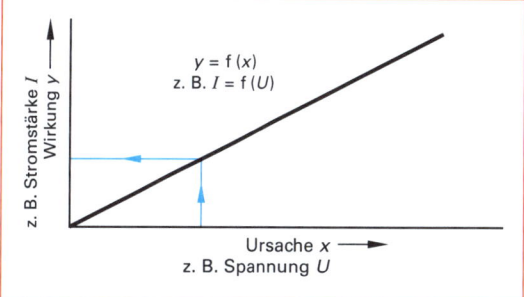

1. a) Ergänzen Sie mithilfe des Diagramms (**Bild 1**) die Wertetabelle.
   b) Berechnen Sie die dazugehörenden Widerstandswerte mit der Formel $R = \dfrac{U}{I}$.

2. Lesen Sie aus dem Diagramm (**Bild 2**) die früheste und die späteste Auslösezeit t_a ab, wenn durch die 20-A-Schmelzsicherung ein Strom von 80 A fließt.

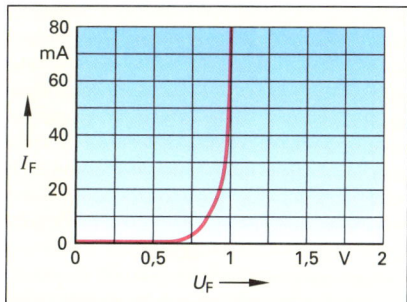

Bild 1: Kennlinie eines elektronischen Bauelementes

a) Wertetabelle:

U_F in V	I_F in mA
0,5	
0,75	
0,85	
1	

b)

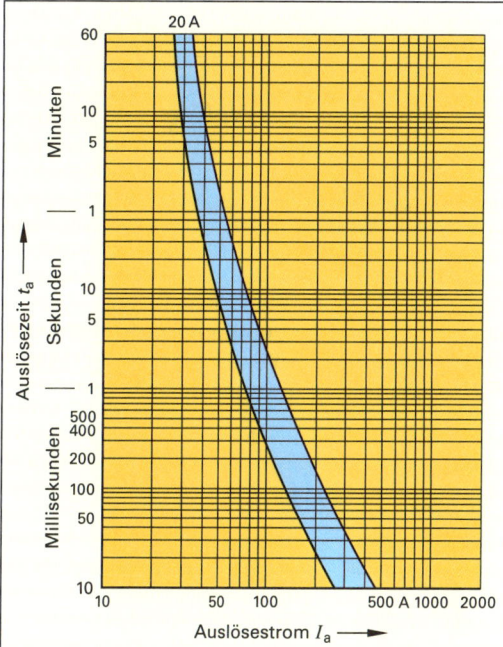

Abgelesen:

früheste Auslösezeit $t_{a1} =$

späteste Auslösezeit $t_{a2} =$

Bild 2: Strom-Zeit-Kennlinie einer 20-A-Schmelzsicherung

3. Mit der Formel $R = \dfrac{U}{I}$ kann man den Wert eines ohmschen Widerstandes berechnen.
   a) Ergänzen Sie in der **Tabelle** mithilfe von **Bild 3** die Werte für die Spannungen.
   b) Berechnen Sie die Widerstandswerte für R_1 und R_2.

Tabelle: Ohmsche Widerstände								
Stromstärke I in A	0	0,1	0,2	0,3	0,4	0,5	0,6	0,7
Spannung U in V für Kennlinie R_1								
Widerstandswerte R_1 in Ω		100						
Spannung U in V für Kennlinie R_2								
Widerstandswerte R_2 in Ω		50						

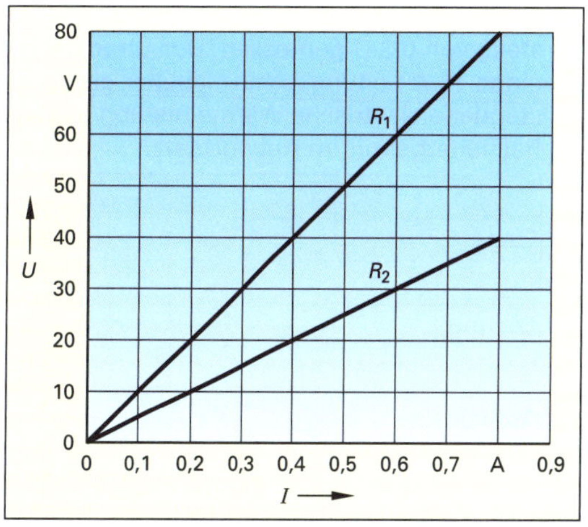

Bild 3: Kennlinie $U = f(I)$ für Widerstände

Basiskompetenzen
Hilfe zum Lösen von Rechenaufgaben

Blatt-Nr.: 0.7

 Um Rechenaufgaben lösen zu können, ist es wichtig, dass Sie für die Lösung die gegebenen und die gesuchten Größen, z. B. Spannung und Strom, erkennen und diesen Größen die richtigen Formelzeichen, z. B. U und I, mit den dazugehörenden Einheitenzeichen, z. B. V und A zuordnen können. Gehen Sie nach folgendem Prinzip vor:

1. Lesen Sie den Aufgabentext sorgfältig.
2. Schreiben Sie für die Lösung nur die notwendigen gegebenen Größen mit Formelzeichen und Einheitenzeichen heraus.
3. Schreiben Sie für die Lösung die gesuchte(n) Größe(n) mit Formelzeichen und Einheitenzeichen heraus.
4. Schreiben Sie für die Lösung die notwendige(n) Formel(n), aufgelöst nach der gesuchten Größe, auf.
5. Setzen Sie Zahlenwerte mit Einheitenzeichen in die Formel(n) ein.
6. Rechnen Sie die gesuchte Größe mit der Maßeinheit aus.
7. Überprüfen Sie das Rechenergebnis und vergleichen Sie es mit praktischen Erfahrungswerten.
8. Schreiben Sie einen eventuell geforderten Antwortsatz.

1. Eine LED-Lampe **(Bild 1)** nimmt bei 230 V eine Leistung von 4,5 W auf. Welche Stromstärke fließt durch die Lampe? Geben Sie das Ergebnis auch gerundet in mA an. Lösungshilfe: $P = U \cdot I$

   Geg.: $P = 4{,}5\,\text{W},\ U = 230\,\text{V}$ Ges.: I

   Lösung: $I = \dfrac{P}{U} =$

Bild 1: LED-Lampe

2. In einer 30 m langen Kupferader H07V-U 1,5 mm² fließt ein Strom von 16 A. Berechnen Sie den Spannungsfall ΔU **(Bild 2)**. Geben Sie einen Antwortsatz an.

   Geg.:

   Ges.:

   Lösung:

   Antwortsatz:

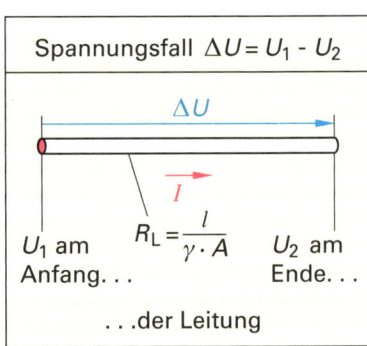

Bild 2: Spannungsfall an einer Leitung

3. Bei einem E-Check **(Bild 3)** wurde eine verschmorte Klemmstelle gefunden. Im spannungslosen Zustand wurde ein Übergangswiderstand an dieser Klemmstelle von 0,3 Ω gemessen. Der Stromkreis mit dieser Klemmstelle war durch einen 16-A-Leitungsschutzschalter geschützt. Berechnen Sie bei 16 A die entstandene elektrische Wärmeleistung an dieser Klemmstelle. Bewerten Sie das Rechenergebnis im Antwortsatz.

   Geg.:   Ges.:

   Lösung:

   Antwortsatz:

Bild 3: E-Check-Prüfplakette

Basiskompetenzen
Rechnen mit Potenzen, Quadrat-Wurzeln und Winkelfunktionen

Blatt-Nr.: 0.8

> ℹ Potenzen treten in vielen Formeln auf, z. B. in der Geometrie und der Technik. Auch als vergrößernde oder verkleinernde Einheitenvorsätze, z. B. k ≙ 10^3 oder m ≙ 10^{-3}, kommen Potenzen vor. Das Wurzelziehen ist die Umkehrung des Potenzierens. Das Rechnen mit Winkelfunktionen, z. B. mit der cos-Funktion, ist für die Wechsel- und Drehstromtechnik sehr bedeutsam.

Lösen Sie entsprechend der „Hilfe zum Lösen von Rechenaufgaben" die folgenden Aufgaben.
Benutzen Sie Ihren elektronischen Taschenrechner (ETR).

1. Berechnen Sie die Querschnittsfläche einer Kupferader **(Bild 1)** mit einem Durchmesser von 1,784 mm.

   Geg.:   Ges.:

   Lösung:

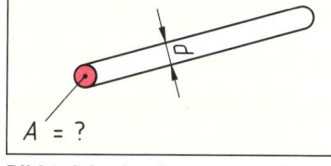

Bild 1: Aderdurchmesser und -querschnitt

2. Berechnen Sie mithilfe der Formel $P = I^2 \cdot R$ die Stromstärke I von einem Wasserkocher **(Bild 2)**. Das Gerät hat eine Leistung $P = 2400$ W und einen Heizwiderstand $R = 22\ \Omega$.

   Geg.:   Ges.:

   Lösung:

Bild 2: Wasserkocher

> ℹ Rechenregeln für das Wurzelziehen aus einer Summe von Quadraten, z. B. $c = \sqrt{a^2 + b^2}$
> 1. Formel nach der gesuchten Größe umstellen,
> 2. Werte mit Einheiten einsetzen,
> 3. die Werte quadrieren,
> 4. die Werte addieren,
> 5. Wurzel ziehen.

3. Berechnen Sie die Länge der Seite c des Dreiecks **(Bild 3)** mithilfe des Satzes des Pythagoras. **Hinweis:** Beachten Sie die Rechenregeln.

   Geg.:   Ges.:

   Lösung:

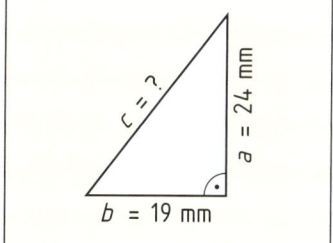

Bild 3: Rechtwinkliges Dreieck

4. Geben Sie für die Winkel α und β im rechtwinkligen Dreieck **(Bild 4)** die Seitenverhältnisse für die Winkelfunktionen $\cos \alpha$, $\tan \alpha$ und $\cot \beta$ in der Tabelle an.

Tabelle: Winkelfunktionen			
$\sin \alpha =$	$\dfrac{\text{Gegenkathete } a}{\text{Hypotenuse } c}$	$\tan \alpha =$	
$\cos \alpha =$		$\cot \beta =$	

5. Berechnen Sie mithilfe des elektronischen Taschenrechners von den Funktionswerten der Winkelfunktionen b) bis f) die zugehörenden Winkel in Grad (°).

   a) $\cos \alpha = 0{,}85 \Rightarrow \alpha = $ 30°
   b) $\cos \varphi = 0{,}65 \Rightarrow \varphi =$
   c) $\cos \varphi = 0{,}74 \Rightarrow \varphi =$
   d) $\sin \alpha = 0{,}60 \Rightarrow \alpha =$
   e) $\tan \varphi = 1{,}35 \Rightarrow \varphi =$
   f) $\tan \varphi = 2{,}43 \Rightarrow \varphi =$

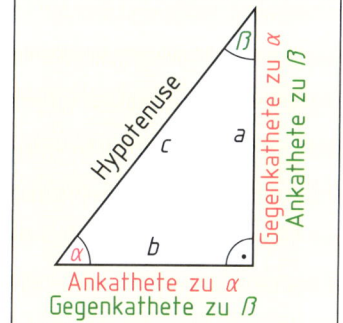

Bild 4: Seiten und Winkel im rechtwinkligen Dreieck

Basiskompetenzen
Zeichnen (1)

Blatt-Nr.: 0.9

 Häufig müssen Schaltpläne, z. B. in der Werkstatt bei einer Reparatur, skizziert werden. Dazu ist es notwendig ein bestimmtes Handling, eine Ordnung und ein Zeichengefühl zu entwickeln. Dies muss man vorher üben.

1. Erstellen Sie mit dem Bleistift nach dem Muster Volllinien **a)** mit dem Lineal und **b)** freihändig.

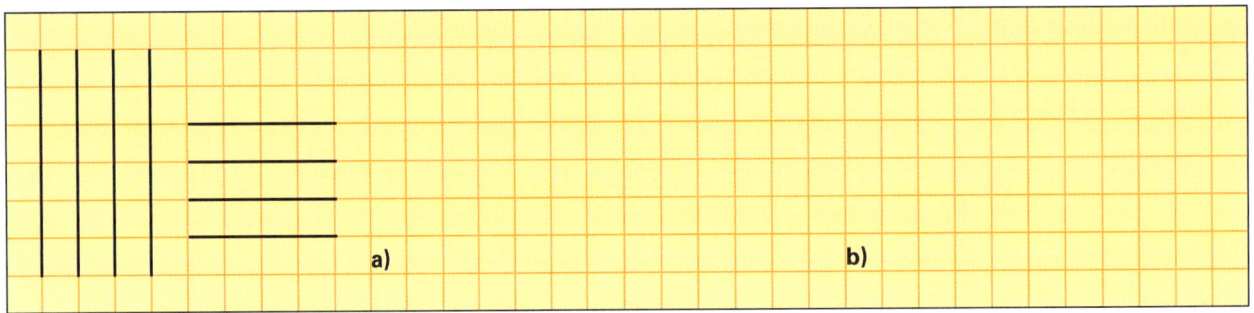

2. Erstellen Sie mit dem Bleistift nach dem Muster Strichlinien und Strich-Punkt-Linien **a)** mit dem Lineal und **b)** freihändig. Strichlinien kennzeichnen z. B. Gehäuse, Strich-Punkt-Linien z. B. die Mitte von Werkstücken.

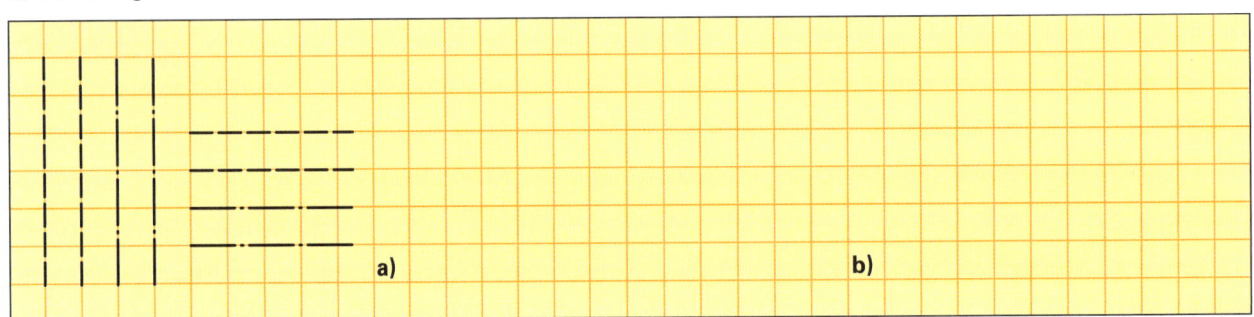

3. Erstellen Sie mit dem Bleistift nach dem Muster Pfeile **a)** mit dem Lineal bzw. mit Schablone und **b)** freihändig. Pfeile kennzeichnen z. B. Ströme, Spannungen und Drehrichtungen.

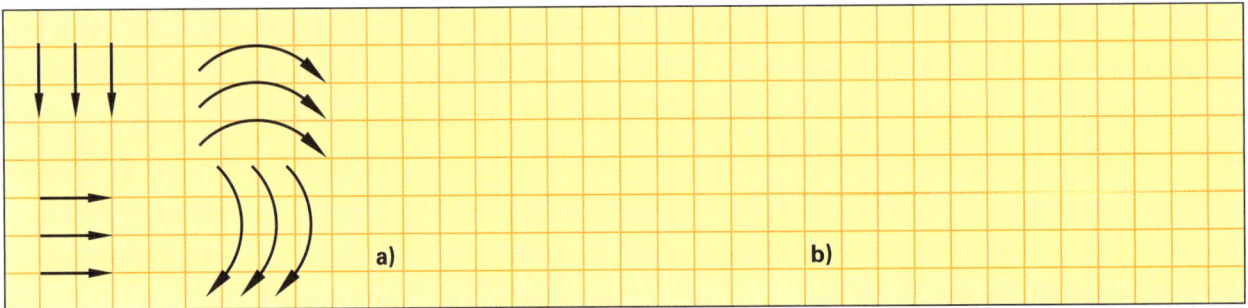

4. Erstellen Sie mit dem Bleistift nach dem Muster Rechtecke **a)** mit dem Lineal bzw. mit Schablone und **b)** freihändig. Rechtecke kennzeichnen z. B. Widerstände.

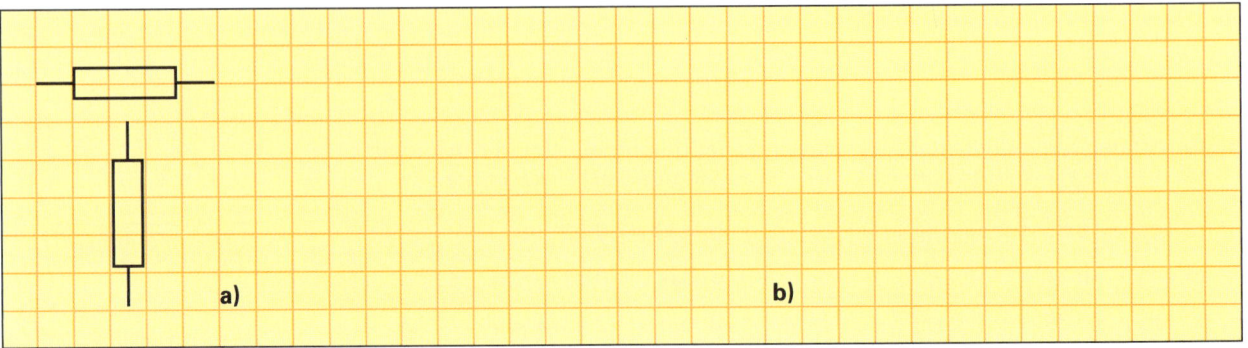

Blatt-Nr.: 0.10 Basiskompetenzen, **Zeichnen (2)**

5. Erstellen Sie mit dem Bleistift nach dem Muster freihändig Kreise. Kreise kennzeichnen z.B. Teile von Leuchten.

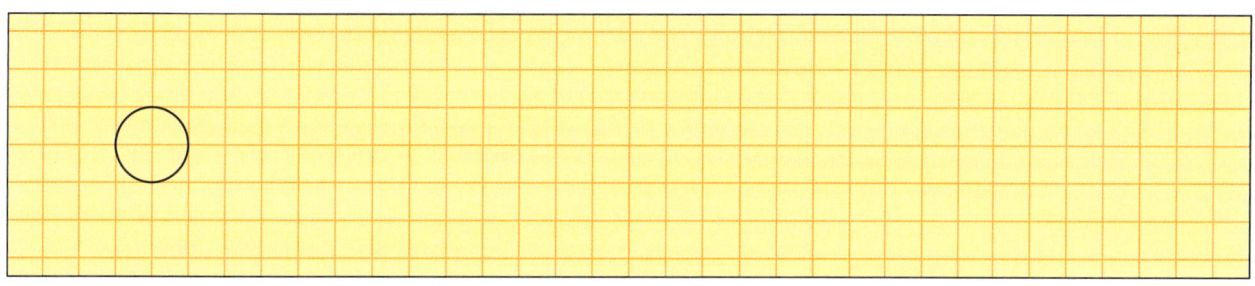

6. Erstellen Sie mit dem Bleistift nach dem Muster jetzt das Schaltzeichen von Leuchten mit den beiden Anschlüssen.

7. In der Elektrotechnik gibt es genormte Betriebsmittelkennzeichnungen. Schreiben Sie je eine Zeile senkrecht die Kennzeichnungen E1, R2, X3, S4 und Q5 in 5 mm-Schrifthöhe.

E1

R2

X3

S4

Q5

8. Bei technischen Zeichnungen verwendet man Normschrift. In Ihrer Ausbildung ist es von Vorteil manche Begriffe, z.B. Name und Firma, in Normschrift schreiben zu können. Schreiben Sie diese in Normschrift in das unten stehende Linienfeld. Die Muster, z.B. Messgerät, zeigen Ihnen die Linienführung.

abcdefghijklmnopqrstuvwxyz–ABCDEFGHIJKLMNOPQRSTUVWXYZ

1234567890 Ø□ – [(! ? .,;"– = + ± × ∴ √ % & /)] < >

Wir üben

230 V

Messgerät

Name des Ausbildungsbetriebes, Postanschrift,

Telefonnummer + evtl. Web-Adresse:

| Blatt-Nr.: 0.11 | Basiskompetenzen, **Zeichnen (3)** |

Schaltzeichen sind in der Elektrotechnik sehr wichtig, da diese im Zusammenwirken die Funktion einer Schaltung zeigen. Deshalb ist es in Ihrer Ausbildung notwendig das Zeichnen, Skizzieren und Erkennen von Schaltzeichen zu üben.

9. Vervollständigen Sie die folgende **Tabelle**. Skizzieren Sie das jeweilige Schaltzeichen in vorgesehenen Feldern. Erklären Sie, um welches Schaltzeichen es sich handelt.

Schaltzeichen	Schaltzeichen-Übungen					Bedeutung
						Wechsel-schalter

Blatt-Nr.: 0.12 Basiskompetenzen, **Zeichnen (4)**

10. Zeichnen Sie z. B. mithilfe einer Zeichenschablone oder skizzieren Sie beide Schaltungen (**Bild 1 und 2**) in die vorgegebenen Felder. In der Elektrotechnik werden Ströme rot und Spannungen blau gekennzeichnet. Verwenden Sie deshalb Farbstifte für die Ströme und Spannungen wie in **Bild 1**.

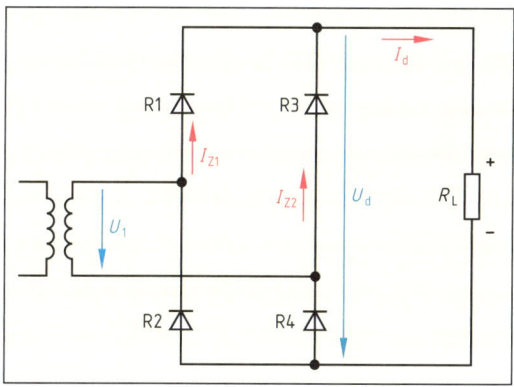

Bild 1: Zweipuls-Brückenschaltung

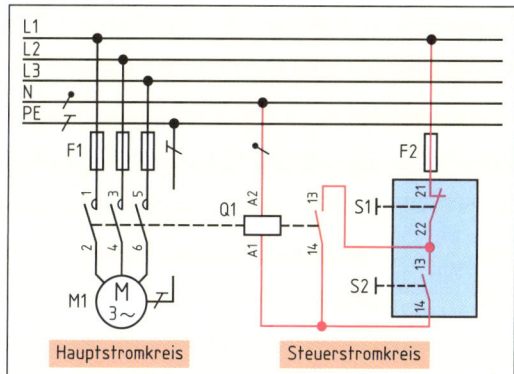

Bild 2: Schützsteuerung mit Selbsthaltung

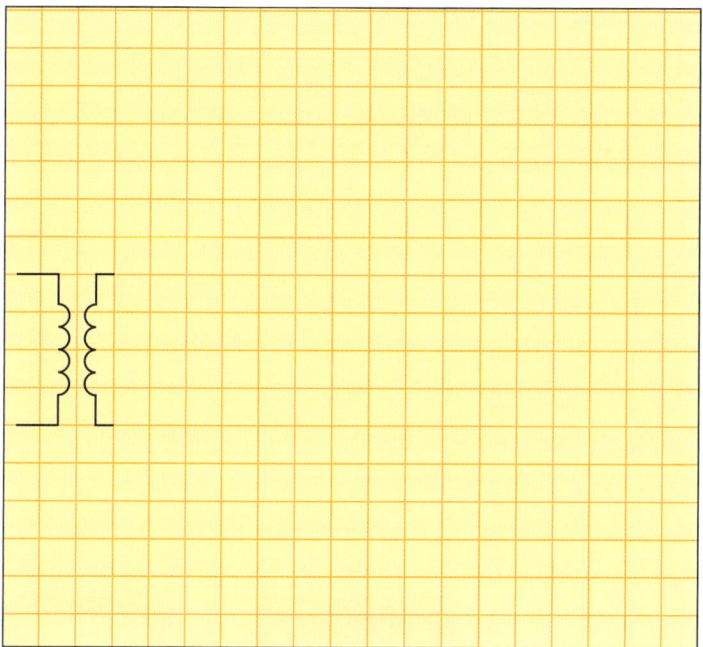

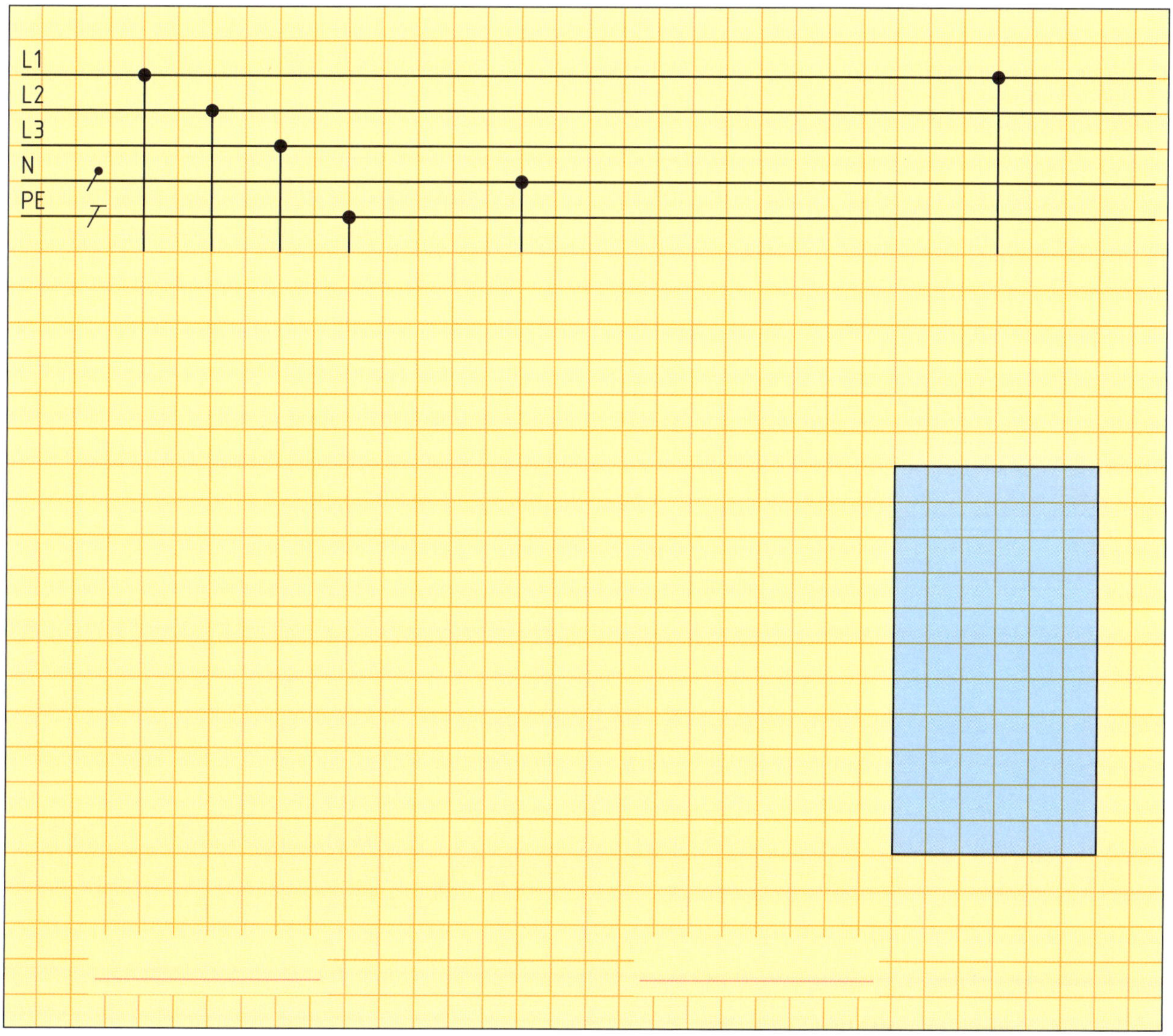

| Arbeitssicherheit und Gesundheitsschutz
Gesetze und Vorschriften sowie Erste Hilfe | Blatt-Nr.: 1.1 | |

 Beim Umgang mit elektrischer Energie kann es, z. B. durch Unachtsamkeit, zu Unfällen kommen. So kamen im Jahr 2008 nach Unterlagen der statistischen Bundesanstalt infolge von Unfällen durch elektrischen Strom 64 Menschen ums Leben. Auch deshalb gibt es für die Sicherheit elektrischer Anlagen gesetzliche Vorschriften und Regelungen.

1. Gesetze und Vorschriften haben Abkürzungen. Geben Sie die Fachbegriffe zu den Abkürzungen an.
   - DIN-VDE: DIN-VDE-Vorschriften
   - BetrSichV: _____
   - ArbSchG: _____
   - UVV: _____
   - TRBS: _____
   - ProdSG: _____
   - GefStoffV: _____

2. Jeder in einem elektrotechnischen Beruf Tätige sollte Maßnahmen zur Ersten Hilfe kennen und einen Notruf richtig ausführen können.
   Ergänzen Sie den folgenden Text und tragen Sie im **Bild 1** die Notrufnummer ein.
   - Wo _____
   - Was _____
   - Wie _____
   - Welche _____
   - Warten _____

Bild 1: Notrufnummer

3. Ergänzen Sie im **Bild 2** die Maßnahmen zur Ersten Hilfe bei einem Notfall.
   Hinweise: Geben Sie nur wichtige Begriffe an.

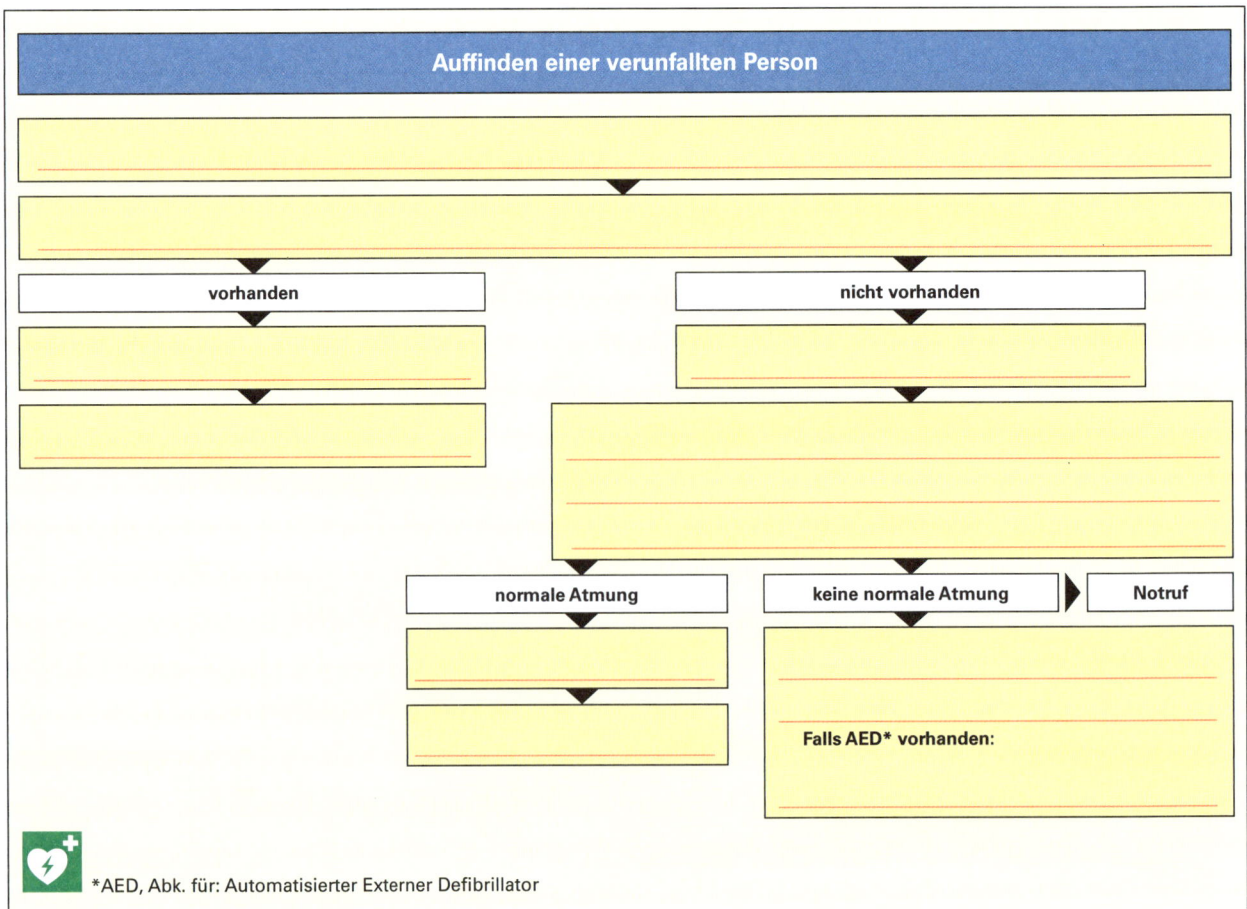

Bild 2: Maßnahmen zur Ersten Hilfe

Arbeitssicherheit und Gesundheitsschutz
Sicherheitszeichen

Blatt-Nr.: 1.2

1. Geben Sie in der Tabelle die Bedeutung des betreffenden Sicherheitsschildes an.

Tabelle: Sicherheitsschilder					
Schild	Bedeutung	Schild	Bedeutung	Schild	Bedeutung
	Schalten verboten				

Arbeitssicherheit und Gesundheitsschutz
Die 5 Sicherheitsregeln

Blatt-Nr.: 1.3

> Das Arbeiten an elektrischen Anlagen muss im Normalfall im spannungslosen Zustand erfolgen.

1. In der Elektrotechnik verwendet man den Fachbegriff: Freischalten. Erklären Sie diesen Fachbegriff.

   _____

2. Erklären Sie die fünf Sicherheitsregeln **(Tabelle)** und geben Sie mindestens jeweils dazu ein Beispiel an.

Tabelle: Die fünf Sicherheitsregeln	
1. Freischalten.	
2. Gegen Wiedereinschalten sichern.	
3. Spannungsfreiheit feststellen.	
4. Erden und Kurzschließen (Regel 4 entfällt bei Anlagen unter 1000 V)	
5. Benachbarte unter Spannung stehende Teile abdecken oder abschranken.	

3. Welche Sicherheitsregel wird durch das **Bild** erfüllt?

   Sicherheitsregel: _____

4. Wie sichert man eine elektrische Anlage gegen Wiedereinschalten (Sicherheitsregel 2), wenn anstelle von Schmelzsicherungen Leitungsschutzschalter (LS-Schalter) vorhanden sind? Nennen Sie ein einfaches Beispiel.

   _____

5. Warum ist weiterhin bei der Sicherheitsregel 2 ein Verbotsschild „Nicht schalten" an der Sicherung anzubringen?

   _____

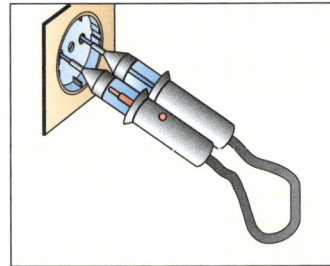

Bild: Prüfgerät

6. In welchem Fall ist das Erden und Kurzschließen (Sicherheitsregel 4) nicht erforderlich? Geben Sie dazu mindestens ein Beispiel aus der Praxis an.

   _____

7. In der Elektrotechnik ist das Arbeiten an unter Spannung stehenden Anlagen verboten. Doch es gibt Ausnahmen. Nennen Sie dazu zwei Beispiele.

   • _____

   • _____

8. Welche DIN-VDE-Vorschrift regelt das Arbeiten unter Spannung?

   _____

Arbeitssicherheit und Gesundheitsschutz
Elektrischer Schlag

Blatt-Nr.: 1.4

 Für Menschen und Tiere ist der elektrische Strom gefährlich. Die Gefährdung nimmt bei steigender Stromstärke und längerer Einwirkdauer zu.

1. Ein „Elektrischer Schlag" kann durch Berühren unter Spannung stehender Teile erfolgen.
   a) Ordnen Sie den beiden Berührungsarten im **Bild 1** die Begriffe „direktes Berühren" und „indirektes Berühren" zu.
   b) Tragen Sie im **Bild 1** für beide Unfälle den Verlauf des Fehlerstromes rot ein.

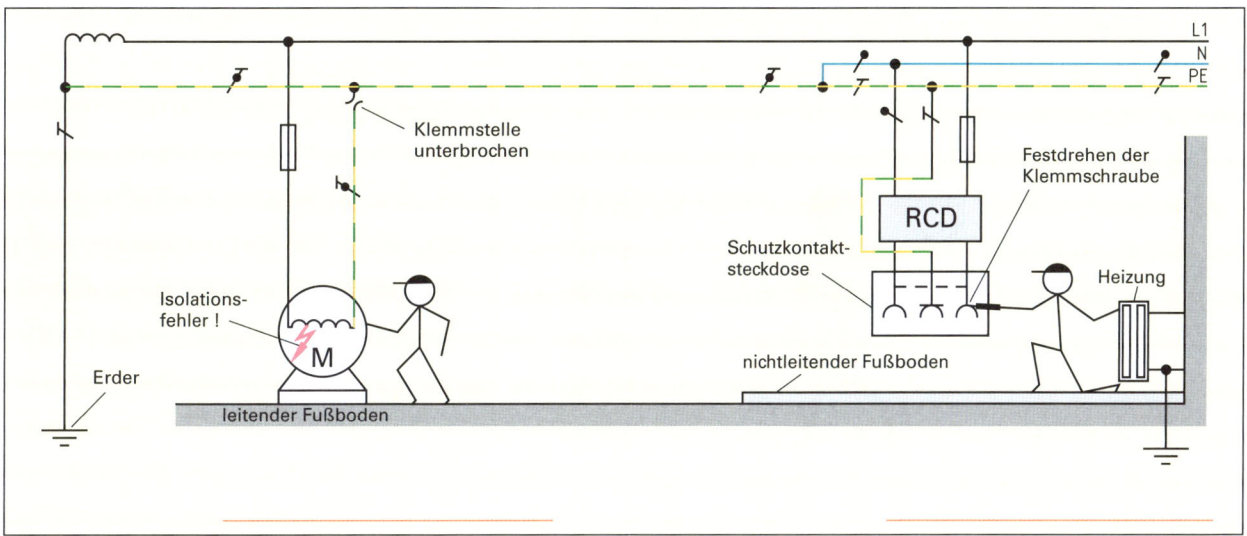

Bild 1: Elektrischer Schlag

2. Fließt Strom durch den menschlichen Körper, kommt es zu Körperreaktionen. Die Körperreaktionen hängen von der Einwirkdauer t und der Stromstärke I_B ab. Geben Sie in **Tabelle 1** jeweils den Bereich AC-1 bis AC-4 (**Bild 2**) an, in dem die Körperreaktion erfolgt.

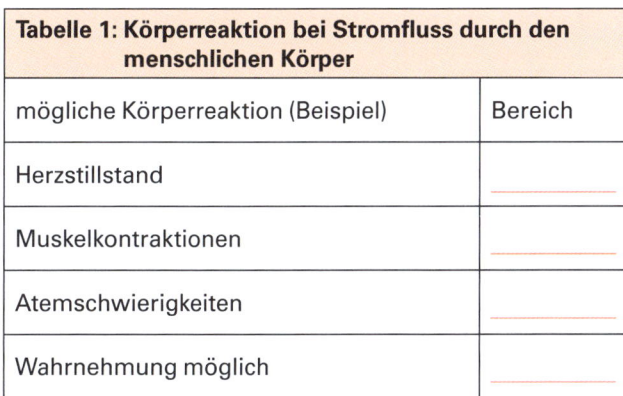

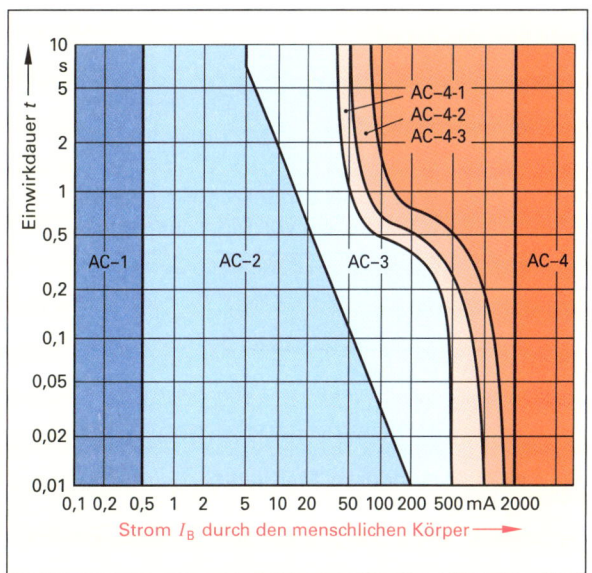

Bild 2: Wirkungsbereiche

3. Ermitteln Sie in **Tabelle 2** die zugehörenden Körperreaktionen beim Berühren unter Spannung stehender Teile aus dem **Bild 2**.

Tabelle 2: Körperreaktionen				
Berührungs-stromstärke	kleiner 0,5 mA	500 mA	100 mA	50 mA
Einwirkdauer	beliebig lange	1 s	20 ms	0,5 s
Bereich	AC-1	AC-4–3	AC-2	AC-3
Körperreaktion	Wahrnehmung möglich, meist keine Schreckreaktion			

Arbeitssicherheit und Gesundheitsschutz
Berührungsspannung und Körperstrom

Blatt-Nr.: 1.5

> Berührt ein Mensch oder ein Nutztier während eines Isolationsfehlers gleichzeitig zwei elektrische Teile, so wird er von einem Strom durchflossen. Die Spannung, die dann am menschlichen Körper auftritt, nennt man Berührungsspannung. Für die Höhe der dauernd zulässigen Berührungsspannung gibt es festgelegte Grenzwerte. Bis zu diesen Grenzwerten sind die Spannungen nicht lebensbedrohlich.

1. a) Tragen Sie im Ersatzschaltbild (Tabelle) den Bezugspfeil für die Berührungsspannung U_B ein.
   b) Entscheiden Sie, ob der Körperstrom infolge des betreffenden Einflussfaktors groß oder klein ist.

Tabelle: Bestimmungsgrößen und Einflussfaktoren bei einem Elektrounfall

Prinzipschaltbild eines Elektrounfalls	Ersatzschaltbild	Einflussfaktor	Körperstrom
		feuchter Erdboden	groß
		trockene Hände	
		kleine Berührungsfläche	
		feuchte Schuhe	
		Schuhe mit Gummisohlen	
		Holzleiter	
		Metall-Leiter	
		hohe Spannung	

2. Welche Werte haben die aus Sicherheitsgründen international vereinbarten Berührungsspannungen U_L, die im Falle eines Fehlers zeitlich unbegrenzt bestehen dürfen?

   für Menschen
   Wechselspannung (AC): U_L = _____
   Gleichspannung (DC): U_L = _____

   für Nutztiere
   Wechselspannung (AC): U_L = _____
   Gleichspannung (DC): U_L = _____

3. Wie lautet die Formel zur Berechnung der Berührungsspannung U_B am Körper von Menschen und Nutztieren?

4. Welche besonderen Maßnahmen sind für Hersteller und Errichter von elektrischen Betriebsmitteln und Anlagen vorgeschrieben, um das Risiko von Elektrounfällen möglichst gering zu halten?

5. Nach einem tödlichen Elektrounfall mit einer Handbohrmaschine mit Metallgehäuse ergab eine Untersuchung folgendes Ergebnis.
   - Die Bohrmaschine wurde mit 230 V betrieben.
   - Der Gesamtwiderstand R des Unfallstromkreises betrug 1,8 kΩ, der Körperwiderstand R_K der Person 900 Ω.

   a) Berechnen Sie den Körperstrom I_B und die eingetretene Berührungsspannung U_B.

   b) Bewerten Sie, ausgehend von den Rechenergebnissen, die Folgen für den Menschen.

Grundbegriffe der Elektrotechnik
Elektrische Stromstärke

Blatt-Nr.: 2.1

 Der elektrische Strom transportiert elektrische Energie und überträgt Informationen. Die elektrische Stromstärke ist eine Grundgröße der Elektrotechnik.

1. Warum leiten Metalle, z.B. Kupfer, den elektrischen Strom besonders gut?

2. Was geschieht im Inneren eines metallischen Leiters, wenn in ihm ein elektrischer Strom fließt?

3. Unter welchen Voraussetzungen kann ein elektrischer Strom fließen?

4. Das **Bild 1** zeigt den vereinfachten Ausschnitt eines metallischen Leiters mit der Flussrichtung der Elektronen. Tragen Sie die Bezugspfeile und das Formelzeichen für die technische Stromrichtung ein.

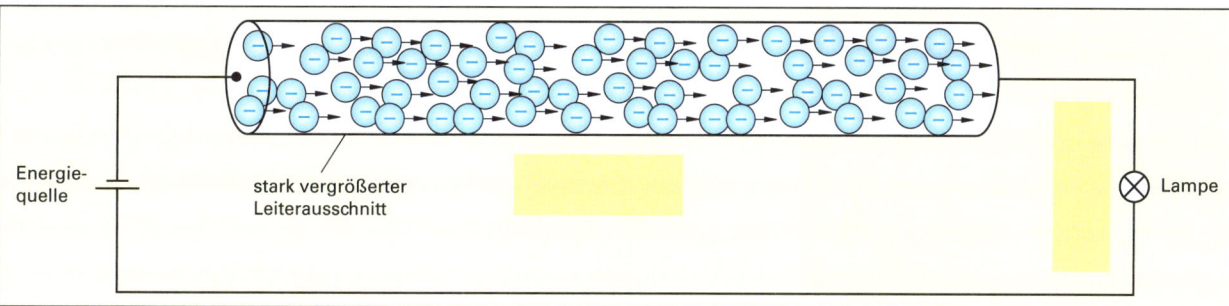

Bild 1: Stromfluss im Leiter

5. Wie ist die elektrische Stromstärke I in einem metallischen Leiter festgelegt?

6. Vergleichen Sie in **Tabelle 1** die Stromstärken I mit dem Beispiel 1. Verwenden Sie die Begriffe: *größer* und *kleiner*.

7. Ergänzen Sie die **Tabelle 2**.

Tabelle 1: Stromstärkevergleich			
Beispiel-Nr.	Ladung Q	Zeitdauer t	Stromstärke I
1	5 As	2 s	klein
2	5 As	0,5 s	_____ als bei Nr. 1
3	20 As	10 s	_____ als bei Nr. 1

Tabelle 2: Stromstärke	
Formelzeichen	
Einheitenname	
Einheitenzeichen	

8. Vergleichen Sie die Stromstärke I_1 vor und die Stromstärke I_2 nach dem Verbraucher (**Bild 2**). Begründen Sie Ihre Antwort.

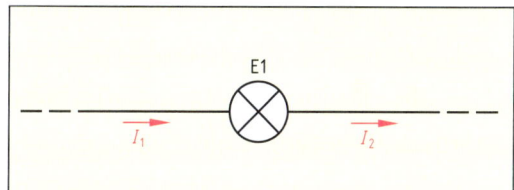

Bild 2: Stromstärke vor und hinter einem Verbraucher

9. Rechnen Sie die Stromwerte mit großen und kleinen Einheitenvorsätzen in die geforderte Einheit um.

1 kA =	A	1 mA =	A	0,005 kA =	A	0,5 A =	mA
1 mA =	µA	600 A =	kA	0,36 A =	mA	2 mA =	A
250 mA =	A	3 A =	mA	20 mA =	A	100 kA =	A

Grundbegriffe der Elektrotechnik
Stromkreisarten

Blatt-Nr.: 2.2

> In der Elektrotechnik gibt es drei grundlegende Arten von Stromkreisen. Man unterscheidet Gleichstromkreise, Einphasen-Wechselstromkreise und Dreiphasen-Wechselstromkreise.

Ergänzen Sie in den Stromkreisarten (z.B. im Gleichstromkreis) die ausführlichen Leiterbenennungen mit deren Kurzbezeichnungen und die Leiter-Kennzeichnungen.

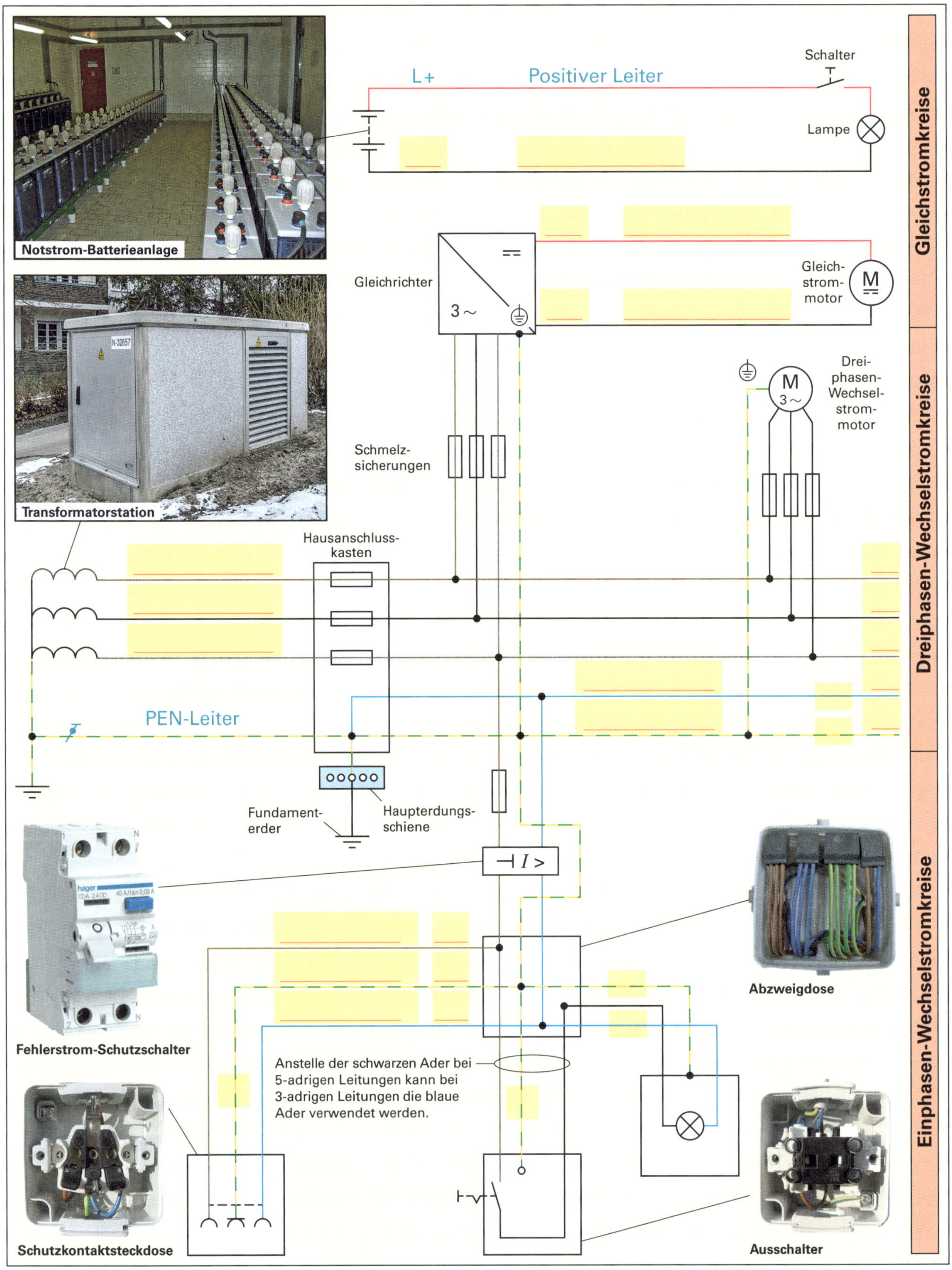

Grundbegriffe der Elektrotechnik
Spannungen (1)

Blatt-Nr.: 2.3

> Trennt man die positiven und die negativen Ladungen Q, in dem man Energie W_{zu} zuführt, so entsteht zwischen den getrennten Ladungen eine elektrische Spannung, die Quellenspannung U_0.
>
> Wenn ein Strom fließt, geben die Ladungen Q ihre Energie W_{ab} wieder ab. An den Bauteilen entsteht dadurch ein Spannungsfall, den man meist nur Spannung nennt.

Formeln:

$$U_0 = \frac{W_{zu}}{Q}$$

$$U = \frac{W_{ab}}{Q}$$

1. In der Elektrotechnik unterscheidet man nach ihrer Entstehung zwei verschiedene Arten von Spannungen. Geben Sie in der **Tabelle 1** die Benennungen, zugehörige Beispiele, Formelzeichen, Einheitenname und Einheitenzeichen für die beiden Spannungen an.

Tabelle 1: Elektrische Spannungen		
Entstehung der Spannung	Trennung der elektrischen Ladungen durch Energiezufuhr	Energieabgabe der elektrischen Ladungen bei Stromfluss
Benennung der Spannung		
Beispiele	Kraftwerksgeneratoren (Dampfturbine, Kraftwerksgenerator)	Motor, Energiesparlampe, Kabel, Leitungen, Haushaltsgerät
Formelzeichen		z. B.:
Einheitenname		
Einheitenzeichen		

2. Geben Sie für die Beispiele in der **Tabelle 2** Werte für Spannungen an. Eventuell schätzen Sie die Werte.

Tabelle 2: Spannungsquellen und Verbraucher (Beispiele)			
Monozelle		Spielzeugeisenbahn	
Kfz-Batterie		Lampen	
Kraftwerksgeneratoren		Hausanschluss	
Antennenspannung		Haushaltsgeräte	

3. Rechnen Sie die Spannungswerte mit großen und kleinen Einheitenvorsätzen in die geforderte Einheit um.

0,4 kV =	V	320 mV =	V	1,2 MV =	V	0,5 V =	mV
1 mV =	V	36000 V =	kV	20 µV =	V	3500 mV =	V

Blatt-Nr.: 2.4 Grundbegriffe der Elektrotechnik, **Spannungen (2) Potenziale**

> Beachten Sie, dass der Bezugspfeil der Quellenspannung entgegen der technischen Stromrichtung und der Bezugspfeil für den Spannungsfall in Stromrichtung gezeichnet wird.

4. Tragen Sie in die Abbildungen **(Bild 1)** die Bezugspfeile für die Spannungen bzw. Ströme und die zugehörigen Formelzeichen ein.

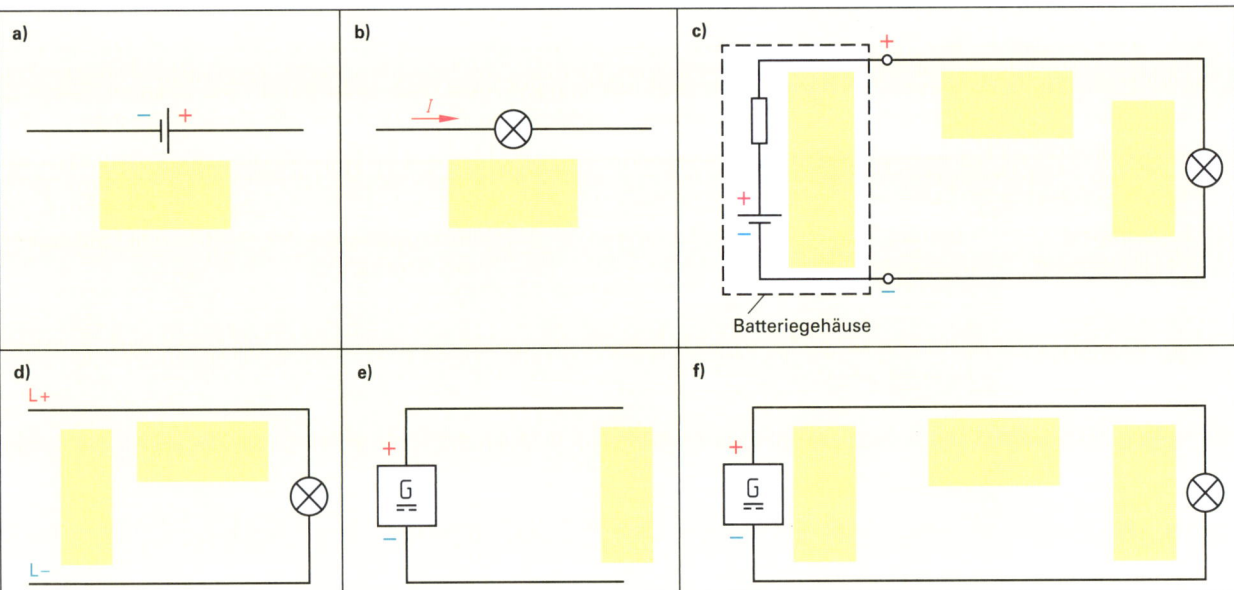

Bild 1: Bezugspfeile für Spannungen und Ströme

5. In elektrischen Schaltungen ist es oft aus praktischen Gründen zweckmäßig, die Spannung zwischen einem bestimmten Messpunkt und einem festgelegten neutralen Bezugspunkt (0 V) zu messen oder anzugeben. Wie nennt man diese elektrische Größe?

_____

6. Geben Sie in **Tabelle 1** die Schaltzeichen für elektrische Bezugspunkte an.

Tabelle 1: Kennzeichnung elektrisch neutraler Bezugspunkte	
Erde	
Masse	

7. Was versteht man unter Potenzialunterschied?

_____
_____
_____

8. Geben Sie in der **Tabelle 2** für die angegebenen Messstellen nach **Bild 2** den Messwert an und entscheiden Sie, ob es sich um ein Potenzial oder eine Spannung handelt.

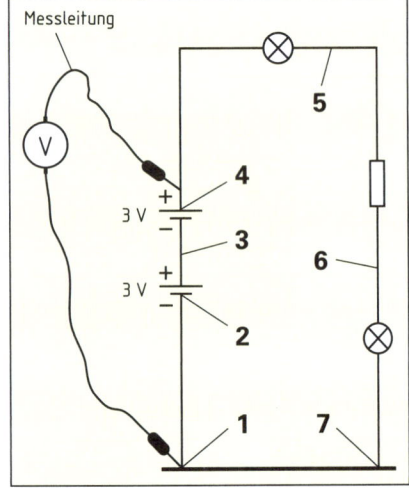

Bild 2: Potenzial- und Spannungsmessungen

Tabelle 2: Potenziale und Spannungen							
Messstelle	Messwert	Potenzial*	Spannung	Messstelle	Messwert	Potenzial	Spannung
1–7	0 V	X		5–6	1 V		
2–1				4–6			
3–1				6–7			
4–1				6–1			
5–1	+ 4 V			1–7			
4–5				3–6			

* Der Potenzialwert entspricht der gemessenen Spannung.

Grundbegriffe der Elektrotechnik
Elektrischer Widerstand

Blatt-Nr.: 2.5

 Alle elektrischen Bauelemente, z. B. Motoren, Heizungen oder Leitungen, besitzen einen Widerstand, durch den der Strom beeinflusst wird. Bei Stromfluss durch einen Widerstand entsteht Nutzwärme oder Verlustwärme.

1. Was versteht man unter elektrischem Widerstand? Geben Sie dazu zwei Erklärungen.
   - _____
   - _____

2. Durch das Widerstandsverhalten der Leiter und Bauelemente verlieren die strömenden Ladungsträger Energie.
   a) In welche Energieform wird die Bewegungsenergie der Ladungsträger umgewandelt?
   b) Was geschieht mit dieser Energie?

   a) _____
   b) _____

3. Ergänzen Sie die **Tabelle 1**.

Tabelle 1: Elektrischer Widerstand	
Formelzeichen	
Einheitenname	
Einheitenzeichen	

4. Was gibt a) der spezifische Widerstand ϱ und b) die elektrische Leitfähigkeit γ eines Leiters an?

   a) _____
   _____
   _____

   b) _____
   _____

5. Der elektrische Widerstand ist von den Materialgrößen des Leiters abhängig. Ergänzen Sie die **Tabelle 2**.

Tabelle 2: Materialabhängigkeit des elektrischen Widerstandes			
Materialgrößen des Leiters	**Beispiele**		**Elektrischer Widerstand**
Leiterlänge l	z. B. 30 m	groß	groß
	z. B. 10 m	klein	
Leiterquerschnitt A	z. B. 25 mm²		
	z. B. 1,5 mm²		
spezifischer Widerstand ϱ	z. B. Wolfram		
	z. B. Kupfer		

6. Geben Sie zwei Formeln zur Berechnung des Leiter-Widerstandswertes mithilfe der Materialgrößen ϱ und γ an.

   Leiterwiderstand $R =$ ____ $=$ ____

7. Berechnen Sie den Widerstand in mΩ einer 10 m langen Kupfer-Leitung NYM-J 3 x 1,5 mm². Beachten Sie, dass im Betrieb der Leitung zwei Adern stromführend sind.

   Geg.: $l =$ $\gamma_{Cu} =$ $A =$ Ges.: $R_{Leitung}$

   Lösung:

Grundbegriffe der Elektrotechnik
Ohmsches Gesetz (1)

Blatt-Nr.: 2.6

> Das ohmsche Gesetz erklärt den Zusammenhang zwischen Strom I, Spannung U und Widerstand R. Wichtig ist, dass man unterscheiden kann, welche Größe jeweils die Ursache und welche Größe die Wirkung bzw. die Folge der Ursache ist. Im ohmschen Gesetz ist der Widerstand R immer die Größe, die zwischen Ursache und Wirkung die Bedingung darstellt.

1. Der Physiker Ohm hat den Zusammenhang zwischen Stromstärke I und Spannung U erforscht. Ergänzen Sie **a)** die Beziehung zwischen Spannung U und Stromstärke I und **b)** die Formel für das ohmsche Gesetz.

2. Nennen Sie mithilfe des ohmschen Gesetzes die Formeln zur Berechnung von I, U und R.

Ohmsches Gesetz (gleichbleibende Bedingungen)

a)   b) $\Rightarrow$ = konstant = R

Berechnung der Stromstärke I	Berechnung der Spannung U	Berechnung des Widerstandes R

3. **a)** Erläutern Sie für die Größen Spannung, Strom und Widerstand die Beziehung zwischen Ursache und Wirkung in den **Bildern 1** und **2**.
   b) Nennen Sie die zugehörige Formel zur Berechnung der Wirkungsgröße.

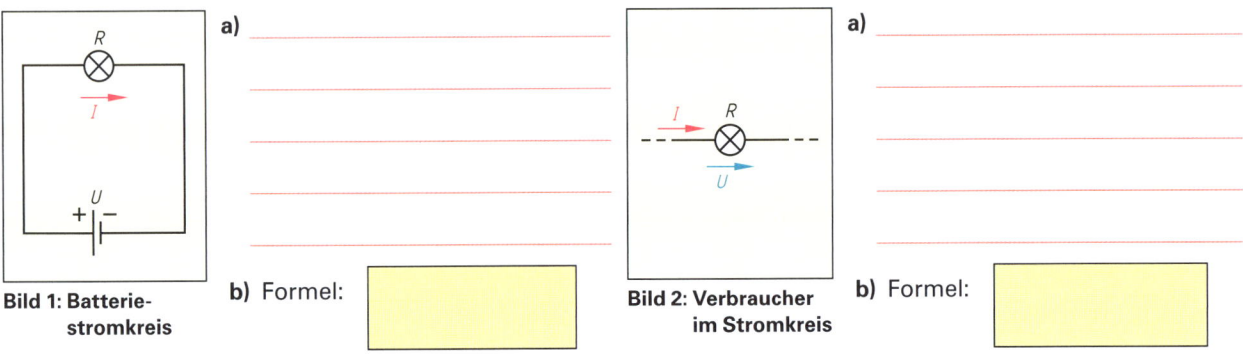

Bild 1: Batteriestromkreis   a) _____   b) Formel:

Bild 2: Verbraucher im Stromkreis   a) _____   b) Formel:

4. Die **Tabelle** zeigt drei Beispiele der Veränderung einer elektrischen Größe im **Bild 3**. Ergänzen Sie mithilfe des ohmschen Gesetzes für jedes Beispiel die Reaktion der fehlenden Größe.

Tabelle: Zusammenwirken der elektrischen Größen: Spannung, Strom, Widerstand			
elektrische Größen	Beispiel 1	Beispiel 2	Beispiel 3
Widerstand R	bleibt gleich	bleibt gleich	wird kleiner
Stromstärke I	wird kleiner		wird größer
Spannung U		wird größer	bleibt gleich

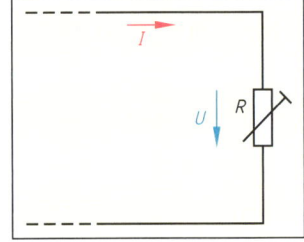

Bild 3: Stromkreisausschnitt

5. Berechnen Sie den Wert eines Heizwiderstandes, wenn bei einer Spannung von 230 V ein Strom von 4,35 A fließt.

Geg.:   Ges.:

Lösung:

6. Trotz Verbot arbeitete der Azubi unter Spannung an einer Schutzkontaktsteckdose für 230 V/16 A. Der Leitungswiderstand beträgt 0,9 Ω. Er berührte versehentlich mit dem Schraubendreher gleichzeitig den Außenleiter und den Schutzkontakt. Es kam zum Kurzschluss. Berechnen Sie die Stromstärke.

   Hinweis: Der Widerstand des Schraubendrehers kann vernachlässigt werden.

Geg.:   Ges.:

Lösung:

Blatt-Nr.: 2.7 | AVΩ | Grundbegriffe der Elektrotechnik, **Ohmsches Gesetz (2)**

7. Erklären Sie mithilfe des ohmschen Gesetzes, wieso die Glimmlampe P1 im Ausschalter Q1 **(Bild 1)** nicht leuchtet, wenn Q1 eingeschaltet ist.

_____
_____
_____
_____

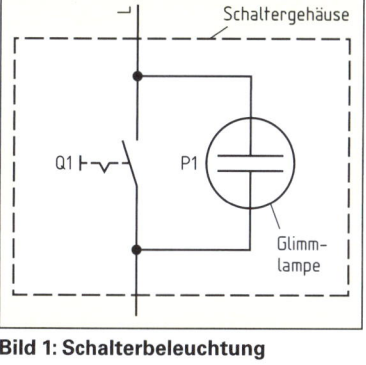

Bild 1: Schalterbeleuchtung

8. Ein Elektroniker wurde von einem Kunden angerufen, um eine Störung zu beheben. Die Störung wurde mit den Worten beschrieben: „Als ich die Hängelampe **(Bild 2)** auf dem Flur einschaltete, schaltete der Sicherungsautomat sofort aus und nun kann ich das Licht nicht mehr einschalten."
   a) Nennen Sie den wahrscheinlichen Fehler.
   b) Erläutern Sie mithilfe des ohmschen Gesetzes, warum der Leitungsschutzschalter sofort auslöste, als der Lampenstromkreis eingeschaltet wurde.

a) _____

b) _____
_____
_____
_____
_____
_____

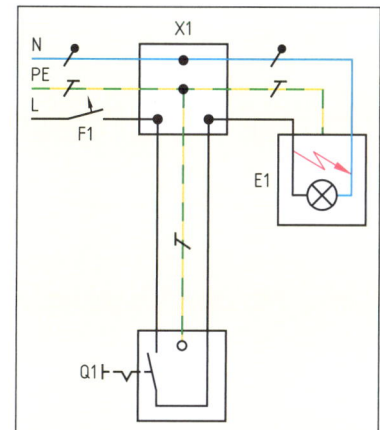

Bild 2: Schaltung der Flurbeleuchtung (mit Fehler)

9. Eine Heckenschere mit einer Stromaufnahme von 3 A wird mithilfe einer Garten-Kabeltrommel **(Bild 3)** mit 50 m Leitung an einer Schukosteckdose mit einer Spannung $U_A = 224$ V am Anfang der Kabeltrommel betrieben. Auf der Kabeltrommel befindet sich eine Leitung H07RN-F mit $3 \times 1{,}5$ mm².
Berechnen Sie **a)** den Leitungswiderstand der Kabeltrommel und **b)** die Spannung U_E am Ende der Leitung.

Geg.:		Ges.: a)
		b)
Lösung:		
a)		
b)		

Bild 3: Garten-Kabeltrommel

10. Berechnen Sie mithilfe der Kennlinien im **Bild 4** den Wert des ohmschen Widerstandes bei 0,6 V und bei 0,8 V für **a)** Bauelement 1 (R_1) und für **b)** Bauelement 2 (R_2). **c)** Vergleichen Sie für jedes Bauelement die Rechenergebnisse und formulieren Sie eine Schlussfolgerung.

a) $U = 0{,}6$ V ⇒ abgelesen:	b) ⇒ abgelesen:
$U = 0{,}8$ V ⇒ abgelesen	⇒ abgelesen

c) _____
_____

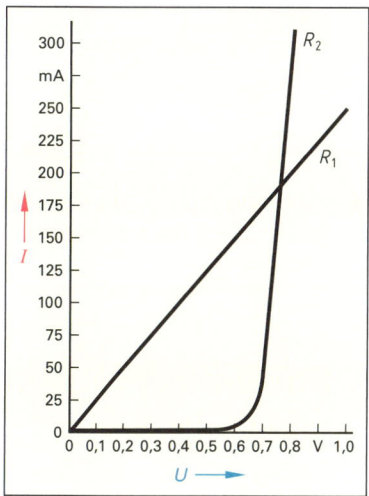

Bild 4: Strom-Spannungs-Kennlinien $I = f(U)$

Grundbegriffe der Elektrotechnik
Elektrische Energie und Arbeit

Blatt-Nr.: 2.8

> Elektrische Energie ist die Fähigkeit Arbeit zu verrichten. Energie ist ein Zustand. Nur wenn ein Strom fließt, wird elektrische Arbeit verrichtet. Die verrichtete Arbeit entspricht der genutzten Energie. Energie und Arbeit haben das Formelzeichen W.

1. a) Wie nennt man die abgebildeten Messgeräte **(Bild 1)**?
   b) Welche elektrische Größe kann damit gemessen werden?

   a) _____

   b) _____

2. Nennen Sie vier Vorteile des elektronischen Messgerätes **(Bild 1a)** gegenüber dem elektromechanischen Messgerät **(Bild 1b)**.

   • _____

   • _____

   • _____

   • _____

3. Welche Messgrößen werden durch die Messgeräte **(Bild 1)** erfasst?

   _____

Bild: Messgeräte a) elektronische, b) elektromechanische Bauart

4. Ergänzen Sie die **Tabelle**.

Tabelle: Elektrische Arbeit	
Formelzeichen	
Einheitenname	
Einheitenzeichen	

5. Nennen Sie die Formeln, mit denen man die elektrische Arbeit berechnen kann.

   Elektrische Arbeit: $W =$

   $W =$

   $W =$

6. Rechnen Sie die vorgegebenen Werte in Ws bzw. in kWh um.

Ws		$0{,}72 \cdot 10^9$	16 200 000
kWh	1		

7. Geben Sie eine Formel zur Berechnung der Kosten für die elektrische Arbeit an.

   Verbrauchsentgelt $VE =$

8. Ein 27-kW-Durchlauferhitzer füllt eine Badewanne in 10 min mit Warmwasser. Der Arbeitspreis VP beträgt 28 ct/kWh. Berechnen Sie das Verbrauchsentgelt VE für die elektrische Warmwasserherstellung. Geben Sie das Ergebnis in einem Antwortsatz an.

   Geg.:

   Ges.:

   Lösung:

   Antwortsatz:

 Grundbegriffe der Elektrotechnik
Elektrische Leistung

Blatt-Nr.: 2.9

> Die elektrische Leistung, die vom Stromkreis abgegeben wird, z.B. als Wärme, nennt man Wirkleistung. Nur im Wechselstromkreis muss man die elektrische Leistung P „Wirkleistung" nennen.

1. Was versteht man allgemein unter Leistung?

2. Ergänzen Sie die **Tabelle 1**.

Tabelle 1: Elektrische Leistung	
Formelzeichen	
Einheitenname	
Einheitenzeichen	

3. Nennen Sie vier Formeln zur Berechnung der elektrischen Leistung bei Gleichstrom.

$P =$	$P =$	$P =$	$P =$

4. Geben Sie in **Tabelle 2** Beispielwerte von Leistungen folgender Verbraucher an.

Tabelle 2: Verbraucherleistungen (Beispiele)	
Leuchtmittel	
Quarz-Uhrwerk	
Warmwasserbereiter	
ICE-Antrieb	
Kühlschrank	

5. Wie ändert sich die Leistung an einem Bauelement mit konstantem Widerstand, wenn man die Spannung am Bauelement **a)** verdoppelt und **b)** um 10% verringert?

   a)

   b)

> Ohmsche Widerstände R werden wegen der Wärmeabgabe im Betrieb auch **Wirkwiderstände R** genannt. Jeder Widerstand als Bauelement hat eine **Bemessungsleistung P_N**, die nicht überschritten werden darf, damit der Widerstand nicht durchbrennt. Die Bemessungsleistung P_N legt den im Dauerbetrieb maximal zulässigen Strom fest.

6. Für verschiedene Widerstände mit einer Bemessungsleistung $P_N = P_{max} = 1$ W, soll im **Bild** die Leistungskurve eingetragen werden.

   a) Ergänzen Sie in **Tabelle 2** die Stromwerte für eine Belastung von 1 W.

Tabelle 2: U-I-Wertepaare für 1 W					
U in V	10	20	30	40	50
I in mA					
U in V	60	70	80	90	100
I in mA					

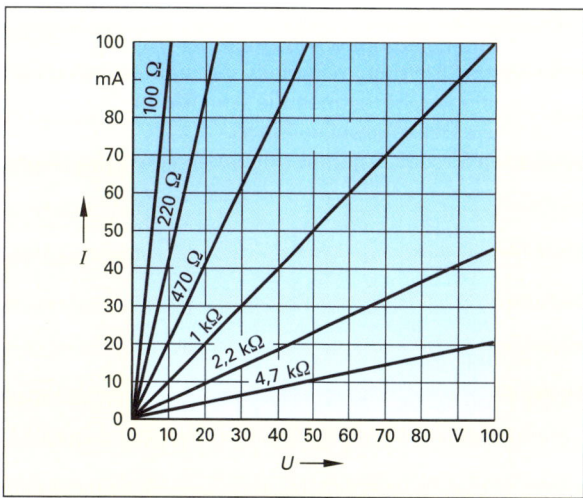

Bild: Leistungskurve für 1-W-Widerstände

   b) Tragen Sie diese U-I-Wertepaare in das **Bild** ein und verbinden Sie die Punkte zu einer 1-W-Leistungskurve.

   c) Schraffieren Sie im **Bild** den Bereich größer 1 W rot.

   d) Wie nennt man im **Bild** den Verlauf der Leistungskurve?

   e) Welche praktische Bedeutung hat der schraffierte Bereich im **Bild**?

Grundbegriffe der Elektrotechnik
Wirkungsgrad

Blatt-Nr.: 2.10

- Der Wirkungsgrad η ist das Verhältnis von abgegebener Leistung P_{ab} zur aufgenommenen Leistung P_{zu}.
- Er ist ein Maß für die Wirtschaftlichkeit der Energieumwandlung, z. B. in einem Gerät oder in einem Motor.
- Bei einer Energieumwandlung entstehen immer Verlustleistungen P_V, z. B. Stromwärmeverluste.
- Der Wirkungsgrad soll möglichst groß sein, nahe 1, bzw. 100 %.
- Die Formeln für den Wirkungsgrad beziehen sich immer nur auf Wirkleistungen P und gelten für Gleichstrom-, Einphasen-Wechselstrom- und Dreiphasen-Wechselstromkreise.

1. Geben Sie in der **Tabelle** zwei Formeln zum Berechnen des Wirkungsgrades an. Ergänzen Sie die fehlenden Fachbegriffe und Formelzeichen.

Tabelle: Berechnung des Wirkungsgrades	
Wirkungsgrad	
η	
	Leistungsabgabe
	Leistungsaufnahme
P_V	Verlustleistung

2. Berechnen Sie **a)** die Leistungsabgabe P_{ab} einer 40-W-Glühlampe (**Bild 1**) mit einem Wirkungsgrad von 0,05 und **b)** die Verlustleistung P_V. **c)** Begründen Sie im Antwortsatz das Herstellungsverbot von Glühlampen.

Geg.:
Ges.: a)   b)
Lösung:
a)
b)

Bild 1: 230-V-Glühlampe

c) Antwortsatz: _____

Bei Elektromotoren ist die angegebene Bemessungsleistung P_N immer die an der Welle abgegebene Wirkleistung P_{ab}.

3. Auf dem Leistungsschild eines Elektromotors steht die Angabe 22 kW. Beim Bemessungsbetrieb treten 2200 W Verluste auf. Berechnen Sie vom Motor den Wirkungsgrad als Dezimalzahl und in %.
Geben Sie das Ergebnis mit einem Antwortsatz an.

Geg.:
Ges.:
Lösung:

Antwortsatz: _____

4. Der Elektromotor einer Schmutzwasser-Tauchpumpe (**Bild 2**) hat eine Bemessungsleistung von 1100 W und nimmt 1392 W aus dem 230-V-Netz auf. Die Wasserpumpe hat einen Wirkungsgrad η_p von 0,75. Berechnen Sie **a)** den Gesamtwirkungsgrad η_G der Motor-Schmutzwasser-Tauchpumpe, **b)** die abgegebene Leistung P_{ab} der Motorpumpe.

Geg.:
Ges.: a)   b)
Lösung:
a)
b)

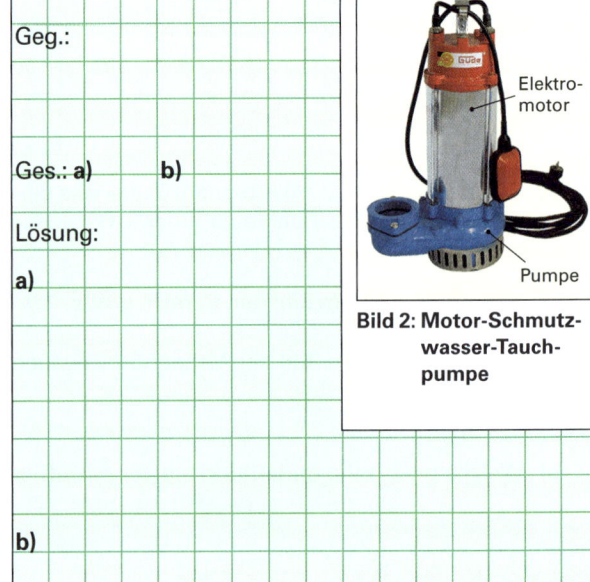
Bild 2: Motor-Schmutzwasser-Tauchpumpe

Grundschaltungen der Elektrotechnik
Reihenschaltung von Widerständen (1)

Blatt-Nr.: 3.1

> Eine Reihenschaltung von mehreren elektrischen Bauelementen **(Bild 1)** liegt vor, wenn der Anschluss eines Bauelementes nur mit einem Anschluss des nächstfolgenden Bauelementes verbunden wird.

1. Nennen Sie zwei Beispiele für die technische Anwendung von Reihenschaltungen.
   - _____
   - _____

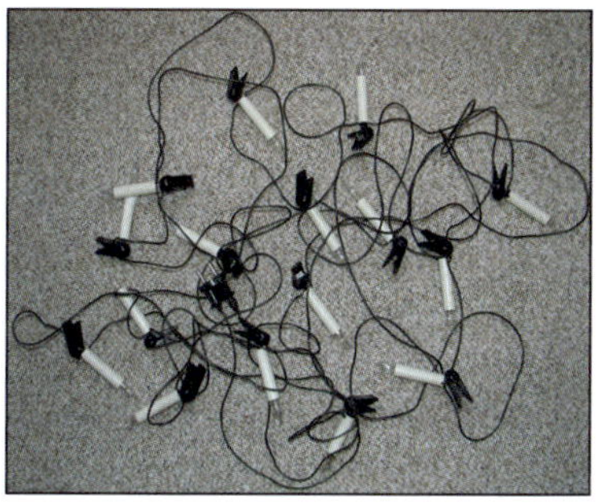

2. Tragen Sie in die Reihenschaltung **(Bild 2)** die Gesamtspannung U, den Strom I und die Teilspannungen U_1 an R_1, U_2 an R_2 und U_3 an R_3 mit den dazugehörigen Bezugspfeilen ein.

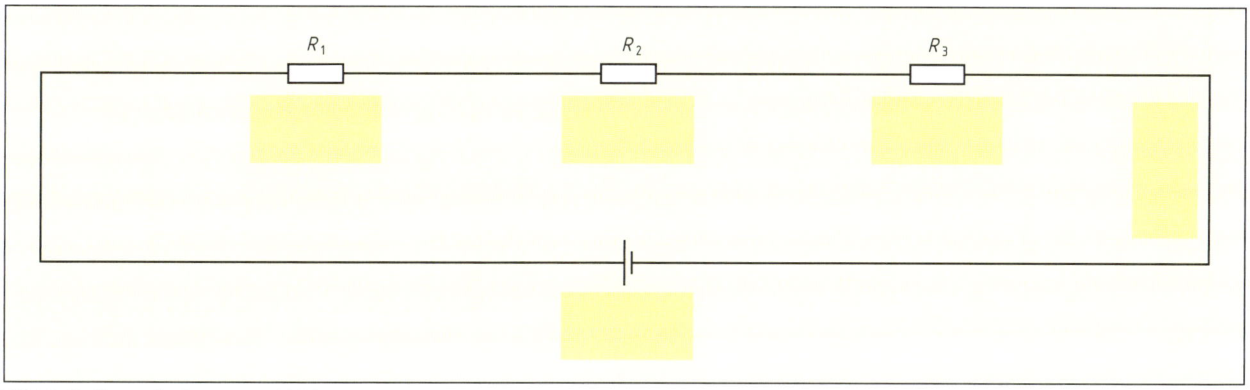

Bild 1: Lichterkette

Bild 2: Reihenschaltung von Widerständen

3. Ergänzen Sie die Gesetzmäßigkeiten der Reihenschaltung **Bild 2 a)** als Formel und **b)** mit Worten.

a)

Stromstärke	Gesamtspannung	Gesamtwiderstand	Spannungsteiler für U_1, U_2
I = konstant	U =	R =	$\dfrac{U_1}{U_2}=$

b) Der Strom ist an allen Stellen der Reihenschaltung gleich groß.

Die Gesamtspannung _____

Der Gesamtwiderstand _____

Die Spannungen _____

4. Ziehen Sie Schlussfolgerungen aus den Gesetzmäßigkeiten der Reihenschaltung, indem Sie folgende Aussagen mit „größten/größte" oder „kleinsten/kleinste" ergänzen.

   Die größte Teilspannung tritt am _____ Teilwiderstand auf.

   Am kleinsten Teilwiderstand tritt die _____ Teilspannung auf.

5. Nennen Sie zwei Nachteile der Reihenschaltung.
   - _____
   - _____

Blatt-Nr.: 3.2 Grundschaltungen der Elektrotechnik, **Reihenschaltung von Widerständen (2)**

6. Nennen Sie die Maschenregel (2. kirchhoffsche Regel).

> Die Zählrichtung innerhalb einer Masche kann frei gewählt werden, entweder im Uhrzeigersinn oder gegen den Uhrzeigersinn. Beachten Sie, dass alle Spannungen in der Zählrichtung ein positives Vorzeichen, alle Spannungen gegen die Zählrichtung ein negatives Vorzeichen erhalten.

7. a) Stellen Sie die Maschenregel für die Reihenschaltung nach **Bild 1** auf und berechnen Sie daraus die Spannung U_2 für die Zählrichtung im Uhrzeigersinn und
   b) für die Zählrichtung gegen den Uhrzeigersinn.
   c) Welche Schlussfolgerung ziehen Sie aus dem Vergleich beider Ergebnisse?

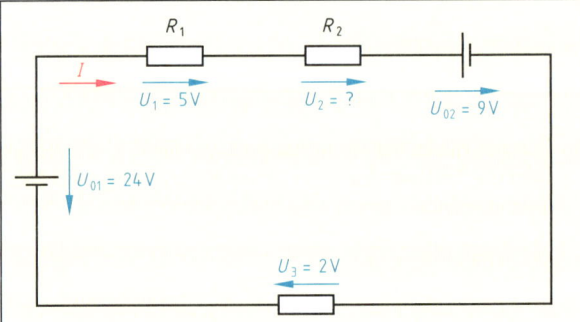

Bild 1: Reihenschaltung von drei Widerständen

Geg.:

Ges.:

Lösung:
a)

b)

c)

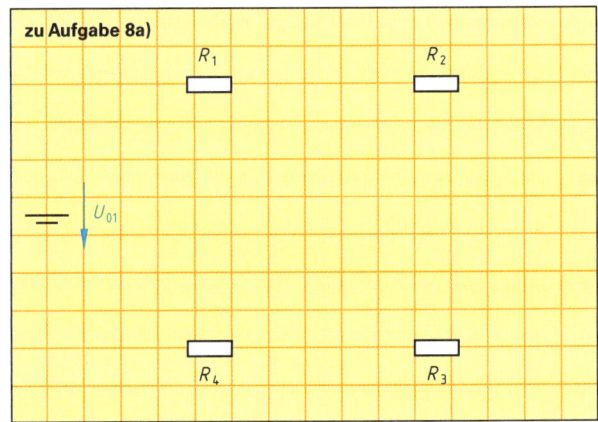

Bild 2: Reihenschaltung von vier Widerständen

8. Vier Teilwiderstände $R_1 = 22\ \Omega$, $R_2 = 47\ \Omega$, $R_3 = 15\ \Omega$ und $R_4 = 33\ \Omega$ sind in Reihe an eine Spannungsquelle mit $U_0 = 24\ V$ geschaltet.

   a) Verbinden Sie die Bauelemente im **Bild 2** und tragen Sie für den Strom I und alle Teilspannungen U_1 bis U_4 die Bezugspfeile ein.
   b) Berechnen Sie den Ersatzwiderstand R.
   c) Berechnen Sie die Stromstärke I.
   d) Berechnen Sie die Teilspannungen U_1 bis U_4.
   e) Berechnen Sie die Summe U_1 bis U_4.

Geg.:

Ges.:

Lösung:
b)

c)

d)

e)

Grundschaltungen der Elektrotechnik
Berechnung von Vorwiderständen

Blatt-Nr.: 3.3

> Ein Vorwiderstand hat die Aufgabe den Bemessungsstrom von Verbrauchern zu begrenzen. Wird der Bemessungsstrom eines Verbrauchers überschritten, so kann er zerstört werden. Vorwiderstände werden grundsätzlich so berechnet, dass an ihnen die Spannungsdifferenz zwischen Betriebsspannung und Verbraucherspannung vorhanden sein muss.

In allen Schaltungen (**Bilder 1–5**) ist der Vorwiderstand R_1 zu berechnen und nach der Normreihe E12 auszuwählen.
Normreihe E12: 1,0 1,2 1,5 1,8 2,2 2,7 3,3 3,9 4,7 5,6 6,8 8,2

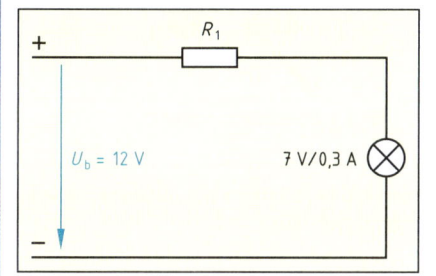

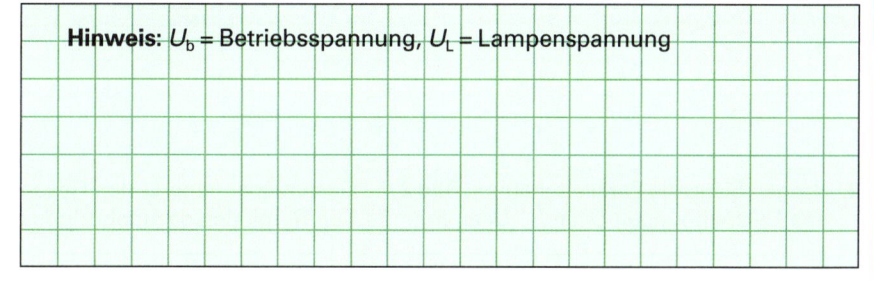

Hinweis: U_b = Betriebsspannung, U_L = Lampenspannung

Bild 1: Leuchte mit Vorwiderstand
($U_b = 12$ V, Lampe 7 V/0,3 A)

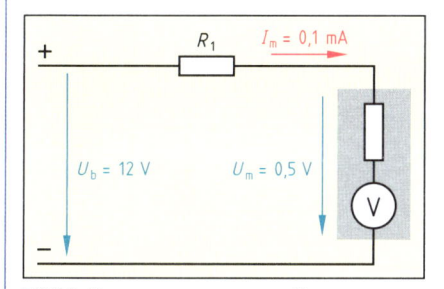

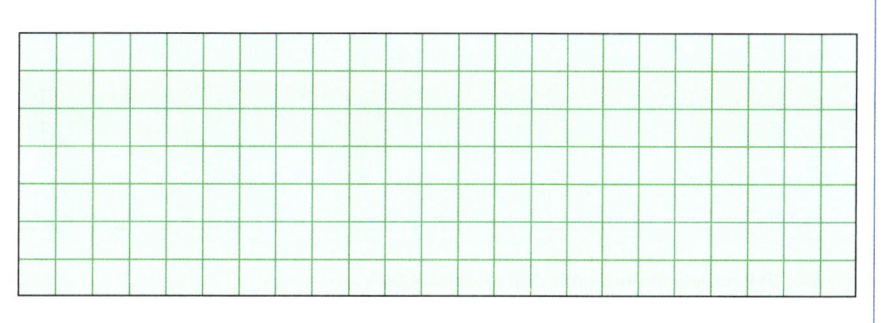

Bild 2: Spannungsmesser mit Vorwiderstand
($U_b = 12$ V, $I_m = 0{,}1$ mA, $U_m = 0{,}5$ V)

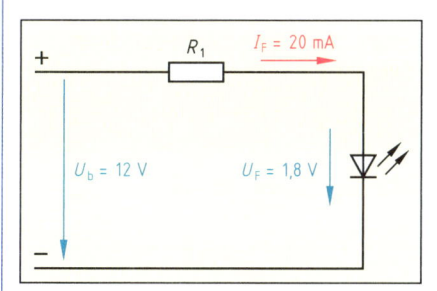

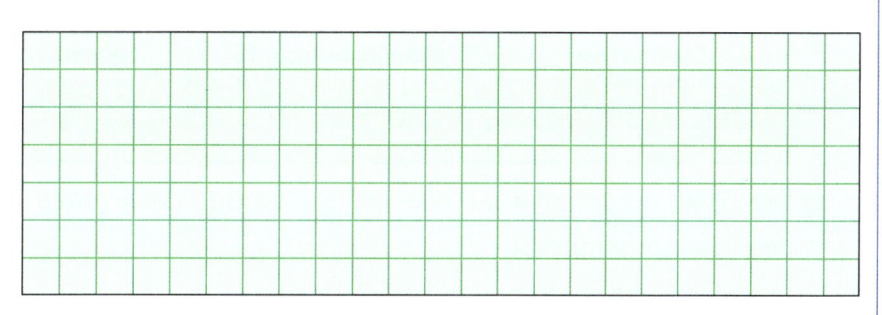

Bild 3: LED mit Vorwiderstand
($U_b = 12$ V, $I_F = 20$ mA, $U_F = 1{,}8$ V)

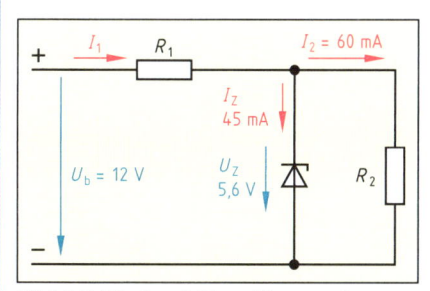

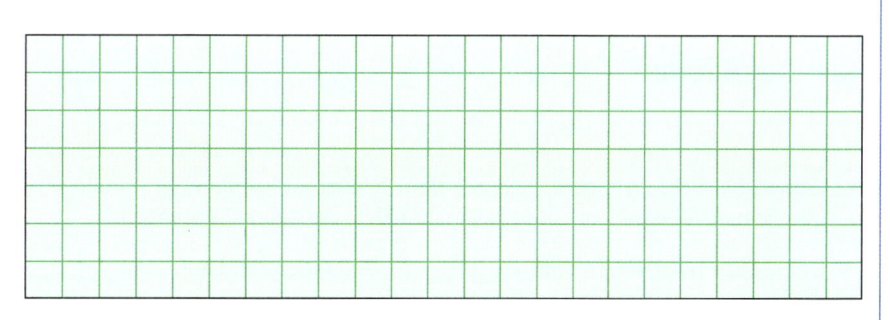

Bild 4: Z-Diode mit Vorwiderstand
($U_b = 12$ V, $I_2 = 60$ mA, $I_Z = 45$ mA, $U_Z = 5{,}6$ V)

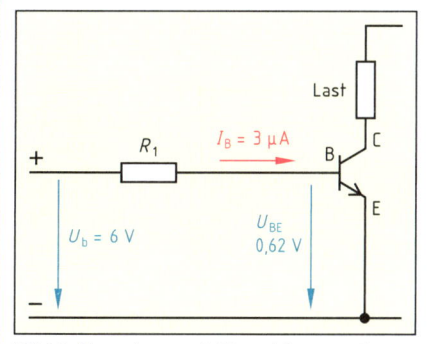

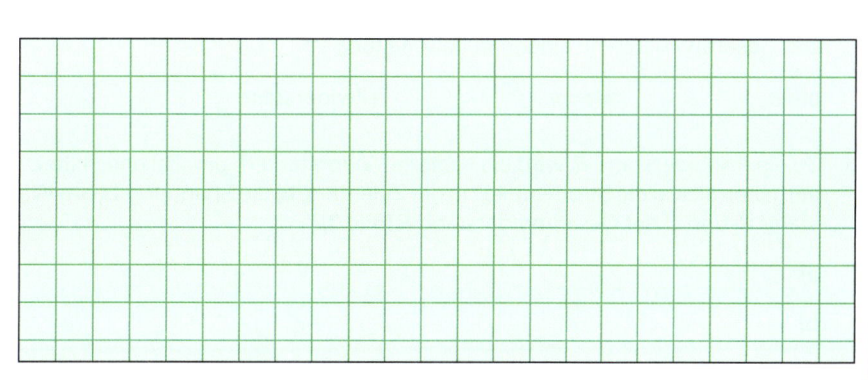

Bild 5: Transistor mit Vorwiderstand
($U_b = 6$ V, $I_B = 3$ µA, $U_{BE} = 0{,}62$ V)

Grundschaltungen der Elektrotechnik
Parallelschaltung von Widerständen (1)

Blatt-Nr.: 3.4

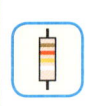

> Eine Parallelschaltung von mehreren elektrischen Bauelementen liegt vor, wenn alle Eingänge bzw. alle Ausgänge der Bauelemente jeweils in einem Knotenpunkt verbunden sind, z. B. Steckdosenleiste **(Bild 1)**.

1. Nennen Sie zwei Beispiele für die technische Anwendung von Parallelschaltungen.
   - _____
   - _____

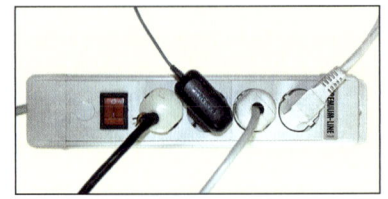

   Bild 1: Steckdosenleiste

2. Tragen Sie in die Parallelschaltung **Bild 2** die Gesamtspannung U, den Gesamtstrom I, die Teilströme I_1, I_2 und I_3, sowie die Teilspannungen U_1 an R_1, U_2 an R_2 und U_3 an R_3 mit den dazugehörigen Bezugspfeilen ein.

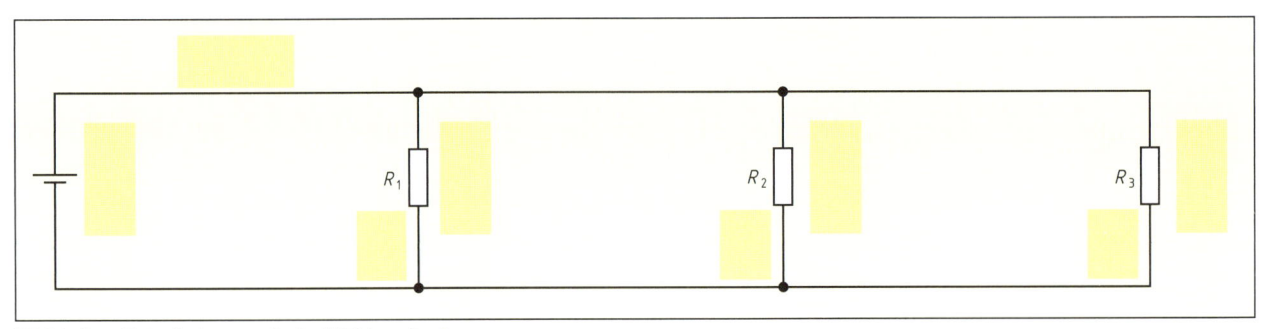

   Bild 2: Parallelschaltung mit drei Widerständen

3. Ergänzen Sie die Gesetzmäßigkeiten der Parallelschaltung **Bild 2 a)** als Formel und **b)** allgemein mit Worten

   a)
Spannungen	Gesamtstromstärke	Gesamtwiderstand	Stromteiler für R_1, R_2
$U_1 = U_2 = U_3 = U$	$I =$	$\dfrac{1}{R} =$	$\dfrac{I_1}{I_2} =$

   b) **Die Spannungen sind an allen Widerständen der Parallelschaltung gleich groß.**

   Der Gesamtstrom _____

   Der Kehrwert des Gesamtwiderstandes _____

   Die Ströme _____

4. Ziehen Sie Schlussfolgerungen aus den Gesetzmäßigkeiten der Parallelschaltung, indem Sie folgende Aussagen mit „größten/größte/größer" oder „kleinsten/kleinste/kleiner" ergänzen.

   Der größte Teilstrom tritt am _____ Teilwiderstand auf.

   Am größten Teilwiderstand tritt der _____ Teilstrom auf.

   Der Gesamtwiderstand einer Parallelschaltung ist

   stets _____ als der _____ Teilwiderstand.

5. Zu einem Widerstand R_1 wird ein weiterer Widerstand R_2 parallel geschaltet. Wie verhalten sich **a)** die Stromstärke I in der Zuleitung, **b)** die Spannung U_1 am Widerstand R_1 und **c)** der Gesamtwiderstand R **(Bild 3)**?

   a) _____

   b) _____

   c) _____

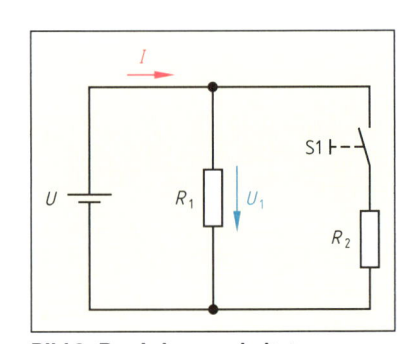

   Bild 3: R_2 wird zugeschaltet

Blatt-Nr.: 3.5 | Grundschaltungen der Elektrotechnik, **Parallelschaltung von Widerständen (2)**

6. Nennen Sie die Knotenpunktregel (1. kirchhoffsche Regel).

_____

_____

7. Stellen Sie
  a) die Knotenpunktregel zur Berechnung der Ströme für die Schaltung nach **Bild 1** auf und
  b) berechnen Sie daraus die Stromstärke I_3.

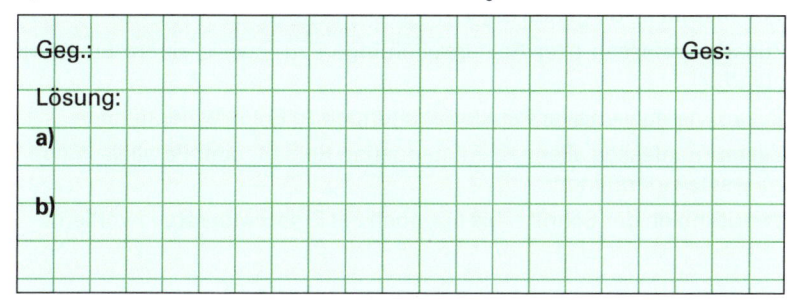

Geg.:   Ges:

Lösung:

a)

b)

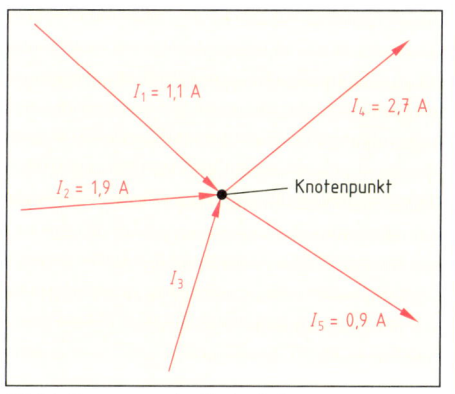

Bild 1: Knotenpunkt (Beispiel)

$I_1 = 1{,}1\ \text{A}$, $I_2 = 1{,}9\ \text{A}$, $I_4 = 2{,}7\ \text{A}$, $I_5 = 0{,}9\ \text{A}$

8. Nehmen Sie an: Das Ergebnis der **Aufgabe 7** hätte $I_3 = -0{,}6$ A gelautet. Ziehen Sie daraus die Schlussfolgerung für die Schaltung nach **Bild 1**.

_____

_____

9. Für einen Gleichstrommotor (**Bild 2**) werden 12 A benötigt, die aus zwei gleichen Spannungsquellen mit je 6 A zu entnehmen sind.
  a) Ergänzen Sie die Schaltung in **Bild 2**, um die Forderung zu erfüllen.
  b) Welche Bedingung lässt sich aus **Bild 2** für eine korrekte Parallelschaltung von Spannungsquellen ableiten?
  c) Welchen Strom würde der Motor (**Bild 2**) erhalten, wenn irrtümlicherweise eine Spannungsquelle umgepolt würde?

b) _____

c) _____

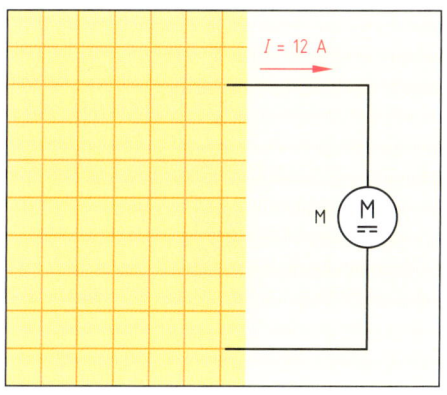

Bild 2: Stromversorgung Gleichstrommotor ($I = 12$ A)

10. Berechnen Sie für die Schaltung nach **Bild 3**
  a) den Ersatzwiderstand R_I, der drei parallel geschalteten Widerstände,
  b) den Gesamtstrom I und
  c) die Teilströme I_1, I_2 und I_3.
  d) Wie groß müsste ein parallelgeschalteter Widerstand R_4 sein, damit der Ersatzwiderstand $R_\text{II} = 60\ \Omega$ beträgt?

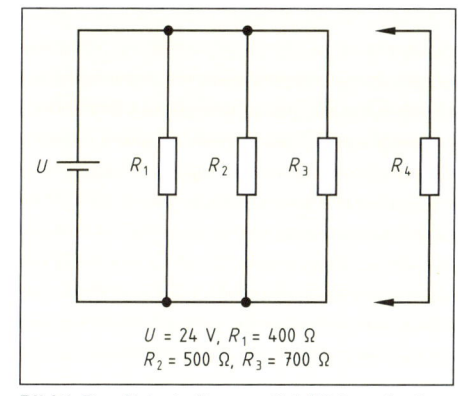

Bild 3: Parallelschaltung mit 4 Widerständen

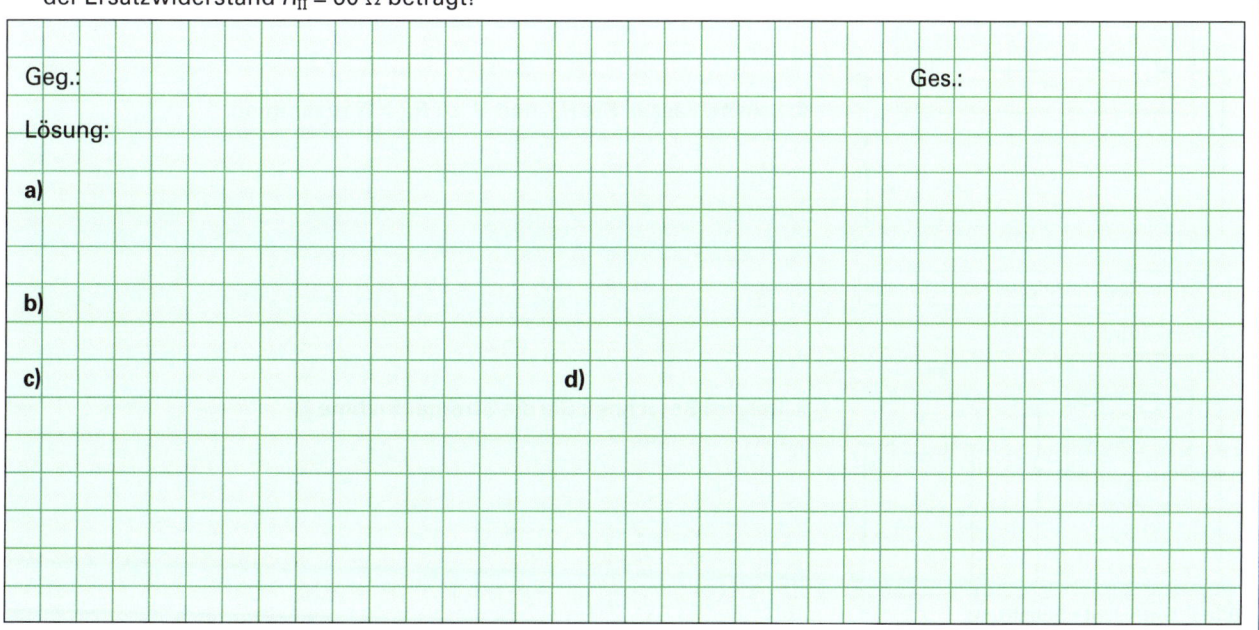

$U = 24$ V, $R_1 = 400\ \Omega$, $R_2 = 500\ \Omega$, $R_3 = 700\ \Omega$

Geg.:   Ges.:

Lösung:

a)

b)

c)   d)

Grundschaltungen der Elektrotechnik
Gemischte Schaltung und Ersatzwiderstand

Blatt-Nr.: 3.6

> Gemischte Schaltungen sind eine Kombination von Reihen- und Parallelschaltungen. Für das Auflösen gibt es Regeln (siehe folgende Punkte 1. bis 4.).

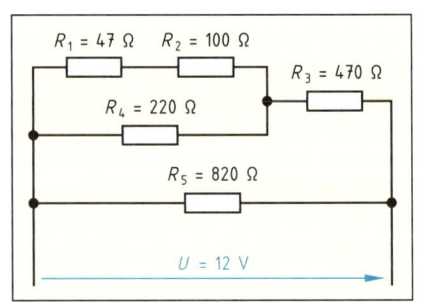

Bild 1: Gemischte Schaltung
$R_1 = 47\ \Omega$, $R_2 = 100\ \Omega$, $R_3 = 470\ \Omega$, $R_4 = 220\ \Omega$, $R_5 = 820\ \Omega$, $U = 12\ V$

Von der gemischten Schaltung (**Bild 1**) ist der Ersatzwiderstand R und die Stromaufnahme zu berechnen. Dazu ist die gemischte Schaltung schrittweise zu vereinfachen (**Bild 2**). So gehen Sie vor:

1. Zusammenfassen aller Reihenschaltungen zu jeweils einem Ersatzwiderstand.
2. Zusammenfassen aller Parallelschaltungen zu Ersatzwiderständen.
3. Zusammenfassen aller neu entstandenen Reihen- oder Parallelschaltungen zu Ersatzwiderständen.
4. Wiederholen der Schritte, bis nur noch ein Ersatzwiderstand vorliegt.

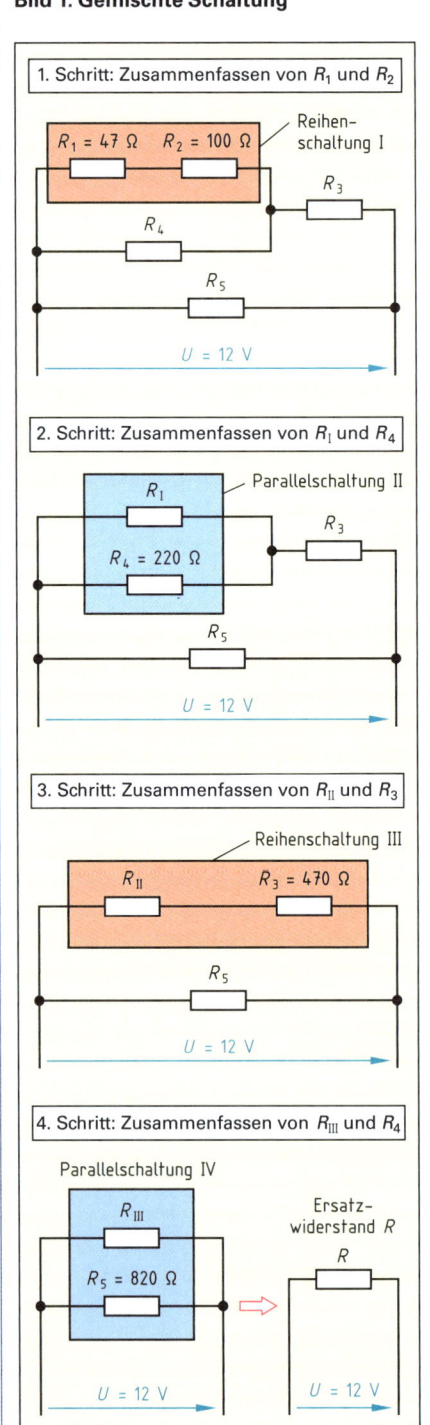

1. Schritt: Zusammenfassen von R_1 und R_2 — Reihenschaltung I

2. Schritt: Zusammenfassen von R_I und R_4 — Parallelschaltung II

3. Schritt: Zusammenfassen von R_{II} und R_3 — Reihenschaltung III

4. Schritt: Zusammenfassen von R_{III} und R_5 — Parallelschaltung IV, Ersatzwiderstand R

Bild 2: Gemischte Schaltung

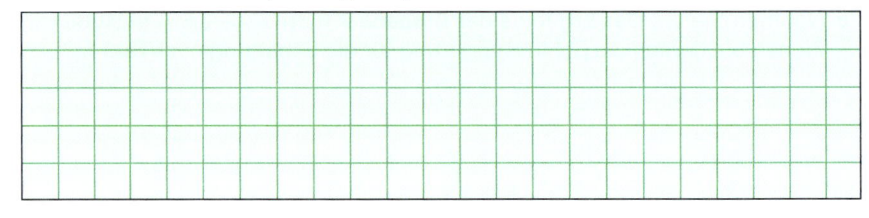

1. Schritt: Fassen Sie R_1 und R_2 zu R_I zusammen.

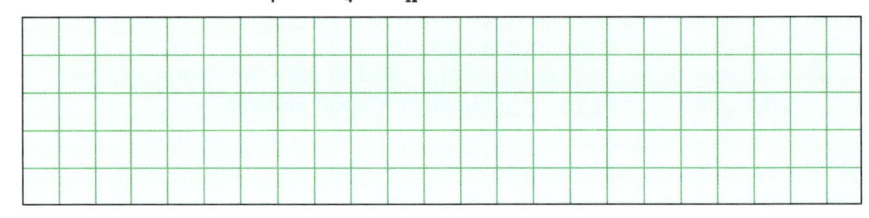

2. Schritt: Fassen Sie R_I und R_4 zu R_{II} zusammen.

3. Schritt: Fassen Sie R_{II} und R_3 zu R_{III} zusammen.

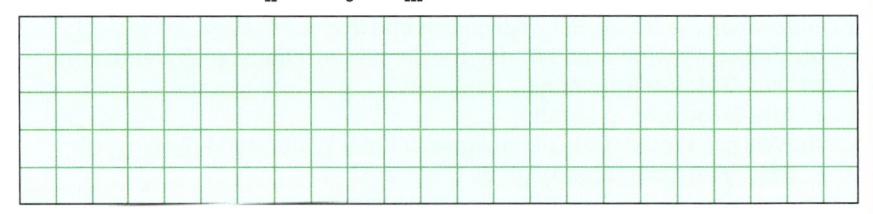

4. Schritt: Fassen Sie R_{III} und R_5 zu $R_{IV} = R$ zusammen.

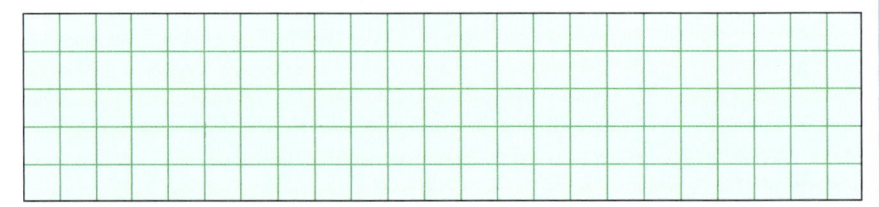

5. Schritt: Berechnen Sie die Stromaufnahme I.

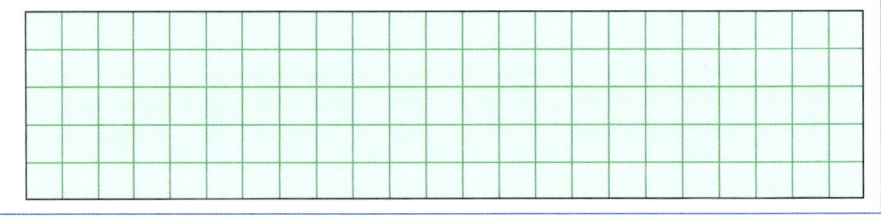

Grundschaltungen der Elektrotechnik
Spannungsteiler (1)

Blatt-Nr.: 3.7

> Elektronische Schaltungen benötigen oft Spannungen, die kleiner als die Betriebsspannung sind. Zur Erzeugung solcher Spannungen werden häufig Spannungsteiler eingesetzt. Mit einem einstellbaren Spannungsteiler **(Bild 1)** kann dann die Ausgangsspannung stufenlos eingestellt werden.

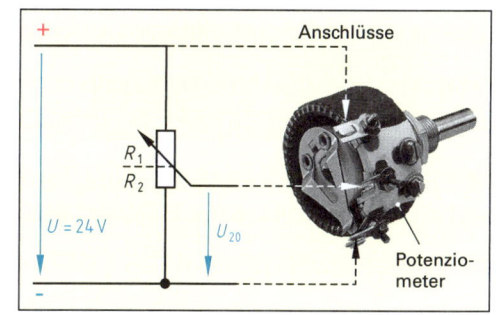

Bild 1: Einstellbarer unbelasteter Spannungsteiler

1. Spannungsteiler können mit und ohne Last am Ausgang betrieben werden **(Bild 1)**. Meist erfolgt jedoch der Betrieb mit einer Last, z.B. einem Widerstand oder einem elektronischen Gerät **(Bild 3)**. Ergänzen Sie die dafür verwendeten Fachbegriffe im **Bild 2**.

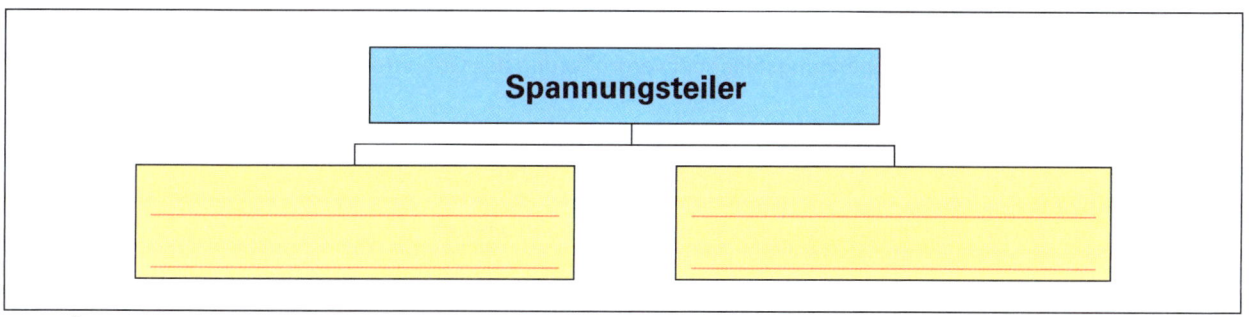

Bild 2: Übersicht Spannungsteiler

Unbelasteter Spannungsteiler

2. Geben Sie die Formeln für den unbelasteten Spannungsteiler **(Bild 1)** an und benennen Sie die Formelzeichen.

$$\frac{U_{20}}{U} = \quad \Rightarrow U_{20} =$$

U _____

U_{20} _____

R_1, R_2 _____

3. Zwischen welchen Werten kann die Ausgangsspannung U_{20} in **Bild 1** eingestellt werden?

4. Bei welcher Einstellung **(Bild 1, Schaltzeichen)** ist die Spannung $U_{20} = 0$ V?

Belasteter Spannungsteiler

5. Tragen Sie in **Bild 3** die fehlenden Spannungspfeile und Strompfeile für die Gesamtspannung U, den Strom I, den Querstrom I_q, den Belastungsstrom I_L und die Ausgangsspannung U_L ein.

6. a) Wodurch kann bei dem elektronischen Gerät **(Bild 3)** z.B. eine Vergrößerung des Laststromes I_L hervorgerufen werden?

   b) Wie verhält sich die Ausgangsspannung U_L bei größer werdendem Laststrom I_L?

7. Welcher Strom I fließt durch den Widerstand R_1? Geben Sie die Formel an.

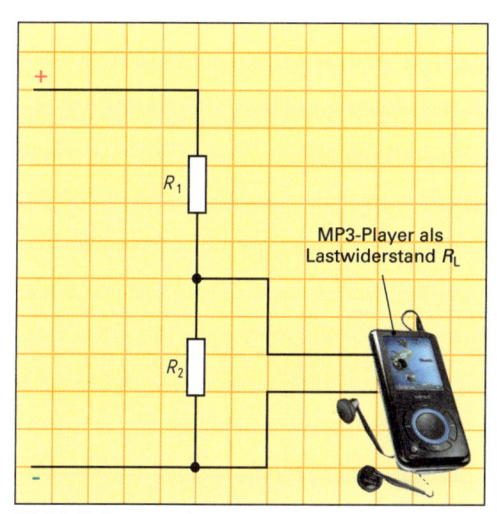

Bild 3: Belasteter Spannungsteiler

Blatt-Nr.: 3.8 — Grundschaltungen der Elektrotechnik, Spannungsteiler (2)

8.
 a) Welche Spannung U_2 ergibt sich beim belasteten Spannungsteiler bei $R_1 = R_2 = R_L$? Nennen Sie die Formel.
 b) Nennen Sie die Formel für das Querstromverhältnis q aus den Strömen.
 c) Nennen Sie die Formel für das Querstromverhältnis q aus den Widerständen.

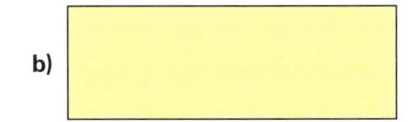

a)

b)

c)

9. Berechnen Sie bei einem Spannungsteiler (**Bild 3, Blatt 3.7**) mit $R_1 = 1\ k\Omega$ und $R_2 = 500\ \Omega$ **a)** das Querstromverhältnis q für die Belastung mit $R_L = 500\ \Omega$ und **b)** das Querstromverhältnis q für die Belastung mit $R_L = 5\ k\Omega$.

Geg.:   Lösung:
Ges.:
                a)   b)

10. Wie verhält sich der belastete Spannungsteiler bei Vergrößerung des Querstromverhältnisses q?

11. Welchen Nachteil hat die Vergrößerung des Querstromverhältnisses q?

12. Welche Werte werden in der Praxis für das Querstromverhältnis q verwendet?

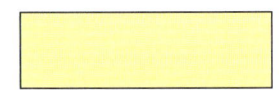

Hinweis: Bei $q = 10$ ist die Abweichung zwischen der Leerlaufspannung und der Ausgangsspannung bei Belastung vernachlässigbar klein.

13. Bei einem Potenziometer (**Bild**) wird die Ausgangsspannung U_2 über den gesamten Einstellbereich gemessen. Dabei werden drei Messreihen für die Fälle Potenziometer
 a) ohne Last (Leerlauf),
 b) mit Last ($q = 1$) und
 c) mit Last ($q = 10$)
durchgeführt und die Messergebnisse als Kurven in einem Diagramm erstellt.
Kennzeichnen Sie in dem Diagramm (**Bild**) die Kurven mit den Belastungsfällen a), b) und c).

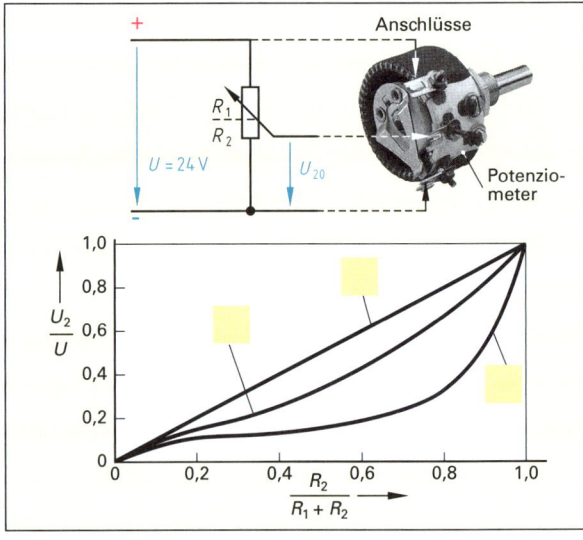

Bild: Potenziometer mit unterschiedlicher Last

14. Bei einem belasteten Spannungsteiler zur Erzeugung der Versorgungsspannung für einen MP3-Player (**Bild 3, Seite 41**) soll die Ausgangsspannung $U_2 = 3\ V$ betragen. Der Laststrom I_L beträgt 50 mA, das Querstromverhältnis 5 und die Betriebsspannung 12 V.
Berechnen Sie die Widerstände R_1 und R_2 und wählen Sie beide Widerstände nach der Normreihe E12.

Geg.:   Ges.:
Lösung:

Grundschaltungen der Elektrotechnik
Brückenschaltung (1)

Blatt-Nr.: 3.9

> ℹ️ Brückenschaltungen werden z. B. in der Messtechnik sowie in der Steuerungs- und Regelungstechnik angewendet.

1. Beschreiben Sie den grundsätzlichen Aufbau einer Brückenschaltung (**Bild**).

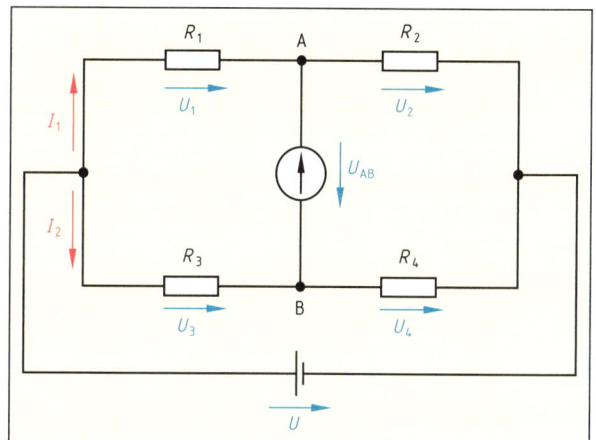

   _____

   _____

   _____

2. Welche Verbindung einer Brückenschaltung (**Bild**) wird als Brückendiagonale bezeichnet?

   _____

   _____

3. Nennen Sie die Bedingung, damit eine Brückenschaltung abgeglichen ist.

   _____

   _____

Bild: Prinzip einer Brückenschaltung

4. Stellen Sie für die Spannungen U_1 bis U_4 (**Bild**) mithilfe des ohmschen Gesetzes die Gleichungen auf.

   $U_1 = \quad\quad U_2 = \quad\quad U_3 = \quad\quad U_4 =$

5. Stellen Sie mithilfe der Abgleichbedingung das Widerstandsverhältnis für eine abgeglichene Brücke auf.
   Hinweis: Ersetzen Sie die Spannungen durch das ohmsche Gesetz und stellen Sie die Gleichung nach R_1 um.

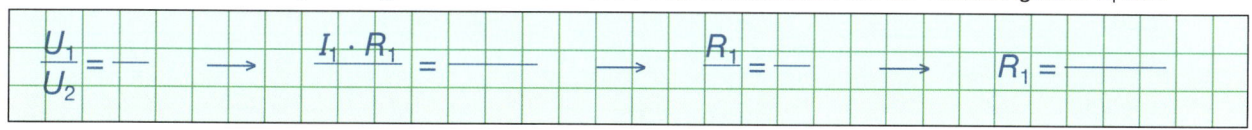

   $\dfrac{U_1}{U_2} = \dfrac{}{} \rightarrow \dfrac{I_1 \cdot R_1}{} = \dfrac{}{} \rightarrow \dfrac{R_1}{} = \dfrac{}{} \rightarrow R_1 = \dfrac{}{}$

6. Von den 4 Widerständen einer abgeglichenen Brückenschaltung (**Bild**) sind die Widerstände $R_1 = 20\ \Omega$, $R_2 = 40\ \Omega$ und $R_4 = 50\ \Omega$ bekannt. Berechnen Sie R_3.

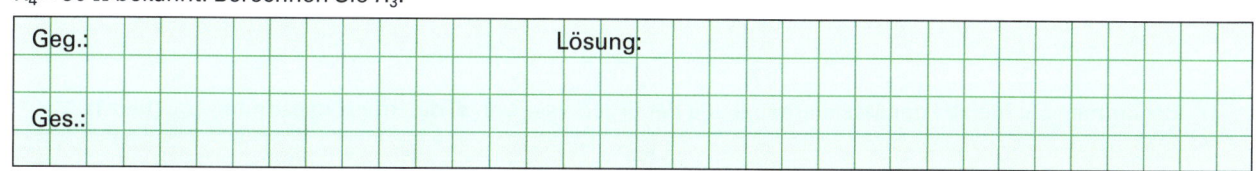

   Geg.:

   Ges.:

   Lösung:

7. Die Brückenschaltung von **Aufgabe 6** liegt an einer Spannung von a) $U = 12$ V und b) $U = 42$ V. Berechnen Sie für beide Fälle das Spannungsverhältnis U_1/U_2 im abgeglichenen Zustand. c) Vergleichen Sie beide Spannungsverhältnisse, welche Schlussfolgerung ziehen Sie daraus?

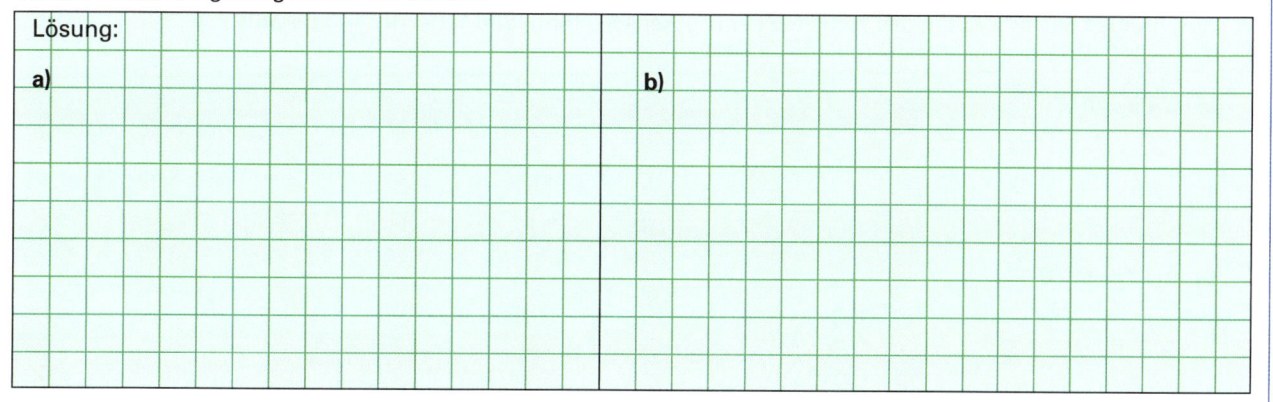

   Lösung:
   a)
   b)

   c) _____

Blatt-Nr.: 3.10 | Grundschaltungen der Elektrotechnik, **Brückenschaltung (2)**

8. Die im **Bild 1** dargestellte Brückenschaltung wird für Temperaturmessungen verwendet.

   a) Wie bezeichnet man die Widerstände R_3 und R_4?

   R_3: _____

   R_4: _____

   b) Ermitteln Sie den Widerstandswert von R_3 bei einer Umgebungstemperatur von 0 °C (**Bild 2**).

   Bei 0 °C → R_3 = _____

   c) Berechnen Sie mit dem ermittelten Wert für R_3 den Einstellwert von R_4, um eine abgeglichene Brückenschaltung zu erhalten.

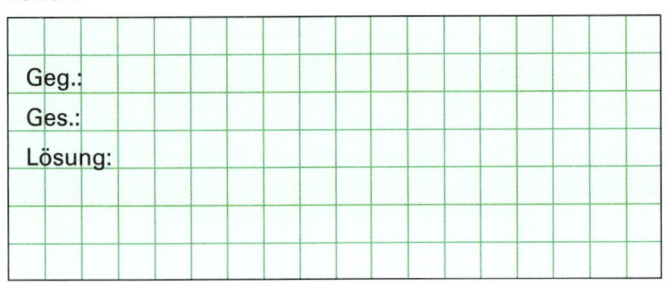

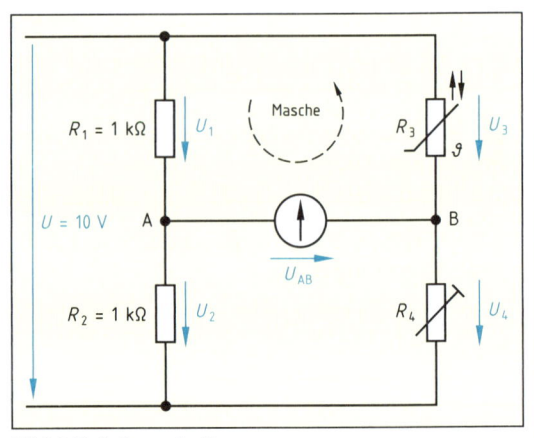

   Geg.:
   Ges.:
   Lösung:

   Bild 1: Brückenschaltung

   d) Ermitteln Sie den Widerstandswert des Heißleiters (**Bild 2**), wenn die Temperatur auf 50 °C ansteigt.

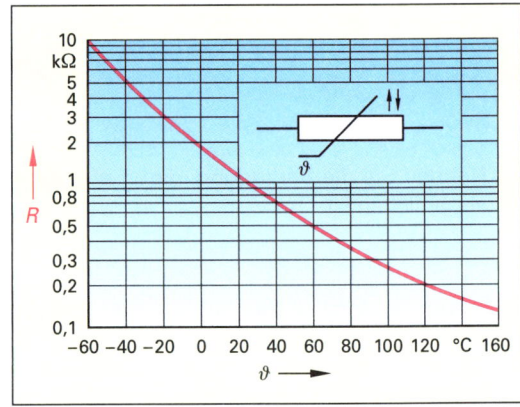

   Bei 50 °C → R_3 = _____

   Bild 2: Kennlinie eines NTC-Widerstandes Heißleiter

   e) Berechnen Sie die Spannungsfälle U_1 und U_3 der nicht abgeglichenen Brückenschaltung aus Aufgabe **d)**.

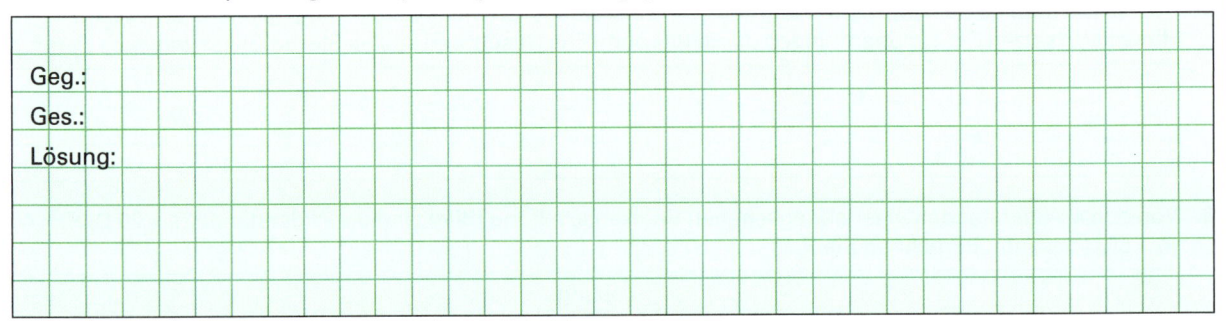

   Geg.:
   Ges.:
   Lösung:

   f) Bestimmen Sie mithilfe der Maschenregel und der Ergebnisse von **e)** die Brückenspannung U_{AB} (**Bild 1**).

   Maschenregel: _____ → U_{AB} =

9. Beschreiben Sie mit Worten das Verhalten der Brückenschaltung (**Bild 1**) bei der Temperatur
   a) $\vartheta_1 = 0$ °C (Brücke abgeglichen) und **b)** $\vartheta_2 = 50$ °C.

   a) Bei $\vartheta_1 = 0$ °C: _____

   b) Bei $\vartheta_2 = 50$ °C: _____

Grundschaltungen der Elektrotechnik
Spannungsquellen (1)

Blatt-Nr.: 3.11

> ℹ️ Im Allgemeinen wird eine Spannungsquelle (**Bild 1**) nur als verlustfreies Bauelement betrachtet. Die Spannungsquelle stellt eine Quellenspannung U_0 zur Verfügung. In der Praxis haben jedoch auch Spannungsquellen Wärmeverluste, die betrachtet werden müssen.

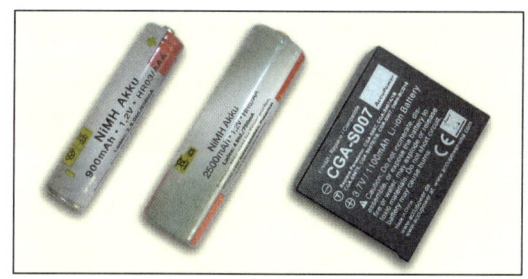

Bild 1: Spannungsquellen (Beispiele)

1. Welche Aussage kann man im **Bild 2** über die Größe der Klemmenspannung U im Vergleich zur Quellenspannung U_0 treffen? Ergänzen Sie das zutreffende Zeichen (gleich, kleiner, größer).

Klemmenspannung U		Quellenspannung U_0

2. Bei Belastung einer Spannungsquelle treten im Innern immer Wärmeverluste auf. Im Ersatzschaltbild einer Spannungsquelle (**Bild 2**) zeichnet man deshalb ein zusätzliches Bauelement. Benennen Sie dieses Bauelement und geben Sie dessen Kurzzeichen an.

   _____

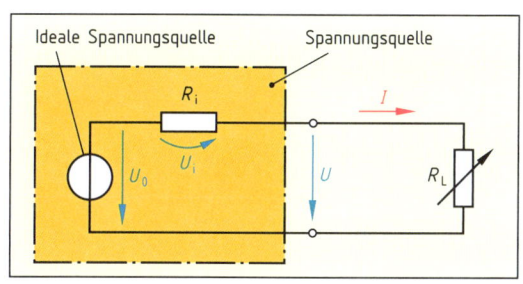

Bild 2: Ersatzschaltbild einer Spannungsquelle

3. Erklären Sie, warum bei einer mit einem Lastwiderstand R_L belasteten Spannungsquelle die Klemmenspannung U kleiner als die Quellenspannung U_0 ist.

   _____
   _____
   _____

4. Eine Mignonzelle mit einer Quellenspannung $U_0 = 1{,}55$ V hat einen Innenwiderstand $R_i = 0{,}7\ \Omega$. Berechnen Sie **a)** die Stromaufnahme I und **b)** die Klemmenspannung U für die in **Tabelle 1** angegebenen Lastwiderstände R_L und tragen Sie die Ergebnisse in **Tabelle 1** ein.

   Geg.:
   Ges.:
   Berechnung für $R_L = 8\ \Omega$:
   a)
   b)

   Tabelle 1: Wertepaare der Schaltung

R_L in Ω	I in mA	U in V
8		
4		
1,5		
0,75		
0,3		
0		

5. Zeichnen Sie die Kennlinie der Spannungsquelle $U = f(I)$ mit den in **Aufgabe 4** berechneten Wertepaaren in **Bild 3**.

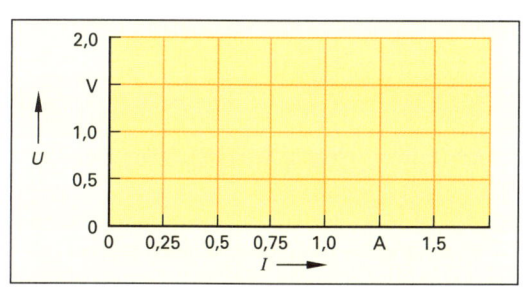

Bild 3: Belastungskennlinie der Spannungsquelle

6. Ergänzen Sie in der **Tabelle 2** die geforderten elektrischen Werte für die Belastungsarten Leerlauf, Normalbelastung und Kurzschluss einer Spannungsquelle.

Tabelle 2: Belastungsarten einer Spannungsquelle

	Leerlauf	Normalbelastung	Kurzschluss
Lastwiderstand R_L		$R_L < \infty$	
Stromstärke I		$I \leq I_{zul}$	
Klemmenspannung U			

Blatt-Nr.: 3.12 | Grundschaltungen der Elektrotechnik, **Spannungsquellen (2)**

7.
a) Nennen Sie in der **Tabelle** die beiden Schaltungsarten.
b) Zeichnen Sie in jede Spannungsquelle die Schaltzeichen (mit Innenwiderstand) ein.
c) Geben Sie den Zweck für die Zusammenschaltung der Spannungsquellen an.
d) Ermitteln Sie die Bedingungen für einen fehlerfreien Betrieb.

Tabelle: Grundschaltungen von Spannungsquellen		
a) Schaltungsart		
b) Schaltung		
c) Zweck der Schaltung		
d) Bedingungen		

8. Was geschieht, wenn man die Spannungsquellen wie im **Bild 1** schaltet?

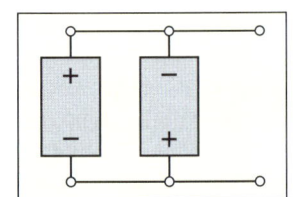

Bild 1: Parallelschaltung (fehlerhaft)

9. Zur Verfügung stehen einzelne Spannungsquellen mit einer Leerlaufspannung $U_0 = 2{,}0$ V, einer maximalen Strombelastung $I_N = 5$ A sowie einem Innenwiderstand $R_i = 0{,}03\ \Omega$. Zeichnen Sie die Schaltung, um eine Stromentnahme von 10 A zu ermöglichen. Die Gesamtleerlaufspannung soll 12 V betragen.

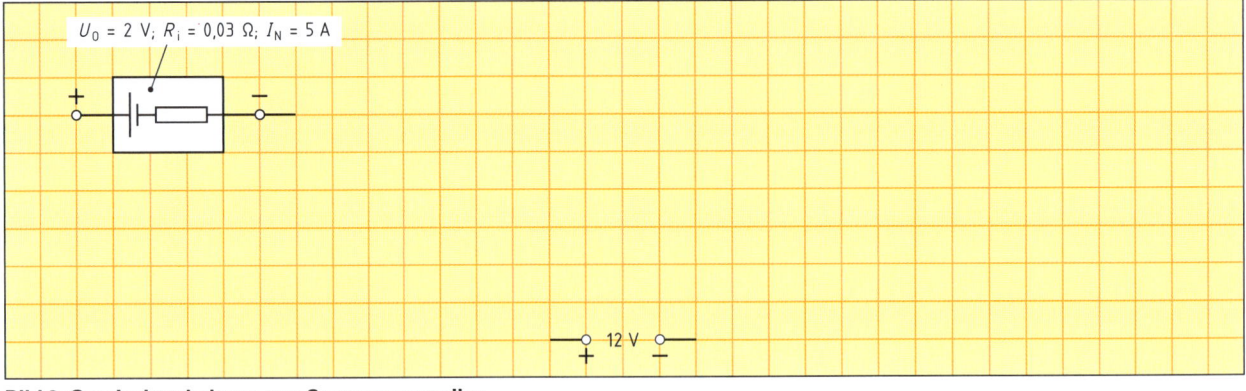

$U_0 = 2$ V; $R_i = 0{,}03\ \Omega$; $I_N = 5$ A

12 V

Bild 2: Gemischtschaltung von Spannungsquellen

10. Wie groß ist der Kurzschlussstrom, wenn aus Versehen die Plusklemme und die Minusklemme der Gesamtschaltung von **Aufgabe 7** kurzgeschlossen werden.

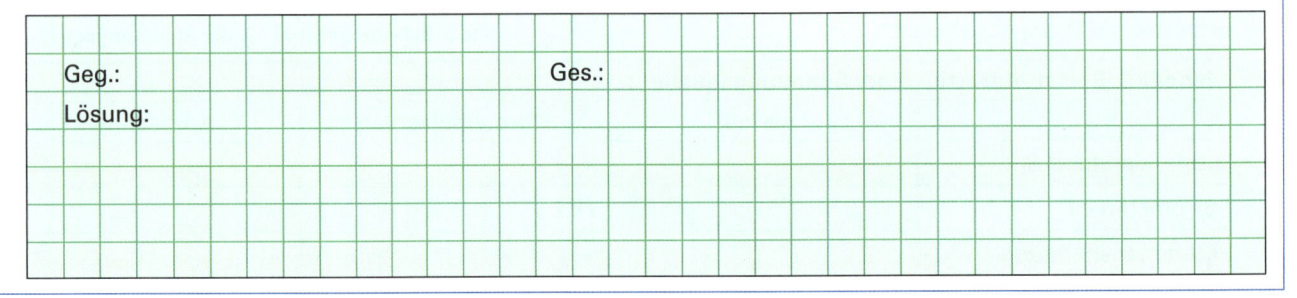

Geg.:

Ges.:

Lösung:

Elektrisches Feld
Grundgesetze

Blatt-Nr.: 4.1

> ℹ️ Elektrische Felder wirken überall, wo Spannungen vorhanden sind. Sie sind unsichtbar. Zur Darstellung verwendet man Feldlinien. Dabei werden die Feldrichtungen durch Pfeile gekennzeichnet. Überschreitet die Stärke des elektrischen Feldes bestimmte Grenzwerte, so kann es, z.B. in Isolierwerkstoffen, zu einer Beschädigung infolge eines Spannungsdurchschlages kommen.

1. Welche Kraftwirkungen und Merkmale haben elektrische Feldlinien?

    - _____
    - _____
    - _____
    - _____
    - _____

2. Zeichnen Sie bei den vier Beispielen von **Bild 1** jeweils mehrere elektrische Feldlinien ein. Geben Sie die Richtung der Feldlinien an. Kennzeichnen Sie farbig einen vorhandenen feldfreien Raum.

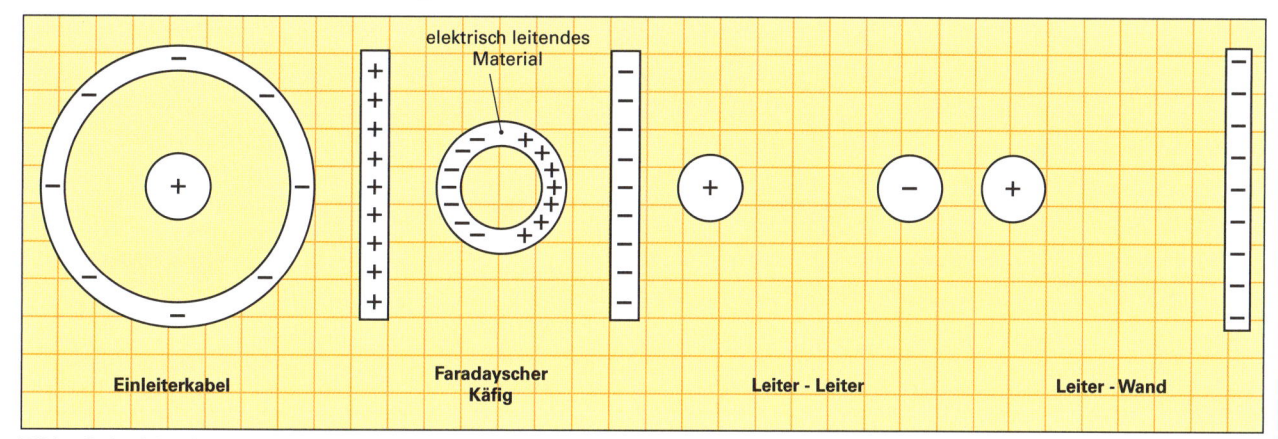

Bild 1: Beispiele elektrischer Felder
(Einleiterkabel — Faradayscher Käfig — Leiter-Leiter — Leiter-Wand)

3. Tragen Sie in **Bild 2** die Ziffern für die folgenden Begriffe ein:
    1. homogenes elektrisches Feld
    2. negativ geladene Platte
    3. Plattenabstand
    4. Streufeld (inhomogen)
    5. Spannung zwischen den Platten
    6. positiv geladene Platte

   Geben Sie die Richtung der Feldlinien durch Pfeile an.

4. Tragen Sie in **Bild 3** elektrische Feldlinien und die Kraftrichtung der Styroporkugel ein. Die Styroporkugel hat ursprünglich die Plus-Platte berührt.

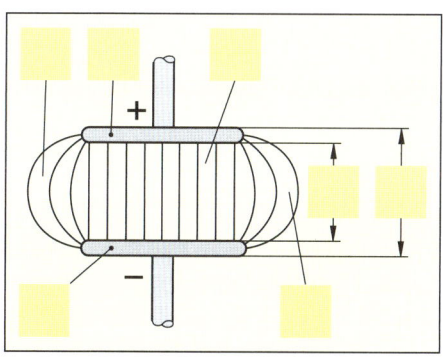

Bild 2: Elektrisches Feld eines Plattenkondensators

5. Geben Sie den Zusammenhang zwischen der elektrischen Feldstärke E, der Spannung U und dem Plattenabstand l für ein homogenes Feld als Formel an. Ergänzen Sie die Formelzeichen und die Einheiten.

Formel:		
Größe	Formelzeichen	Einheit
elektr. Feldstärke		
Spannung		
Plattenabstand (Isolierstoffdicke)		

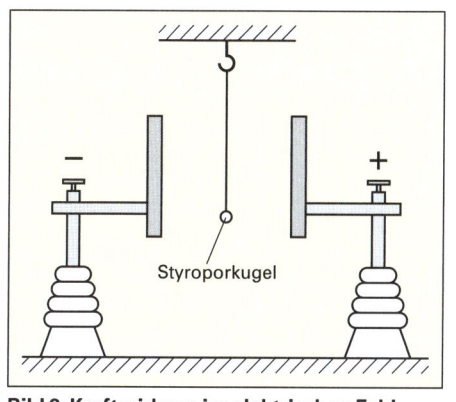

Bild 3: Kraftwirkung im elektrischen Feld

Elektrisches Feld
Kondensator als Bauelement

Blatt-Nr.: 4.2

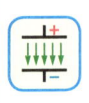

> Der Kondensator ist ein elektrisches Bauelement, das Ladungen und somit elektrische Energie speichern kann. Ein Maß für das Speichervermögen eines Kondensators ist seine Kapazität C. Wird ein Kondensator an Gleichspannung angeschlossen, so dauert es eine bestimmte Zeit, bis der Kondensator aufgeladen ist. Auch das Entladen eines Kondensators dauert eine bestimmte Zeit. Ein Maß für die Schnelligkeit des Auf- bzw. Entladungsvorgangs ist die Zeitkonstante τ. Die Spannung und der Strom durch einen Kondensator haben beim Aufladen und Entladen nichtlineare Verläufe (exponentielle Verläufe).

1. Kondensatoren speichern elektrische Ladungen. Ergänzen Sie die folgende **Tabelle**.

Tabelle: Kapazität C des Kondensators		
Formel für C (aus elektrischer Ladung und Spannung):	Einheiten der Kapazität:	Einheitenname:
Q:	C:	U:

2. Welche Kapazität muss ein Kondensator haben, um einen Akku mit 3,7 V/4000 mAh in einem Tablet-PC zu ersetzen?

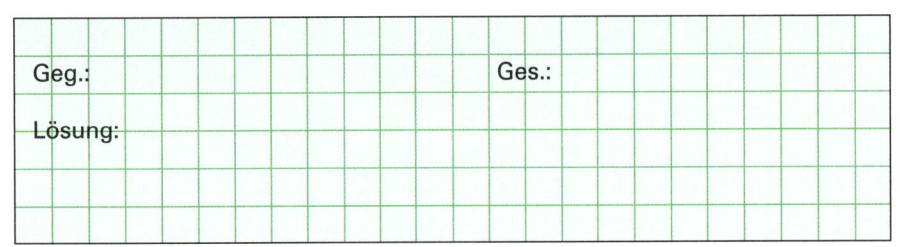

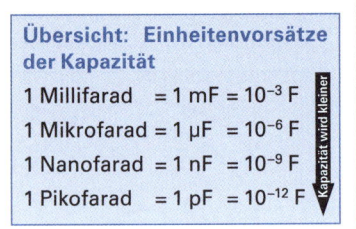

   Geg.: Ges.:

   Lösung:

Übersicht: Einheitenvorsätze der Kapazität

1 Millifarad = 1 mF = 10^{-3} F
1 Mikrofarad = 1 µF = 10^{-6} F
1 Nanofarad = 1 nF = 10^{-9} F
1 Pikofarad = 1 pF = 10^{-12} F

3. Rechnen Sie die Kapazitätswerte mithilfe der Übersicht um.

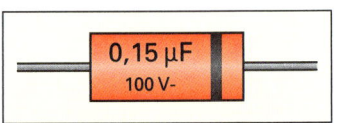

   470 pF = _____ nF;   0,033 µF = _____ nF

   2,2 nF = _____ pF;   56 nF = _____ µF

Bild 1: Folienkondensator (0,15 µF, 100 V-)

4. a) Geben Sie die Kapazität des Folienkondensators (**Bild 1**) in nF und pF an.

   b) Erklären Sie die Spannungsangabe auf dem Folienkondensator (**Bild 1**).

5. a) Ergänzen Sie im **Bild 2** das Schaltzeichen.
   b) Was muss beim Anschließen eines Elektrolytkondensators beachtet werden?

   b) _____

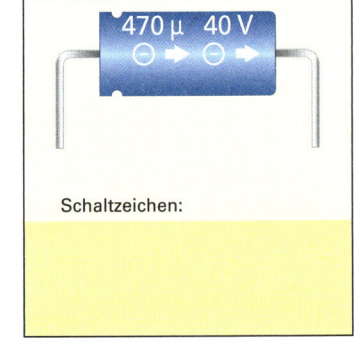

Bild 2: Elektrolytkondensator (470 µ, 40 V, Schaltzeichen:)

6. In einer technischen Beschreibung findet man den Fachbegriff MK-Kondensator.
   a) Erklären Sie die Abkürzung.
   b) Welche besondere Eigenschaft hat dieser Kondensator im Vergleich zu üblichen Kondensatoren?

   a) _____

   b) _____

7. Bei einem Kondensator beeinflusst das Dielektrikum die Größe der Kapazität. Nennen Sie drei verschiedene Kunststoff-Dielektrikumarten.

Elektrisches Feld
Kondensator an Gleichspannung

Blatt-Nr.: 4.3

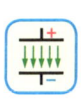

1. Zeichnen Sie in die Mess-Schaltung **(Bild)** die Bezugspfeile für die Kondensatorspannung und die Pfeile für die Richtung des Kondensatorstroms beim Auf- und Entladen ein. Tragen Sie am Umschalter den Vorgang „Aufladen" und „Entladen" ein.

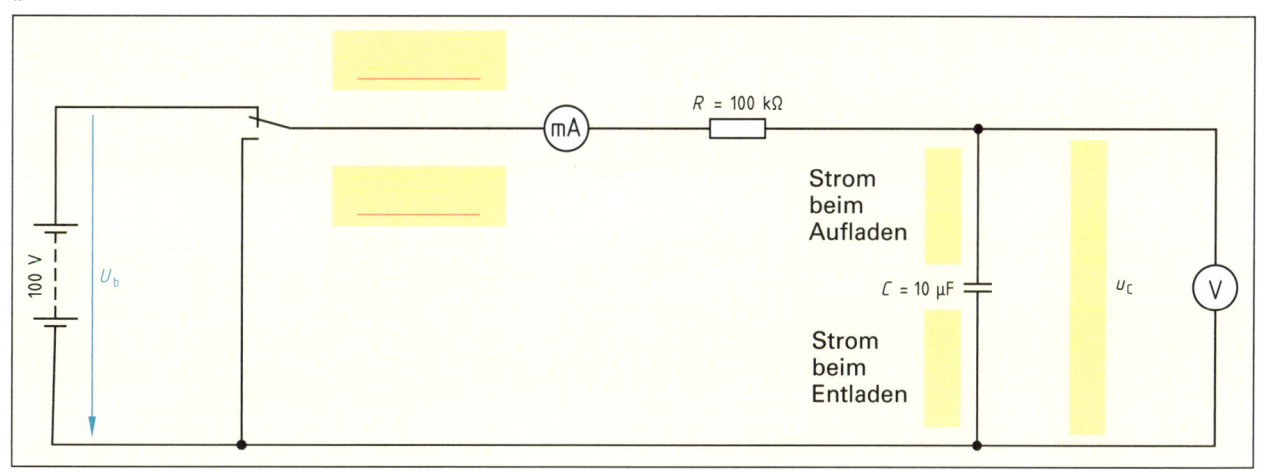

Bild: Laden und Entladen eines Kondensators

2. Ein Kondensator ist über einen Schalter und einen Widerstand an Gleichspannung angeschlossen (Bild).

   a) Wann fließt der größte Strom?

   b) Wie berechnet man die maximale Stromstärke I_{max} des Ladestromes direkt nach dem Einschalten? Geben Sie die Formel für I_{max} an.

   c) Nach dem Einschalten steigt die Kondensatorspannung allmählich an. Wie verhält sich dabei die Ladestromstärke?

3. Ergänzen Sie die **Tabelle**.

Tabelle: Zeitkonstante einer RC-Schaltung

Zeitkonstante/Formel		
τ		Einheit:
	Widerstand	Einheit:
	Kapazität	Einheit:

4. Welcher Zusammenhang besteht zwischen der Ladezeit und der Kapazität des Kondensators sowie der Größe des Vorwiderstands?

5. Wie berechnet man die Zeitkonstante?

6. Wie lange dauert es, bis ein Kondensator theoretisch vollständig aufgeladen ist?

7. Nach welcher Zeit ist ein Kondensator praktisch vollständig aufgeladen?

Elektrisches Feld
Laden und Entladen von Kondensatoren (1)

Blatt-Nr.: 4.4

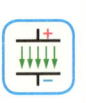

1. Ein Elektroniker soll mithilfe eines Spannungs- und Strommesser-Zeigermessgerätes **(Bild)** Kondensatoren, z. B. 100 µF, auf ihre Funktionstüchtigkeit testen. Beschreiben Sie, wie der Zeiger des Strom- und Spannungsmessers für die Fälle **a)**, **b)** und **c)** reagiert? Ergänzen Sie die **Tabelle**.

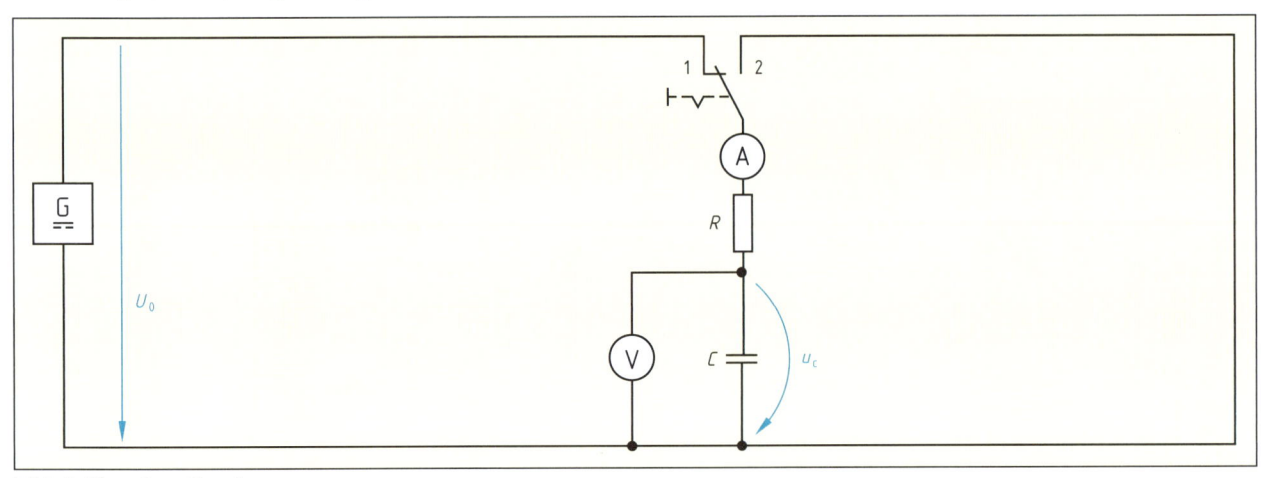

Bild: Prüfen eines Kondensators

Tabelle: Verhalten eines Kondensators im intakten und defekten Zustand				
Zustand des Kondensators	Strommesser Schalterstellung 1	Strommesser Schalterstellung 2	Spannungsmesser Schalterstellung 1	Spannungsmesser Schalterstellung 2
a) Kondensator ist in Ordnung				
b) Kondensator defekt, da Dielektrikum durchschlagen				
c) Zuleitung am Widerstand R unterbrochen				

2. Erklären Sie das Verhalten des Kondensators in der Prüfschaltung **(Bild)**
   a) im Einschaltmoment, **b)** am Ende der Aufladung und **c)** beim Entladen.

   a) _____

   b) _____

   c) _____

Blatt-Nr.: 4.5 — Elektrisches Feld, Laden und Entladen von Kondensatoren (2)

3. In der Praxis werden Kondensatoren, z.B. für die Erzeugung von Zeitverzögerungen, verwendet. Dazu muss man z.B. den Momentanwert der Spannung am Kondensator nach einer bestimmten Zeit berechnen.

Beispiel: Ein Kondensator $C = 68\,\mu F$ wird über einen Vorwiderstand $R = 47\,k\Omega$ an eine Spannung von $U_0 = 24\,V$ angeschlossen. Berechnen Sie die Spannung u_C nach einer Ladezeit von $t = 1\,s$ mithilfe der Formeln.

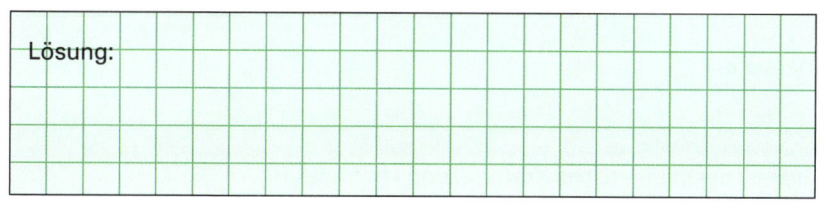

Formeln zur Berechnung des Spannungs- und Stromverlaufs

Ladevorgang
$$u_C = U_0\left(1 - e^{-\frac{t}{\tau}}\right)$$
$$i_C = I_0 \cdot e^{-\frac{t}{\tau}}$$

Entladevorgang
$$u_C = U_0 \cdot e^{-\frac{t}{\tau}}$$
$$i_C = -I_0 \cdot e^{-\frac{t}{\tau}}$$

- u_C Momentanwert der Spannung am Kondensator
- U_0 Ladespannung, Spannung des aufgeladenen Kondensators
- e = 2,71828
- t Zeit
- τ Zeitkonstante
- i_C Momentanwerte der Lade- bzw. Entladestromstärke
- I_0 Anfangsstromstärke

Lösung:

$\tau = R \cdot C = 47\,k\Omega \cdot 68\,\mu F = 3{,}196\,s$

$u_C = 24\,V \cdot (1 - e^{-1/3{,}196}) = 24\,V \cdot (1 - 0{,}7314) = 6{,}45\,V$

e-Funktion ⇒ Taste e^x, Beispiel: $e^{-2,3} = ?$

Rechner 1: [e^x] [(−)] [2] [.] [3] [=] → 0,100258 …

Rechner 2: [2] [.] [3] [+/−] [INV] [e^x/LN] → 0,100258 …

---

4. Berechnen Sie in der **Tabelle 1** die fehlenden Werte (Betriebsspannung $U_b = 100\,V$, $R = 100\,k\Omega$, $C = 10\,\mu F$).
Hinweis: Berechnen Sie erst den Spannungsfall am Widerstand.

Tabelle 1: Kondensatorspannung und Kondensatorstrom beim Ladevorgang an Gleichspannung

Zeit t	0	τ	2τ	3τ	4τ	5τ
Zeit in s	0	1	2	3	4	5
u_C in V	0	63,21	86,47	95,02	98,17	99,33
i_C in mA	1	0,3679	0,1353	0,0498	0,0183	0,0067

---

5. Gehen Sie von einem auf 100 V geladenen Kondensator aus und berechnen Sie in **Tabelle 2** die fehlenden Werte. (Die RC-Schaltung hat die gleichen Werte wie in **Aufgabe 4**.)

Tabelle 2: Kondensatorspannung und Kondensatorstrom beim Entladevorgang an Gleichspannung

Zeit t	0	τ	2τ	3τ	4τ	5τ
Zeit in s	0	1	2	3	4	5
u_C in V	100	36,79	13,53	4,98	1,83	0,67
i_C in mA	−1	−0,3679	−0,1353	−0,0498	−0,0183	−0,0067

---

6. Zeichnen Sie in das **Bild** aus den Werten der **Aufgaben 4** und **5** die Lade- und die Entladekurven der Kondensatorspannung und des Kondensatorstromes. Tragen Sie die Zeitkonstante τ ein.

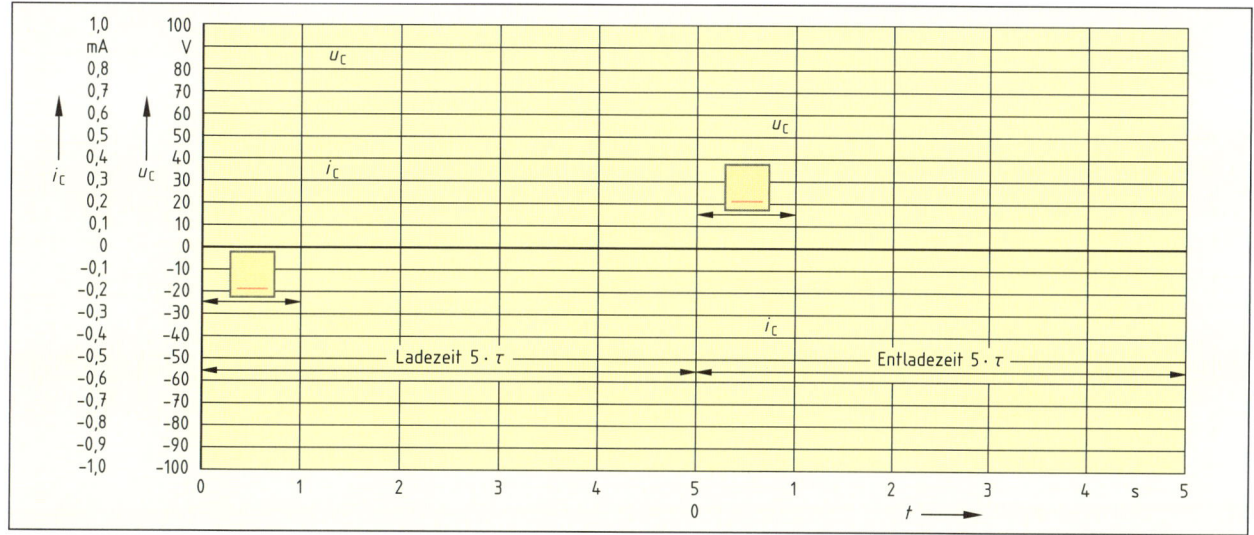

Bild: Lade- und Entladekurven des Kondensators

Magnetisches Feld
Magnete und magnetische Feldlinien (1)

Blatt-Nr.: 5.1

> Elektrischer Strom und Magnetismus sind untrennbar miteinander verbunden. Viele Wirkungsweisen von elektrischen Geräten und Schaltungen, z. B. Türöffner, Schütze, Elektromotoren usw., sind deshalb nur mit Kenntnissen über den Magnetismus zu verstehen.

1. Was versteht man unter einem Dauermagneten?
   _____

2. An welchen Stellen eines Dauermagneten ist die magnetische Kraftwirkung am größten?
   _____

3. a) Was versteht man unter einem magnetischen Feld, b) was sind magnetische Feldlinien?

a) Magnetisches Feld	b) Magnetische Feldlinien

4. Nennen Sie drei Merkmale für magnetische Feldlinien.
   - _____
   - _____
   - _____

5. a) Zeichnen Sie im **Bild 1** den Verlauf von vier magnetischen Feldlinien außerhalb und innerhalb des Stabmagneten.
   b) Tragen Sie die Richtung der Feldlinien ein.

6. Der Hufeisenmagnet im **Bild 2** hat die angegebenen Pole. Zeichnen Sie den Verlauf und die Richtung der magnetischen Feldlinien ein.

Bild 1: Stabmagnet

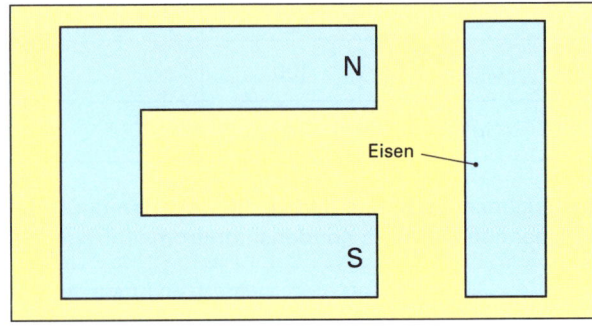

Bild 2: Hufeisenmagnet

7. a) Zeichnen Sie im **Bild 3** zwischen den Magnetpolen den Feldlinienverlauf ein.
   b) Geben Sie an, ob die Kraftwirkung anziehend oder abstoßend ist.

Kraftwirkung: _____   Kraftwirkung: _____   Kraftwirkung: _____

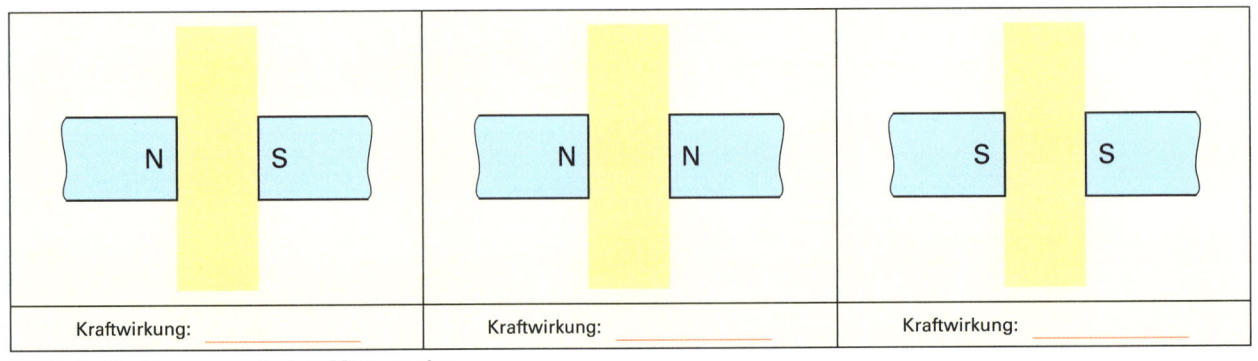

Bild 3: Kraftwirkungen zwischen Magnetpolen

Magnetisches Feld, **Magnete und magnetische Feldlinien (2)**

8. Was geschieht im magnetisch neutralen Eisen, wenn es in den Wirkungsbereich eines starken Magneten kommt?

_____

_____

9. Das **Bild 1** zeigt vereinfacht die Lage der weiss'schen Bezirke mit ihren magnetischen Vorzugsrichtungen im magnetisch neutralen Eisen. Zeichnen Sie im **Bild 2** die Lage der weiss'schen Bezirke nach dem Magnetisieren ein.

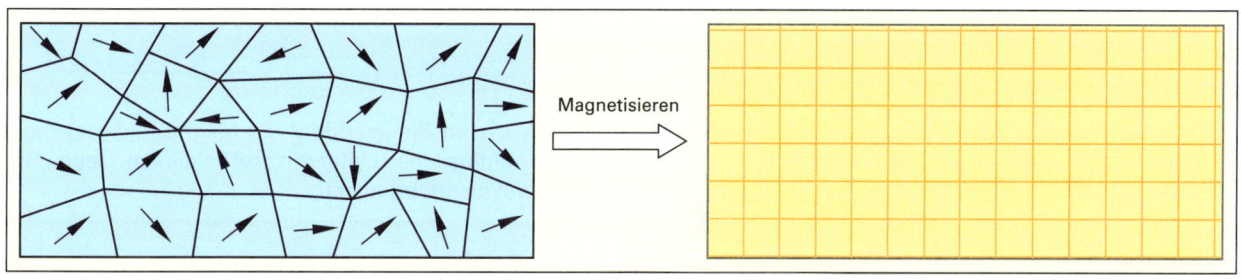

Bild 1: Magnetisch neutrales Eisen

Bild 2: Magnetisiertes Eisen

10. Nennen Sie die Merkmale eines homogenen magnetischen Feldes (**Bild 3, Bereich A**).

- _____
  _____

- _____
  _____

11. Nennen Sie die zwei Festlegungen, nach denen man ein homogenes Magnetfeld zeichnet.

- _____
  _____

- _____
  _____

12. a) Ergänzen Sie bei vorgegebenem Abstand der Feldlinien die zugehörige Feldliniendichte.
b) Ordnen Sie jedem Feldlinienbild die Kraftwirkung schwach bzw. stark zu.

Feldlinienbild	Kraftwirkung
Feldlinienabstand: **groß**	_____
Feldliniendichte: _____	
Feldlinienabstand: **klein**	_____
Feldliniendichte: _____	

13. Ordnen Sie die im **Bild 3** mit Buchstaben gekennzeichneten Feldbereiche nach ihrer abnehmenden Feldliniendichte.

A _____
_____
_____
_____
_____

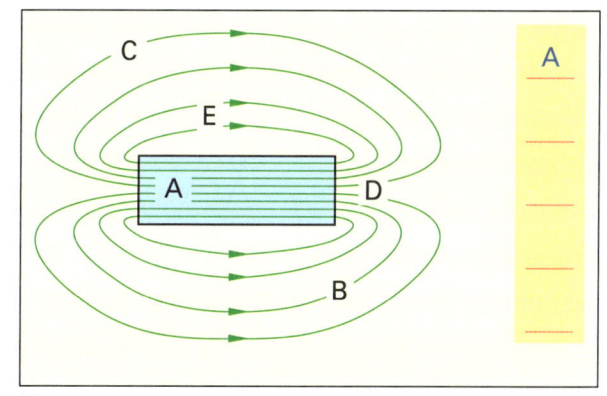

Bild 3: Homogenes und inhomogenes Magnetfeld

14. Zeichnen Sie im **Bild 4** den Verlauf der magnetischen Feldlinien ein.

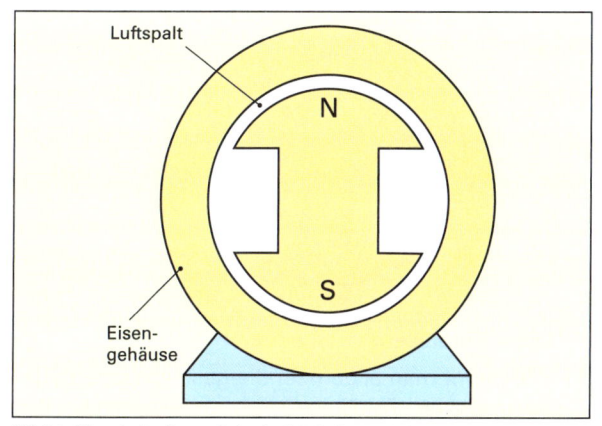

Bild 4: Vereinfachtes Schnittbild einer elektrischen Maschine

15. Im **Bild 5** ist eine Magnetnadel im äußeren Magnetfeld des Hufeisenmagneten in der angegebenen Richtung ausgerichtet. Benennen Sie die Pole des Hufeisenmagneten.

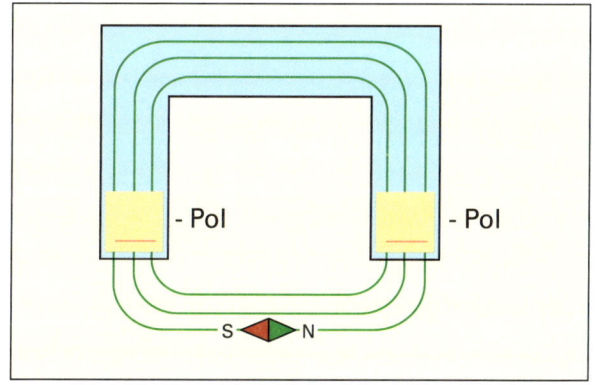

_____ - Pol   _____ - Pol

Bild 5: Magnetnadel im Magnetfeld

Magnetisches Feld
Elektromagnetismus (1)

Blatt-Nr.: 5.3

1. **a)** Welche Form hat das Magnetfeld um einen stromdurchflossenen Leiter?
   b) Wodurch wird die Magnetfeldrichtung bestimmt?

   a) _____

   b) _____

2. Skizzieren Sie im **Bild 1** das Magnetfeld einer stromdurchflossenen Leiterschleife (Windung).

3. Skizzieren Sie im **Bild 2** die Magnetfelder der stromdurchflossenen Leiter mit drei Feldlinien. Geben Sie die Feldlinienrichtung an.

Stromrichtung in die Zeichenebene hinein

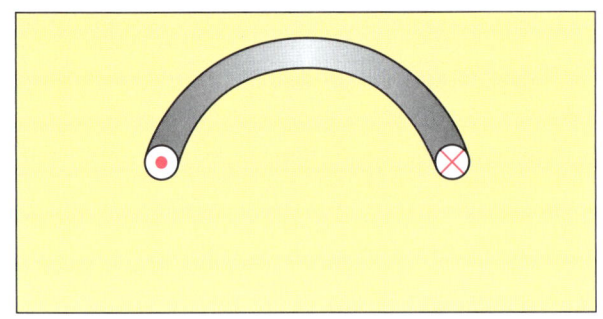

Stromrichtung aus der Zeichenebene heraus

Bild 1: Magnetfeld einer Leiterschleife

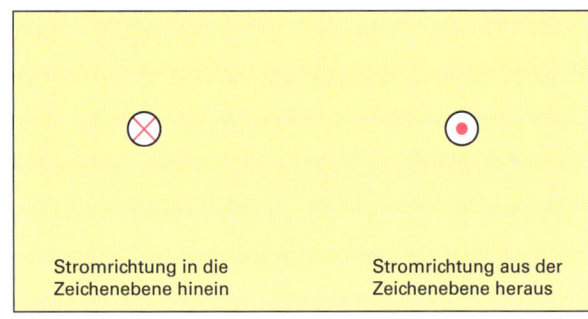

Bild 2: Stromdurchflossener Leiter und Magnetfeld

4. Tragen Sie in die Spule (**Bild 3**) ein:
   a) das Magnetfeld um jeden geschnittenen dargestellten Leiter durch einer Feldlinie,
   b) das resultiernde Magnetfeld der Spule,
   c) die Magnetpole der Spule.

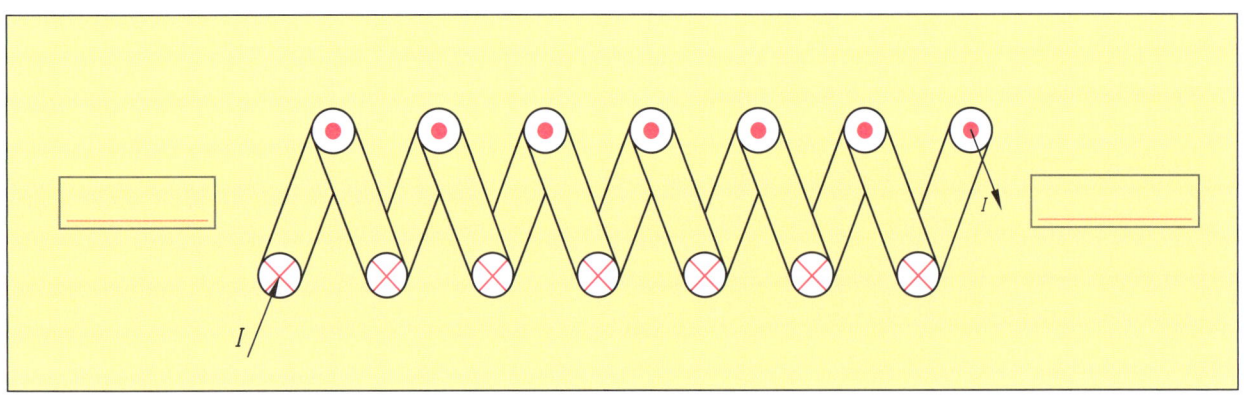

Bild 3: Magnetfeld einer Spule

5. Worin unterscheidet sich die magnetische Wirkung von
   a) einem langgestreckten Leiter und
   b) einem zu einer Spule gewickelten Leiter, wenn beide von einem Strom gleicher Stärke durchflossen werden?

   a) _____

   b) _____

6. Zeichnen Sie im Innern der stromdurchflossenen Ringspule den Verlauf des Magnetfeldes ein.

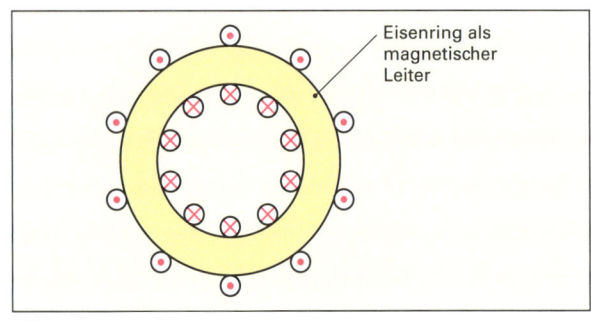

Eisenring als magnetischer Leiter

Bild 4: Ringspule

7. Wie nennt man allgemein die geschlossene Form der magnetischen Feldlinien?

Blatt-Nr.: 5.4   Magnetisches Feld, **Elektromagnetismus (2)**

8. Tragen Sie die Stromrichtung in die Schnittdarstellung der bifilaren Spule (**Bild 1**) ein und erklären Sie, warum solche Spulen magnetisch unwirksam sind.

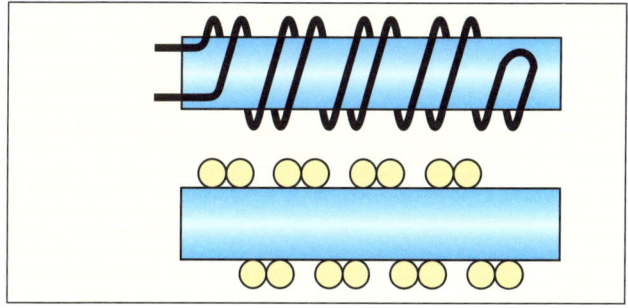

   _____
   _____
   _____
   _____
   _____
   _____

   Bild 1: Bifilare Spule

9. Schalten Sie die beiden Spulen im **Bild 2** so in Reihe, dass die angegebenen Magnetpole entstehen und der Anker angezogen wird.
   Hinweise:
   a) Bestimmen Sie die Feldlinienrichtung in jeder Spule.
   b) Legen Sie die Stromflussrichtung in jeder Spule fest.
   c) Verbinden Sie beide Spulen zur Reihenschaltung.
   d) Schließen Sie die Spannungsquelle an und beachten Sie die richtige Polung.

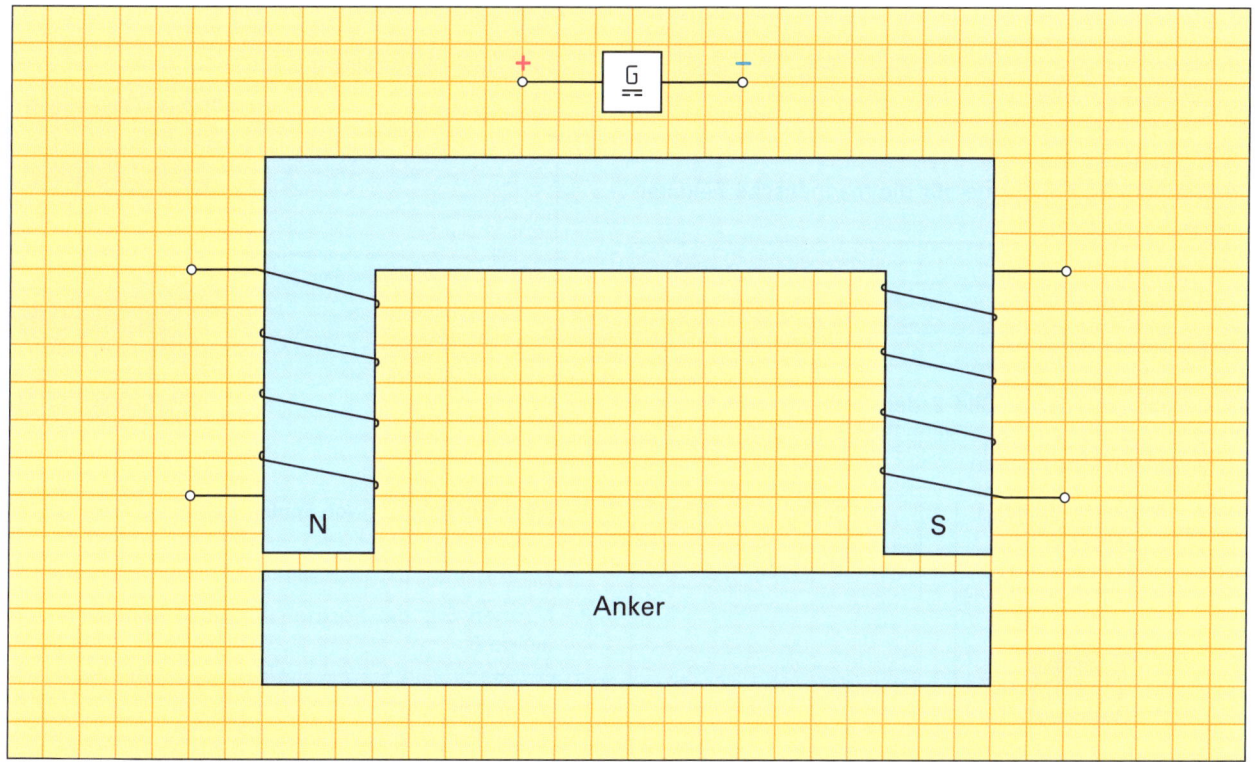

   Bild 2: Elektromagnet

10. a) Tragen Sie im **Bild 3** den Verlauf der Feldlinien des drehbaren Elektromagneten ein.
    b) Bestimmen Sie die Magnetpole.

11. Nennen Sie drei Vorteile der Elektromagneten gegenüber Dauermagneten.

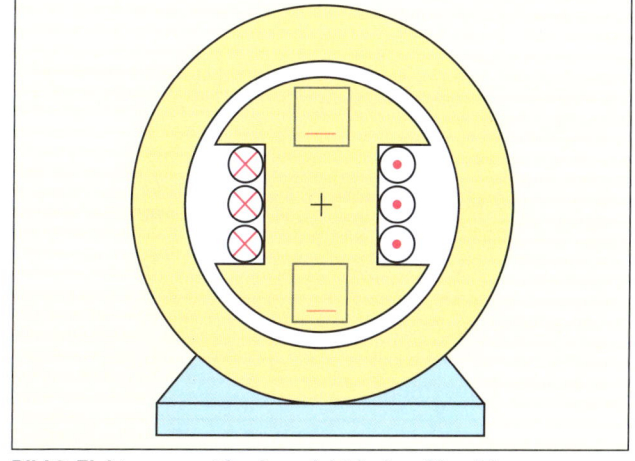

    • _____
    • _____
      _____
    • _____
      _____

    Bild 3: Elektromagnet in einer elektrischen Maschine

Magnetisches Feld
Magnetische Größen (1)

Blatt-Nr.: 5.5

1. Was versteht man unter magnetischem Fluss?

2. Ergänzen Sie **Tabelle 1**.

Tabelle 1: Magnetischer Fluss	
Formelzeichen	
Einheitenzeichen	
Einheitenname	

3. Nennen Sie die Formel für die Durchflutung einer Spule.

Durchflutung einer Spule:	

4. Die drei Luftspulen im **Bild 1** sollen magnetisch gleichwertig sein. Ergänzen Sie die notwendigen Stromstärken für die Spulen **b)** und **c)**.

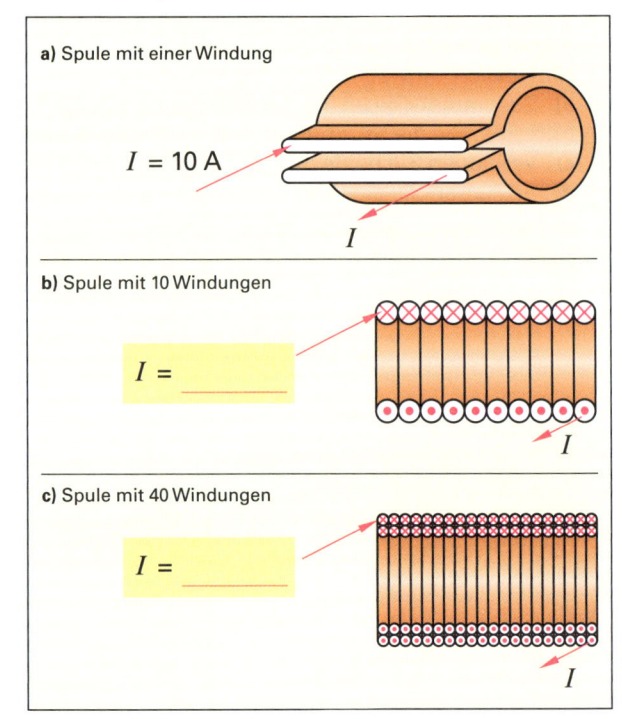

   a) Spule mit einer Windung
   $I = 10$ A

   b) Spule mit 10 Windungen
   $I =$ _____

   c) Spule mit 40 Windungen
   $I =$ _____

   Bild 1: Durchflutung von Spulen

5. Ergänzen Sie **Tabelle 2**.

Tabelle 2: Durchflutung	
Formelzeichen	
Einheitenzeichen	
Einheitenname	

6. Nennen Sie die Formel für die magnetische Feldstärke H.

magnetische Feldstärke H:	

7. Berechnen Sie für **Bild 2** den notwendigen Spulenstrom, um eine magnetische Feldstärke von 4 A/cm im Eisenkern zu erreichen.

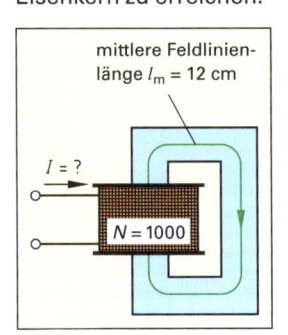

   mittlere Feldlinienlänge $l_m = 12$ cm
   $I = ?$
   $N = 1000$

   Bild 2: Spule mit Eisenkern

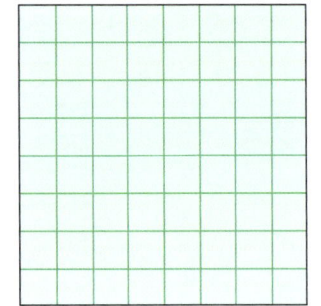

8. Nennen Sie die Formel für die magnetische Flussdichte B.

magnetische Flussdichte B:	

9. Vergleichen Sie im **Bild 3** die magnetische Flussdichte in den beiden Querschnittsflächen.

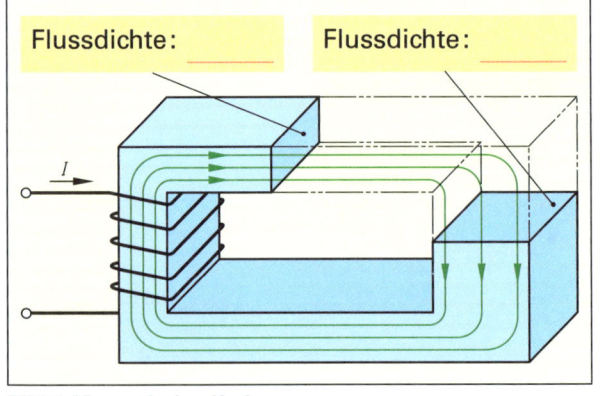

   Flussdichte: _____   Flussdichte: _____

   Bild 3: Magnetischer Kreis

10. Rechnen Sie die Beispiele mit der Einheit Vs/cm² in die Einheit Tesla um.

Umrechnung: $1\,T = 1 \cdot 10^{-4}\,\dfrac{Vs}{cm^2}$	
$[B] = \dfrac{Vs}{cm^2}$	$[B] = T$
Erdmagnetismus: $5 \cdot 10^{-9}$	
Pol am Dauermagnet: $5 \cdot 10^{-5}$	
Pol am Elektromagnet: $3 \cdot 10^{-4}$	

Blatt-Nr.: 5.6 — Magnetisches Feld, **Magnetische Größen (2)**

11. Ergänzen Sie in der **Tabelle** die Bezeichnungen zwischen Ursache und Wirkung der magnetischen Größen.

Tabelle: Ursache – Wirkung – Beziehung magnetischer Größen		
Ursache	→	
	→	B
magnetische Feldstärke	→	

12. Welcher Zusammenhang besteht zwischen der magnetischen Flussdichte und der magnetischen Feldstärke?

13. Wie wird aus der proportionalen Beziehung zwischen B und H ($B \sim H$) eine Gleichung bzw. Formel?

14. Eine Luftspule erzeugt durch eine magnetische Feldstärke von 200 A/m eine magnetische Flussdichte von $251{,}4 \cdot 10^{-6}$ Vs/m².
 a) Berechnen Sie das Zahlenverhältnis B zu H.
 b) Wie nennt man diesen Zahlenwert?

a) Geg.: Ges.: Lösung:

b) _____

15. Wie lautet für a) eine Luftspule und b) für eine Spule mit Eisenkern die Formel mit B und H?

a) Luftspule	b) Spule mit Eisenkern

16. Was versteht man unter der relativen Permeabilität μ_r eines Stoffes?

17. Welche Wirkung übt ein Eisenkern auf die magnetische Flussdichte im Innern einer stromdurchflossenen Spule aus?

18. Warum breitet sich der magnetische Fluss leichter im Eisen aus, als z. B. in Luft?

19. Das **Bild** zeigt einen Eisenring zwischen den Polen eines Magneten. Vervollständigen Sie das Feldlinienbild.

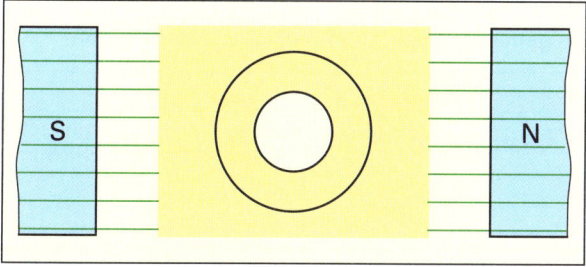

Bild: Eisen im Magnetfeld

20. Wie kann man das Einwirken fremder Magnetfelder auf z. B. empfindliche Messgeräte verhindern?

Magnetisches Feld
Magnetische Kennlinien

Blatt-Nr.: 5.7

1. Das **Bild 1** stellt den Verlauf der Abhängigkeit der magnetischen Flussdichte B von der Feldstärke H dar.
   a) Geben Sie die Achsenbezeichnung für $B = f(H)$ an.
   b) Tragen Sie den Verlauf der Kennlinien für eine Spule ohne Eisenkern (Luftspule) und für eine Spule mit Eisenkern ein.
   c) Benennen Sie die beiden Kennlinien.

2. Tragen Sie in das **Bild 1** die notwendige magnetische Feldstärke (H_1) für eine wirtschaftliche Magnetisierung von Eisen mit der dazugehörenden magnetischen Flussdichte (B_1) ein.

3. Welche Feststellung kann man am Eisen machen, wenn der Strom einer Spule mit Eisenkern abgeschaltet wird ($H = 0$)? Begründen Sie.

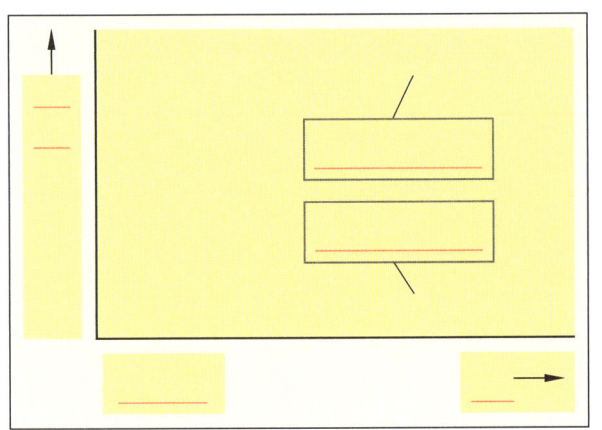

Bild 1: Magnetisierungskennlinien

4. a) Benennen Sie im **Bild 2** die magnetischen Kenngrößen an der Ummagnetisierungskennlinie für einen hartmagnetischen Werkstoff.
   b) Zeichnen Sie in das **Bild 2** den Kennlinienverlauf für einen weichmagnetischen Werkstoff ein.

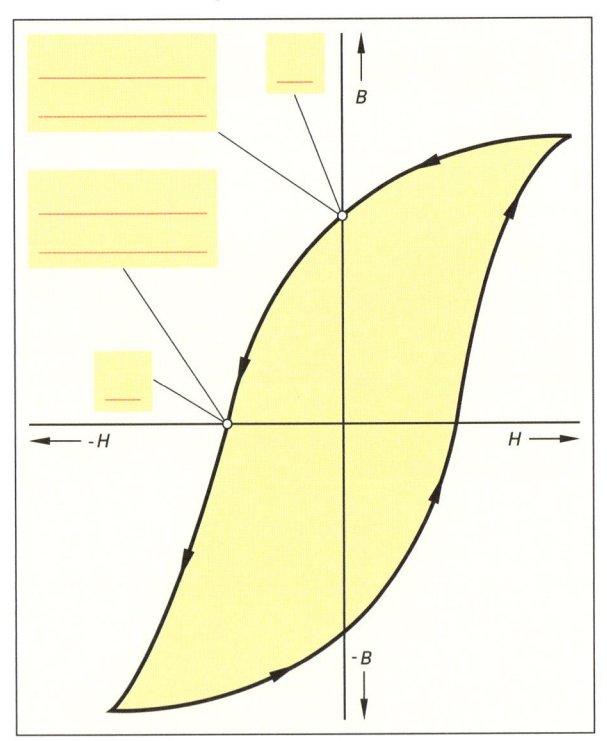

5. a) Ermitteln Sie das Produkt der Einheitenzeichen von magnetischer Flussdichte B und Feldstärke H.
   b) Erklären Sie mithilfe des Ergebnisses von a) die Bedeutung der Flächengröße einer Ummagnetisierungskennlinie (**Bild 2**).

   a) $[B \cdot H] = \underline{\quad\quad} = \underline{\quad\quad} = \underline{\quad\quad} = \underline{\quad\quad}$

   b) _____

6. Geben Sie in der **Tabelle 1** die Unterscheidungsmerkmale der Magnetwerkstoffe an. Benutzen Sie die Wörter „groß" und „klein".

Tabelle 1: Unterscheidungsmerkmale der Magnetwerkstoffe		
	hartmagnetisch	weichmagnetisch
Koerzitivfeldstärke		
Remanenzflussdichte		
Hystereseverluste		

Bild 2: Ummagnetisierungskennlinien

7. Kreuzen Sie in **Tabelle 2** an, welche Magnetwerkstoffe für die genannten Betriebsmittel verwendet werden.

Tabelle 2: Magnetwerkstoffe für elektrische Betriebsmittel					
Betriebsmittel	Fahrraddynamo	Schaltmagnet	Haftmagnet	Wechselstrommotor	Magnetische Abschirmung
weichmagnetisch					
hartmagnetisch					

Magnetisches Feld
Stromdurchflossene Leiter im Magnetfeld (1)

Blatt-Nr.: 5.8

1. Mehrere gleichzeitig auftretende Magnetfelder überlagern sich und ergeben ein Gesamtfeld. Zeichnen Sie das magnetische Gesamtfeld in die **Tabelle** und entscheiden Sie, wie sich die Überlagerung der Magnetfelder auf die magnetische Flussdichte des Gesamtfeldes auswirkt.

Tabelle: Überlagerung zweier Magnetfelder		
Magnetfelder	**gleichgerichtet**	**entgegengerichtet**
Feldlinienbilder Hinweis: Die Anzahl der Feldlinien entspricht der magnetischen Flussdichte B	Magnetfeld 1 + Magnetfeld 2 = Gesamtfeld	Magnetfeld 1 + Magnetfeld 2 = Gesamtfeld
Magnetische Flussdichte B des Gesamtfeldes wird		

2. Was geschieht, wenn durch Überlagerung zweier Magnetfelder die magnetische Flussdichte ungleich verteilt ist? Begründen Sie Ihre Antwort.

_____
_____
_____

3. a) Zeichnen Sie in den **Bildern 1** und **2** den Verlauf der magnetischen Feldlinien für beide stromdurchflossene parallele Leiter ein.
   b) Tragen Sie in den Bildern die entstehende Richtung der Kraft ein.

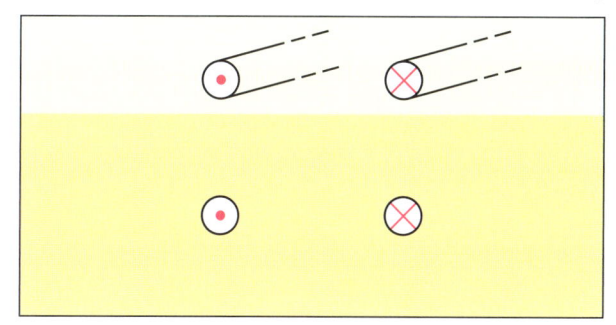

Bild 1: Parallele Leiter mit entgegengesetzter Stromrichtung

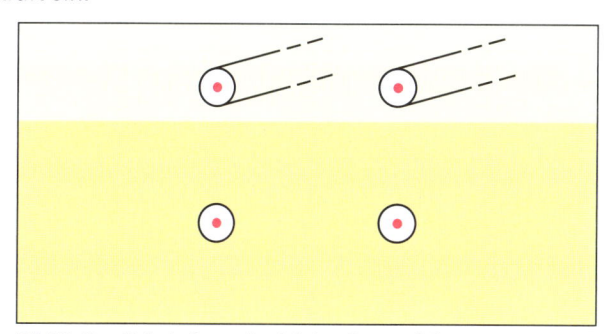

Bild 2: Parallele Leiter mit gleicher Stromrichtung

> Die Kräfte zwischen zwei parallelen Leitern sind bei normalen Betriebsströmen unbedeutend. Im Kurzschlussfall können diese Kräfte aber Zerstörungen bewirken. Besonders gefährdet sind Generatoren- und Transformatorenwicklungen, Kabel und Leitungen, Schaltanlagen sowie elektrische Geräte. Elektrische Betriebsmittel und Anlagen müssen **kurzschlussfest** sein!

4. Berechnen Sie die entstehende Kraft pro Meter Freileitungslänge in einem 400-V-Netz, wenn in zwei parallelen Leitern, die 40 cm voneinander entfernt sind, ein Kurzschlussstrom von 20 kA fließt. Schreiben Sie einen Antwortsatz.
   Hinweis: 1 Ws/m = 1 N.

   Geg.:
   Ges.:
   Lösung:

   Antwortsatz: _____

Kraft zwischen parallelen stromdurchflossenen Leitern

Formel: $F = \dfrac{\mu_0 \cdot I_1 \cdot I_2 \cdot l}{2 \cdot \pi \cdot r}$

F Kraft in N
μ_0 magnetische Feldkonstante in Vs/Am
I_1, I_2 Leiterstromstärken in A
l Leiterlänge im Magnetfeld in m
r Leiterabstand in m

Blatt-Nr.: 5.9 | Magnetisches Feld, **Stromdurchflossene Leiter im Magnetfeld (2), Motorprinzip**

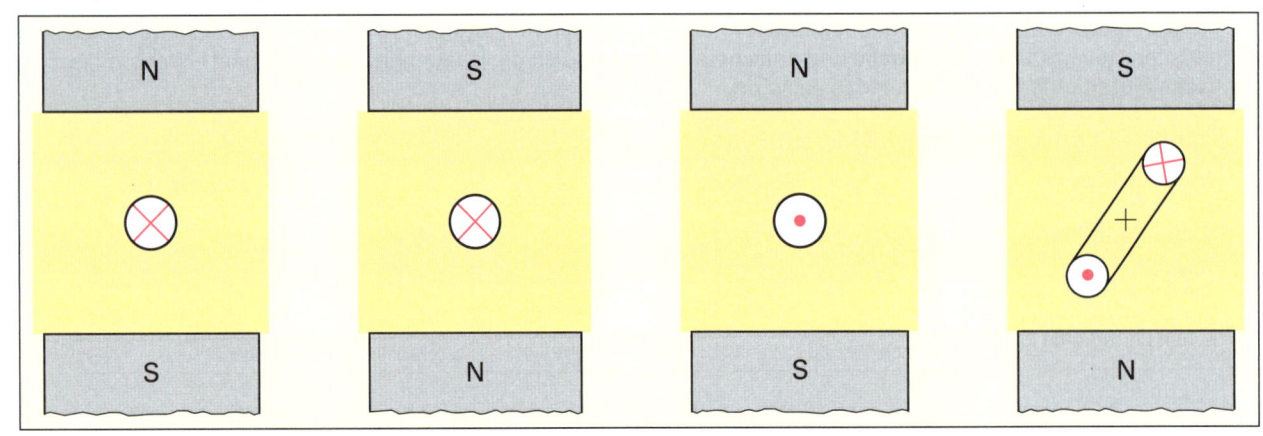

5. a) Zeichnen Sie im **Bild 1** und **2** das entstehende Gesamtmagnetfeld ein und ergänzen Sie im **Bild 2** die Magnetpole.
   b) Tragen Sie Richtungspfeile für die Kraftwirkung auf die stromdurchflossenen Leiter ein.

Bild 1: Stromdurchflossene Leiter und Leiterschleife im Magnetfeld eines Dauermagneten

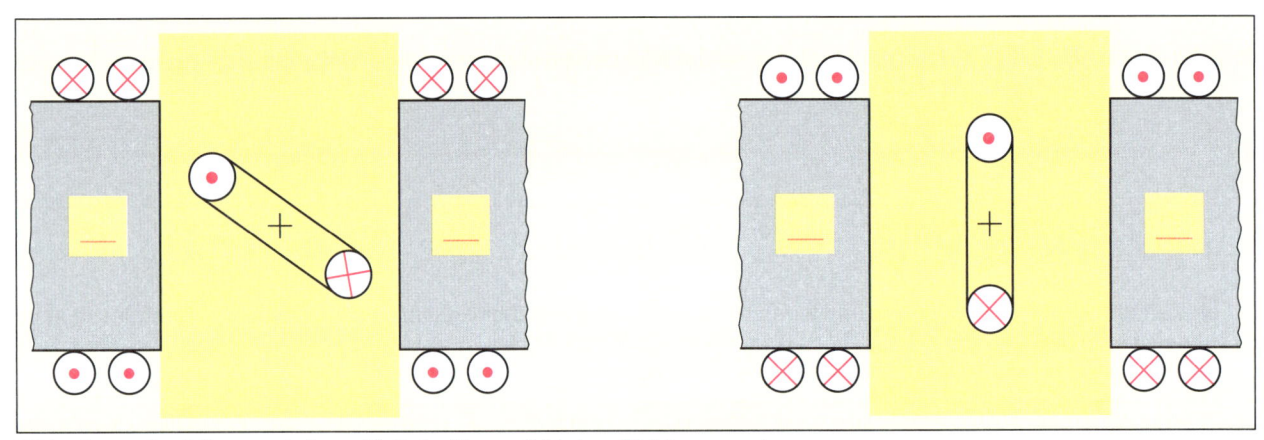

Bild 2: Stromdurchflossene Leiterschleife im Magnetfeld eines Elektromagneten

6. Von welchen zwei Ursachen wird die Richtung der Ablenkkraft bestimmt?

7. Nennen Sie drei Einflussgrößen, welche die Kraft auf den stromdurchflossenen Leiter verstärken.

8. Wie lautet die Formel zur Berechnung der Ablenkkraft auf einen stromdurchflossenen Leiter im Magnetfeld?

9. Entwickeln Sie mithilfe der Formel für die Ablenkkraft (**Aufgabe 8**) die Einheit der Kraft in N (Newton).
   Hinweis: Verwenden Sie die entsprechenden Einheitenzeichen für I, B und l.

$[F] =$ N

10. Durch einen Leiter fließt ein Strom von 5 A. Er befindet sich im Feld eines Magneten mit der magnetischen Flussdichte 3 Tesla. Die wirksame Leiterlänge beträgt 20 mm. Berechnen Sie die Kraft auf den Leiter.

Geg.:   Lösung:
Ges.:

11. Stellen Sie die Formel von **Aufgabe 8** nach a) der Stromstärke, b) der Magnetflussdichte und c) nach der wirksamen Leiterlänge im Magnetfeld um.

a)	b)	c)

Magnetisches Feld
Elektromagnetische Induktion, Prinzip

Blatt-Nr.: 5.10

Allgemeines Induktionsgesetz:
Immer wenn sich der magnetische Fluss Φ innerhalb einer Leiterschleife oder Spule ändert, wird eine Spannung in dieser Leiterschleife oder Spule induziert (erzeugt).

Der Induktionsvorgang wird besonders bei elektrischen Maschinen, z.B. Motoren und Generatoren genutzt. Die Besonderheiten des elektrischen Verhaltens von Bauelementen im Wechselstromkreis gegenüber dem Gleichstromkreis lassen sich mit dem Induktionsvorgang begründen.

1. Geben Sie fünf Möglichkeiten an, um den magnetischen Fluss Φ innerhalb einer Spule zu ändern. Der magnetische Fluss Φ ändert sich in einer Spule, wenn …

   1. die Stromstärke und/oder die Richtung des Gleichstroms sich ändert,
   2. _____
   3. _____
   4. _____
   5. _____

2. Man kann die einzelnen Entstehungsursachen für eine Induktionsspannung in zwei Induktionsarten zusammenfassen. Ordnen Sie Ihre Möglichkeiten 1 bis 5 aus **Aufgabe 1** in die **Tabelle** ein.

Tabelle: Induktionsarten

Induktionsart	Nr. der Möglichkeit (nach Aufgabe 1) Φ zu ändern
Bewegungsinduktion	
Ruheinduktion	

3. Wie lautet die allgemeine Formel des Induktionsgesetzes?

   Induktionsspannung:

   Das Minuszeichen im Induktionsgesetz berücksichtigt die lenzsche Regel.

4. Berechnen Sie die Induktionsspannung U_i in einer Spule mit 1000 Windungen, wenn sich der magnetische Fluss Φ im Zeitabschnitt Δt_2 zwischen 3 ms und 5 ms **(Bild)** ändert.

   Geg.:
   Ges.:
   Lösung:

   Antwortsatz: _____

Bild: Magnetflussänderung $\Phi = f(t)$

5. Erklären Sie, was die lenzsche Regel aussagt.

Magnetisches Feld
Elektromagnetische Induktion, Anwendungen

Blatt-Nr.: 5.11

1. Das Prinzip eines Generators im Querschnitt zeigt **Bild 1**.
   Erklären Sie die Wirkungsweise des Generators.

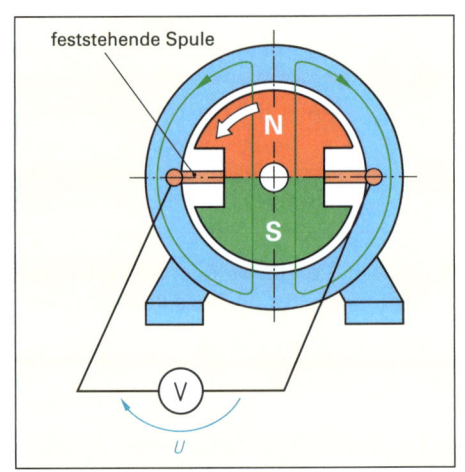

Bild 1: Generatorprinzip

2. Erklären Sie mit dem Induktionsprinzip und der lenzschen Regel, warum der Strom in einer Schützspule, z.B. bei AC 24 V, wesentlich kleiner ist, als in derselben Spule bei DC 24 V (**Bild 2**).

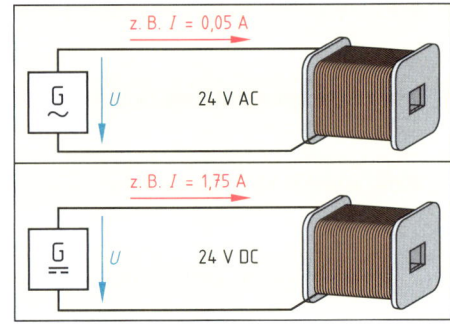

Bild 2: Spule an AC und an DC

3. Das Prinzip eines Transformators zeigt **Bild 3**.
   Erklären Sie warum in Spule 2 eine Spannung induziert wird.

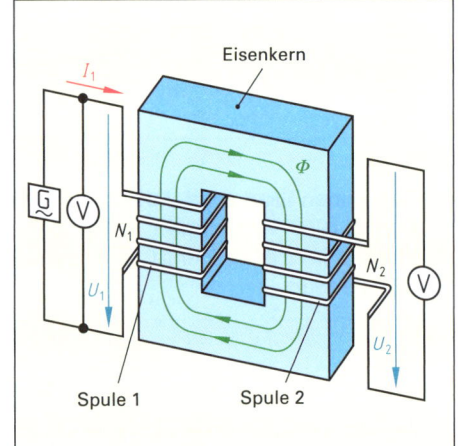

4. Berechnen Sie die Spannung U_2 in der Spule 2 mit $N_2 = 50$ Windungen, wenn an Spule 1 mit $N_1 = 900$ Windungen eine Wechselspannung $U_1 = 230$ V anliegt.

   Geg.:
   Ges.:
   Lösung:

Bild 3: Transformatorprinzip

5. Erklären Sie das Prinzip der Wirbelstrombremsen eines ICE-3-DB-Zuges, die beim Bremsen des Zuges auf ca. 7 mm über die Schienen abgesenkt und von Strom durchflossen werden (**Bild 4**).

Bild 4: Wirbelstrombremse eines ICE-3-DB-Zuges (aktiviert)

Schaltungstechnik
Schaltungsunterlagen (1)

Blatt-Nr.: 6.1

ℹ Für die Ausführung eines Elektroinstallationsauftrages werden Schaltungsunterlagen benötigt. Zuerst muss festgelegt werden, welche elektrischen Betriebsmittel der Kunde benötigt und wo die Betriebsmittel montiert werden sollen. Dazu werden die geforderten Betriebsmittel, z. B. Steckdosen, in den Grundrissplan einer Wohnung eingezeichnet. Dadurch entsteht der Installationsschaltplan **(Bild)**. Aus dem Installationsschaltplan können weitere Pläne, z. B. Stromlaufpläne, erstellt werden. Wichtig dabei ist eine normgemäße Darstellung der Schaltungsunterlagen, damit die Pläne auch von Dritten richtig gelesen und verstanden werden können.

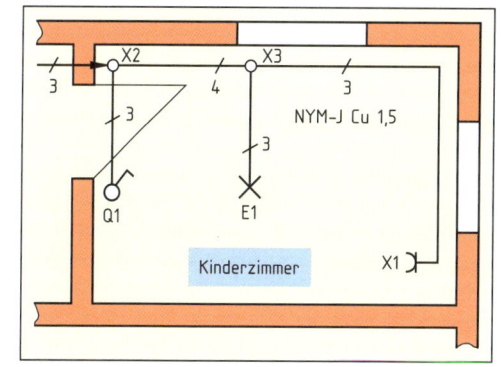

Bild: Installationsschaltplan

1. Ergänzen Sie die **Übersicht** der verschiedenen Schaltplanarten für eine Elektroinstallation.

Schaltpläne

Einpolige Darstellungen:
- Übersichtsschaltplan
- _____
- _____

Allpolige Darstellungen:
- _____
- _____
- Geräteverdrahtungsplan
- Funktionsschaltplan

2. Geben Sie die fehlenden Kennbuchstaben der beschriebenen Betriebsmittel **(Tabelle)** an.

Tabelle: Kennbuchstaben von Betriebsmitteln in Schaltplänen (nach DIN EN 81346-2, Auszug)

Kenn-buch-stabe	Zweck des Betriebsmittels (Objekts)	Beispiele	Kenn-buch-stabe	Zweck des Betriebsmittels (Objekts)	Beispiele
A	Zwei oder mehr Zwecke, jedoch kein Hauptzweck erkennbar	Sensorbildschirm, Touch-Screen		Darstellung von Information	Meldeleuchte, Messgerät, LED, Lautsprecher
___	Umwandlung einer Eingangsvariablen in ein zur Weiterverarbeitung bestimmtes Signal	Messwandler, Sensor, Thermistor-Schutzeinrichtung (Motorschutz)	___	Kontrolliertes Schalten eines Energie-, Signal- oder Materialflusses	Leistungsschalter, Lastschütz, Triac, Leistungstransistor, Thyristor, IGBT
C	Speichern von Energie, Information oder Material	Kondensator, Festplatte, RAM, ROM	___	Begrenzung oder Stabilisierung von Energie-, Informations- oder Materialfluss	Diode, Widerstand, Drosselspule, Begrenzer, Diac
___	Bereitstellen von Strahlung oder Wärmeenergie	Leuchte, Heizung, Laser, Glühlampe	___	Umwandeln einer manuellen Betätigung in ein Signal	Steuerschalter, Wahlschalter
___	Direkter Schutz eines Energie- oder Signalflusses vor gefährlichen Zuständen, einschließlich Systemen für Schutzzwecke	Sicherung, LS-Schalter, thermisches Überlastrelais	___	Umwandlung von Energie oder Information unter Beibehaltung der Energieart oder des Informationsgehalts	Verstärker, Messumformer, Gleichrichter, AC-DC-Umsetzer, Transformator
___	Erzeugen eines Energie-, Material- oder Signalflusses zur Verwendung als Informationsträger	Signalgenerator, Generator, Solarzelle, Batterie	___	Halten von Objekten in definierter Lage	Isolator, Kabeltragvorrichtung
___	Verarbeitung, Empfang und Bereitstellung von Signalen, jedoch nicht für Schutzzwecke	Relais, Hilfsschütz, Zeitrelais, Binärelement, Transistor	V	Verarbeitung von Materialien	Rauchgasfilter
___	Bereitstellen von mechanischer Energie für Antriebszwecke	Betätigungsspule, Elektromotor	___	Leiten oder Führen von Energie, Materialien oder Signalen	Sammelschiene, Informationsbus
			X	Verbinden von Objekten	Klemme, Steckdose

Die Kennbuchstaben D, H, J, Y und Z sind für spätere Normung reserviert, I und O sind wegen Verwechslungsgefahr mit 1 und 0 nicht anwendbar.

3. a) Zeichnen Sie die fehlenden Symbole und b) ergänzen Sie die Symbole für die Legende des Stromlaufplans.

a) Schalter (handbetätigt):   Leuchte (allgemein):   Schutzkontakt-Steckdose:

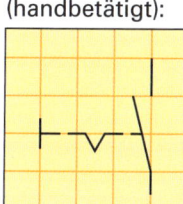

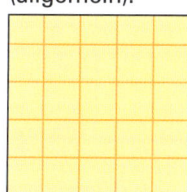

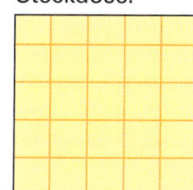

b)
Legende für den Stromlaufplan	
Kennzeichen für N-Leiter	
Kennzeichen für PEN-Leiter	
Kennzeichen für PE- und PB-Leiter	

| Blatt-Nr.: 6.2 | Schaltungstechnik, **Schaltungsunterlagen (2)** |

4. Welche Installationsschaltung für die Beleuchtung ist für die Umsetzung des Planes im Installationsschaltplan **(Bild, Seite 63)** notwendig?

_____

5. Ergänzen Sie den Stromlaufplan in aufgelöster Darstellung **(Bild 1)**.

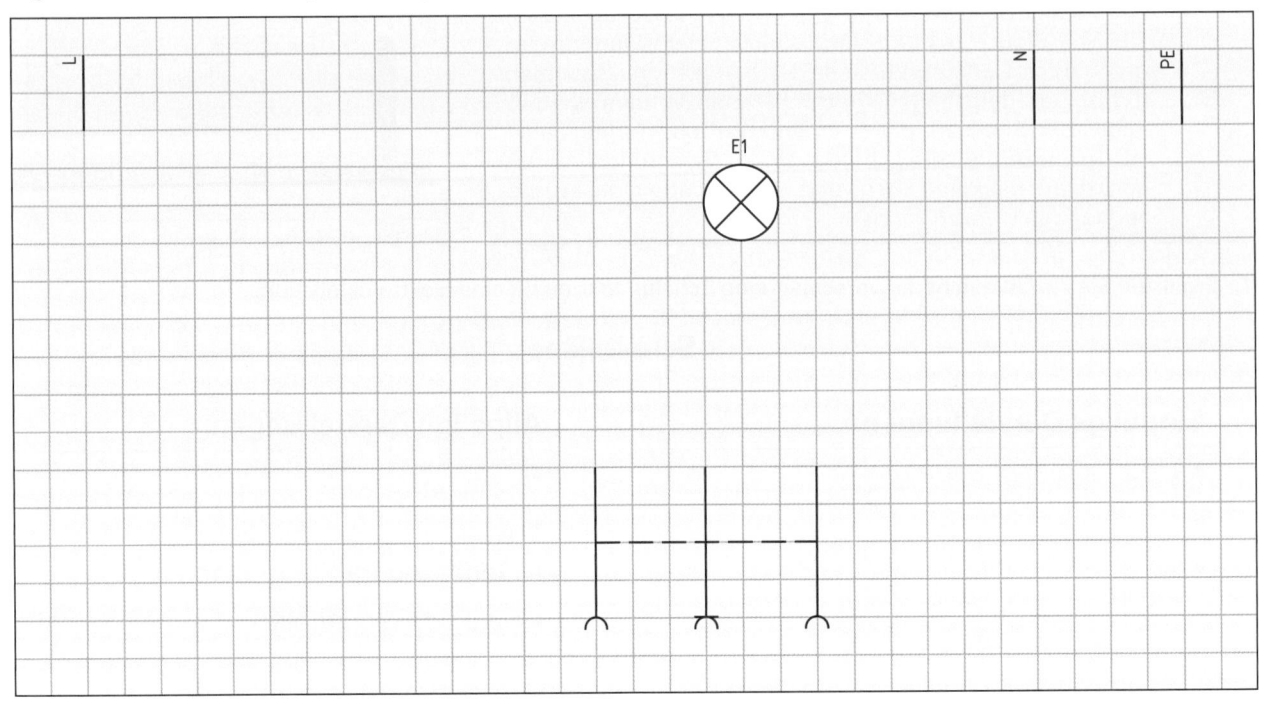

Bild 1: Stromlaufplan in aufgelöster Darstellung

6. Ergänzen Sie für **Bild 1** den Stromlaufplan in zusammenhängender Darstellung **(Bild 2)**.

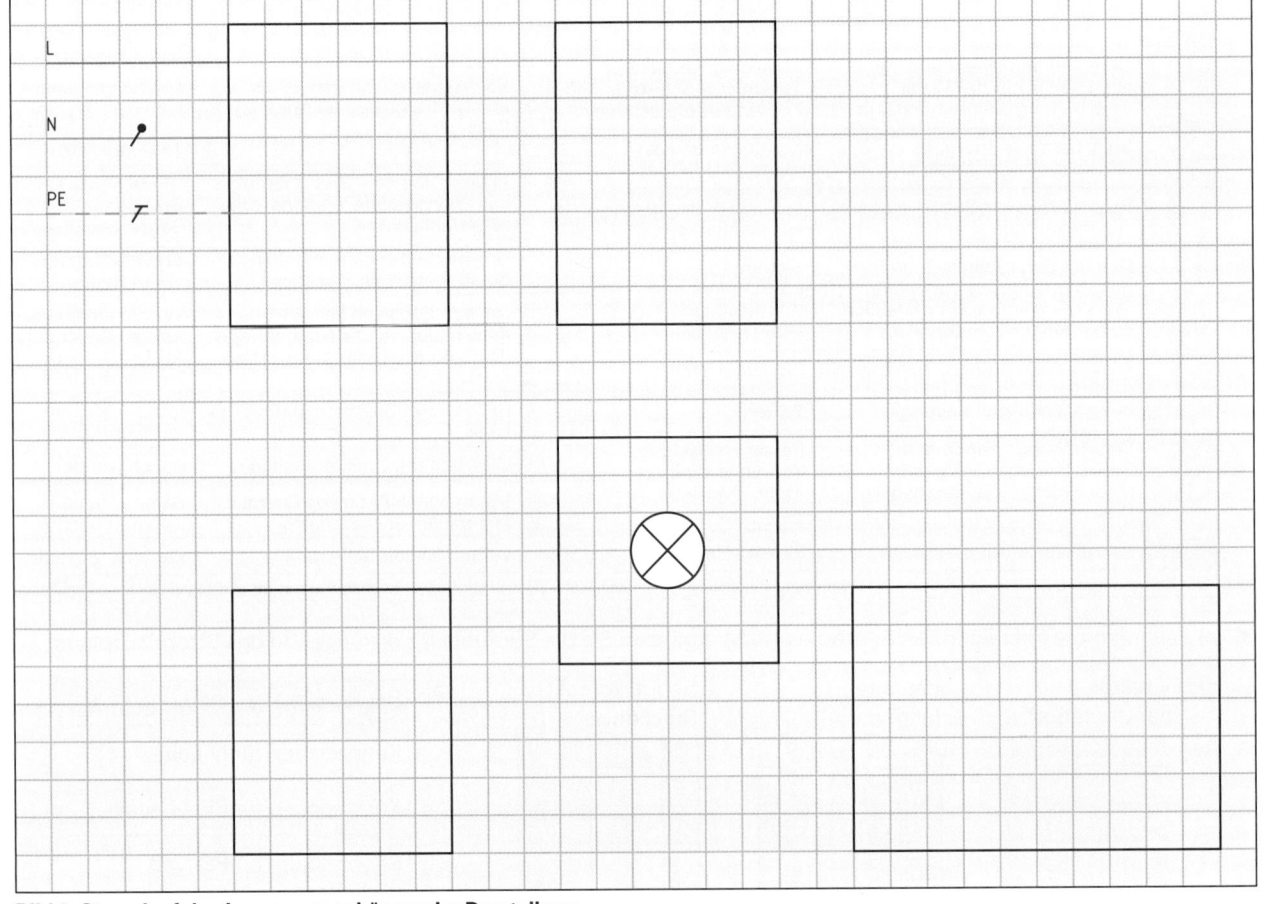

Bild 2: Stromlaufplan in zusammenhängender Darstellung

Schaltungstechnik
Installationsschaltungen (1)

Blatt-Nr.: 6.3

Das Schalten von Raumbeleuchtungen (**Bild**) kann unterschiedlich umgesetzt werden. In Abhängigkeit von der Anzahl der Schaltstellen zum Ein- und Ausschalten der Lampen muss die richtige Lampenschaltung ausgewählt werden. Für die benötigte Lampenschaltung wird ein passender Schalter benötigt, der bestimmt werden muss. Dieser Schalter muss im Schaltplan mit dem genormten Schaltzeichen dargestellt werden.

Bild: Raumbeleuchtung

1. Ergänzen Sie in **Tabelle 1** die verschiedenen Lampenschaltungen in Abhängigkeit von der Anzahl der Schaltstellen.

Tabelle 1: Lampenschaltungen		
Schaltungen mit einer Schaltstelle:	Schaltungen mit zwei Schaltstellen:	Schaltungen mit mehr als zwei Schaltstellen:
• Ausschaltung	•	•
•	•	•
•		•

2. Geben Sie in der **Tabelle 2 a)** die Schaltzeichen der Schalter, **b)** die Anzahl der Schaltstellen und **c)** die Aufgabe der Installationsschalter an.

Tabelle 2: Schalter für Lampenschaltungen			
• Schalterbezeichnung	• Schaltzeichen für Installationspläne	für Stromlaufpläne	• Schaltstellen • Aufgabe
Ausschalter			
(Bild)			• 1 Schaltstelle • Ein- und Ausschalten eines Verbrauchers, z.B. einer Leuchte
Serienschalter			
(Bild)			
Wechselschalter			
(Bild)			
Kreuzschalter			
(Bild)			
Taster			
(Bild)			

Blatt-Nr.: 6.4 | Schaltungstechnik, **Installationsschaltungen (2)**

3. Vervollständigen Sie den aufgelösten Stromlaufplan (**Bild 1**) einer **a)** Wechselschaltung mit Schalterbeleuchtung und **b)** Sparwechselschaltung mit Steckdose.

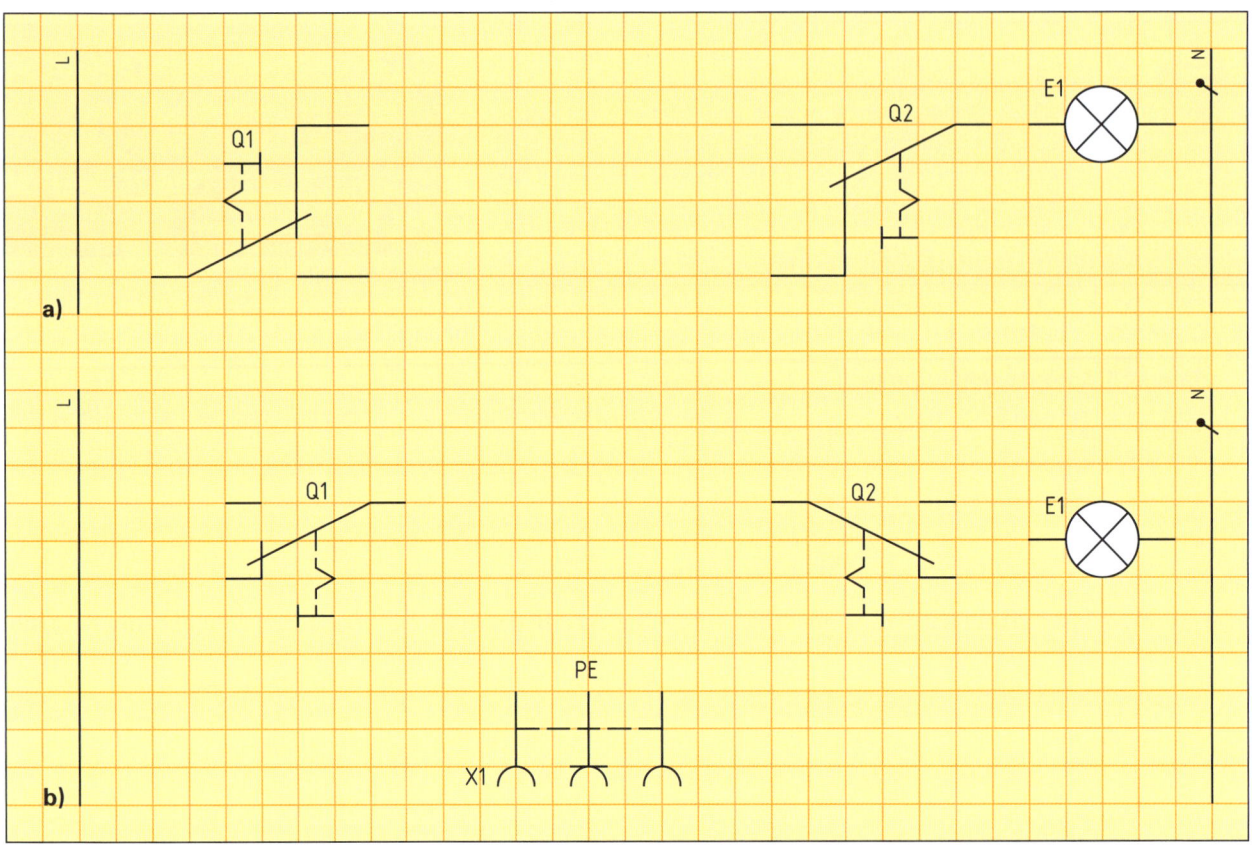

Bild 1: Stromlaufplan einer Wechselschaltung

4. Worin besteht der Unterschied im Aufbau einer Wechselschaltung und einer Sparwechselschaltung?

5. Welchen besonderen Vorteil hat die Sparwechselschaltung?

6. Tragen Sie in der **Tabelle** die Aderzahlen der Leitungsabschnitte A bis G (**Bild 2**) ein. Beachten Sie, dass die Schaltung **a)** als Wechselschaltung und **b)** als Sparwechselschaltung ausgeführt werden soll. Vergleichen Sie abschließend die Aderzahlen beider Schaltungen.

Hinweis: Leuchte mit Schutzleiteranschluss

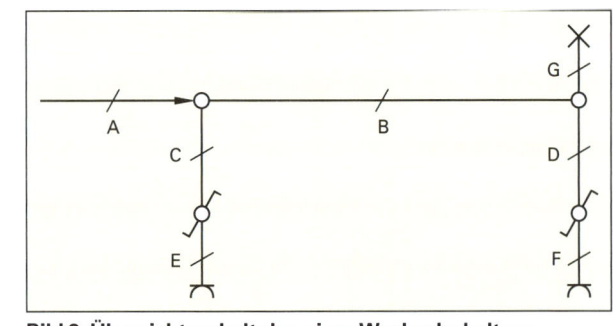

Bild 2: Übersichtsschaltplan einer Wechselschaltung

Tabelle: Aderzahlen einer Wechsel- und Sparwechselschaltung							
Leitungsabschnitt	A	B	C	D	E	F	G
a) Wechselschaltung							
b) Sparwechselschaltung							

Blatt-Nr.: 6.5 — Schaltungstechnik, **Installationsschaltungen (3)**

ℹ️ Installationsschaltungen sind grundlegende Schaltungen, z. B. Lampenschaltungen, Schaltungen mit Meldeleuchten, Stromstoßschaltungen oder Schaltungen mit Infrarot-Bewegungsmelder. Bei der Planung einer Elektroanlage müssen in Abhängigkeit von den Anforderungen die notwendigen Installationsschaltungen ausgewählt werden. Für die Umsetzung von Installationsschaltungen werden elektrische Betriebsmittel **(Bild 1)** benötigt.

Beleuchteter Schalter — Leuchte — Infrarot Bewegungsmelder

Bild 1: Betriebsmittel für Installationsschaltungen (Beispiele)

1. In einem Schalter, z. B. Ausschalter, können Lampen zur Schalterbeleuchtung oder Betriebszustandsanzeige eingebaut werden. In welchem Betriebszustand eines Schalters leuchtet
   a) eine Schalterbeleuchtung und
   b) eine Betriebszustandsanzeige?

   a) _____

   b) _____

2. Bei den Lampenschaltungen **(Bild 2)** sollen jeweils Schalter mit Beleuchtung verwendet werden. Bezeichnen Sie die Lampenschaltungen und ergänzen Sie die beiden Stromlaufpläne.

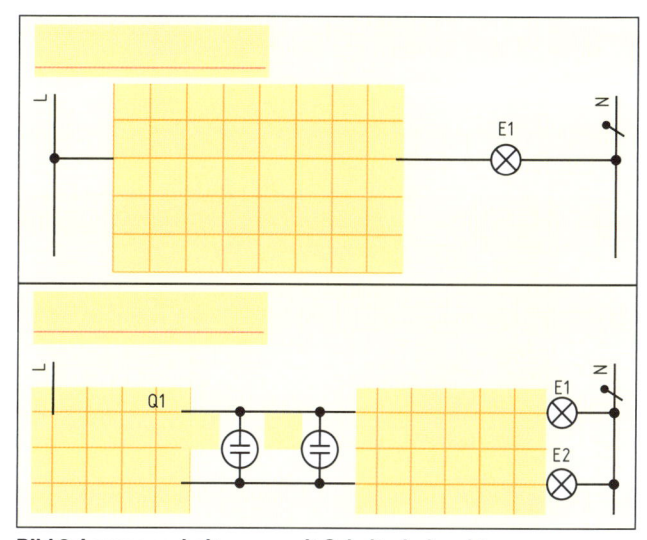

Bild 2: Lampenschaltungen mit Schalterbeleuchtung

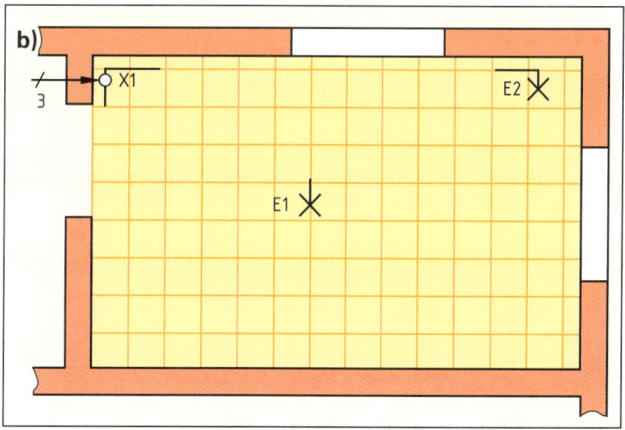

3. In einem Raum sollen zwei Leuchten einzeln von einer Schaltstelle geschaltet werden.
   a) Wie ist die Bezeichnung für die dazu notwendige Lampenschaltung?

   _____

   b) Zeichnen Sie die notwendigen Betriebsmittel und die Verbindungsleitungen mit den entsprechenden Aderzahlen in den Installationsschaltplan **(Bild 3)** ein.
   c) Ergänzen Sie den Stromlaufplan in zusammenhängender Darstellung **(Bild 4)**.

Bild 3: Installationsschaltplan

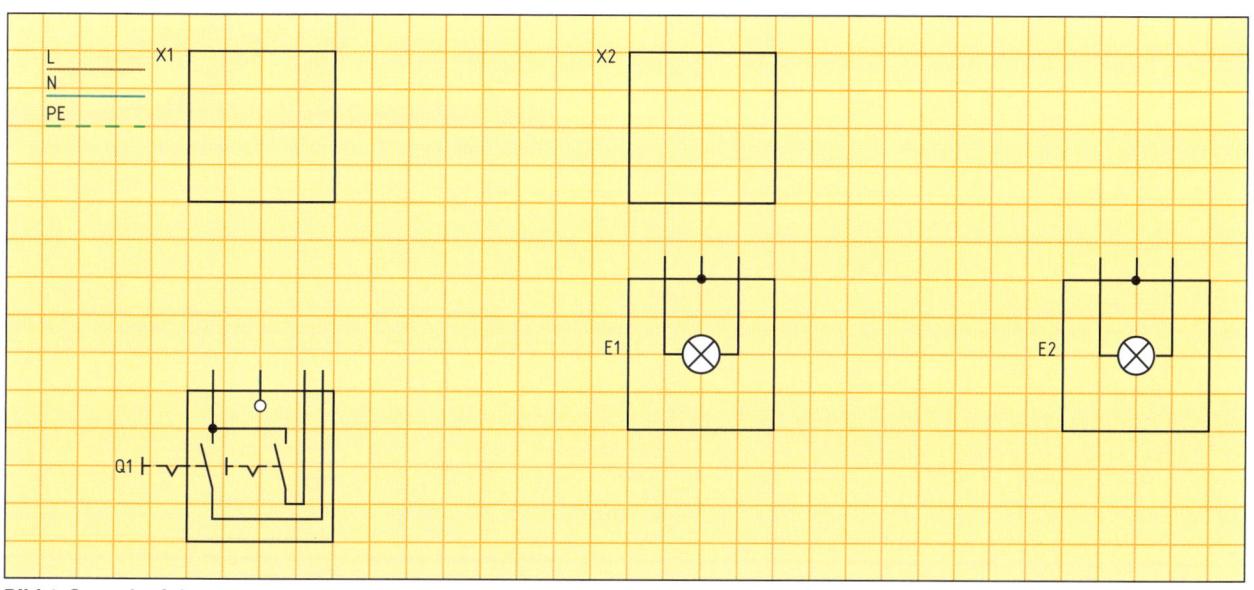

Bild 4: Stromlaufplan in zusammenhängender Darstellung

Blatt-Nr.: 6.6 | Schaltungstechnik, **Installationsschaltungen (4)**

4. Eine Flurbeleuchtung soll von 2 Schaltstellen mit Tastern ein- und ausgeschaltet werden können.
   a) Wie ist die Bezeichnung für die dazu notwendige Installationsschaltung?

   _____

   b) Zeichnen Sie die notwendigen Betriebsmittel und die Verbindungsleitungen mit den entsprechenden Aderzahlen in den Installationsschaltplan (**Bild 1**) ein.
   c) Erklären Sie die Funktion des dazu notwendigen Stromstoßschalters (**Bild 2**) und
   d) ergänzen Sie den Stromlaufplan (**Bild 2**).

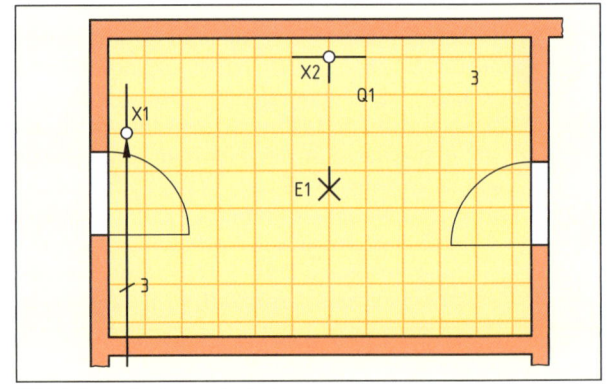

Bild 1: Installationsschaltplan

Schaltzeichen Stromstoßschalter

Übersichtsschaltplan	Stromlaufplan

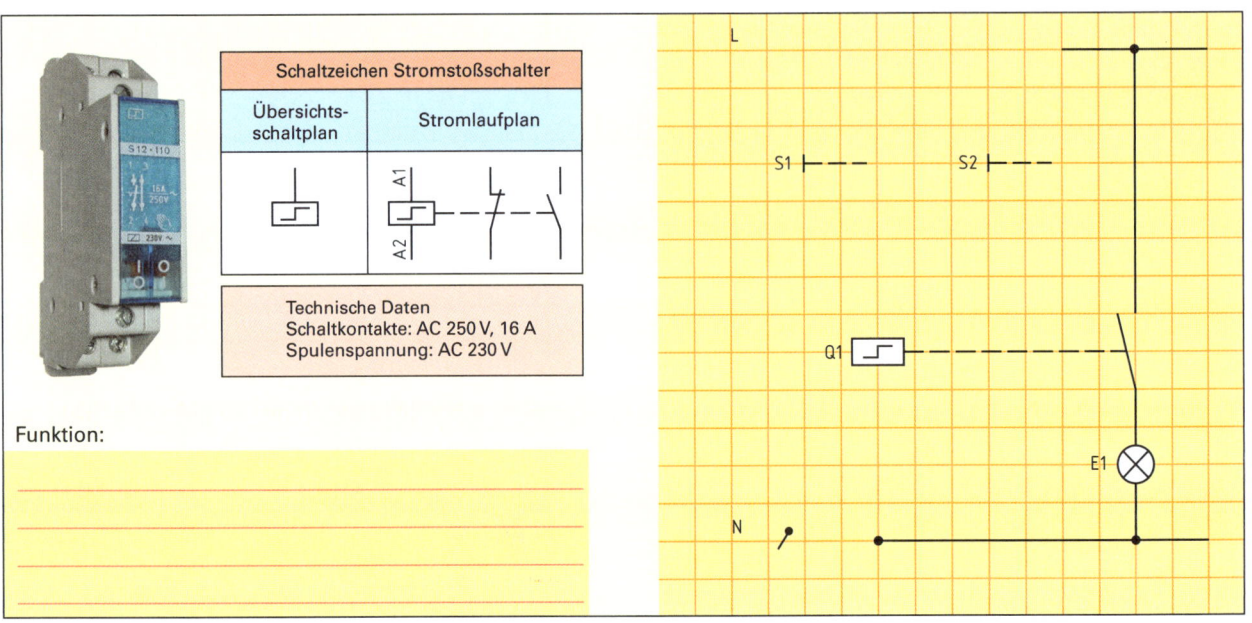

Technische Daten
Schaltkontakte: AC 250 V, 16 A
Spulenspannung: AC 230 V

Funktion:
_____
_____
_____
_____

Bild 2: Stromlaufplan für Stromstoßschaltung in zusammenhängender Darstellung

5. Für eine Außenbeleuchtung soll ein Infrarot-Bewegungsmelder (**Bild 1, Seite 67,** und **Bild 3**) eingesetzt werden. Das Außenlicht soll zusätzlich von zwei Tastern ein- und ausgeschaltet werden können. Ergänzen Sie den Stromlaufplan (**Bild 4**).

6. Welche drei Einstellungen müssen nach der Installation des IR-Bewegungsmelders durchgeführt werden.

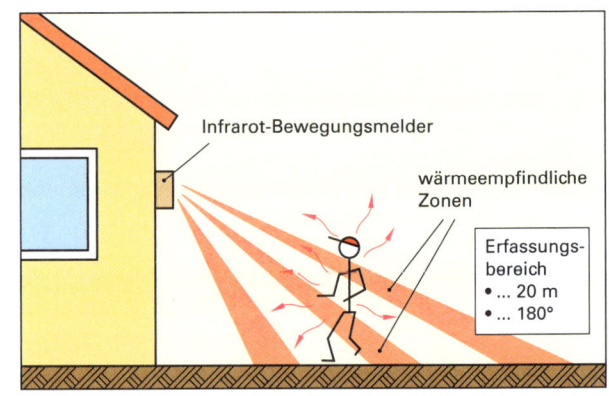

   • _____
   • _____
   • _____

Bild 3: Erfassungsbereich des IR-Bewegungsmelders

Erfassungsbereich
• ... 20 m
• ... 180°

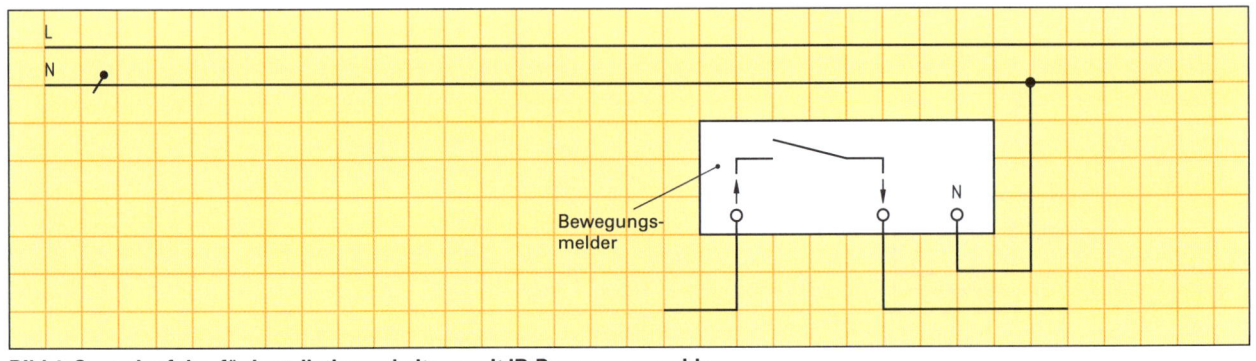

Bild 4: Stromlaufplan für Installationsschaltung mit IR-Bewegungsmelder

Schaltungstechnik
Klingel- und Türöffneranlage

Blatt-Nr.: 6.7

> Klingel- und Türöffneranlagen sind in fast allen Wohngebäuden anzutreffen. Meistens können sowohl die Klingel als auch der Türöffner von mehreren Orten aus bedient werden.

1. Der Übersichtsschaltplan im **Bild 1** (Kennbuchstaben der Betriebsmittel fehlen) zeigt eine Klingel- und Türöffneranlage für ein Gebäude mit zwei Wohnungen. Ergänzen Sie die **Tabelle** mit allen notwendigen Bestandteilen einer Klingel- und Türöffneranlage. Tragen Sie anschließend die entsprechenden Kennbuchstaben in **Bild 1** ein.

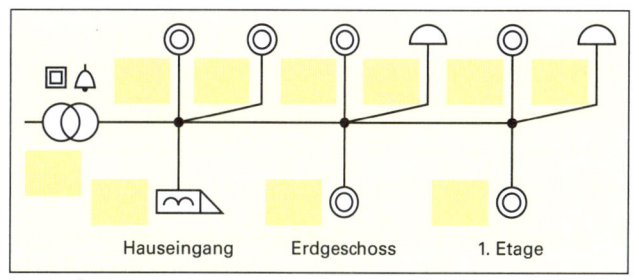

2. Wie werden mehrere Taster, die die gleiche Klingel bzw. den gleichen Türöffner ansteuern, geschaltet?

Bild 1: Übersichtsschaltplan

3. Eine Klingel- und Türöffneranlage soll folgende Aufgaben erfüllen:
   - S1 (Hauseingang) und S3 (Wohnungstür) betätigen die Klingel P1 (Erdgeschoss),
   - S2 (Hauseingang) und S4 (Wohnungstür) betätigen die Klingel P2 (1. Etage),
   - S5 (Wohnung Erdgeschoss) und S6 (Wohnung 1. Etage) betätigen den Türöffner M.

   Ergänzen Sie
   a) die Kennbuchstaben im Übersichtsschaltplan **(Bild 1)** und
   b) den Stromlaufplan in zusammenhängender Darstellung **(Bild 2)**.

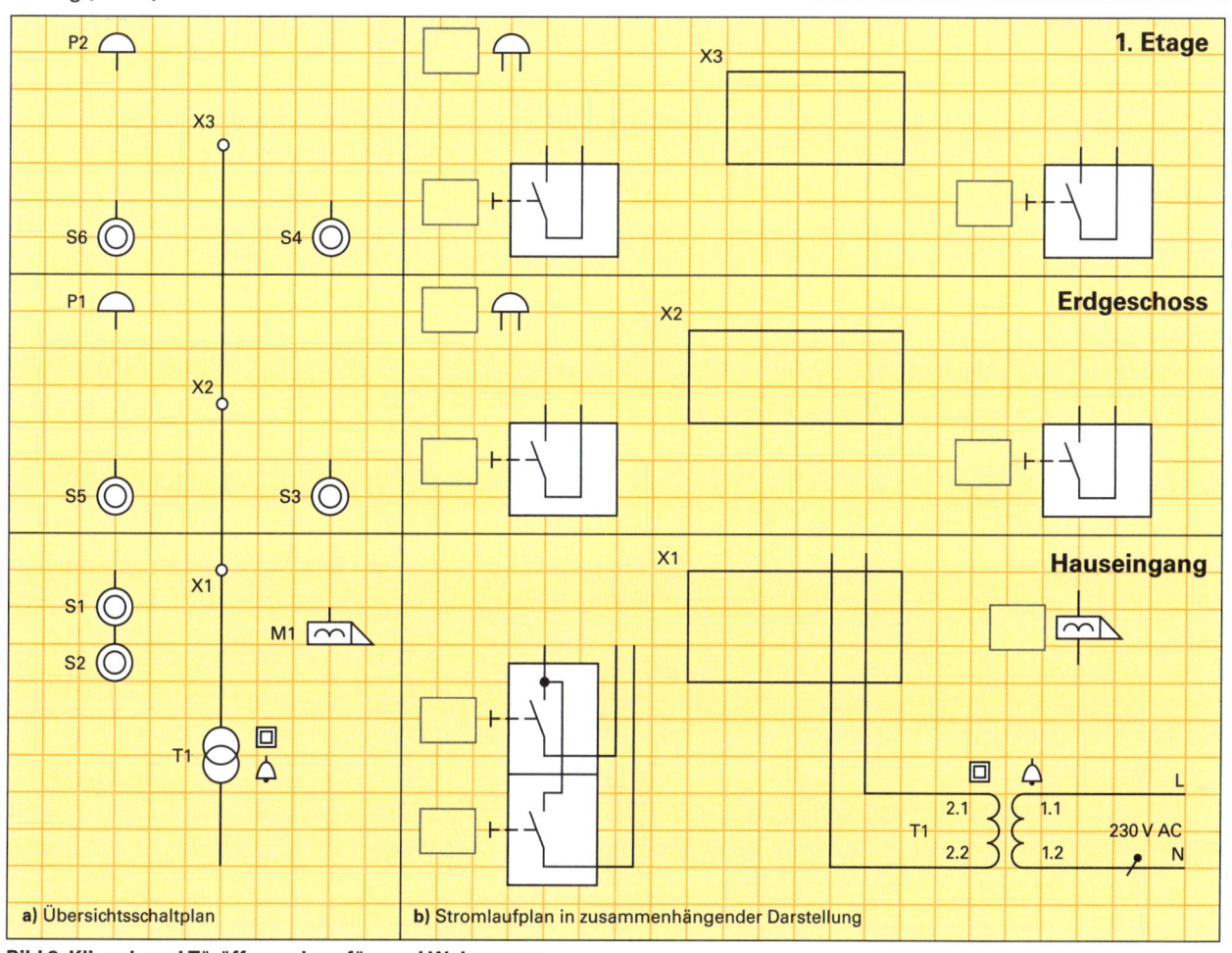

Tabelle: Bestandteile einer Klingel- und Türöffneranlage

Schaltzeichen	Betriebsmittel	Kennbuchstabe
⌒ (Glocke)	Klingeltransformator	T
⌒ (Hupe)		
Türöffner		
◎		

Bild 2: Klingel- und Türöffneranlage für zwei Wohnungen
a) Übersichtsschaltplan
b) Stromlaufplan in zusammenhängender Darstellung

Schaltungstechnik
Elektromagnetische Schalter (1)

Blatt-Nr.: 6.8

In der Steuerungstechnik werden elektromagnetische Schalter (**Bild 1**) benötigt. Damit kann man in einem Steuerstromkreis mit einem kleinen Steuerstrom von z. B. 100 mA einen großen Laststrom von z. B. 25 A in einem Hauptstromkreis schalten. In Abhängigkeit von der Größe des geschalteten Stromes kommen dabei entweder Schütze oder Relais zum Einsatz. Für die praktische Anwendung von elektromagnetischen Schaltern sollte deren prinzipieller Aufbau und vor allem die genormten Anschlussbezeichnungen bekannt sein.

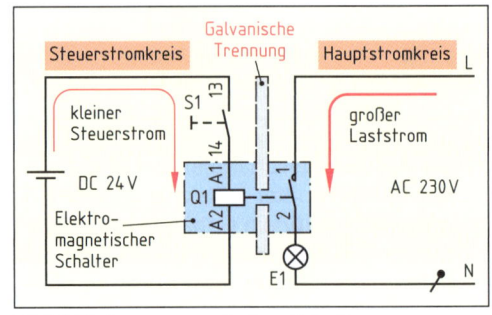

Bild 1: Elektromagnetischer Schalter

1. a) Benennen Sie die in **Bild 2 a** nummerierten Teile des Schützes und
   b) ergänzen Sie die Anschlussbezeichnungen in **Bild 2 b**.
   c) Welche Aufgabe hat der im Eisenkern eingebrachte Kurzschlussring (Ziffer 4) zu erfüllen?

a) 1 _____
2 _____
3 _____
4 _____
5 _____
6 _____
7 _____
8 _____
9 _____

c)

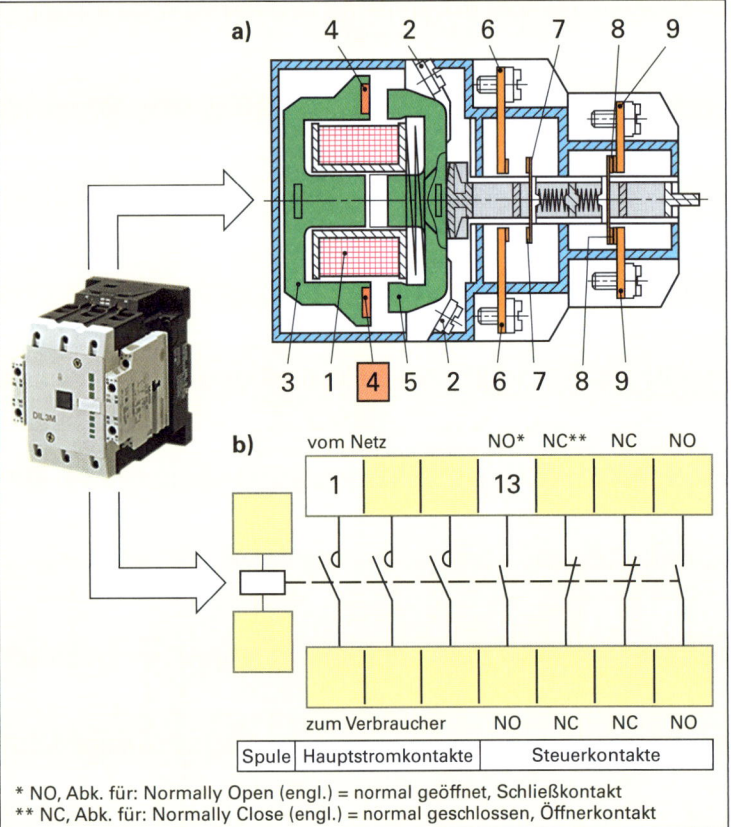

* NO, Abk. für: Normally Open (engl.) = normal geöffnet, Schließkontakt
** NC, Abk. für: Normally Close (engl.) = normal geschlossen, Öffnerkontakt

Bild 2: Schaltzeichen und Anschlüsse eines Schützes

2. Zeichnen Sie im **Bild 3** die Leitungen und Kontakte des Steuerstromkreises rot nach.

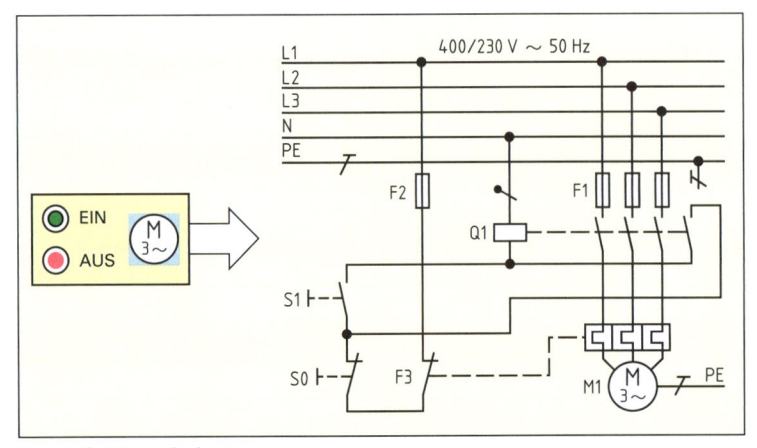

Bild 3: Schützschaltung

3. Nennen Sie Vorteile für die Anwendungen von Schaltungen mit Schützen.

Blatt-Nr.: 6.9 Schaltungstechnik, **Elektromagnetische Schalter (2)**

4. Benennen Sie die in **Bild 1** nummerierten Teile des Relais.

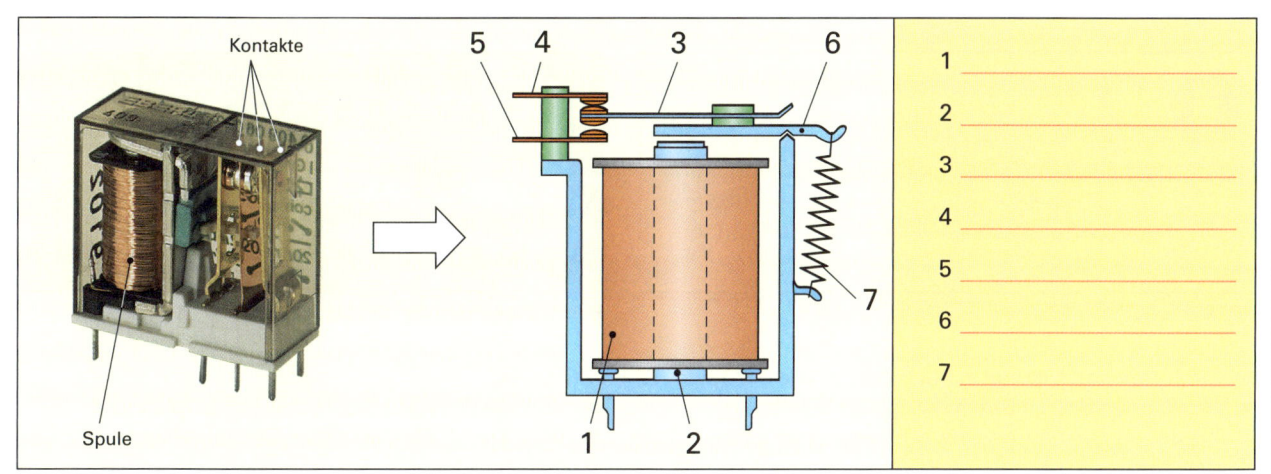

1 _____
2 _____
3 _____
4 _____
5 _____
6 _____
7 _____

Bild 1: Aufbau eines Relais

5. a) Benennen Sie die nummerierten Teile des Zungenkontaktrelais **(Bild 2)**.
   b) Bestimmen Sie die Magnetpole der beiden Kontaktzungen, wenn durch die Spule Gleichstrom fließt.

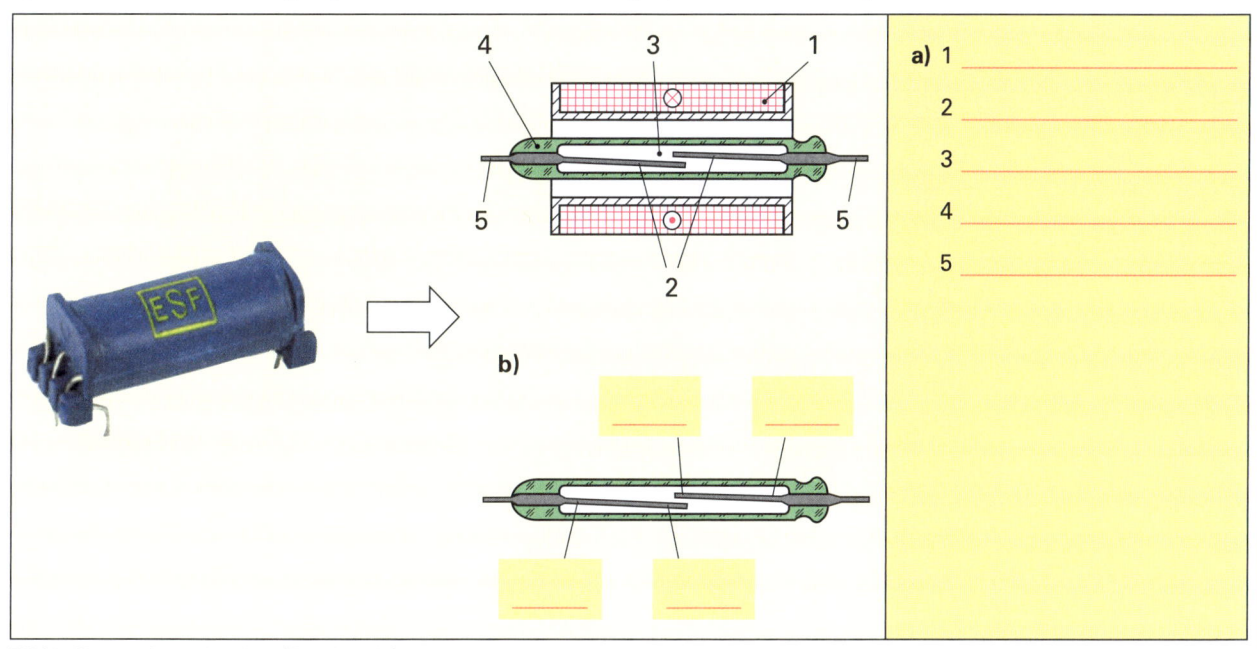

a) 1 _____
   2 _____
   3 _____
   4 _____
   5 _____

Bild 2: Zungenkontaktrelais (Reedrelais)

6. Was geschieht, wenn durch die Spule des Zungenkontaktrelais **(Bild 2)** Wechselstrom fließt?

_____
_____
_____

7. Nennen Sie gemeinsame und unterschiedliche Merkmale von Schütz und Relais **(Tabelle)**.

Tabelle: Merkmale für Schütze und Relais		
	Schütz	**Relais**
Gemeinsame Merkmale	• _____ • _____	
Unterschiedliche Merkmale	• _____ • _____	• _____ _____

Schaltungstechnik
Grundschaltungen mit Schützen (1)

Blatt-Nr.: 6.10

In der Steuerungstechnik gibt es grundlegende Schützschaltungen, die in Steuerungen (**Bild 1**) verwendet werden. Bei der Planung einer Steuerung muss je nach Anforderung die richtige Steuerschaltung ausgewählt und der dazugehörige Stromlaufplan erstellt werden können.

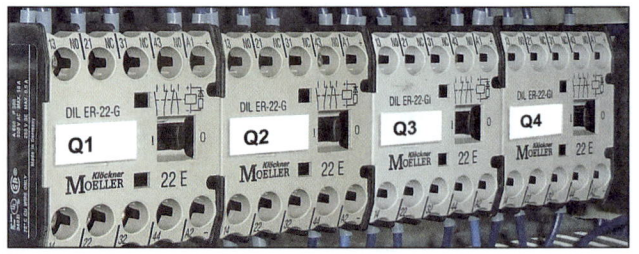

Bild 1: Steuerung mit Schützschaltung

---

1. Ein Motor soll solange in Betrieb sein, wie der Taster S1 betätigt wird.
   - **a)** Nennen Sie die Bezeichnung der Schaltung,
   - **b)** geben Sie ein Anwendungsbeispiel dafür an,
   - **c)** vervollständigen Sie den Stromlaufplan und
   - **d)** bezeichnen Sie die beiden Stromkreise.

   a) _____

   b) Anwendungsbeispiel: _____

   c) [Stromlaufplan]

   d) _____

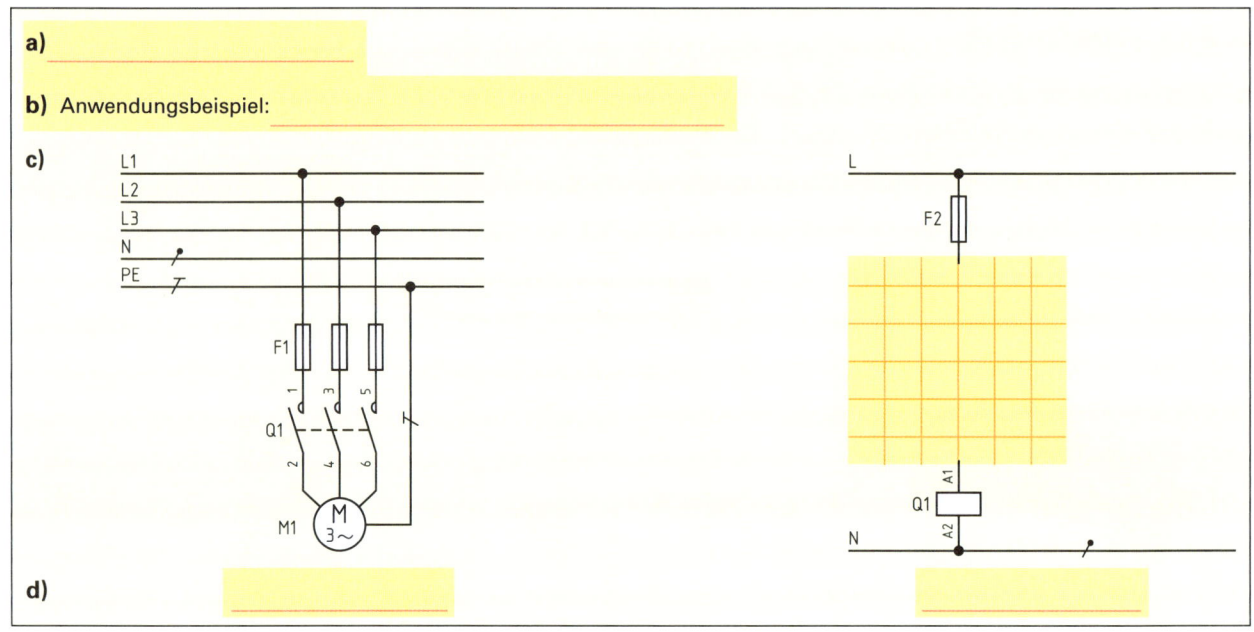

Bild 2: Schützschaltung für Tippbetrieb

---

2. Ein Motor soll durch kurzzeitige Betätigung des Taster S1 eingeschaltet werden und eingeschaltet bleiben. Durch kurzzeitigen Druck auf den Taster S2 soll der Motor wieder ausgeschaltet werden.
   - **a)** Nennen Sie die Bezeichnung der Schaltung,
   - **b)** geben Sie ein Anwendungsbeispiel dafür an,
   - **c)** vervollständigen Sie den Stromlaufplan und
   - **d)** begründen Sie, warum die Schaltung einen Schutz vor selbstständigem Wiederanlauf nach einem Stromausfall gewährt.

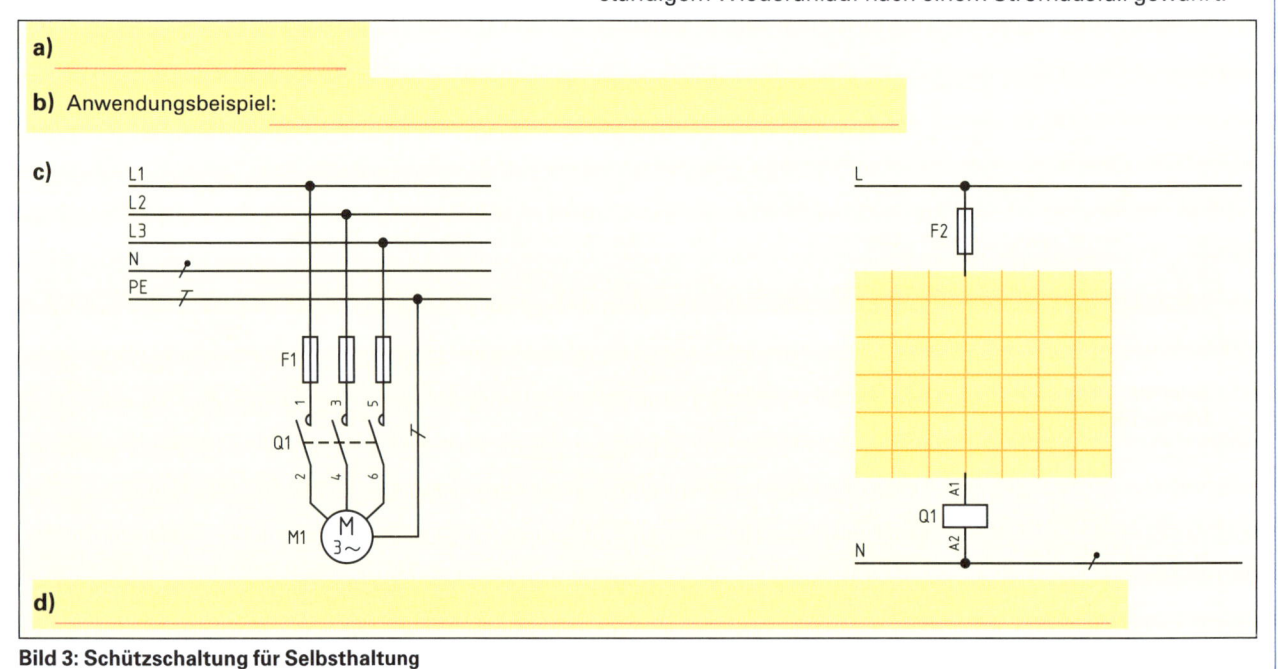

   a) _____

   b) Anwendungsbeispiel: _____

   c) [Stromlaufplan]

   d) _____

Bild 3: Schützschaltung für Selbsthaltung

Blatt-Nr.: 6.11 | Schaltungstechnik, **Grundschaltungen mit Schützen (2)**

3. Zwei Beleuchtungen sollen jeweils einzeln, aber nie gleichzeitig in Betrieb gehen können.
   a) Nennen Sie die Bezeichnung der Schaltung und **b)** vervollständigen Sie den Stromlaufplan.

a) _____

b)

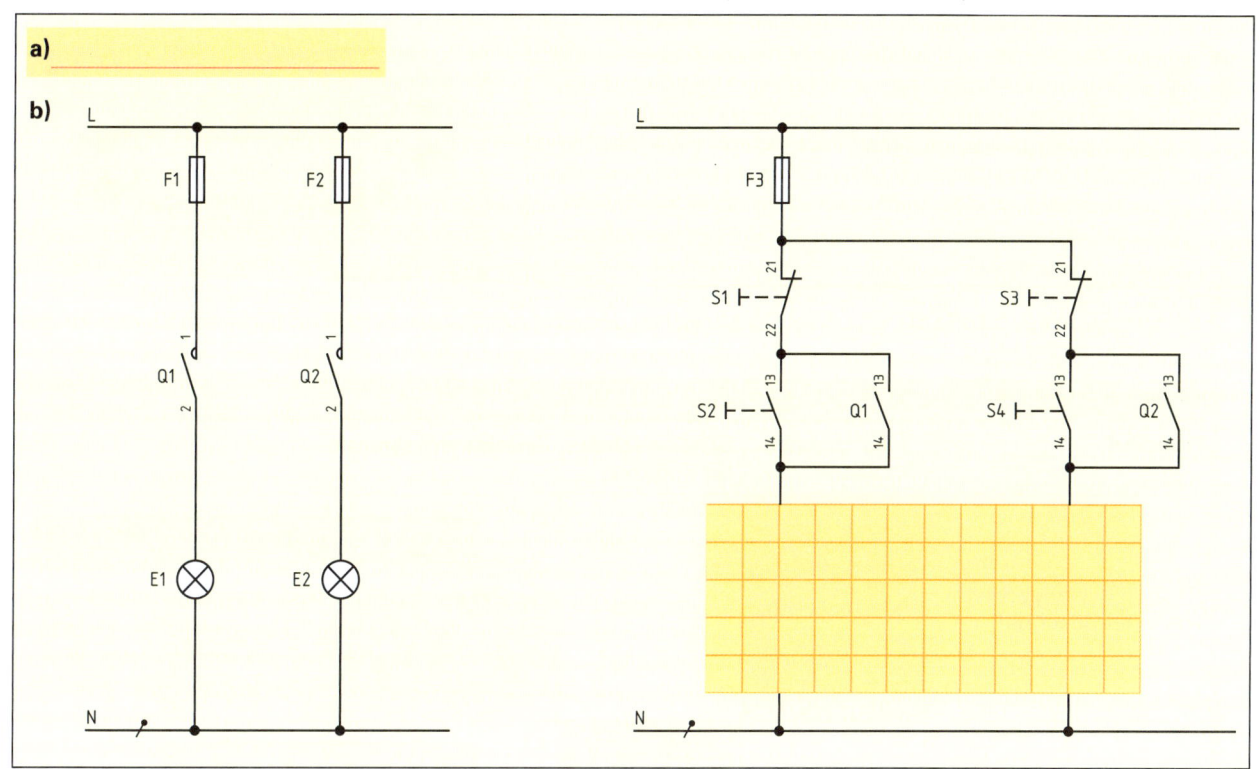

Bild 1: Schützschaltung mit Verriegelung

4. Die Drehrichtung eines Drehstrommotors soll mit S1, S2 und S3 geschaltet werden können ohne dass die Stopp-Taste gedrückt werden muss. Dabei muss sichergestellt sein, dass niemals beide Schütze gleichzeitig anziehen.
   a) Nennen Sie die Bezeichnung der Schaltung und **b)** vervollständigen Sie den Stromlaufplan.

a) _____

b)

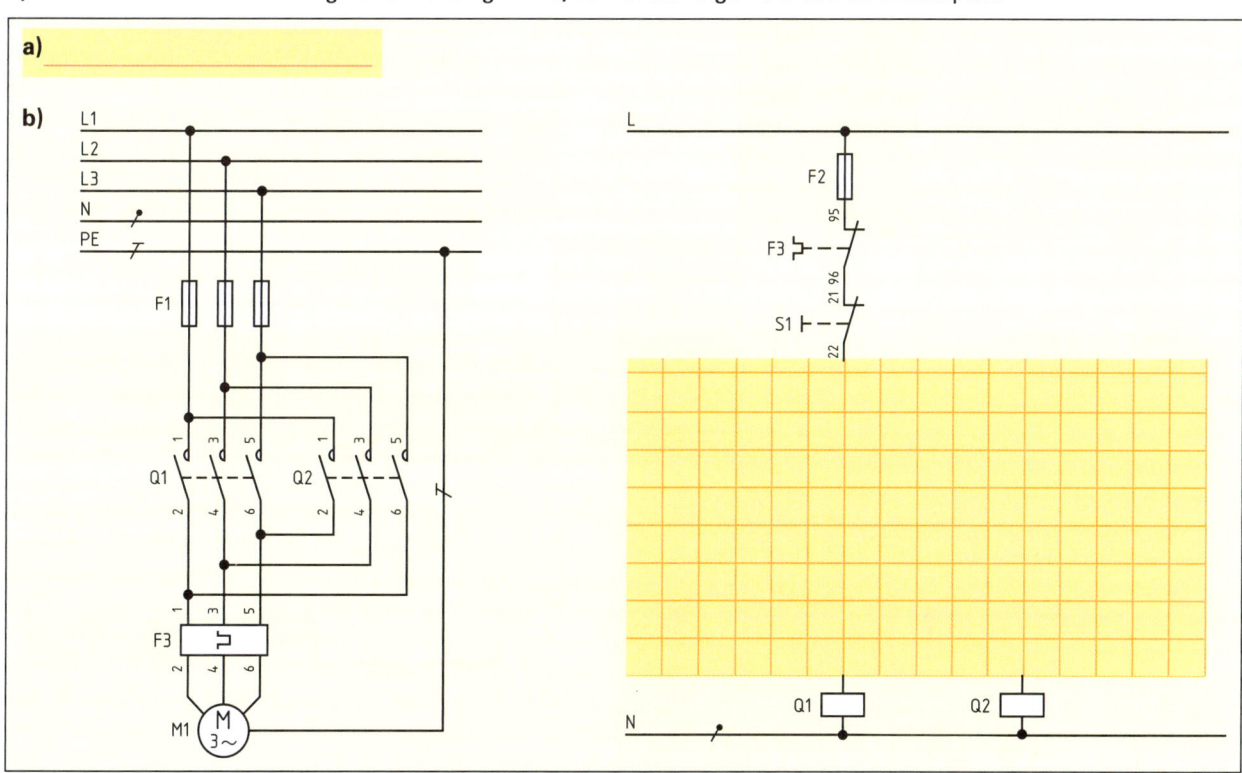

Bild 2: Schützschaltung zur Umschaltung der Drehrichtung eines Motors

5. Welche Bezeichnung und welche Aufgabe hat das Betriebsmittel **a)** F1 und **b)** F3?

a) _____

b) _____

Schaltungstechnik
Steuerschaltungen mit Zeitrelais (1)

Blatt-Nr.: 6.12

ℹ️ Zur Umsetzung von zeitgeführten Steuerungen werden Zeitrelais **(Bild 1)** benötigt. Damit können Verzögerungen, z.B. Ansprechverzögerungen oder Rückfallverzögerungen, erzeugt werden. Zum Beispiel soll bei einer Motor-Anlaufschaltung ein Motor zunächst in Sternschaltung eingeschaltet und nach einer bestimmten Zeit automatisch über ein Zeitrelais in Dreieckschaltung umgeschaltet werden.

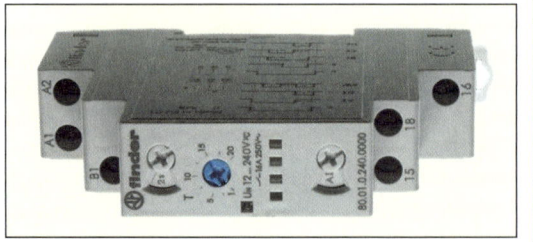

Bild 1: Zeitrelais

1. Ergänzen Sie in der **Tabelle** die fehlenden Schaltzeichen und zeichnen Sie das Zeitablaufdiagramm für den Ausgang A des jeweiligen Zeitrelais.

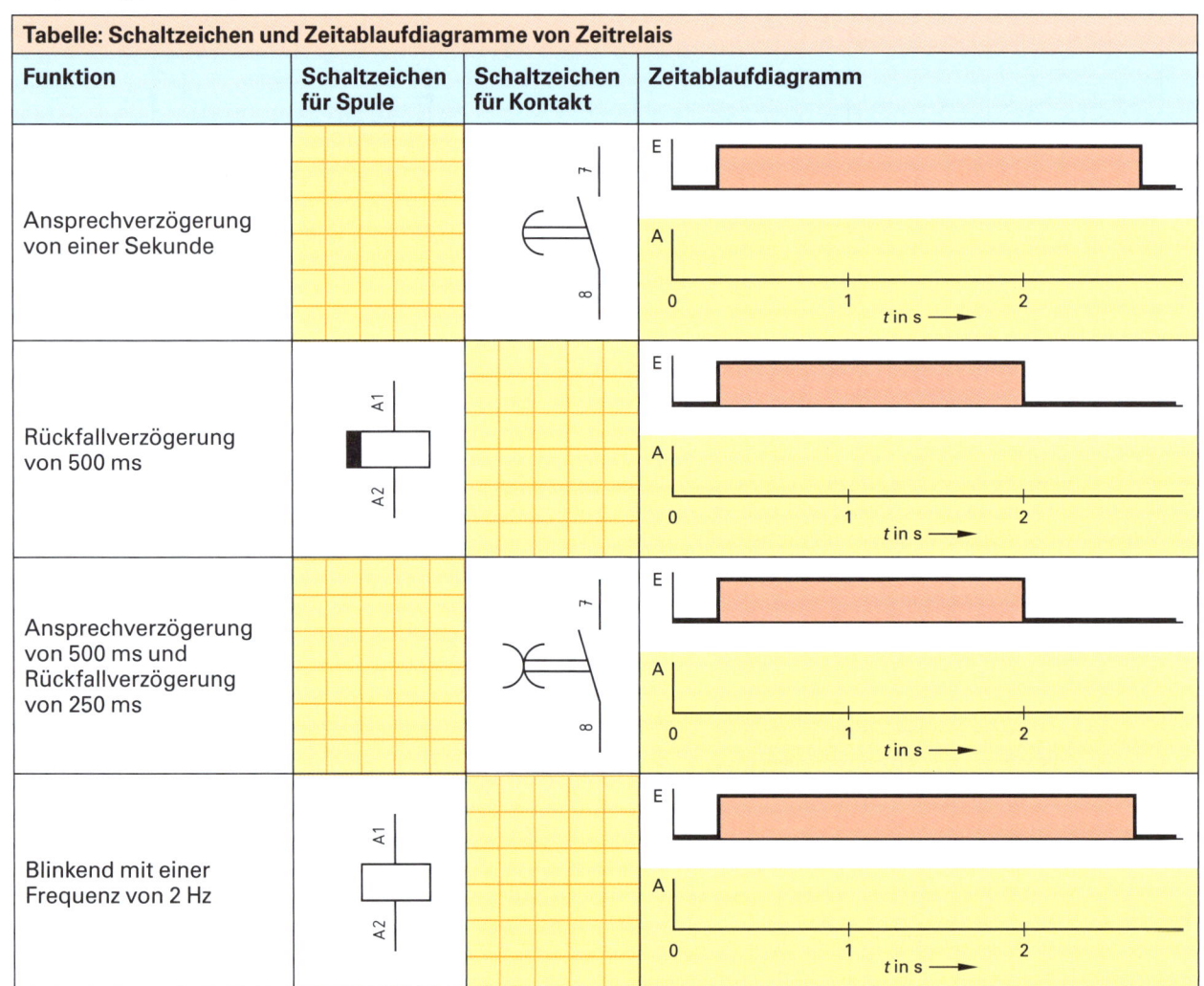

Funktion	Schaltzeichen für Spule	Schaltzeichen für Kontakt	Zeitablaufdiagramm
Ansprechverzögerung von einer Sekunde		(Kontakt 7-8)	
Rückfallverzögerung von 500 ms	A1 / A2 (Spule)		
Ansprechverzögerung von 500 ms und Rückfallverzögerung von 250 ms		(Kontakt 7-8)	
Blinkend mit einer Frequenz von 2 Hz	A1 / A2 (Spule)		

2. Bei einem Steuerstromkreis mit Zeitrelais **(Bild 2)** soll eine Sekunde nach dem Betätigen des Tasters S1 das Schütz Q1 anziehen. **a)** Vervollständigen Sie den Steuerstromkreis und **b)** zeichnen Sie das Zeitablaufdiagramm für Q1.

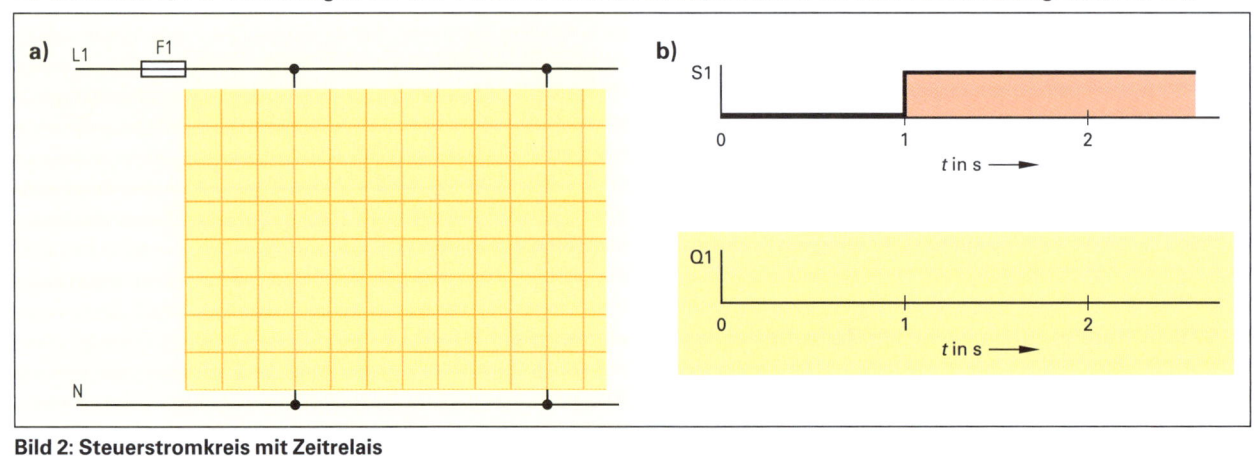

Bild 2: Steuerstromkreis mit Zeitrelais

Blatt-Nr.: 6.13 | Schaltungstechnik, **Steuerschaltungen mit Zeitrelais (2)**

3. Für den Anlauf eines Drehstrommotors soll eine automatische Stern-Dreieck-Schützschaltung verwendet werden. Ergänzen Sie den Stromlaufplan für den Steuerstromkreis (**Bild**).

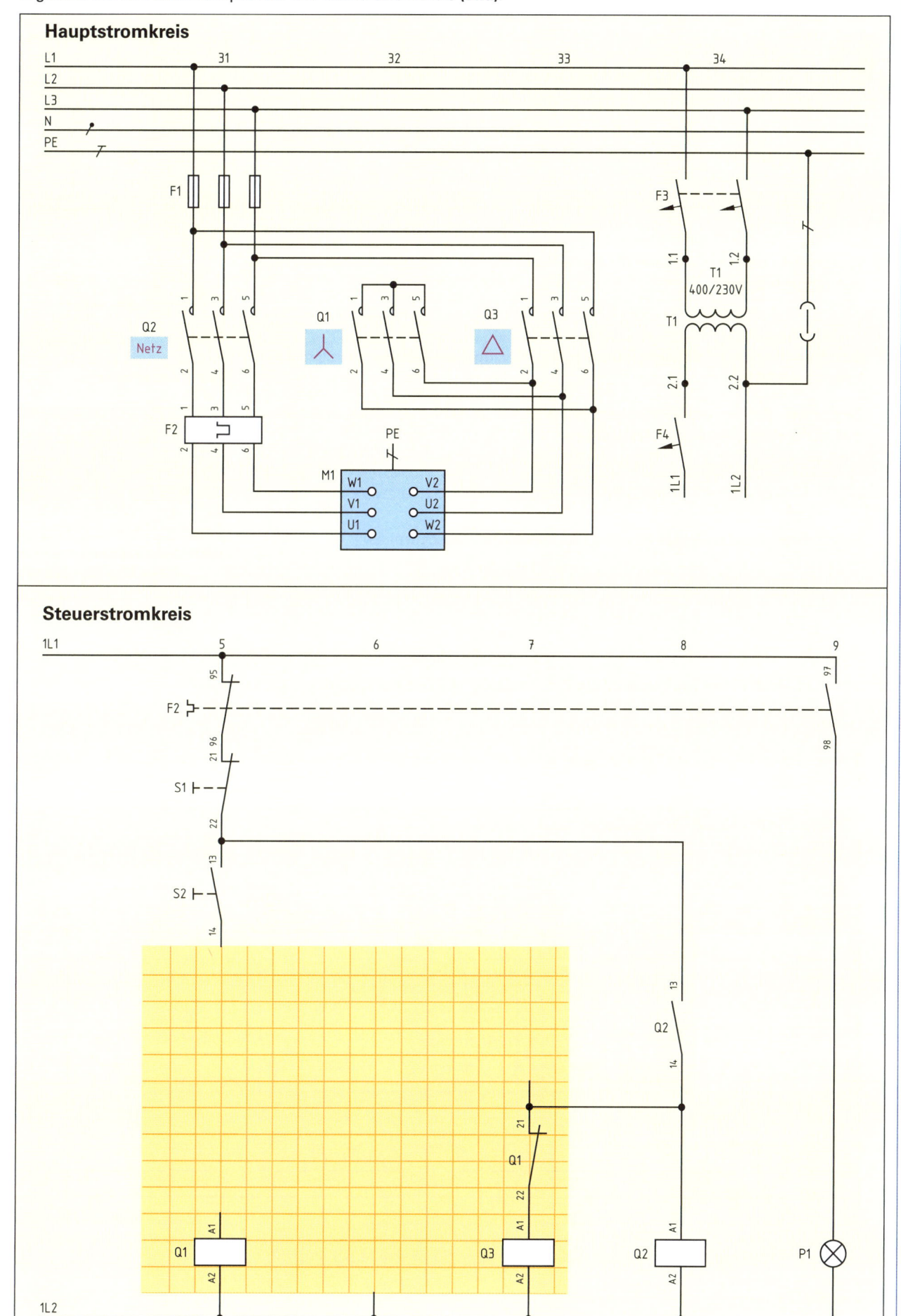

Bild: Steuer- und Hauptstromkreis für Stern-/Dreieckanlauf

Schaltungstechnik
Treppenlicht-Schaltungen

Blatt-Nr.: 6.14

> Treppenlicht-Schaltungen können mithilfe eines Zeitschalters (**Bild 1**), eines Stromstoßrelais oder einer Kreuzschaltung installiert werden.

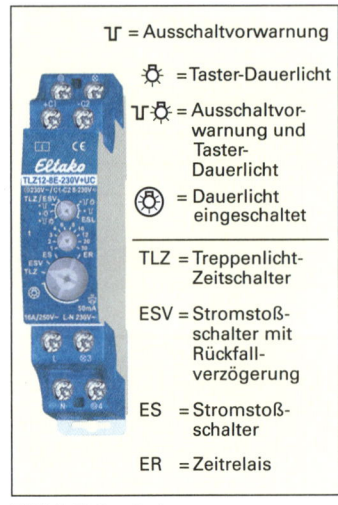

Bild 1: Zeitschalter

- ⏻ = Ausschaltvorwarnung
- ☼ = Taster-Dauerlicht
- ⏻☼ = Ausschaltvorwarnung und Taster-Dauerlicht
- ⊗ = Dauerlicht eingeschaltet
- TLZ = Treppenlicht-Zeitschalter
- ESV = Stromstoßschalter mit Rückfallverzögerung
- ES = Stromstoßschalter
- ER = Zeitrelais

1. Welchen Vorteil besitzt eine Treppenlicht-Zeitschaltung mithilfe eines Zeitschalters gegenüber den anderen beiden Schaltungsarten?

2. Welche Art von Zeitrelais kann für die Realisierung der Treppenlicht-Zeitschaltung verwendet werden?

3. Zeichnen Sie das Schaltzeichen eines rückfallverzögerten Zeitrelais mit Umschaltkontakt in **Bild 2**.

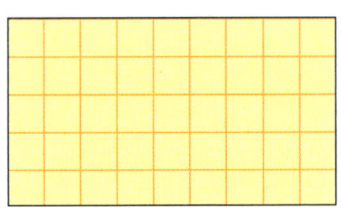

Bild 2: Schaltzeichen eines rückfallverzögerten Zeitrelais

4. Begründen Sie, warum rückfallverzögerte Zeitrelais neben dem Steueranschluss zusätzlich einen Netzanschluss besitzen.

5. Beschreiben Sie das Verhalten eines rückfallverzögerten Zeitrelais.

6. Welche beiden Arten von Treppenlicht-Zeitschaltung mit Zeitrelais werden unterschieden?

7. Tragen Sie in die folgende **Tabelle** die jeweilige Art der Treppenlicht-Zeitschaltung ein und ergänzen Sie beide Schaltungen.

Tabelle: Treppenlicht-Zeitschaltungen mit Zeitrelais

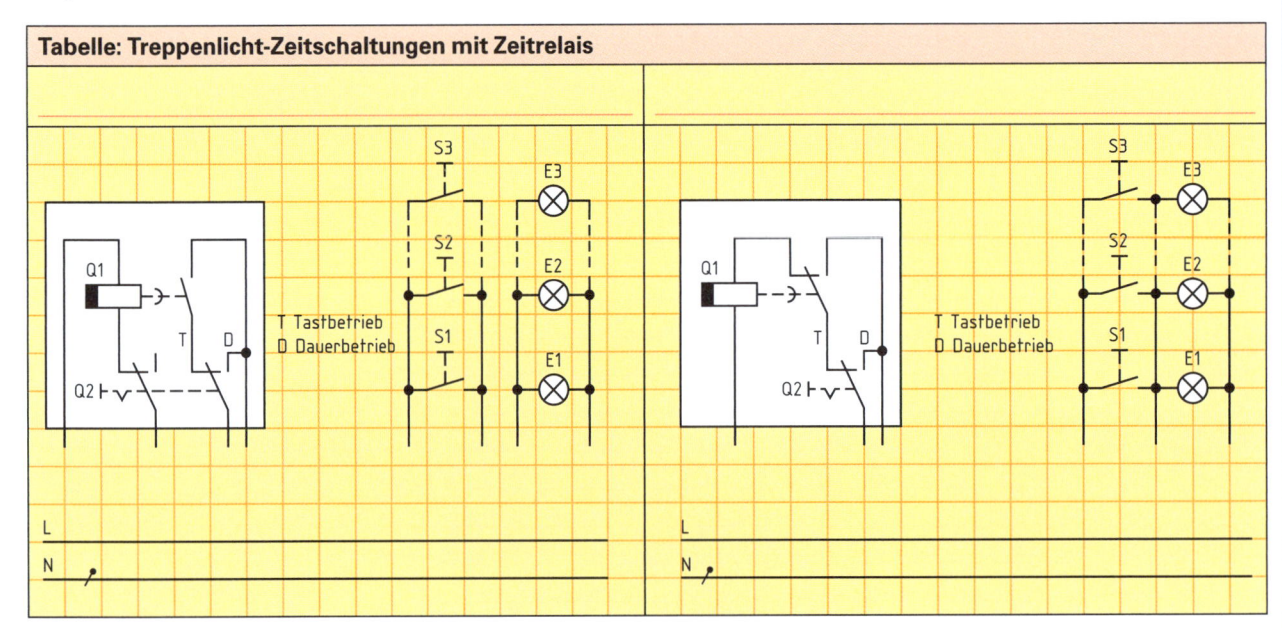

8. Welchen Vorteil hat die Vierleiterschaltung gegenüber der Dreileiterschaltung?

Wechselstromtechnik
Sinusförmige Wechselspannung, Kenngrößen (1)

Blatt-Nr.: 7.1
Kontrolle

> Die sinusförmige Wechselspannung hat mehrere Vorteile gegenüber der Gleichspannung. Man kann z. B. mithilfe von Transformatoren Wechselstrom wirtschaftlich übertragen und verteilen. Deshalb wird Wechselspannung in den Kraftwerksgeneratoren erzeugt. Es ist zu beachten, dass viele Formeln, die für Gleichstrom gelten, bei Wechselstrom nicht mehr angewendet werden können.

1. Vergleichen Sie den Verlauf der Gleichspannung **(Bild 1 a)** mit dem der Wechselspannung **(Bild 1 b)**. Erklären Sie die beiden Spannungsarten.

Gleichspannung	Wechselspannung
• Die Gleichspannung wirkt immer in die gleiche Richtung.	

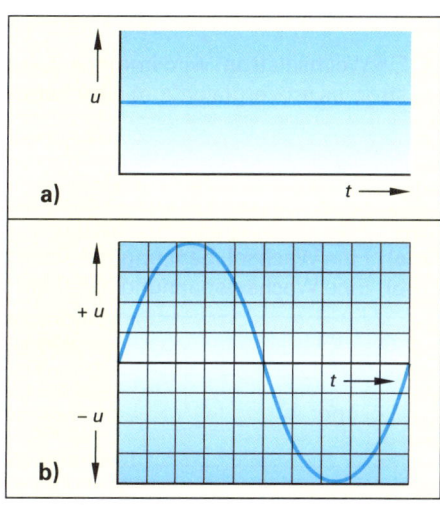

Bild 1: a) Gleich-, und b) Wechselspannung

2. Die Wechselspannung wird durch Kenngrößen festgelegt. Ordnen Sie im Diagramm **(Bild 2)** die zugehörige Zahl der Größe zu und ergänzen Sie die Formelzeichen.

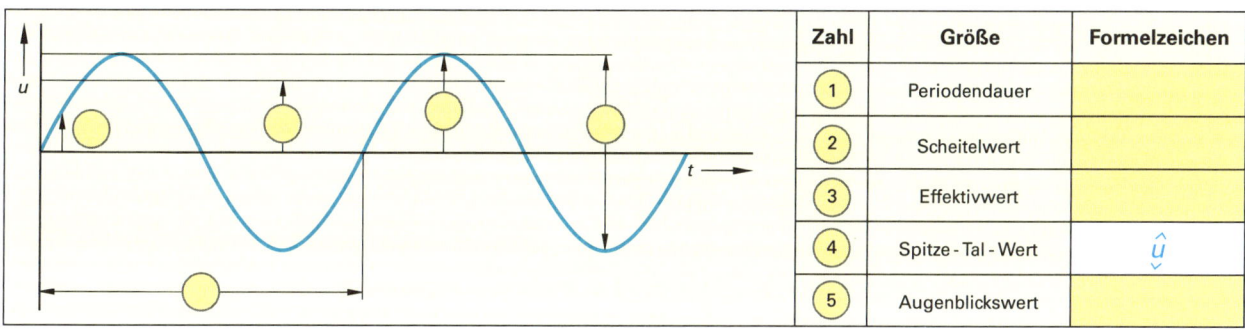

Zahl	Größe	Formelzeichen
1	Periodendauer	
2	Scheitelwert	
3	Effektivwert	
4	Spitze - Tal - Wert	$\hat{\check{u}}$
5	Augenblickswert	

Bild 2: Größen einer Wechselspannung

3. Ergänzen Sie die **Tabelle**.

Größe	Formelzeichen	Einheitenzeichen	Formel
Frequenz			
Periodendauer			

4. Eine Wechselspannung hat den Effektivwert 230 V und eine Frequenz von 50 Hz.
   a) Berechnen Sie die Periodendauer.
   b) Tragen Sie die Periodendauer in ms im **Bild 3** ein und kennzeichnen Sie im Diagramm diese Zeit.

Geg.: Ges.:

Lösung:

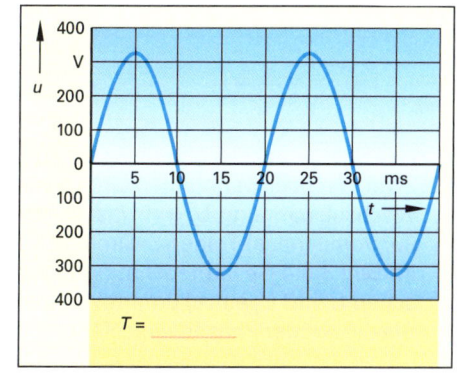

$T =$ _____

Bild 3: Wechselspannung 230 V/50 Hz

Blatt-Nr.: 7.2 | Wechselstromtechnik, **Kenngrößen (2), Darstellungshilfen**

5. Für die Auswahl von Bauelementen oder Leitungen, die mit Wechselspannung betrieben werden, ist der Scheitelwert $\hat{u}$ der Wechselspannung zu berücksichtigen. Begründen Sie, warum dieser Wert beachtet werden muss.

_____

_____

_____

_____

6. Ein Wechselstrom wird immer mit seinem Effektivwert angegeben. Erklären Sie, was der Effektivwert eines Wechselstromes im Vergleich zum Gleichstrom aussagt.

_____

_____

7. a) Eine Wechselspannung hat einen Effektivwert von 230 V. Berechnen Sie den Scheitelwert.
   b) Eine Wechselspannung hat einen Scheitelwert von 565,7 V. Berechnen Sie den Effektivwert.

a)	Geg.:	Ges.:	**b)**	Geg.:	Ges.:
Lösung:			Lösung:		

8. Zur Darstellung sinusförmiger Wechselspannungen und -ströme gibt es verschiedene Möglichkeiten. Nennen Sie im **Bild 1 a)** bis **c)** die Darstellungsmöglichkeiten für sinusförmige Spannungen.

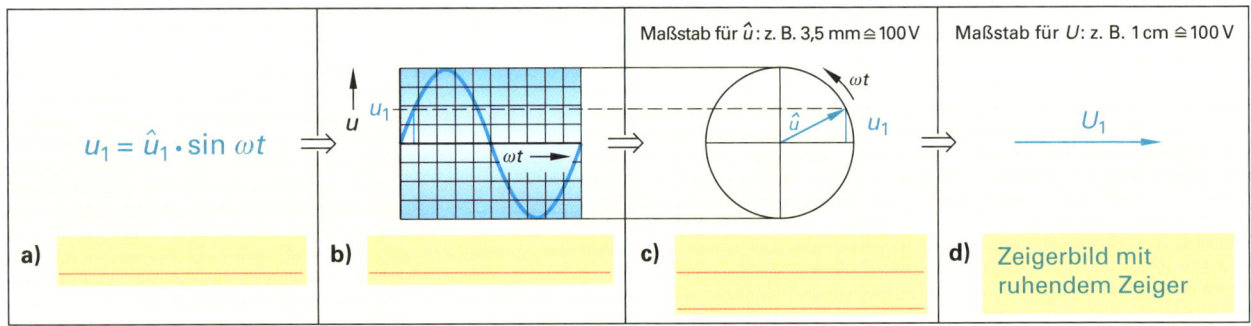

$u_1 = \hat{u}_1 \cdot \sin \omega t$

Maßstab für $\hat{u}$: z. B. 3,5 mm ≙ 100 V   Maßstab für U: z. B. 1 cm ≙ 100 V

a) _____ **b)** _____ **c)** _____ **d)** Zeigerbild mit ruhendem Zeiger

Bild 1: Darstellungsmöglichkeiten sinusförmiger Wechselgrößen am Beispiel der Spannung

9. Ergänzen Sie die **Tabelle**.

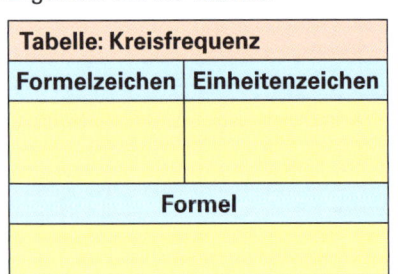

Tabelle: Kreisfrequenz	
Formelzeichen	Einheitenzeichen
Formel	

10. Berechnen Sie die Kreisfrequenz für eine 50-Hz-Wechselspannung

Geg.:
Ges.:
Lösung:

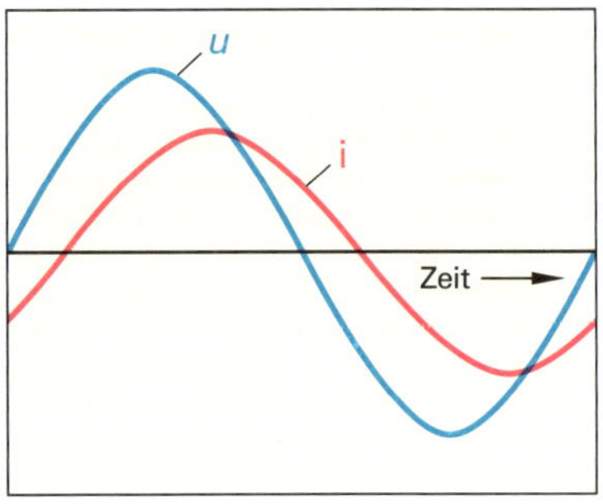

Bild 2: Phasenverschiebung von Spannung und Strom

11. Was meint der Elektronik-Fachmann, wenn er sagt, dass Spannung und Strom phasenverschoben (**Bild 2**) sind?

_____

_____

Maßstab: 10 V ≙ 1 cm

12. Zwei Wechselspannungen einer Reihenschaltung sind phasenverschoben. Die Wechselspannung $U_1 = 40$ V ist gegenüber der Wechselspannung $U_2 = 30$ V um 90° voreilend. **a)** Tragen Sie im **Bild 3** die Spannung U_2 an U_1 an. **b)** Zeichnen Sie im **Bild 3** die Gesamtspannung U und den Phasenverschiebungswinkel φ zwischen U und U_1 ein. **c)** Ermitteln Sie aus **Bild 3** die Werte für U und φ. **d)** Nennen Sie die Art der Phasenverschiebung U_1 gegenüber U.

c) $U =$ _____ abgelesen, $\varphi =$ _____   **d)** U_1 eilt gegenüber U _____

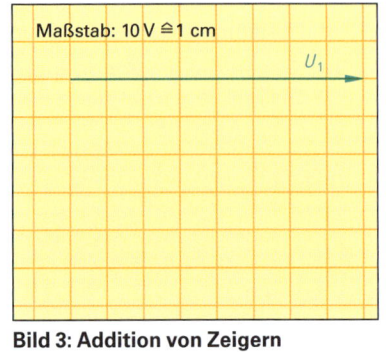

Bild 3: Addition von Zeigern

Wechselstromtechnik
Ideales Verhalten elektrischer Bauelemente (1)

Blatt-Nr.: 7.3

ℹ️ Elektrische Bauelemente haben immer gleichzeitig verschiedene Eigenschaften, z.B. hat der Draht einer Spule die Eigenschaft eines ohmschen Widerstandes R, die Windungen das Drahtes bewirken eine Induktivität L und zwischen den einzelnen Windungen kann man eine Kapazität C nachweisen. Praktisch kann man aber meist eine oder zwei Eigenschaften vernachlässigen.

Wird nur die Haupteigenschaft eines Bauelementes betrachtet, z.B. die Induktivität L einer Spule, so nennt man dann ein solches Bauelement ein ideales Bauelement, z.B. ideale Spule.

1. Ergänzen Sie in der **Tabelle** für die drei idealen Bauelemente die Schaltzeichen, Widerstandsformeln, Linienbilder, Zeigerbilder und die Diagramme der Frequenzabhängigkeit.

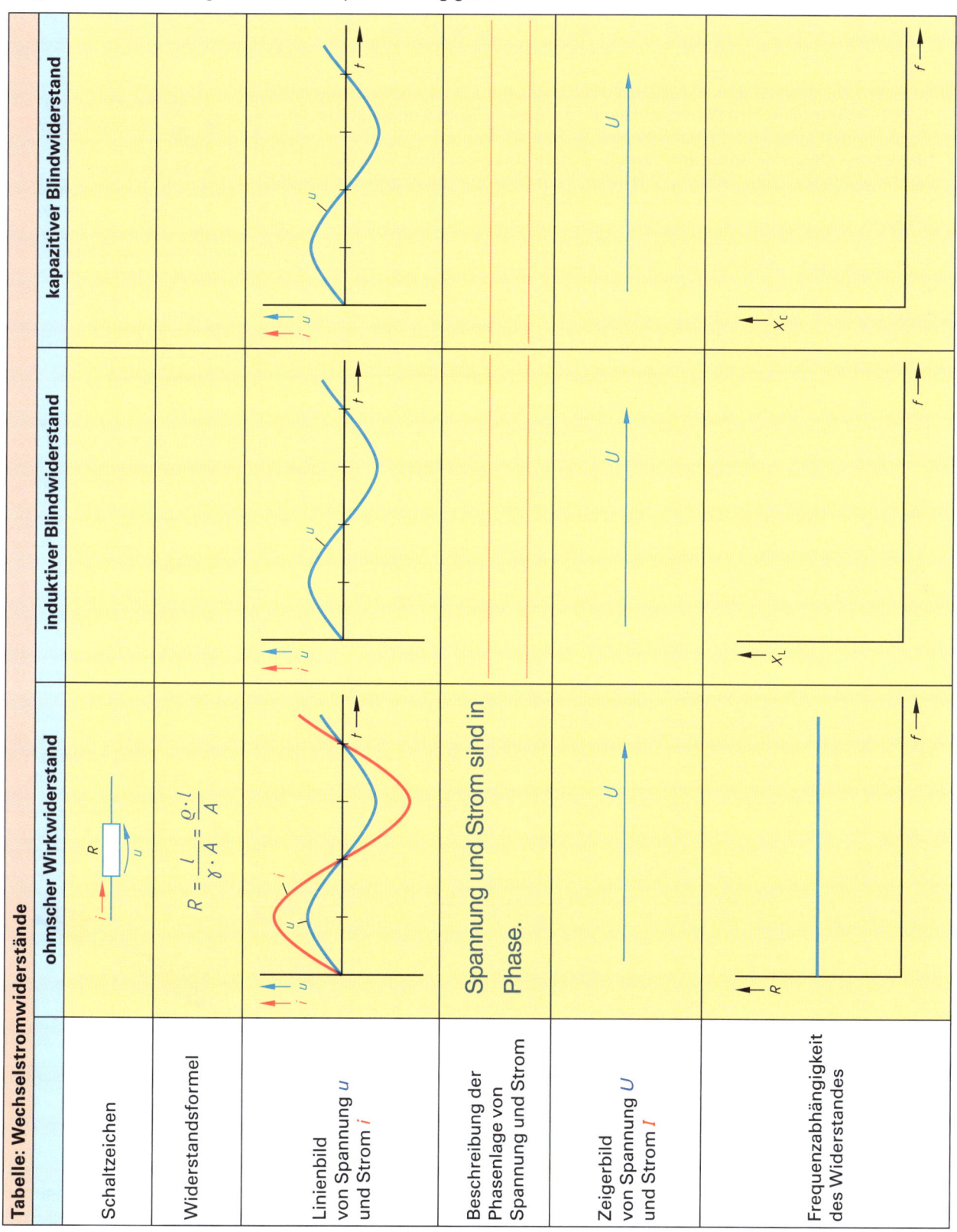

Tabelle: Wechselstromwiderstände

	ohmscher Wirkwiderstand	induktiver Blindwiderstand	kapazitiver Blindwiderstand
Schaltzeichen	R (Symbol mit i, u)		
Widerstandsformel	$R = \dfrac{l}{\gamma \cdot A} = \dfrac{\varrho \cdot l}{A}$		
Linienbild von Spannung u und Strom i	(u und i in Phase)	(nur u dargestellt)	(nur u dargestellt)
Beschreibung der Phasenlage von Spannung und Strom	Spannung und Strom sind in Phase.		
Zeigerbild von Spannung U und Strom I	U ↑	U ↑	U ↑
Frequenzabhängigkeit des Widerstandes	R (konstant über f)	X_L (steigend mit f)	X_C (fallend mit f)

Blatt-Nr.: 7.4 — Wechselstromtechnik, **Ideales Verhalten elektrischer Bauelemente (2)**

2. In der Wechselstromtechnik unterscheidet man verschiedene Widerstände: Wirkwiderstand (ohmscher Widerstand), induktiver Blindwiderstand, kapazitiver Blindwiderstand und Scheinwiderstand.
Erklären Sie das Verhalten der Widerstände, wenn ein Wechselstrom durch diese Bauelemente fließt.

Wirkwiderstand (ohmscher Widerstand)	induktiver Blindwiderstand	kapazitiver Blindwiderstand
Fließt ein Wechselstrom durch einen Wirkwiderstand R, …	Fließt Wechselstrom durch einen induktiven Blindwiderstand X_L, …	Fließt Wechselstrom durch einen kapazitiven Blindwiderstand X_C, …

3. In einem Tauchsieder (**Bild 1**) für 230-V-Wechselspannung ist ein Heizdraht mit einem Durchmesser von 0,17 mm und einer Länge von 2,97 m eingebaut. Der spezifische Widerstand des Heizdrahtes beträgt 1,3507 $\Omega \cdot mm^2/m$.
Berechnen Sie **a)** den Wirkwiderstand, **b)** den Strom und **c)** die Wirkleistung.
d) Mit welcher Leistung würde dieser Tauchsieder im Geschäft angeboten werden?

Geg.:
Ges.: a) b) c)
Lösung:
a)
b)
c)
d)

4. Entstörkondensatoren (**Bild 2**) verhindern, dass Störsignale, die z. B. ein elektrisches Gerät erzeugt, vom 50-Hz-Versorgungsnetz ferngehalten werden. Berechnen Sie den kapazitiven Blindwiderstand eines Kondensators mit einer Kapazität von 0,1 µF, bei **a)** 50 Hz und **b)** bei 30 kHz. Runden Sie die Rechenergebnisse. **c)** Werten Sie im Antwortsatz die Auswirkungen auf die Ströme I_{50} und $I_{Stör}$ aus.

Geg.:
Ges.: a) b)
Lösung: a)

b)

c)

> **Bauelemente im Wechselstromkreis**
>
> **Wirkwiderstände**
> z. B. in Heizungen, verhalten sich im Gleichstrom- und Wechselstromkreis gleich. Deshalb kann für Wechselstromkreise auch mit denselben Formeln, wie für Gleichstromkreise gerechnet werden.
>
> $R = Z$ (Scheinwiderstand)
>
> **Kondensatoren**
> In der Energietechnik kann man den Kondensator C rechnerisch wie einen kapazitiven Blindwiderstand X_C behandeln. Der Rechenfehler ist vernachlässigbar klein.
>
> Kondensator $\Rightarrow X_C \approx Z$
>
> **Spulen**
> Um elektrische Größen, z. B. den Strom in einer Spule, zu berechnen, darf man nie mit dem induktiven Widerstand X_L allein rechnen. Die Windungen besitzen auch einen Drahtwiderstand R, den man nicht vernachlässigen darf. Es muss immer der Scheinwiderstand (Gesamtwiderstand) Z berücksichtigt werden.
>
> Spule $\Rightarrow Z = \sqrt{R^2 + X_L^2}$

Bild 1: Tauchsieder

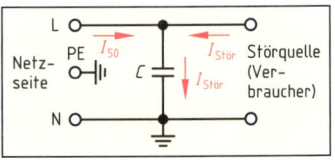

Bild 2: Entstörprinzip mit Kondensator

Wechselstromtechnik
Die Spule an Wechselspannung

Blatt-Nr.: 7.5

> Die Spule gehört zu den wichtigsten Bauelementen der Energietechnik und wird z.B. in elektrischen Maschinen, in Schützen und Elektromagneten eingesetzt.

1. Aufgrund des Aufbaus besitzt jede Spule **(Bild 1)** zwei elektrische Eigenschaften. Nennen Sie diese Eigenschaften.

   • Kupferdraht ⇒ _____

   • Windungen ⇒ Induktivität L ⇒ _____

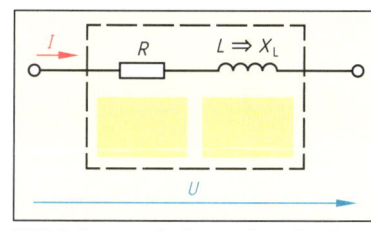

Bild 1: Motorspulen (Beispiel)

2. Begründen Sie mithilfe von **Bild 2**, warum die Ersatzschaltung einer Spule als Reihenschaltung von zwei Widerständen gezeichnet wird, um die Eigenschaften einer vom Wechselstrom durchflossenen Spule erklären zu können.

   _____
   _____
   _____

Bild 2: Ersatzschaltung einer Spule

3. Tragen Sie im **Bild 2** die Wirkspannung U_W und die Blindspannung U_{bL} und deren Bezugspfeile ein.

4. Zeichnen Sie maßstabsgerecht für eine Spule mithilfe **Bild 2**
   a) das Zeigerbild der Spannungen in **Bild 3** (Werte: $U_W = 90$ V, $U_{bL} = 42$ V) und
   b) das Widerstandsdreieck in **Bild 4** (Werte: $X_L = 47\ \Omega$, $R = 100\ \Omega$).
   c) Ermitteln Sie in beiden Bildern den Phasenverschiebungswinkel φ zwischen U und I bzw. zwischen Z und R.

Maßstab: 20 V = 1 cm
Maßstab: 1 A = 2 cm

Phasenverschiebungswinkel $\varphi =$

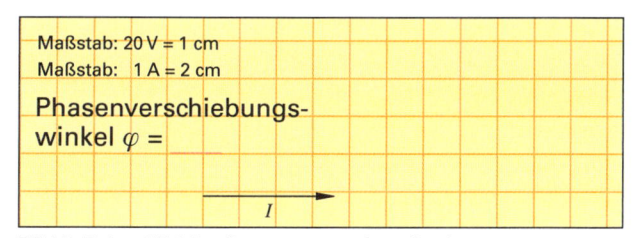

Bild 3: Zeigerbild der Spannungen einer Spule

Maßstab: 20 Ω = 1 cm

Phasenverschiebungswinkel $\varphi =$

Bild 4: Widerstandsdreieck einer Spule

5. Welchen Widerstand kann man berechnen, wenn man an einer Spule die Wechselspannung U und den Wechselstrom I gemessen hat? Nennen Sie die zugehörige Formel.

   Formel:

6. Geben Sie die Formel zur Berechnung des Scheinwiderstandes mithilfe des Widerstandsdreiecks aus **Bild 4** an.

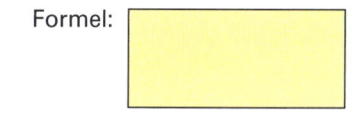

   Formel:

7. Berechnen Sie den Scheinwiderstand mithilfe der ermittelten Werte für U und I aus **Bild 3**.

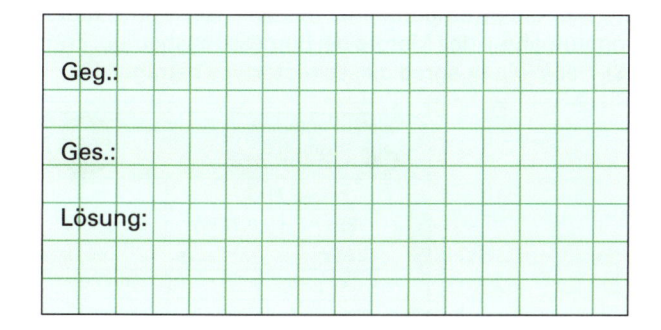

   Geg.:
   Ges.:
   Lösung:

8. Berechnen Sie den Scheinwiderstand mit den Widerstandswerten aus **Aufgabe 4 b)** mithilfe der Formel von **Aufgabe 6**.

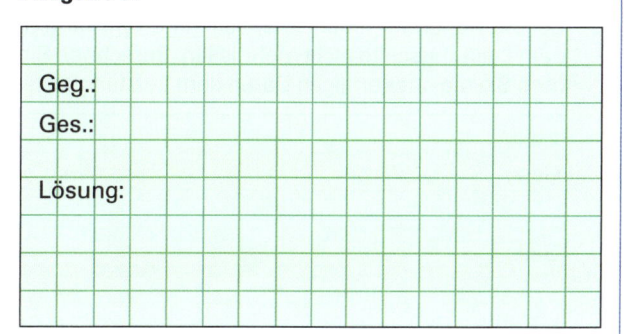

   Geg.:
   Ges.:
   Lösung:

9. Vergleichen Sie die Ergebnisse für den Scheinwiderstand Z aus den **Aufgaben 4 b), 7** und **8**.

   _____

Wechselstromtechnik
Wechselstromleistungen

Blatt-Nr.: 7.6

> Meist entstehen in Wechselstromkreisen Phasenverschiebungen zwischen Spannung und Strom. Dabei unterscheidet man die Wirkleistung, die induktive und/oder die kapazitive Blindleistung und die Scheinleistung.

1. Geben Sie die Formeln für die verschiedenen Leistungsarten im Wechselstromkreis (Bild 1) an. Ergänzen Sie die Übersicht.

Leistungen bei Wechselstrom

- Scheinleistung
  - Wirkleistung
  - ind./kap. Blindleistung

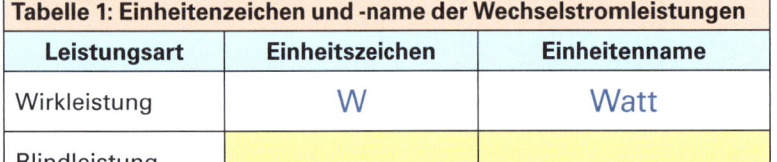

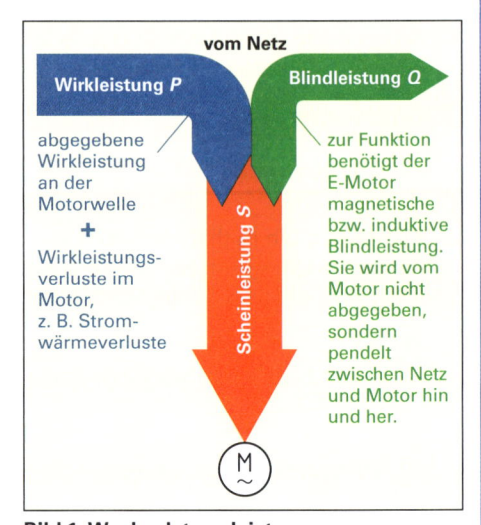

Bild 1: Wechselstromleistungen am Beispiel eines AC-Motors

2. Wechselstromleistungen haben in der Praxis unterschiedliche Einheitenzeichen und Einheitennamen. Ergänzen Sie die **Tabelle 1**.

Tabelle 1: Einheitenzeichen und -name der Wechselstromleistungen

Leistungsart	Einheitszeichen	Einheitenname
Wirkleistung	W	Watt
Blindleistung		
Scheinleistung		

3. Benennen Sie im Leistungsdreieck (Bild 2) die Wechselstromleistungen.

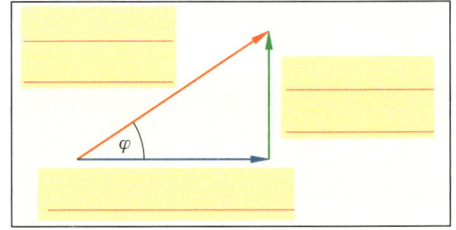

Bild 2: Leistungsdreieck

4. Wirkfaktor und Wirkungsgrad kann man leicht verwechseln. Ergänzen Sie **Tabelle 2**.

Tabelle 2: Gegenüberstellung Wirkfaktor und Wirkungsgrad

physikal. Größe	Wirkfaktor	Wirkungsgrad
Formelzeichen		
Formeln (Formelzeichen ausschreiben)	$\cos \varphi =$	$\eta =$
Wertebereich		

> **Formelzeichen für Wirkleistungen**
>
> zugeführte Wirkleistung:
> $P_{zu} = P$
>
> abgegebene Wirkleistung:
> $P_{ab} = P_N$
>
> Bemessungsleistung:
> P_N

5. Bei der Reparatur einer elektrischen Pumpe kann der Elektroniker die Stromaufnahme des Wechselstrommotors auf dem Leistungschild nicht mehr lesen. Berechnen Sie die Stromaufnahme des Motors bei Bemessungsbetrieb. Entnehmen Sie die notwendigen Daten dem Leistungsschild (Bild 3). Der Wirkungsgrad dieses Motortyps beträgt 64 %.

Geg.:

Ges.:

Lösung:

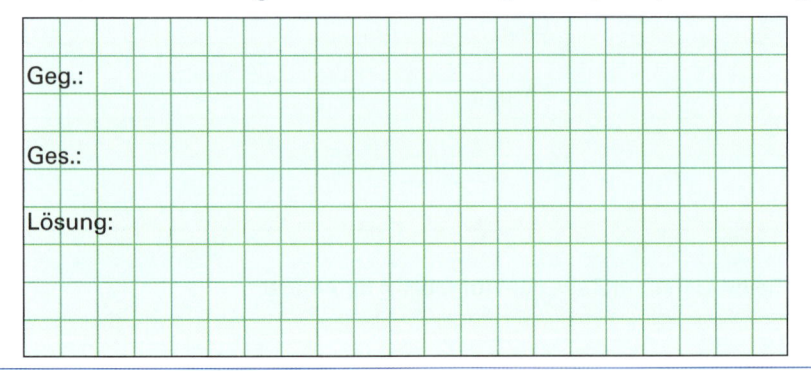

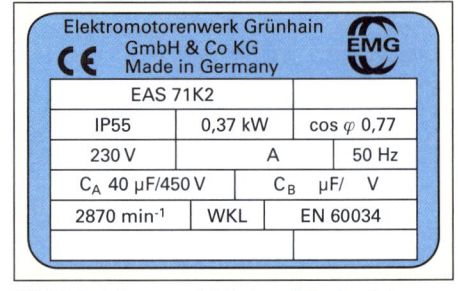

Elektromotorenwerk Grünhain GmbH & Co KG — Made in Germany

EAS 71K2		
IP55	0,37 kW	$\cos \varphi$ 0,77
230 V	A	50 Hz
C_A 40 µF/450 V	C_B µF/	V
2870 min⁻¹	WKL	EN 60034

Bild 3: Leistungsschild eines Wechselstrommotors

Wechselstromtechnik
Aufgaben

Blatt-Nr.: 7.7

1. **Bild 1** zeigt ähnliche Dreiecke für Anwendungen der Wechselstromtechnik.
   Allgemein gilt mithilfe des Pythagoras-Satzes:
   (Gesamtgröße)² = (Wirkgröße)² + (Blindgröße)².
   Ergänzen Sie die dazugehörigen Formeln für die Wechselstromtechnik.

Spannungen einer Reihenschaltung:	$U^2 = U_W^2 + U_b^2$	Widerstände einer Reihenschaltung:	
Ströme einer Parallelschaltung:		Leistungen:	

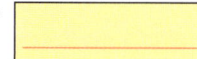

   Allgemein gilt:

   Wirkfaktor $\cos \varphi = \dfrac{\text{Wirkgröße}}{\text{Gesamtgröße}}$

   $\cos \varphi = \dfrac{U_W}{U} = = = =$

   * nur in Reihenschaltung   ** nur in Parallelschaltung

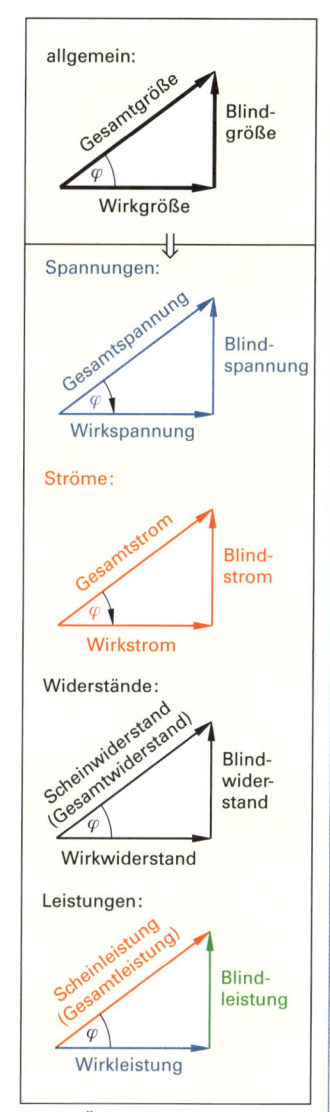

2. Die Induktivität einer Schützspule mit geschlossenem Eisenkern **(Bild 2)** beträgt 2,55 H und der Drahtwiderstand 346 Ω. Das Schütz wird mit einer Steuerspannung AC 24 V, 50 Hz betrieben. Berechnen Sie die Stromaufnahme. Geben Sie im Antwortsatz das Rechenergebnis in mA an.

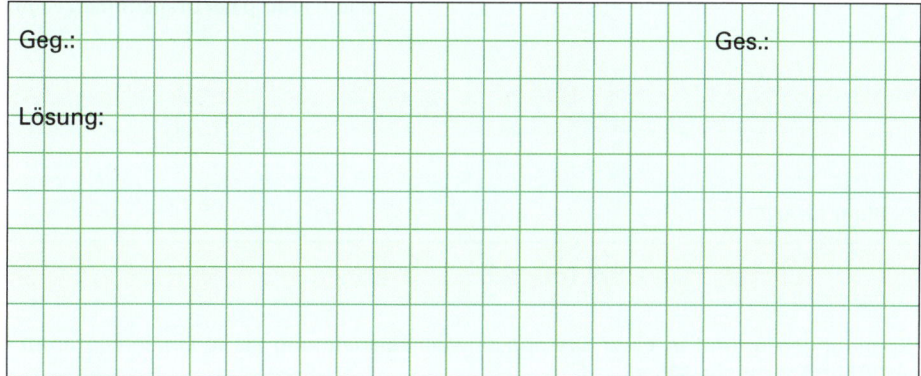

   Geg.:

   Ges.:

   Lösung:

   Antwortsatz: _____

3. Berechnen Sie für die Schützspule von **Aufgabe 2**
   a) die Wirkleistung und b) die Blindleistung.

   Geg.:
   Ges.: a)   b)
   Lösung: a)

   b)

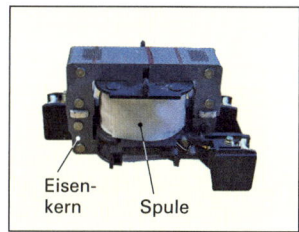

4. Ein Kondensator soll parallel zu einer Wechselspannungsquelle geschaltet werden, die zwischen 210 V und 250 V schwankt. Die Netzfrequenz beträgt 50 Hz. Wählen Sie aus der **Tabelle** die Bemessungsspannung U_N für einen Kondensator aus, der an diese Wechselspannungsquelle angeschlossen werden soll und begründen Sie im Antwortsatz Ihre Auswahl.

   Geg.:   Ges.:
   Lösung:

   Antwortsatz: _____

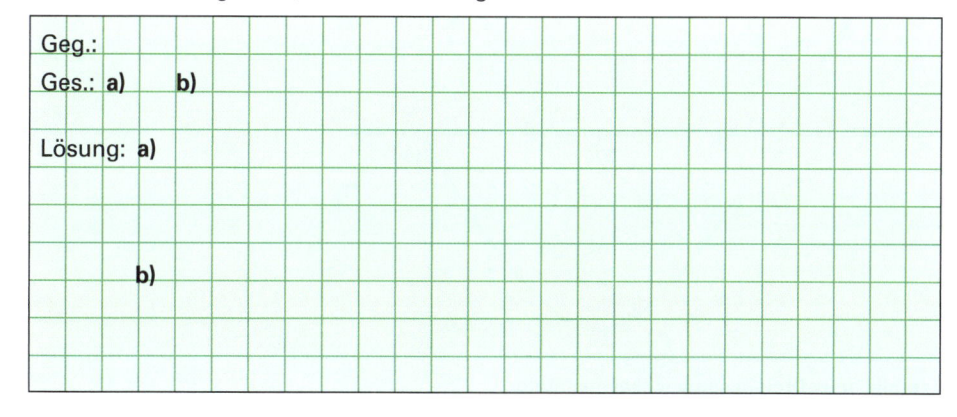

Bild 1: Ähnliche Dreiecke

Bild 2: Schützspule mit Eisenkern

Tabelle: Bemessungsspannungen U_N von Kondensatoren (Auswahl)

100 V
160 V
250 V
280 V
300 V
400 V
650 V

Wechselstromtechnik
Dreiphasenwechselspannung (1)

Blatt-Nr.: 7.8

> Die Elektroenergieversorgung erfolgt weltweit meistens mithilfe von Drehstromsystemen. In Drehstromsystemen werden drei Wechselspannungen gemeinsam übertragen.

1. Beschreiben Sie mithilfe von **Bild 1** die Entstehung einer Dreiphasenwechselspannung.

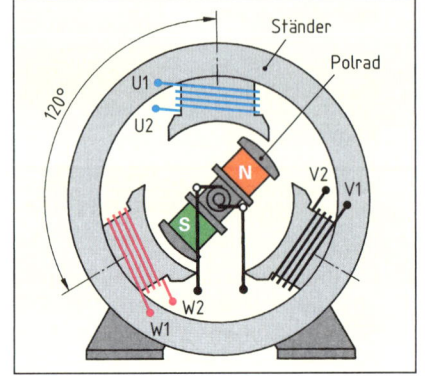

   _____
   _____
   _____
   _____
   _____

2. Welche Eigenschaften haben die drei Spannungen u_1, u_2 und u_3 eines Drehstromsystems?

   - _____
   - _____
   - _____

Bild 1: Prinzip der Drehstromerzeugung

3. Wie lautet die Spannungsgleichung für u_3?

   | $u_1 = \hat{u}_1 \cdot \sin \alpha$ | $u_2 = \hat{u}_2 \cdot \sin(\alpha - 120°)$ | _____ |

4. Ergänzen Sie im **Bild 2** die Spannungen u_2 und u_3 einer Dreiphasenwechselspannung als **a)** Liniendiagramm und **b)** Zeigerbild. Der Maximalwert $\hat{u}$ beträgt jeweils 325 V.

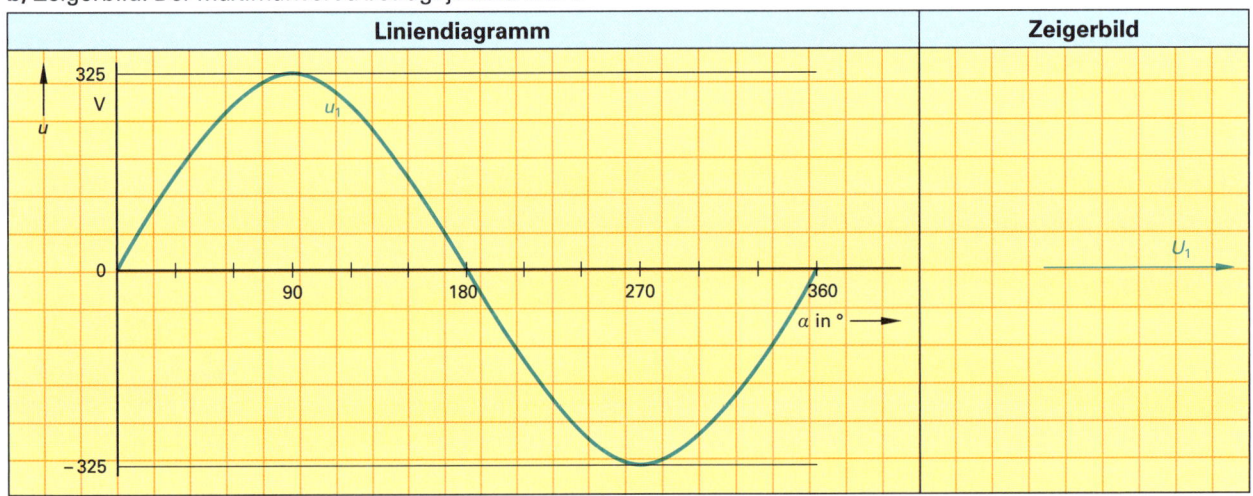

Bild 2: Liniendiagramm und Zeigerbild einer Dreiphasenwechselspannung

5. Berechnen Sie für den Zeitpunkt $\alpha = 150°$ **(Bild 2)** die Momentanwerte für u_1, u_2 und u_3, anschließend die Summe der drei Momentanwerte.

   | $u_1 = \hat{u}_1 \cdot \sin 150°$ | $= 325\text{ V} \cdot 0{,}5$ | $= 162{,}5\text{ V}$ |

   _____
   _____
   _____

6. Die Summe der Momentanwerte der drei Wechselspannungen ist immer gleich 0 V. Die drei Wechselspannungen werden meist zusammengeschaltet (verkettet). Nennen Sie die beiden in der Drehstromtechnik verwendeten Verkettungsarten.

   | 1. _____ | 2. _____ |

Blatt-Nr.: 7.9 — Wechselstromtechnik, **Dreiphasenwechselspannung (2)**

7. Zeichnen Sie in **Tabelle 1**
   a) die entsprechenden Leitungsverbindungen für die geforderten Schaltungen ein.
   b) Tragen Sie in beide Schaltungen die Strang- und Leitergrößen von Spannung und Strom ein und
   c) geben Sie die Formeln für die Zusammenhänge zwischen Strang- und Leitergrößen für beide Schaltungen an.

Tabelle 1: Verkettungsarten

Sternschaltung	Dreieckschaltung
L1, L2, L3, N — R_1, R_2, R_3	L1, L2, L3, N — R_1, R_2, R_3
Zusammenhang Leiterspannung U – Strangspannung U_{Str}	
Zusammenhang Leiterstrom I – Strangstrom I_{Str}	

8. Wie nennt man den Faktor $\sqrt{3}$ in den Formeln für Drehstromberechnungen? _____

9. Ermitteln Sie in jeder Zeile die fehlenden Größen bei Stern- und Dreieckschaltung und tragen Sie die Werte in die folgende **Tabelle 2** ein.

Tabelle 2: Leiter- und Stranggrößen

Gegeben:	Sternschaltung				Dreieckschaltung			
	U	U_{Str}	I	I_{Str}	U	U_{Str}	I	I_{Str}
U_{Str} = 230 V			–	–			–	–
I = 12 A	–	–			–	–		
I_{Str} = 9,3 A	–	–			–	–		
U = 690 V			–	–			–	–

10. Im 400-V-Netz beträgt die Leiterspannung U = 400 V, die Spannung zwischen Außenleiter und Neutralleiter U_N = 230 V (**Bild 1**). Welchen Vorteil bietet ein solches Netz für den Nutzer?

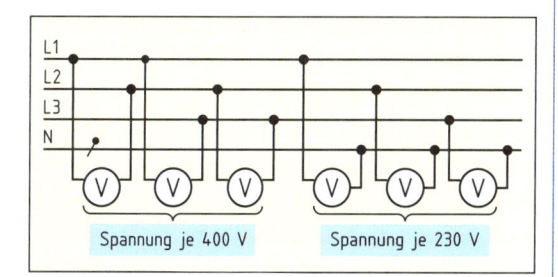

_____
_____
_____

Bild 1: Spannungen im Vierleiter-Drehstromnetz (Spannung je 400 V, Spannung je 230 V)

11. Tragen Sie in **Bild 2**
    a) die Zeigerbilder der Spannungen jeweils für Stern- und Dreieckschaltung ein und
    b) geben Sie das Zeichen der betreffenden Schaltung an.

Sternschaltung	Dreieckschaltung
a) Zeigerbild	a) Zeigerbild
b) Zeichen	b) Zeichen

Bild 2: Zeigerbilder und Zeichen der Verkettungsarten

Wechselstromtechnik
Leistungen im Drehstromnetz (1)

Blatt-Nr.: 7.10

> In Gleichstromkreisen ist die elektrische Leistung gleich dem Produkt von Strom und Spannung. In Wechselstromkreisen gibt es durch die verschiedenartigen Verbraucher (ohmsche, induktive und kapazitive Verbraucher) verschiedene Leistungsarten, die auch unterschiedlich berechnet werden. Im Drehstromnetz findet man die gleichen verschiedenen Leistungsarten wie im Wechselstromnetz. Die Berechnungen im Drehstromnetz unterscheiden sich aber zum Wechselstromnetz.

1. Nennen Sie **a)** die drei Leistungsarten, die im Drehstromnetz unterschieden werden, mit den dazugehörigen Formelzeichen. **b)** Geben Sie für jede Leistungsart die sie verursachende Art des Verbrauchers an.

a) Art der Leistung	b) Art des Verbrauchers

Bild: Drehstrommotor

2. Ergänzen Sie in der **Tabelle** die Leitungsverbindungen für die drei induktiven und ohmschen Widerstände der Ersatzschaltungen für die Wicklungen des Drehstrommotors **(Bild) a)** zur Sternschaltung und **b)** zur Dreieckschaltung.

3. Tragen Sie in beide Schaltungen **(Tabelle)** die Leiterspannungen U und die Strangspannungen U_{Str} sowie die Leiterströme I und die Strangströme I_{Str} ein.

4. Geben Sie in der **Tabelle** für einen Strang die Formeln für die Strangleistungen S_{Str}, P_{Str} und Q_{Str} an.

5. Ermitteln Sie nach dem vorgegebenen Beispiel in der **Tabelle** die Formeln für die Drehstromleistungen S, P und Q. Ersetzen Sie dabei Strangspannung U_{Str} und -strom I_{Str} durch die Leitergrößen U und I.

Tabelle: Leistungen in Stern- und Dreieckschaltung

a) Sternschaltung Y	b) Dreieckschaltung Δ
Leistungen für einen Strang:	Leistungen für einen Strang:
$S_{Str} = U_{Str} \cdot I_{Str}$	$S_{Str} =$
$P_{Str} =$	$P_{Str} =$
$Q_{Str} =$	$Q_{Str} =$
Drehstromleistungen:	Drehstromleistungen:
$S = \sqrt{3} \cdot U \cdot I$	
$P =$	
$Q =$	

| Blatt-Nr.: 7.11 | Wechselstromtechnik, **Leistungen im Drehstromnetz (2)** |

6. Vergleichen Sie die Formeln für Leistungen in Stern- und Dreieckschaltung **(Aufgabe 5)**. Welche Erkenntnis ziehen Sie aus dem Vergleich?

7. Bei den folgenden Aufgaben wird davon ausgegangen, dass eine symmetrische Belastung vorliegt. Nennen Sie Beispiele für symmetrische Belastungen im Drehstromnetz.

8. Die Strangwicklungen eines Drehstrommotors haben jeweils einen Widerstandswert von $Z = 33\,\Omega$. Der Motor wird **a)** in Sternschaltung und **b)** in Dreieckschaltung an ein 400/230-V-Netz angeschlossen **(Bild)**. Der Wirkfaktor des Motors beträgt $\cos\varphi = 0{,}81$. Berechnen Sie für jede Verkettungsart die Stromaufnahme (I_Y bzw. I_Δ) in der Zuleitung des Motors.

Geg.:
Ges.: a)   b)

Lösung: a)

b)

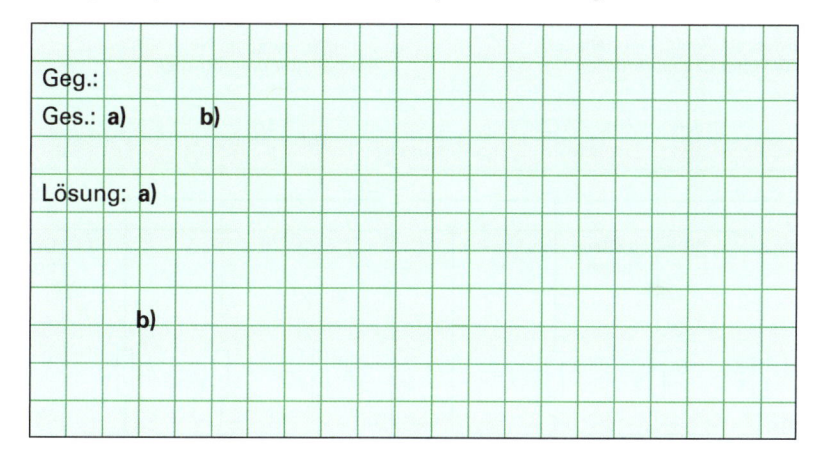

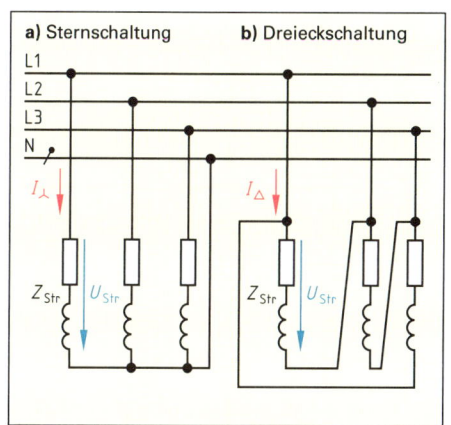

Bild: Stern- und Dreieckschaltung

9. Berechnen Sie Scheinleistung, Wirkleistung und Blindleistung des Motors von **Aufgabe 8** in **a)** Sternschaltung und **b)** in Dreieckschaltung.

a)	Sternschaltung Y	b)	Dreieckschaltung Δ
Geg.:		Geg.:	
Ges.:		Ges.:	
Lösung:		Lösung:	

10. Ermitteln Sie aus dem Verhältnis der Ergebnisse von Stern- und Dreieckschaltung **(Aufgabe 9)** einen Faktor um den die Leistungsaufnahme bei Dreieckschaltung größer ist als bei Sternschaltung. Formulieren Sie das Ergebnis in einem Antwortsatz.

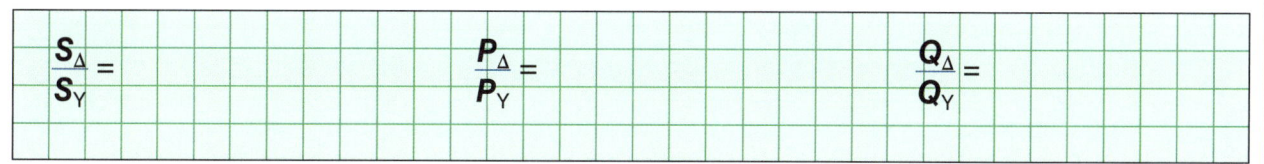

$\dfrac{S_\Delta}{S_Y} =$ $\dfrac{P_\Delta}{P_Y} =$ $\dfrac{Q_\Delta}{Q_Y} =$

11. Kann jeder Verbraucher beliebig in Stern- oder Dreieckschaltung betrieben werden? Begründen Sie Ihre Antwort.

Wechselstromtechnik
Leiterfehler im Drehstromnetz (1)

Blatt-Nr.: 7.12

> Bei der Übertragung einer Dreiphasenwechselspannung kommt es durch Unterbrechung eines Leiters zu einer Störung bei der Energieübertragung. Je nachdem, welche Unterbrechung vorliegt, sind typische Merkmale für diese Fehlerarten vorhanden.

1. Es ist ein Drehstromsystem 3/N ~ 50 Hz 400/230 V gegeben, dass symmetrisch belastet ist. Die Strangwiderstände betragen $R_1 = R_2 = R_3 = 65\ \Omega$.
   a) Bestimmen Sie die Höhe der jeweiligen Strangspannungen U_{Str1}, U_{Str2}, U_{Str3}.
   b) Berechnen Sie die Strangströme I_1, I_2, I_3, die Strangleistungen P_1, P_2, P_3 und die jeweilige Gesamtleistung P_I, P_{II} und P_{III}.
   c) Bestimmen Sie die prozentuale Leistungsabgabe $P_\%$ gegenüber dem ungestörten Betrieb.

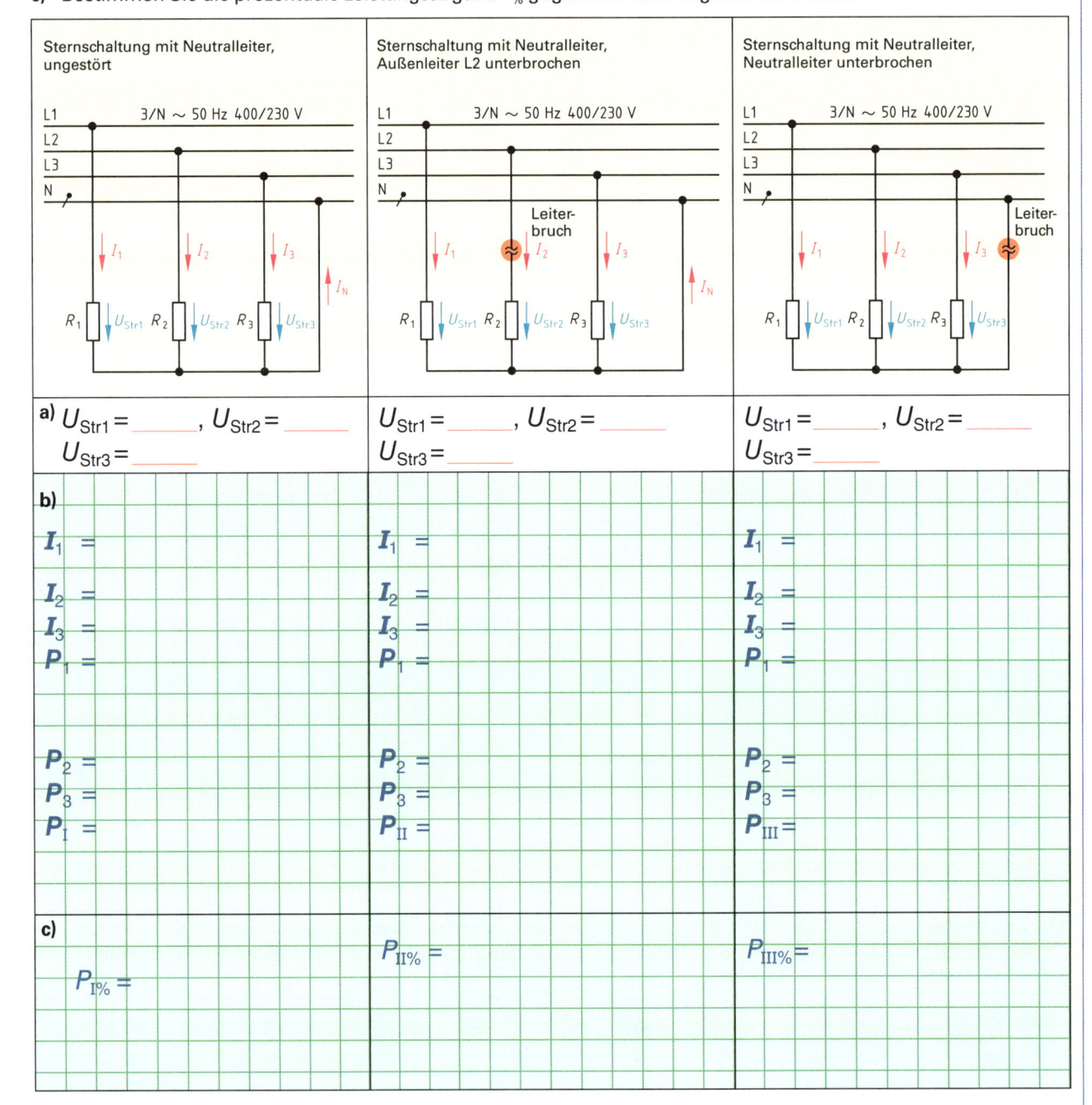

Sternschaltung mit Neutralleiter, ungestört	Sternschaltung mit Neutralleiter, Außenleiter L2 unterbrochen	Sternschaltung mit Neutralleiter, Neutralleiter unterbrochen
a) $U_{Str1} =$ ____, $U_{Str2} =$ ____ $U_{Str3} =$ ____	$U_{Str1} =$ ____, $U_{Str2} =$ ____ $U_{Str3} =$ ____	$U_{Str1} =$ ____, $U_{Str2} =$ ____ $U_{Str3} =$ ____
b) $I_1 =$ $I_2 =$ $I_3 =$ $P_1 =$ $P_2 =$ $P_3 =$ $P_I =$	$I_1 =$ $I_2 =$ $I_3 =$ $P_1 =$ $P_2 =$ $P_3 =$ $P_{II} =$	$I_1 =$ $I_2 =$ $I_3 =$ $P_1 =$ $P_2 =$ $P_3 =$ $P_{III} =$
c) $P_{I\%} =$	$P_{II\%} =$	$P_{III\%} =$

2. Auf wie viel Prozent sinkt die Leistung in einer symmetrisch belasteten Sternschaltung bei Unterbrechung
   a) eines Außenleiters und
   b) des Neutralleiters?

   a) _____

   b) _____

Blatt-Nr.: 7.13 — Wechselstromtechnik, **Leiterfehler im Drehstromnetz (2)**

3. Es ist ein Drehstromsystem 3/N ~ 50 Hz 400/230 V gegeben, dass symmetrisch belastet ist. Die Strangwiderstände betragen $R_1 = R_2 = R_3 = 65\ \Omega$.
   a) Bestimmen Sie die Höhe der jeweiligen Strangspannungen U_1, U_2, U_3.
   b) Berechnen Sie die Strangströme I_1, I_2, I_3, die Strangleistungen P_1, P_2, P_3 und die jeweilige Gesamtleistung P_I, P_{II} und P_{III}.
   c) Bestimmen Sie die prozentuale Leistungsabgabe $P_\%$ gegenüber dem ungestörten Betrieb.
   Hinweis: Bei der Sternschaltung ohne Neutralleiter müssen Sie den errechneten Wert im ungestörten Betrieb von Blatt 7.12, **Seite 88** benutzen.

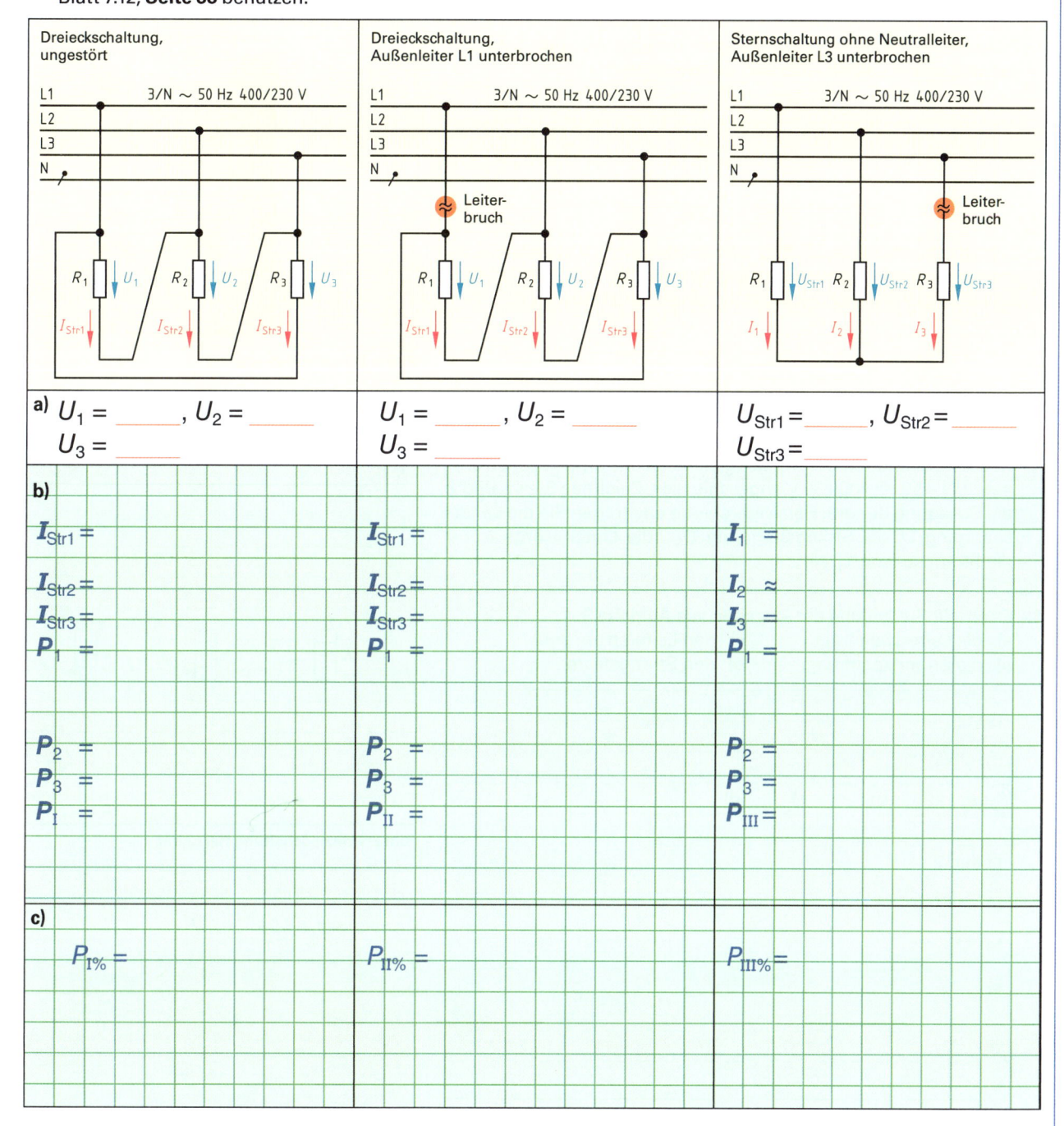

Dreieckschaltung, ungestört	Dreieckschaltung, Außenleiter L1 unterbrochen	Sternschaltung ohne Neutralleiter, Außenleiter L3 unterbrochen
a) $U_1 = \_\_$, $U_2 = \_\_$, $U_3 = \_\_$	$U_1 = \_\_$, $U_2 = \_\_$, $U_3 = \_\_$	$U_{Str1} = \_\_$, $U_{Str2} = \_\_$, $U_{Str3} = \_\_$
b) $I_{Str1} =$ $I_{Str2} =$ $I_{Str3} =$ $P_1 =$ $P_2 =$ $P_3 =$ $P_I =$	$I_{Str1} =$ $I_{Str2} =$ $I_{Str3} =$ $P_1 =$ $P_2 =$ $P_3 =$ $P_{II} =$	$I_1 =$ $I_2 \approx$ $I_3 =$ $P_1 =$ $P_2 =$ $P_3 =$ $P_{III} =$
c) $P_{I\%} =$	$P_{II\%} =$	$P_{III\%} =$

4. Auf wie viel Prozent sinkt die Leistung in einer symmetrisch belasteten **a)** Dreieckschaltung bei Unterbrechung eines Außenleiters und **b)** Sternschaltung ohne Neutralleiter bei Unterbrechung eines Außenleiters?
   Hinweis: Für **Aufgabe b)** benutzen Sie als Bezugsleistung das Ergebnis aus **Aufgabe 1, Seite 88**.

   a) _____

   b) _____

5. Welche zusätzliche Erscheinung tritt bei einer Sternschaltung mit unterbrochenem Neutralleiter bei unsymmetrischer Belastung auf?

Wechselstromtechnik
Symmetrische Belastung in Drehstromnetzen

Blatt-Nr.: 7.14

> Drehstromleitungen können symmetrisch oder unsymmetrisch belastet werden. Die Kenntnis der Belastungsart ist wichtig, da die Berechnungsmethoden von der jeweiligen Belastungsart abhängig sind.

1. Nennen Sie die beiden Bedingungen, die eine symmetrische Belastung einer Drehstromleitung kennzeichnen.

   _____
   _____
   _____

2. Der Durchlauferhitzer im **Bild 1** ist ein Beispiel für symmetrische Belastung einer Drehstromleitung. Nennen Sie zwei weitere Beispiele für symmetrische Belastung einer Drehstromleitung.
   - _____
   - _____

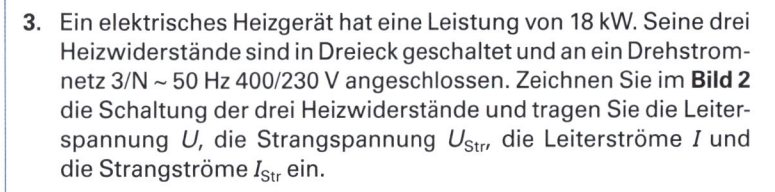

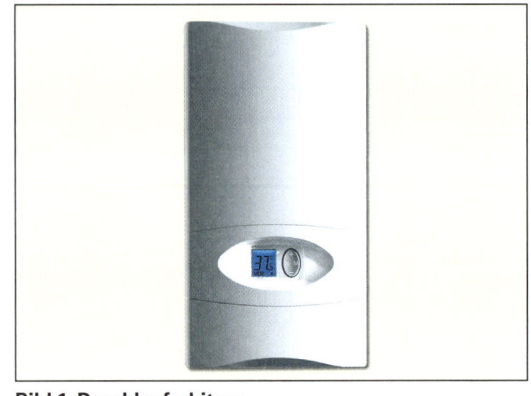

   Bild 1: Durchlauferhitzer

3. Ein elektrisches Heizgerät hat eine Leistung von 18 kW. Seine drei Heizwiderstände sind in Dreieck geschaltet und an ein Drehstromnetz 3/N ~ 50 Hz 400/230 V angeschlossen. Zeichnen Sie im **Bild 2** die Schaltung der drei Heizwiderstände und tragen Sie die Leiterspannung U, die Strangspannung U_{Str}, die Leiterströme I und die Strangströme I_{Str} ein.

4. Ermitteln Sie mithilfe der Angaben aus **Aufgabe 3**
   a) die Leiterspannung,   c) den Leiterstrom und
   b) die Strangspannung,   d) den Strangstrom.

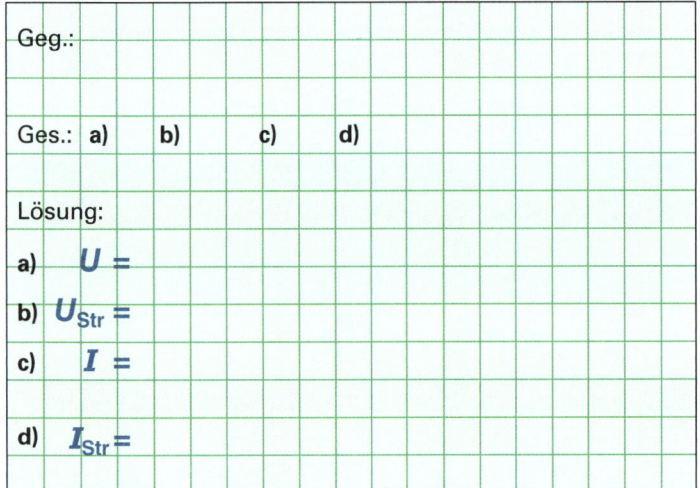

   Geg.:

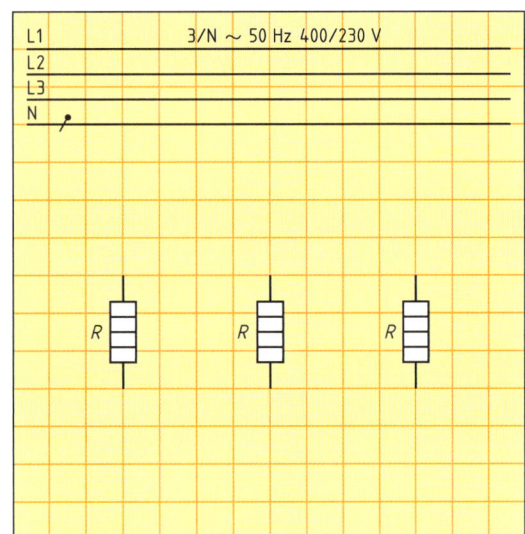

   Ges.: a)   b)   c)   d)

   Lösung:
   a) $U =$
   b) $U_{Str} =$
   c) $I =$
   d) $I_{Str} =$

   Bild 2: Prinzipschaltung Heizgerät

   Maßstab: 1 cm ≙ 5 A

   I_{Str1}

5. Zeichnen Sie in das **Bild 3** das Zeigerbild der in **Aufgabe 4** berechneten Strang- und Leiterströme.

6. Ermitteln Sie aus dem Zeigerbild (**Bild 3**) durch geometrische Addition die Summe der Leiterströme I.

   $I =$ _____

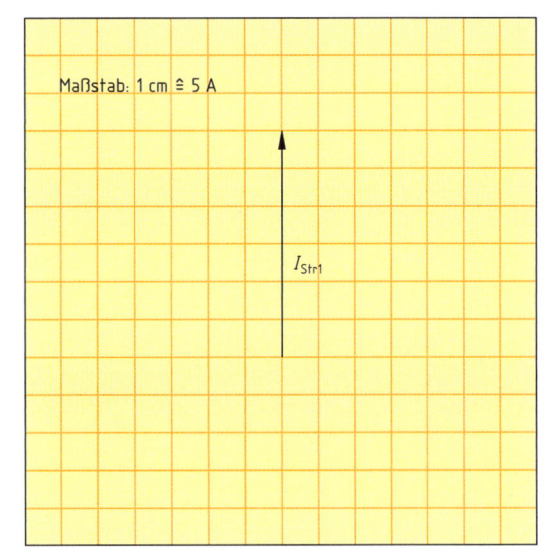

   Bild 3: Zeigerbild der Ströme

7. Begründen Sie, warum bei diesem Heizgerät kein Neutralleiter angeschlossen wird.

   _____
   _____

Wechselstromtechnik
Unsymmetrische Last in Drehstromnetzen (1)

Blatt-Nr.: 7.15

> Unsymmetrische Belastung in Drehstromnetzen kommt am häufigsten vor. Es können sowohl die Widerstandswerte als auch die Wirkfaktoren cos φ in den drei Außenleitern unterschiedliche Werte annehmen.

1. Lösen Sie die folgenden Aufgaben für eine Stern- und eine Dreieckschaltung, wenn bei gleichem Wirkfaktor cos $\varphi = 1$ die Verbraucher in den drei Außenleitern unterschiedliche Widerstandswerte haben.

a) Sternschaltung

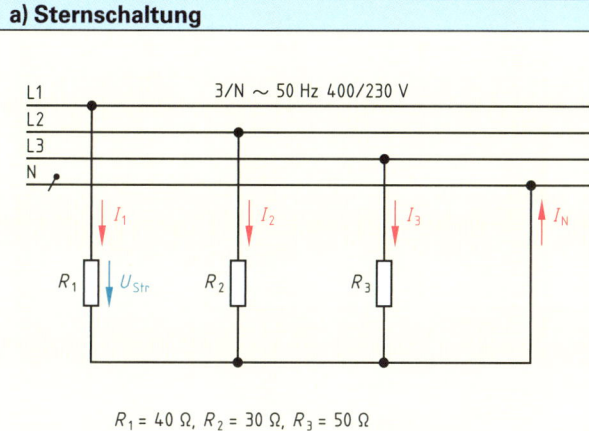

3/N ~ 50 Hz 400/230 V

$R_1 = 40\ \Omega$, $R_2 = 30\ \Omega$, $R_3 = 50\ \Omega$

Berechnen Sie die 3 Leiterströme I_1, I_2 und I_3.

$I_{Str1} = I$

$I_1 =$

$I_2 =$

$I_3 =$

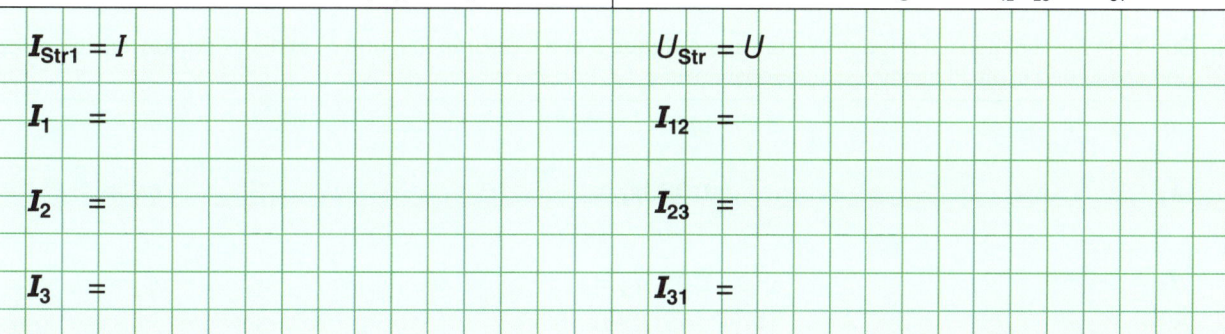

Zeichnen Sie das Zeigerbild der 3 Leiterströme und konstruieren Sie durch geometrische Addition den Neutralleiterstrom I_N (Maßstab: 1 cm ≙ 2 A).

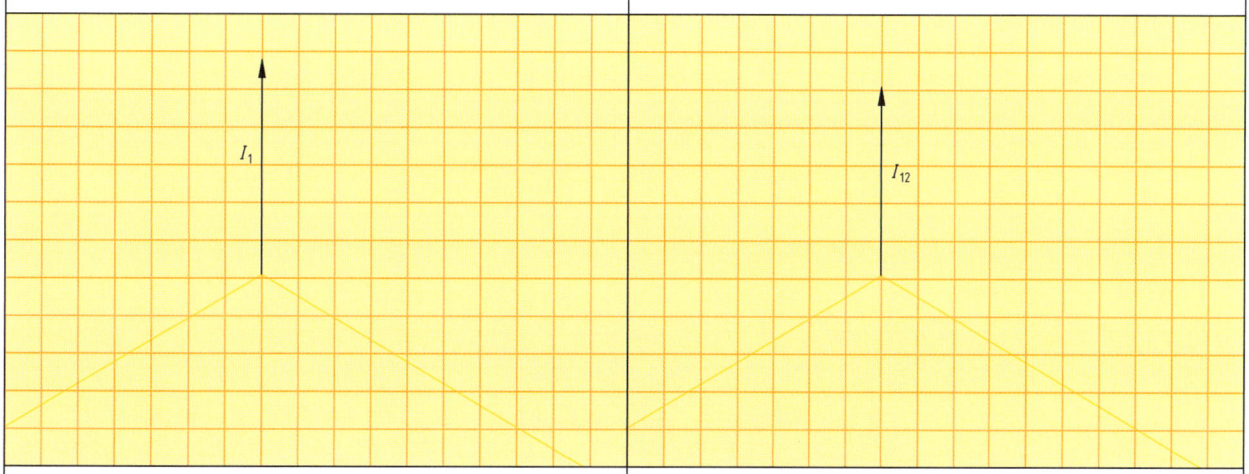

Messen Sie die Länge l des Zeigers des Neutralleiterstromes I_N und berechnen Sie daraus mithilfe des Maßstabes seinen Wert.

Länge: $l =$

Wert: $I_N =$

b) Dreieckschaltung

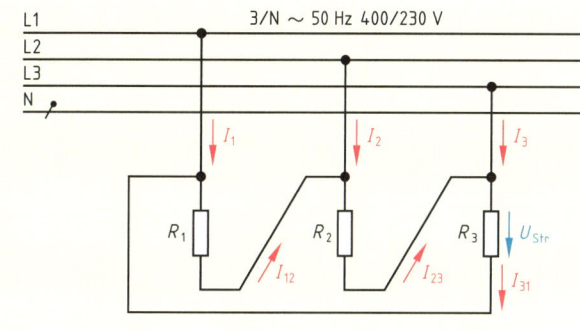

3/N ~ 50 Hz 400/230 V

$R_1 = 40\ \Omega$, $R_2 = 25\ \Omega$, $R_3 = 35\ \Omega$

Berechnen Sie die 3 Strangströme I_{12}, I_{23} und I_{31}.

$U_{Str} = U$

$I_{12} =$

$I_{23} =$

$I_{31} =$

Zeichnen Sie das Zeigerbild der 3 Strangströme und konstruieren Sie durch geometrische Addition die Leiterströme I_1, I_2 und I_3 (Maßstab: 1 cm ≙ 4 A).

Bestimmen Sie mithilfe des Maßstabes den Wert der Leiterströme I_1, I_2 und I_3.

$I_1 =$

$I_2 =$

$I_3 =$

Blatt-Nr.: 7.16 — Wechselstromtechnik, **Unsymmetrische Last in Drehstromnetzen (2)**

2. Erklären Sie **a)** unsymmetrische, gleichartige Last und **b)** unsymmetrische, ungleichartige Last.

   a) _____

   _____

   b) _____

   _____

3. Im **Bild** ist eine unsymmetrische Belastung bei Sternschaltung dargestellt. Bestimmen Sie rechnerisch für jeden Strang die Scheinwiderstände Z_1, Z_2 und Z_3.

   Geg:

   Ges:

   Lösung:

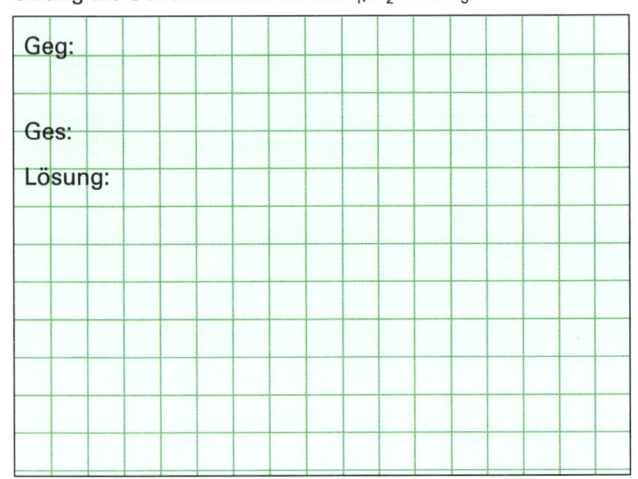

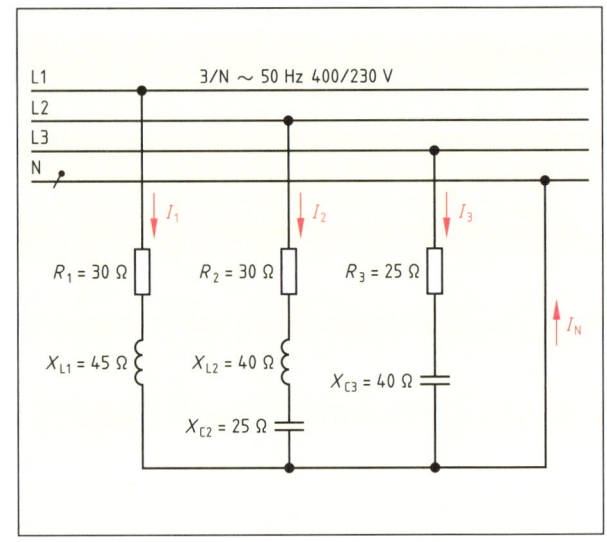

   Schaltbild: 3/N ~ 50 Hz 400/230 V; $R_1 = 30\,\Omega$, $R_2 = 30\,\Omega$, $R_3 = 25\,\Omega$; $X_{L1} = 45\,\Omega$, $X_{L2} = 40\,\Omega$, $X_{C3} = 40\,\Omega$; $X_{C2} = 25\,\Omega$

   Bild: Ungleichartige Belastung bei Sternschaltung

4. Ermitteln Sie rechnerisch mit den Werten aus **Aufgabe 3 a)** die Ströme I_1, I_2 und I_3, **b)** die Wirkfaktoren $\cos\varphi_1$, $\cos\varphi_2$ und $\cos\varphi_3$ und **c)** die Phasenverschiebungswinkel φ_1, φ_2 und φ_3.

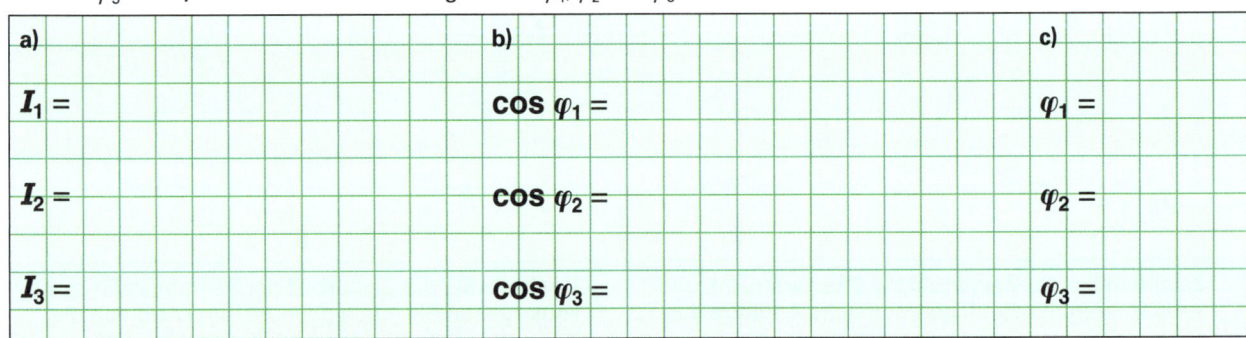

a)	b)	c)
$I_1 =$	$\cos\varphi_1 =$	$\varphi_1 =$
$I_2 =$	$\cos\varphi_2 =$	$\varphi_2 =$
$I_3 =$	$\cos\varphi_3 =$	$\varphi_3 =$

5. **a)** Zeichnen Sie das Zeigerbild der Ströme in Sternschaltung entsprechend **Aufgabe 4**.
   b) Ermitteln Sie geometrisch den Neutralleiterstrom I_N.
   c) Geben Sie die Längen der Zeiger für l_1, l_2, l_3 und l_N sowie die Werte der gezeichneten Ströme an.

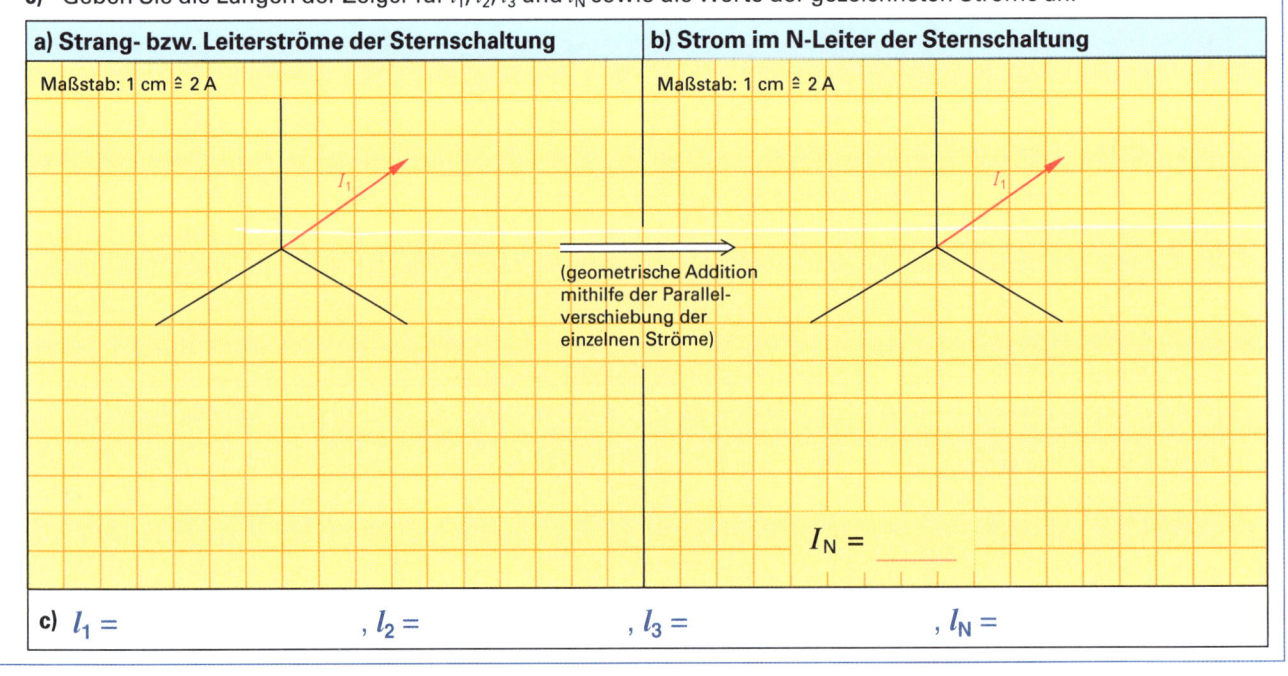

   a) Strang- bzw. Leiterströme der Sternschaltung — Maßstab: 1 cm ≙ 2 A

   b) Strom im N-Leiter der Sternschaltung — Maßstab: 1 cm ≙ 2 A

   (geometrische Addition mithilfe der Parallelverschiebung der einzelnen Ströme)

   $I_N =$ _____

   c) $l_1 =$ _____ , $l_2 =$ _____ , $l_3 =$ _____ , $l_N =$ _____

Messtechnik
Analoge Messgeräte

Blatt-Nr.: 8.1

> Messgeräte werden in allen Bereichen der Elektrotechnik eingesetzt, z.B. im Werkstatt- und Laborbereich sowie auf Baustellen. Multimeter sind Vielfachmessgeräte. Man unterteilt sie in analoge und digitale Multimeter.

1. Wie erfolgt die Anzeige des Messwertes bei einer a) analogen und b) digitalen Anzeige.

   a) _____

   b) _____

2. Welche elektrischen Größen können mit dem Multimeter nach **Bild 2** gemessen werden?

   _____

3. Geben Sie die Anzeigewerte bei a, b und c in **Bild 1** an.
   Benützen Sie für die Anzeigewerte a, b: die Skala 30 und für c: die Skala 10.

   a: b: c:

Bild 1: Analoge Skala

4. Tragen Sie die Zuordnungszahlen ① bis ⑦ des **Bildes 1** für die gekennzeichneten Bereiche der analogen Skala in die **Tabelle** ein.

Tabelle: Fachbegriffe bei einer analogen Skala			
Zahl	**Fachbegriff**	**Zahl**	**Fachbegriff**
1	Skalenanfang	___	Skalenteilung
___	Skala	___	Spiegelhinterlegung
___	Einheit	___	Skalenendwert
___	Skalensymbole	–	–

5. Nennen Sie Bedeutung der Skalensymbole nach **Bild 1**.

   ⌂ 1,5 _____

   ⊓ _____

   ☆ _____

Bild 2: Analog-Multimeter

- Spannungsmessung 0...0,15/0...0,5 V⎓;
  0...1,5/5/15/50/150/500 V⎓/∼; 0...1000V⎓
  Eingangswiderstand 20 kOhm/V⎓;
  4 kOhm/V∼
- Strommessung 0...50 mA⎓;
  0...1,5/15/150 mA/1,5/15A⎓/∼
  Widerstandsmessung:
  1 Ohm...1 MOhm (4 Bereiche)
- Pegel: −15... +56 dB (6 Bereiche)
- Genauigkeit: Klasse 2,5
- Abmessungen: 82 x 126 x 45 mm
- Gewicht: ca. 0,25 kg ohne Batterie
- Batterie: 1,5 V IEC UR 6 (Mignon, AA)

6. Das **Bild 2** zeigt ein Analog-Multimeter und deren technischen Daten.
   Erklären Sie die Angaben: a) Eingangswiderstand und b) Genauigkeitklasse 2,5.

   a) _____

   _____

   b) _____

   _____

7. a) Wie groß ist der Innenwiderstand R_i des Messgerätes (**Bild 2**) bei der Einstellung E = 50 V DC und dem Wert r_k = 20 kOhm/V? b) Welchen Wert sollte der Innenwiderstand in der Praxis bei der Spannungsmessung haben? Begründen Sie.

   a) _____

   b) _____

93

Messtechnik
Digitale Messgeräte (1)

Blatt-Nr.: 8.2

1. Benennen Sie beim Blockschaltbild (**Bild 1**) die Baugruppen eines digitalen Messgerätes.
   Hinweis: Verwenden Sie dazu die Fachbegriffe: Gleichrichter, Anzeige, Analog-Digital-Umsetzer, Anpass-Schaltung.

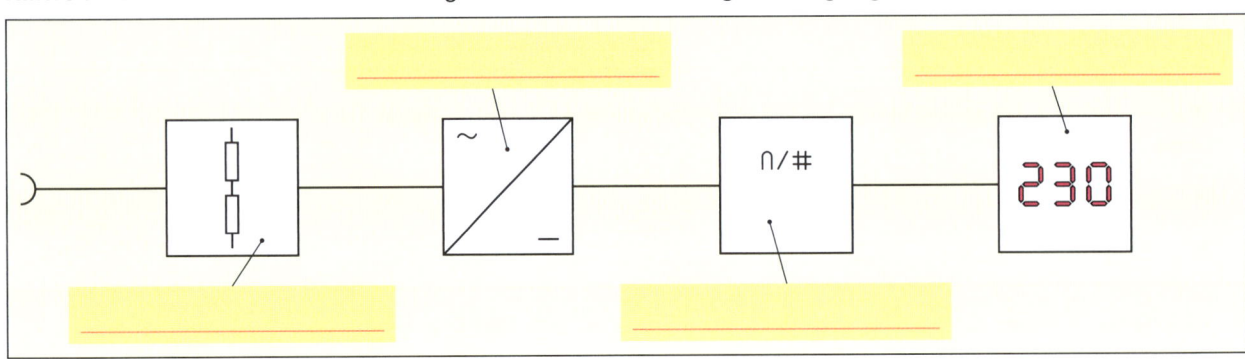

Bild 1: Blockschaltbild eines digitalen Messgerätes

2. Welche Anzeigearten verwendet man bei digitalen Messgeräten?
   - _____
   - _____

3. Digitalmultimeter (**Bild 2**) haben technische Kennwerte (**Tabelle**).

Tabelle: Technische Kennwerte (Auszug)	
Spannungsmessung DC	10 µV ... 1000 V
Eigenabweichung bei V DC	± 0,05 % vom MW + 3D
Spannungsmessung AC	10 µV ... 1000 V
Eigenabweichung bei V AC	± 0,5 % vom MW + 9D
TRMS	AC, AC + DC

a) Erklären Sie die Angabe ± 0,5 % vom MW + 9D.
b) Der Hersteller des Digitalmultimeters nach **Bild 2** gibt an: Digitalanzeige $4^{6/7}$ = 60000D. Erklären Sie diese Angaben.
c) Welche Bedeutung hat die Abkürzung TRMS?

a) _____

b) 4: _____

   $^{6/7}$: _____

c) _____

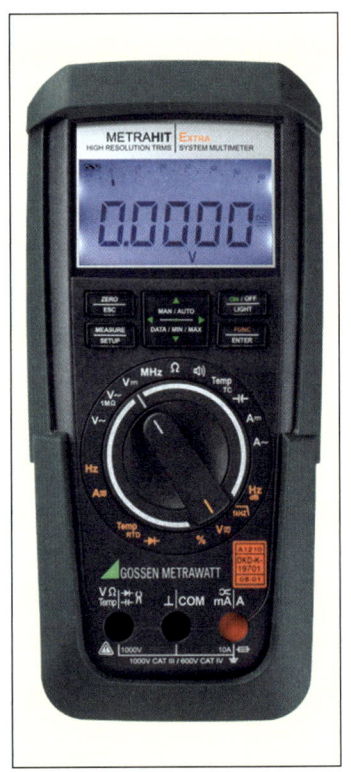

Bild 2: Digitalmultimeter

4. Mit dem Digitalmultimeter (**Bild 2**) wird eine Spannung von AC 228,5 V gemessen.
   a) Welche Zahlen werden in der Anzeige angezeigt?
   b) Welche Auflösung in V ist vorhanden?
   c) Welche Messunsicherheit in V ist möglich?
   Hinweis zu b): Letzte Stelle der Anzeige beachten.

a) $4^{6/7}$-Anzeige: _____

b) _____

c) Messunsicherheit =
   =
   =

ℹ Digit

Ist der kleinste Messwert, der innerhalb eines bestimmten Messbereiches angezeigt werden kann. Wenn z. B. bei einem Digitalmessgerät ein Anzeigeumfang von 2000 verschiedenen Werten möglich ist und ein Messbereich von 0 bis 199,9 V gewählt wird, entspricht ein Digit 0,1 V.

Messunsicherheit
z. B.: ± (0,05 % v.M. + 2D)
v.M.: vom Messwert
D = Digit: Kleinster Messwert innerhalb des gewählten Messbereiches.
Beispiele 4½-stellige Anzeigen:
120,23 V → 2D: 0,01 V · 2 = 0,02 V
323,5 V → 2D: 0,1 V · 2 = 0,2 V

| Blatt-Nr.: 8.3 | Messtechnik, **Digitale Messgeräte (2)** |

5. Muss in einer elektrischen Anlage die Spannung gemessen werden, so ist die Messkategorie zu beachten **(Tabelle)**.
   a) Welche Messkategorie ist notwendig, wenn in einem Schaltschrank eine 230-V-Spannungsmessung durchzuführen ist?
   b) Aus Versehen wurde ein digitales Multimeter niedriger Kategorie eingesetzt. Welche Folgen kann dies haben?

   a) Messkategorie: _____

   b) _____

Tabelle: Messkategorien (nach EN 61010-1)

CAT IV	 Messungen an der Quelle der Niederspannungsinstallation, z. B. • Leitungen und Kabel im Freien als Zuführung zum Gebäude • Hausanschluss • Zähler • Primärer Überstromschutz
CAT III	 Messungen in der Gebäudeinstallation, z. B. • Geräte in Festinstallationen, z. B. Schaltgeräte, mehrphasige Motoren und stationäre Verbraucher • Verteileranschluss • Steckdosen für große Lasten
CAT II	 Messungen an Stromkreisen, die elektrisch direkt mit dem Niederspannungsnetz verbunden sind, z. B. • Steckdosen mehr als 10 m von CAT-III-Quelle oder mehr als 20 m von CAT-IV-Quelle entfernt • Geräte mit Verbindung zu Steckdosen, z. B. in Büro und Haushalt
CAT I	 Messungen an Stromkreisen, die nicht direkt mit dem Netz verbunden sind, z. B. • Geschützte Elektronikbaugruppen • Batteriebetriebene Geräte • Batterien • Kfz-Elektroanlagen

6. Für den Servicebetrieb soll ein Digitalmultimeter angeschafft werden. Damit sollen auch Dimmer und Halogenbeleuchtungen überprüft werden.
   a) Welche besondere Eigenschaft sollte das Digitalmultimeter haben?
   b) Warum ist dabei der Crestfaktor zu beachten?
   Hinweis: Dimmer erzeugen z. B. nichtsinusförmige Spannungen

   a) _____

   b) _____

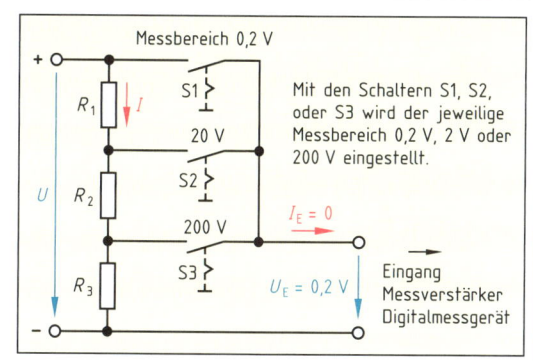

Bild: Eingangsspannungsteiler eines digitalen Multimeters

Messbereich 0,2 V. Mit den Schaltern S1, S2, oder S3 wird der jeweilige Messbereich 0,2 V, 2 V oder 200 V eingestellt. $U_E = 0{,}2\ V$, $I_E = 0$, Eingang Messverstärker Digitalmessgerät.

7. Es soll ein Eingangsspannungsteiler **(Bild)** für ein Digitalmultimeter bei Gleichspannung bestimmt werden. Für die Eingangsspannung U_E benötigt das Digitalmultimeter 0,2 V. Der Eingangsstrom $I_E = 0$ A. Der Eingangswiderstand $R_g = R_1 + R_2 + R_3$ soll 10 MΩ betragen. Berechnen Sie die Widerstände R_1, R_2, R_3.
   Hinweis: Die Berechnung kann mithilfe der Formeln für Spannungsteiler oder über den Strom I erfolgen.

Geg.:

Ges.:

Lösung:

200 V: Berechnung von R_3 mithilfe der Spannungsteilerformel

20 V: Berechnung von R_1 mithilfe des Stromes I

Berechnung von R_2

Messtechnik
Messen elektrischer Spannung (1)

Blatt-Nr.: 8.4

> ℹ️ Der Anschluss von Messgeräten muss besonders sorgfältig geschehen.
> - Spannungsmesser werden parallel zu einem Verbraucher oder zu einer Spannungsquelle geschaltet.
> - Strommesser werden grundsätzlich in Reihe zu einem Verbraucher oder einer Spannungsquelle in den Stromweg geschaltet.

1. Ergänzen Sie folgenden Text. Verwenden Sie dazu die Fachbegriffe: Verbrennung, Kurzschlussstrom, Strombuchse, zerstört.

   Durch versehentliches falsches Einstecken einer Messleitung in eine _____ kann es bei einer beabsichtigten Spannungsmessung im 400/230-V-Netz zu einem sofortigen hohen _____ kommen. Dadurch kann das Messgerät _____ werden. Durch einen Lichtbogen kann es weiterhin zu einer _____ , z.B. an den Händen, führen.

2. a) Ergänzen Sie für einen Laborversuch die Schaltung (**Bild 1**) um vier Spannungsmesser, damit die Spannung U an der Spannungsquelle, die Spannung U_1 an der Glühlampe E1, U_2 an E2 sowie U_3 über beide Glühlampen gemessen werden kann.
   b) Tragen Sie an den Messgeräten die Polaritätszeichen „+" und „–", sowie die Bezugspfeile und Formelzeichen für alle Spannungen ein.

Bild 1: Spannungsmessungen

3. Einpolige Spannungsprüfer (**Bild 2**) werden in der Elektrotechnik meist von Laien verwendet.
   a) Welchen Nachteil haben diese Spannungsprüfer?
   b) Bis zu welcher Spannungshöhe darf der Spannungsprüfer von Laien verwendet werden?
   c) Erklären Sie die Handhabung.

   a) _____

   Nach DIN VDE bis 250 V - zugelassen

   Bild 2: Spannungsprüfer

   b) _____
   c) _____

Blatt-Nr.: 8.5 | Messtechnik, **Messen elektrischer Spannung (2)**

4. Mit einem einpoligen Spannungsprüfer wird eine Prüfung vorgenommen (**Bild 1**).
   a) Zeichnen Sie den Stromverlauf $I_{prüf}$ ein, der beim Prüfen im Stromkreis fließt.
   b) Berechnen Sie den Strom $I_{prüf}$ bei Vernachlässigung der Leitungswiderstände.

Geg.:

Ges.:

Lösung:

b)

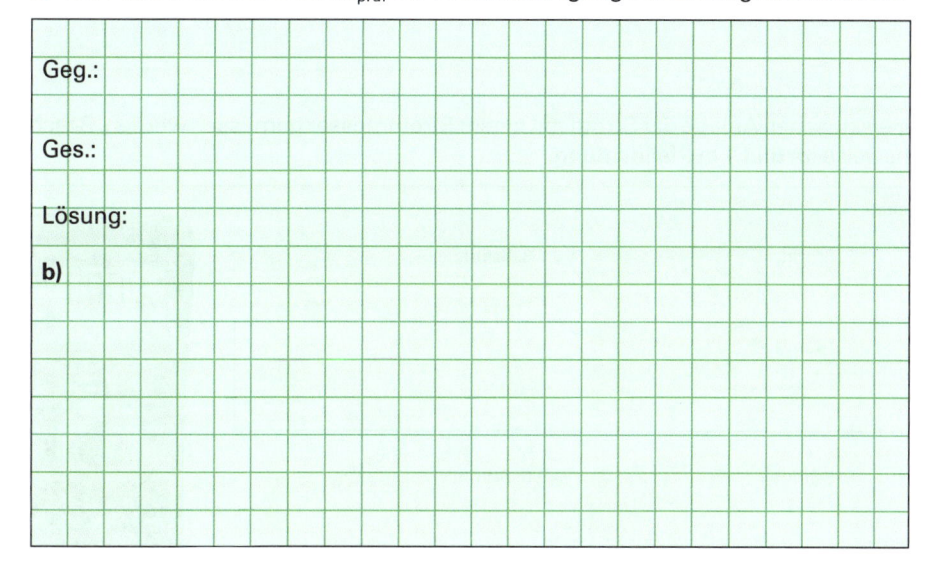

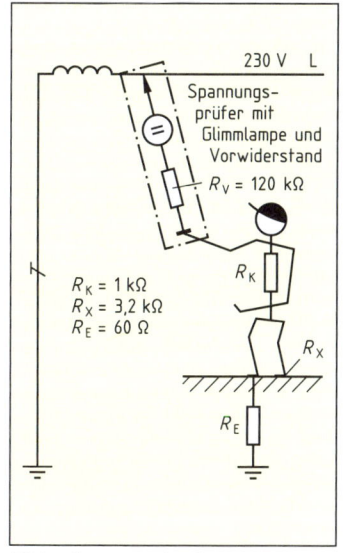

Bild 1: Stromverlauf bei einem einpoligen Spannungsprüfer

230 V L
Spannungsprüfer mit Glimmlampe und Vorwiderstand
$R_V = 120\ k\Omega$
$R_K = 1\ k\Omega$
$R_X = 3{,}2\ k\Omega$
$R_E = 60\ \Omega$

5. Mit einem Multimeter soll die Spannung an einer Steckdose (**Bild 2**) überprüft werden.
   a) Kann man an der Steckdose eine Spannung messen, obwohl kein Verbraucher angeschlossen ist? Begründen Sie.
   b) Welche Spannungshöhe ist zu erwarten?
   c) Ab welcher Spannungshöhe ist eine Spannung lebensgefährlich?
   d) Beschreiben Sie die genaue Vorgehensweise zum Messen der Spannung an der Steckdose mithilfe des Digitalmultimeters (**Bild 2, Blatt-Nr. 8.2**).

a) _____

b) _____

c) _____

d) _____

Bild 2: Steckdose

6. Nach dem Anschließen eines Messgerätes zur Spannungsmessung an einer Leuchte zeigte das Messgerät keine Spannung an (**Bild 3**). Vor der Messung war die Leuchte an. Beim Anschließen des Messgerätes war die Leuchte plötzlich aus. Geben Sie eine Erklärung für dieses Verhalten.

Bild 3: Messen an einer Leuchte

Messtechnik
Messen elektrischer Stromstärke (1)

Blatt-Nr.: 8.6

1. Wie werden Strommesser zum Messen von Strömen grundsätzlich geschaltet?

   _____

2. Es soll in einem Stromkreis einer elektrischen Anlage der Strom mit einem Strommesser gemessen werden. Beschreiben Sie eine sinnvolle Vorgehensweise im **Bild 1** in Pfeilrichtung.

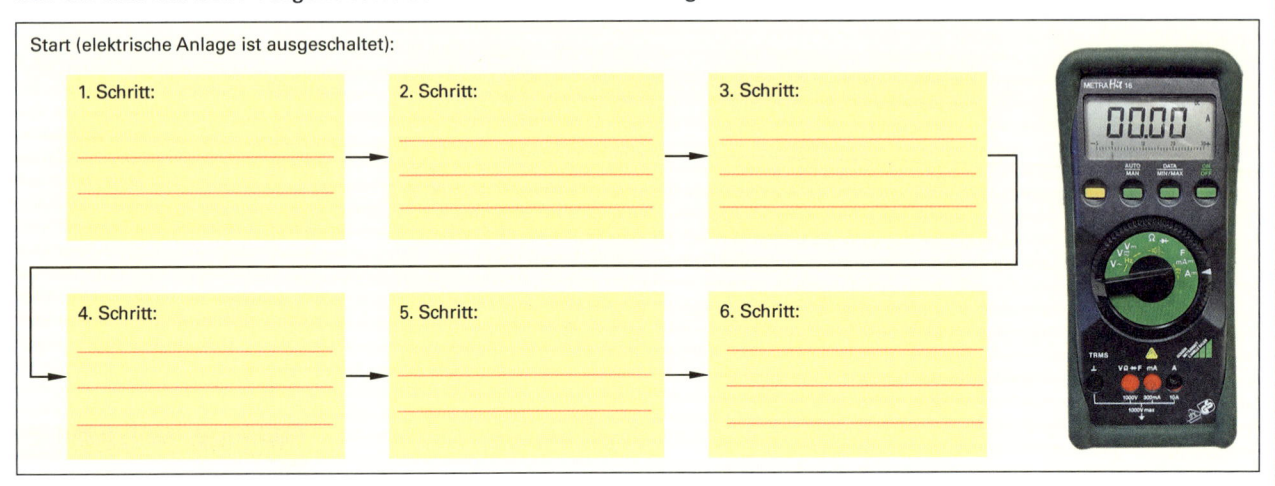

   Start (elektrische Anlage ist ausgeschaltet):

1. Schritt:	→	2. Schritt:	→	3. Schritt:
4. Schritt:	→	5. Schritt:	→	6. Schritt:

   Bild 1: Messen der Stromstärke mit einem Digitalmultimeter

3. In einer Schaltung soll der Strom I_F durch eine Leuchtdiode **(Bild 2)** überprüft werden. Welcher Strom I_F ist zu erwarten?
   Hinweis: Berechnen Sie den Strom I_F unter Beachtung der Spannung U_F.

   Geg.:

   Ges.:

   Lösung:

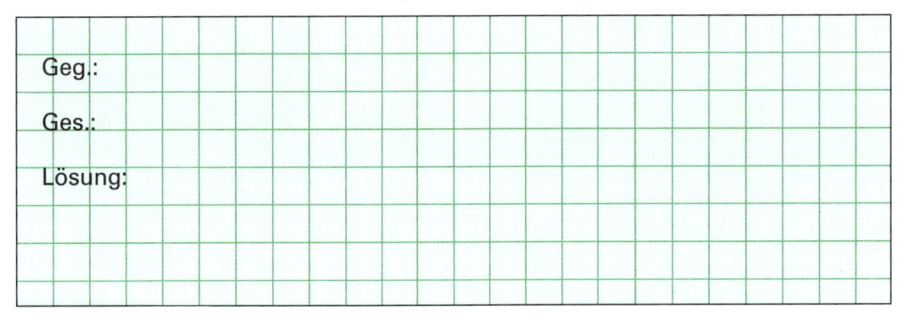

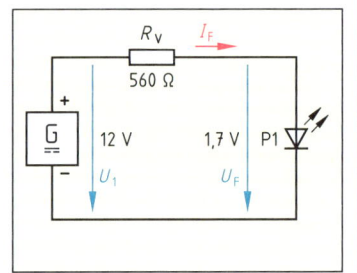

   Bild 2: Leuchtdiode an Spannung

4. Manchmal kann man einen Strom nicht direkt messen, sondern indirekt mithilfe einer Spannungsmessung. Beschreiben Sie für **Bild 2** die indirekte Bestimmung des Stromes I_F.

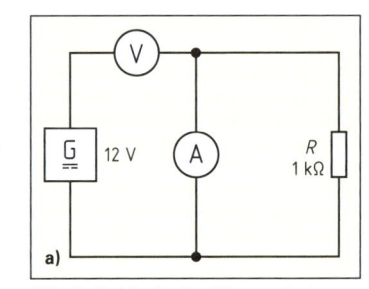

   _____

5. a) Beschreiben Sie das Verhalten der fehlerhaften Messschaltung **(Bild 3)**.
   b) Welchen Messwert zeigt der Spannungsmesser an?
   c) Begründen Sie die Anzeige des Strommessers?

   Bild 3: Fehlerhafte Messschaltung

   a) _____

   b) _____
   c) _____

| Blatt-Nr.: 8.7 | Messtechnik, **Messen elektrischer Stromstärke (2)** |

6. a) Ergänzen Sie die Schaltung **(Bild 1)** für einen Laborversuch um drei Strommesser mit den Verbindungsleitungen, damit der Gesamtstrom I, der Strom I_R durch den Widerstand und der Strom I_E durch die Glühlampen E1 und E2 gemessen werden kann.
b) Tragen Sie an den Messgeräten die Polaritätszeichen „+" und „–", sowie die Bezugspfeile und Formelzeichen für alle Ströme ein.

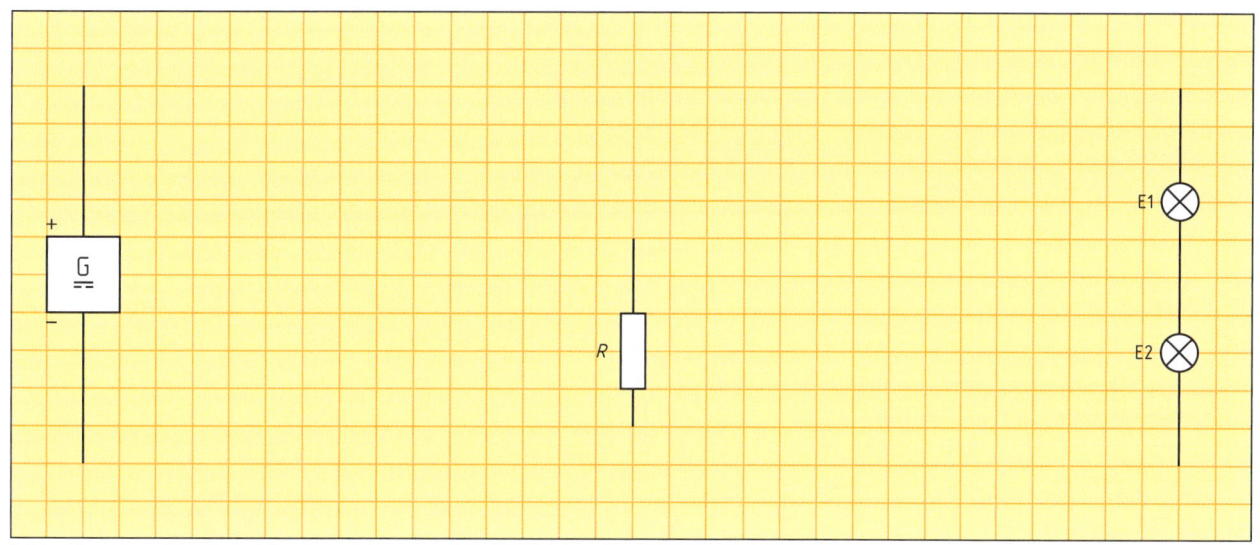

Bild 1: Strommessungen (1)

7. Mit dem Messgerät nach **Bild 2c und Bild 2, Seite 93** soll ein unterschiedlicher Strom durch den Verbraucher R von
a) 1,2 A und **b)** 3,4 A gemessen werden. Schließen Sie das Messgerät im **Bild 2** an.

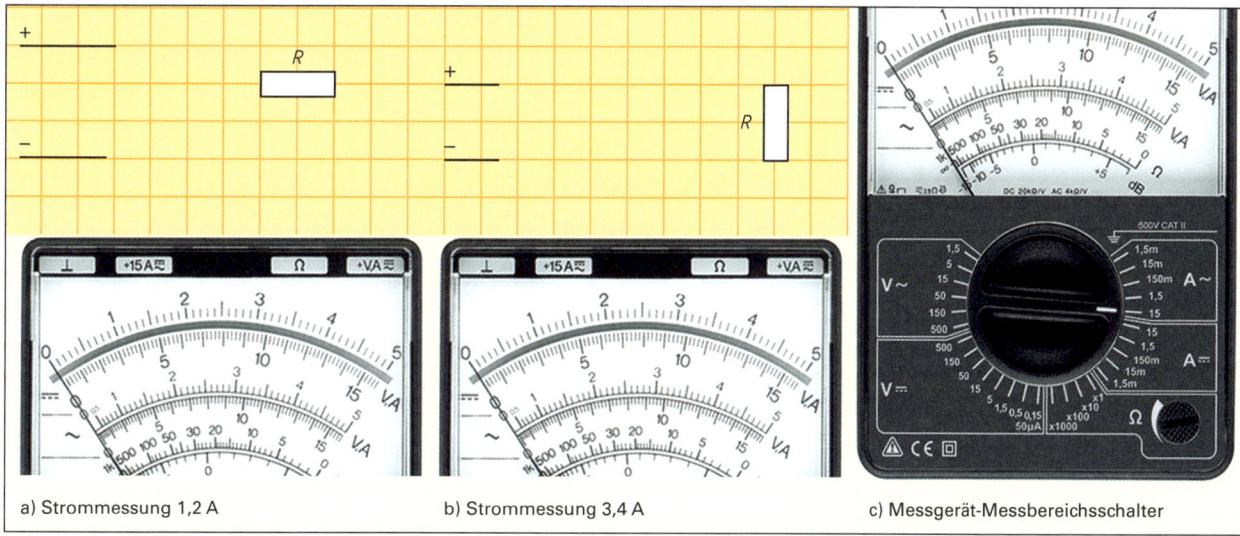

a) Strommessung 1,2 A   b) Strommessung 3,4 A   c) Messgerät-Messbereichsschalter

Bild 2: Strommessungen (2)

8. Mit Strommesszangen **(Bild 3)** kann man Ströme messen.
  a) Welchen Vorteil haben Strommesszangen?
  b) Für welche Stromgrößen verwendet man Strommesszangen allgemein?

a) _____

b) _____

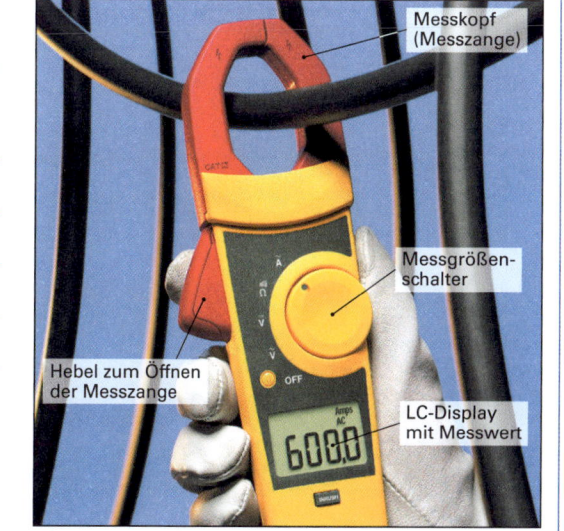

Bild 3: Strommesszange

Messtechnik
Leistungsmessungen

Blatt-Nr.: 8.8

> ℹ️ Wird Arbeit in einer bestimmten Zeit verrichtet, so spricht man von Leistung. Die elektrische Leistung kann man direkt mit einem Leistungsmesser messen oder indirekt bei Gleichstrom über Spannung und Strom berechnen.

1. Zum Messen von Leistungen werden Leistungsmesser verwendet.
   a) Wie viele Anschlussklemmen hat ein Leistungsmesser?
   b) Erklären Sie die Aufgabe dieser Anschlussklemmen.

   a) _____

   b) _____
      _____

2. Leistungen können direkt oder indirekt bestimmt werden.
   a) Ergänzen Sie beide Messschaltungen im **Bild 1**.
   b) Welche Leistung hat die Glühlampe?

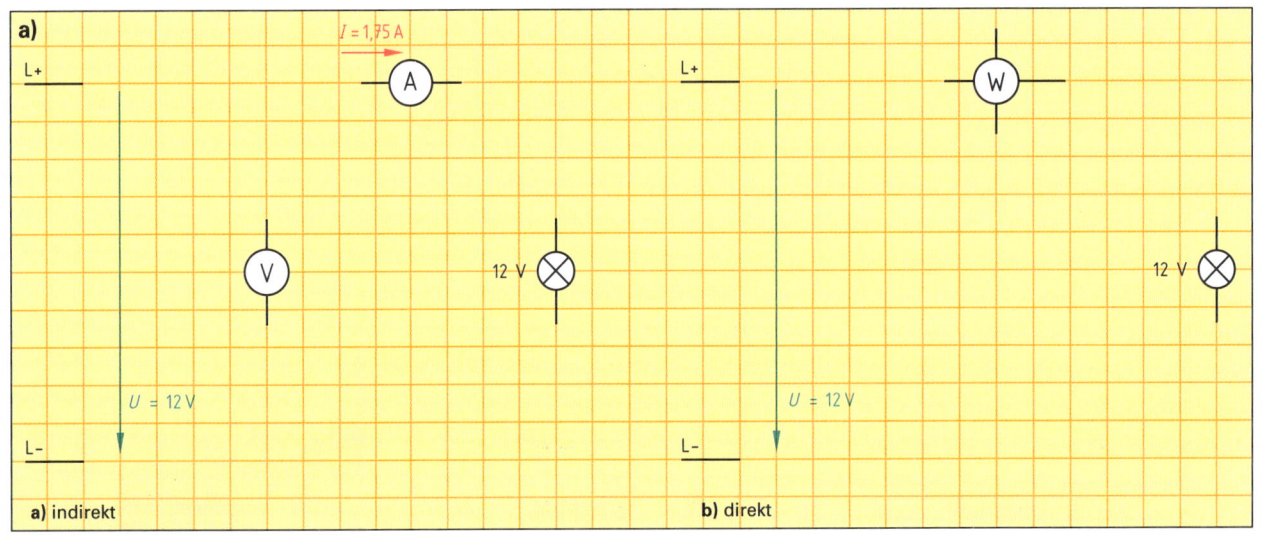

a) indirekt: L+, A (I = 1,75 A), V (U = 12 V), Glühlampe 12 V, L−
b) direkt: L+, W, Glühlampe 12 V (U = 12 V), L−

Bild 1: Leistungsmessungen

b) Geg:
   Ges: Lösung:

3. a) Benennen Sie die Teile des Leistungsmessers. **b)** Es soll mit dem Leistungsmesser die Leistung eines Einphasenmotors gemessen werden. Ergänzen Sie die Schaltung im **Bild 2**. **c)** Welche Leistung wird angezeigt?

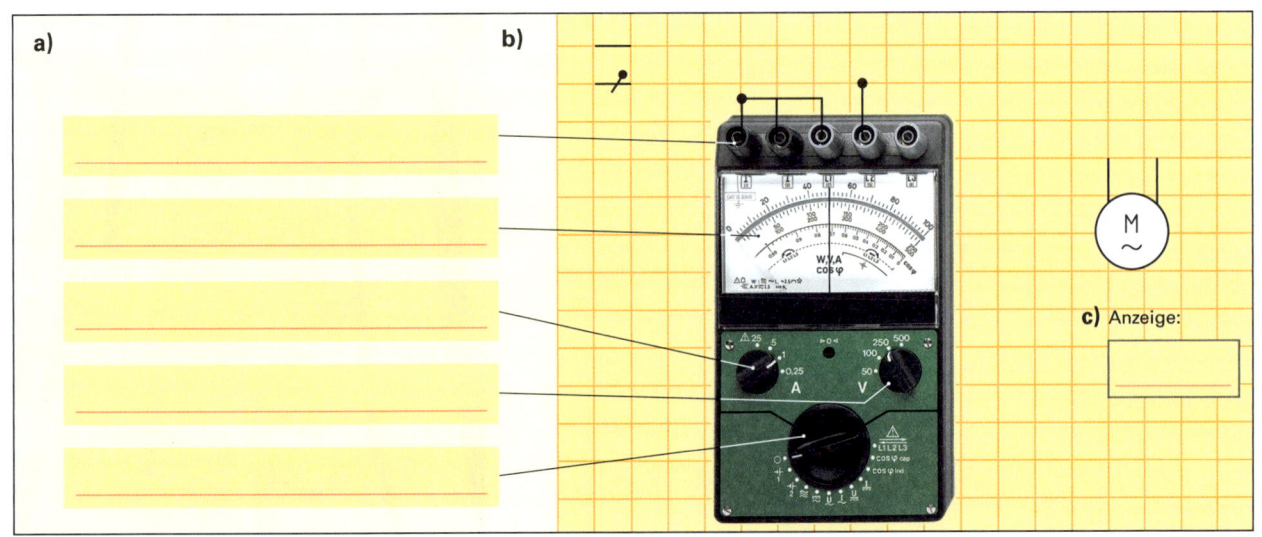

c) Anzeige:

Bild 2: Messen mit dem Leistungsmesser

Messtechnik
Messen mit dem Oszilloskop (1)

Blatt-Nr.: 8.9

> Das Oszilloskop ist ein Messgerät zur Darstellung des zeitlichen Verlaufes einer Spannung. Spannungen werden an den Eingangsbuchsen, z.B. Kanal I, und dem Masseanschluss gemessen. Digitalspeicher-Oszilloskope ermöglichen das Speichern der Eingangssignale.

1. Tragen Sie in das **Bild** die mit den Ziffern 1 bis 13 gekennzeichneten Teile eines Oszilloskops ein. Verwenden Sie deutsche Begriffe.

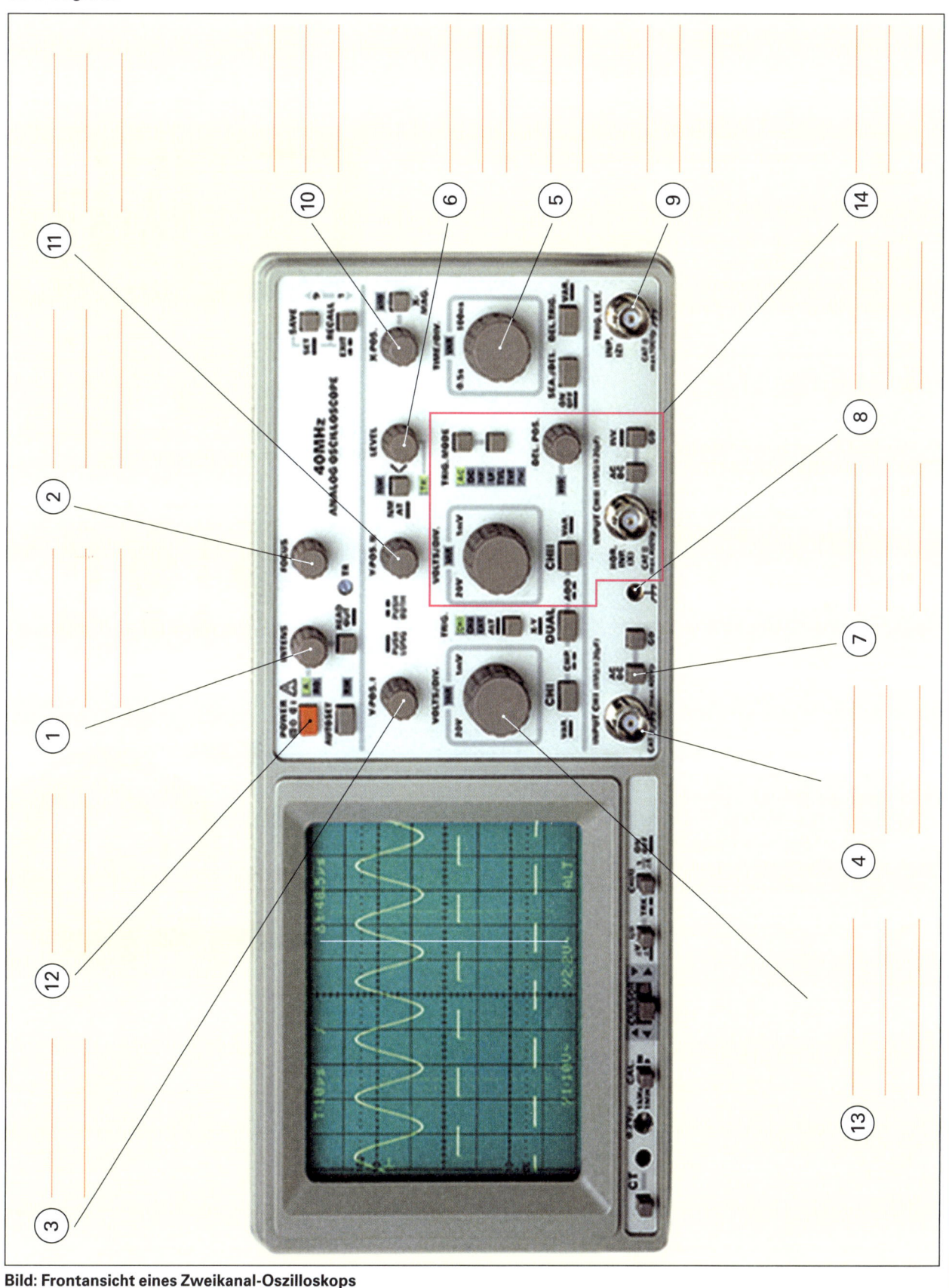

Bild: Frontansicht eines Zweikanal-Oszilloskops

| Blatt-Nr.: 8.10 | Messtechnik, **Messen mit dem Oszilloskop (2)** |

2. Geben Sie an, welche elektrischen Größen man mit dem Oszilloskop messen, darstellen bzw. bestimmen kann.

3. Am Oszilloskop findet man die Bezeichnung DIV bzw. div, z. B. bei V/DIV. Erklären Sie diese Bezeichnung.

4. Welche Größe in div hat der Bildschirm des Oszilloskops im **Bild 1** in x- und y-Richtung?

   X-Richtung: _____   Y-Richtung: _____

5. Mit einem Oszilloskop soll mit Kanal I die Spannung U_2 am Widerstand R_2 gemessen werden. Ergänzen Sie die Messschaltung **(Bild 1)**.

6. Die Einstellung des Oszilloskops im **Bild 1** beträgt 10 V/div. Wie groß ist die Spannung U, wenn sich die Nulllinie
   a) in Bildschirmmitte und
   b) am unteren Bildschirmrand befindet?

   a) _____

   b) _____

7. Das **Bild 2** zeigt zwei Einsteller.
   a) Um welche Einsteller handelt es sich?
   b) Warum sind es zwei Einsteller?
   c) Welche Spannung kann man maximal messen, wenn man das Oszilloskop nach **Bild, Seite 100** verwendet?

   a) _____

   b) _____

   c) _____

Bild 1: Messen einer Gleichspannung

Bild 2: Einsteller

8. Um mit dem Oszilloskop höhere Spannungen messen zu können, verwendet man Tastteiler **(Bild 3)**.
   a) Welche Bedeutung hat der Schalter mit der Angabe Teiler 1 : 1 oder 10 : 1?
   b) Welche maximale Spannung U könnte man mit dem Tastteiler messen? **Hinweis:** Frage **7c** beachten!
   c) Welche wichtige Angabe macht der Hersteller des Tastteilers zum Messen von Spannungen im Vergleich zur Aufgabe **b)**?

   a) _____

   b) _____

   c) _____

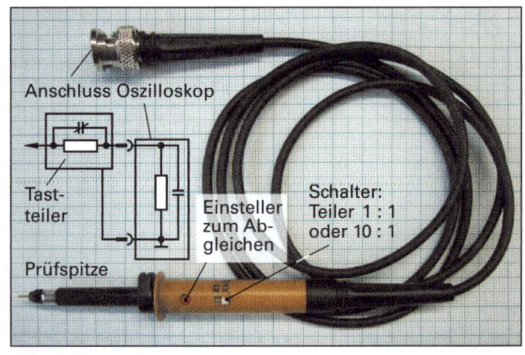

Bild 3: Tastteiler

Blatt-Nr.: 8.11 | Messtechnik, **Messen mit dem Oszilloskop (3)**

9. a) Welche beiden elektrischen Größen einer Wechselspannung zeigt **Bild 1**?
   b) Welche weiteren elektrischen Größen können Sie mithilfe von $\hat{u}$ und T bestimmen?
   c) Berechnen Sie die Größen von Lösung a) und b)?

   a) _____

   b) _____

   _____

   c) Geg:

   Ges:

   Lösung:

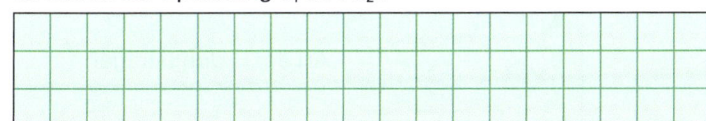

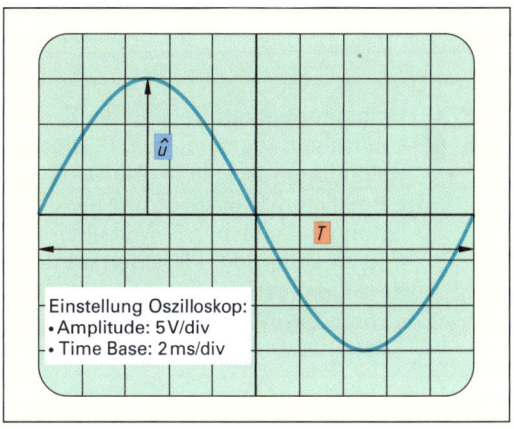

Bild 1: Wechselspannungsmessung

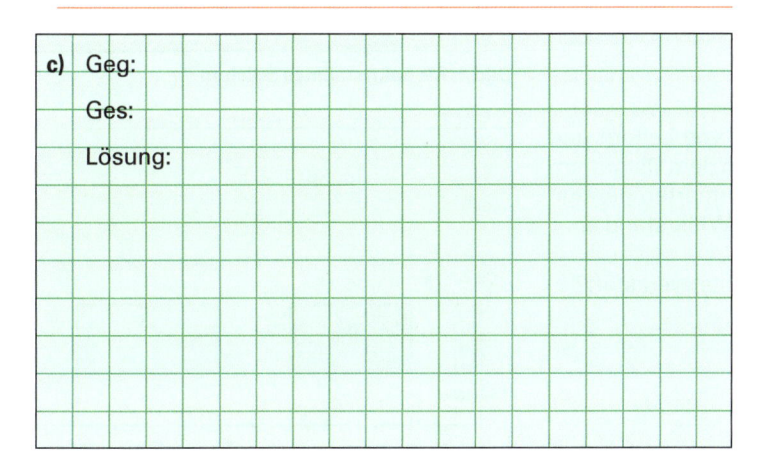

Einstellung Oszilloskop:
- Amplitude: 5 V/div
- Time Base: 2 ms/div

10. Ströme werden mit dem Oszilloskop indirekt gemessen. Bestimmen Sie in der Messschaltung im **Bild 2** die Höhe des Stromes I. Die Einstellung am Oszilloskop beträgt 0,1 V/div.

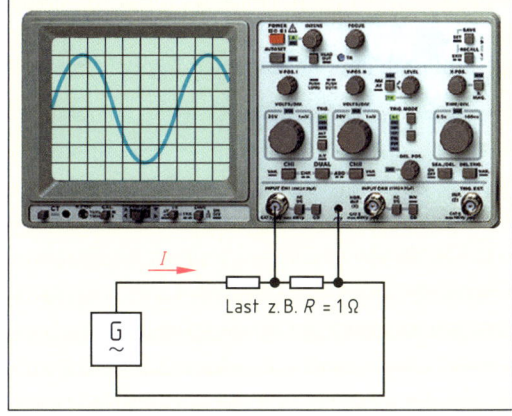

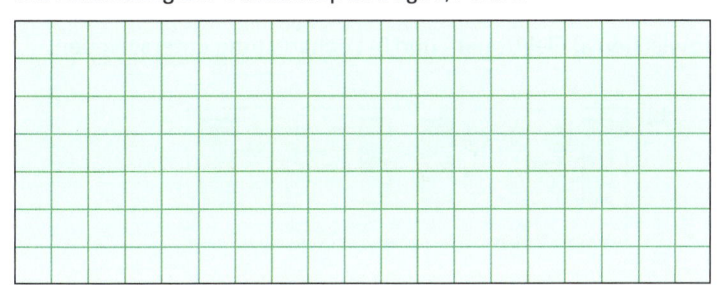

Bild 2: Strommessung

Last z. B. $R = 1\,\Omega$

In der Elektrotechnik kann eine Wechselspannung gegenüber einer zweiten Wechselspannung verschoben sein. Die Nulldurchgänge der beiden Spannungen finden dann zu unterschiedlichen Zeitpunkten statt. Man sagt beide Spannungen sind phasenverschoben.

11. a) Durch welche Größe wird die Phasenverschiebung angegeben?
    b) Welche Einheiten verwendet man für die Phasenverschiebung?
    c) Wie kann man mit einem Oszilloskop die Phasenverschiebung zweier Wechselspannungen ermitteln?

    a) _____
    b) _____
    c) _____
    _____
    _____

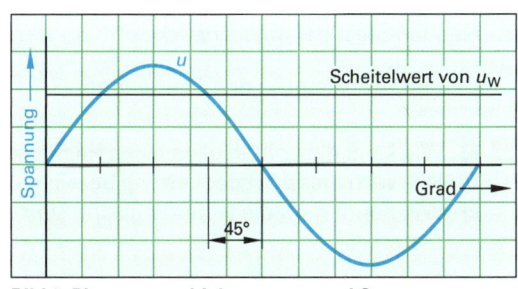

Bild 3: Phasenverschiebung von zwei Spannungen

Scheitelwert von u_W
Grad
45°

12. Zwischen zwei Spannungen gleicher Frequenz beträgt der Phasenverschiebungswinkel 45°. Zeichnen Sie in **Bild 3** die Spannung u_W so ein, dass diese der Spannung U voreilt.

13. Bestimmen Sie im **Bild 4** den Phasenverschiebungswinkel $\alpha \triangleq \Delta x$ zwischen der Spannung u_1 und u_2.

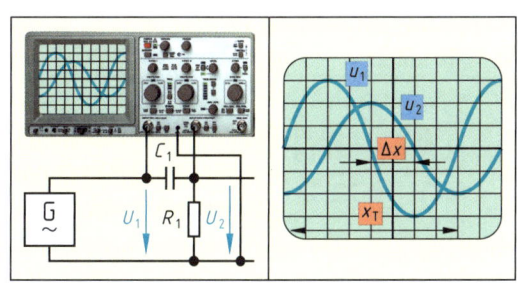

Bild 4: Messen der Phasenverschiebung mit dem Oszilloskop

103

Elektronik
Stromleitung in Halbleitern

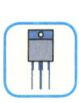

Blatt-Nr.: 9.1

i Halbleiterwerkstoffe sind die Grundlage für viele elektronische Bauelemente, z. B. Dioden, Transistoren und Halbleiterwiderstände. Die Stromleitung in Halbleitern, z. B. Silicium (**Bild 1**), unterscheidet sich von der Stromleitung in Leitern, z. B. Metallen. Man unterscheidet P- und N-Leiter oder PN-Übergänge. Diese haben besondere Eigenschaften, z. B. temperatur-, spannungs- oder stromrichtungsabhängige Widerstände, die in elektronischen Bauelementen genutzt werden.

Bild 1: Monokristallines Silicium

1. Halbleiter grenzen sich durch ihre Leitfähigkeit von Leitern und Isolierstoffen ab. Ergänzen Sie diese Stoffarten in dem Diagramm (**Bild 2**) für den spezifischen Widerstand bei Zimmertemperatur. Geben Sie auch die Einheit für den spezifischen Widerstand an.

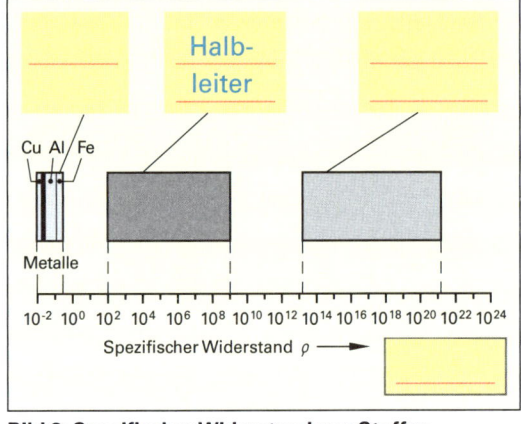

2. Wodurch entsteht Eigenleitung bei einem Halbleiterwerkstoff?

   _____
   _____
   _____
   _____

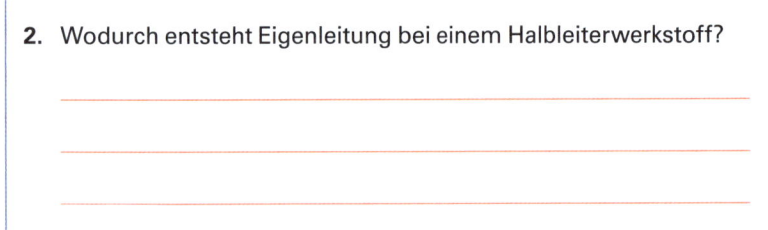

Bild 2: Spezifischer Widerstand von Stoffen

3. Bei der Stromleitung durch einen Halbleiter wird zwischen **a)** Elektronen- und **b)** Löcherleitung unterschieden. Erklären Sie die jeweilige Leitungsart.

   a) _____   b) _____

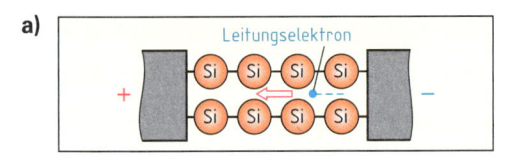

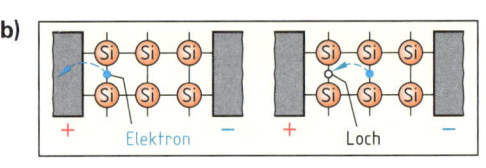

4. Nennen Sie die Halbleiterwerkstoffe zur Herstellung der angegebenen elektronischen Bauelemente.

   Dioden, Transistoren und Thyristoren: _____   Leuchtdioden: _____

5. a) Wie kann die Leitfähigkeit eines Halbleiterwerkstoffes extrem erhöht werden?
   b) Wie wird diese Art der Leitung bezeichnet?
   c) Wie nennt man die technologische Umsetzung zur Erhöhung der Leitfähigkeit bei der Herstellung des Halbleitermaterials?

   a) _____

   b) _____   c) _____

6. Nennen Sie die Merkmale von **a)** N-Leiter und **b)** P-Leiter.

   a) N-Leiter   Dotierungsstoffe: _____   **b) P-Leiter**   Dotierungsstoffe: _____

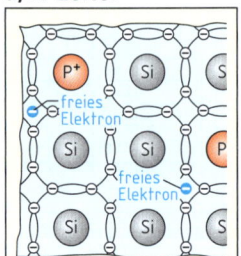

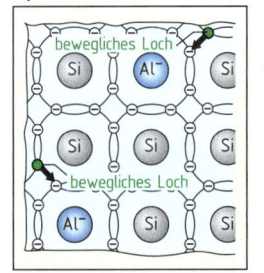

   Anzahl Elektronen auf der Außenschale: _____   Anzahl Elektronen auf der Außenschale: _____

   Art der Ladungsträger: _____   Art der Ladungsträger: _____

Elektronik
PN-Übergang und Diode

Blatt-Nr.: 9.2

> Werden P- und N-Leiter zusammengefügt, entsteht ein PN-Übergang. Der PN-Übergang hat besondere Eigenschaften, z.B. einen Widerstand, der von der Stromrichtung abhängig ist. Diese Eigenschaft wird bei einer Diode **(Bild 1)** z.B. zur Gleichrichtung von Wechselstrom genutzt.

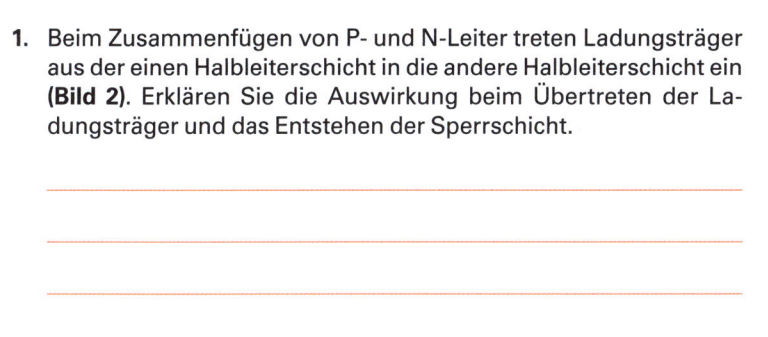

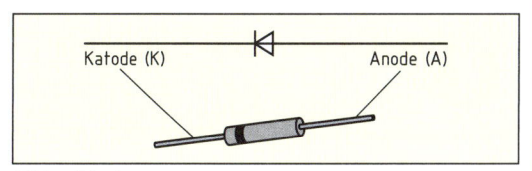

Bild 1: Diode

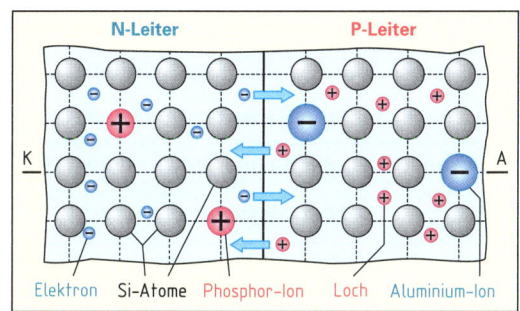

1. Beim Zusammenfügen von P- und N-Leiter treten Ladungsträger aus der einen Halbleiterschicht in die andere Halbleiterschicht ein **(Bild 2)**. Erklären Sie die Auswirkung beim Übertreten der Ladungsträger und das Entstehen der Sperrschicht.

   _____
   _____
   _____

Bild 2: PN-Übergang

2. An der PN-Schicht entsteht durch das Übertreten (diffundieren) der Ladungsträger in die jeweils andere Schicht eine Ladung. Dadurch entsteht eine Spannung, die man als Diffusionsspannung U_{Diff} **(Bild 3)** bezeichnet. Wie groß ist die Diffusionsspannung bei folgenden Halbleiterwerkstoffen?

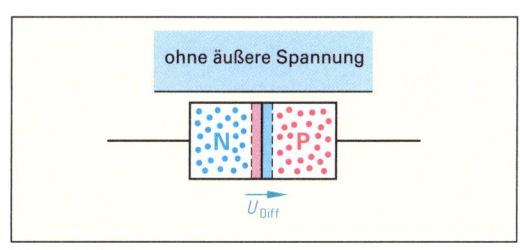

   a) Silicium: _____   **b)** Germanium: _____

   c) Gallium-Arsenid: _____

Bild 3: Diffusionsspannung

3. **a)** Zeichnen und beschriften Sie den Spannungspfeil für die Durchlassspannung U_F und die Sperrspannung U_R in der richtigen Polarität in **Bild 4** ein und
   b) beschreiben Sie den Abbau der Sperrschicht beim Anlegen der Durchlassspannung.

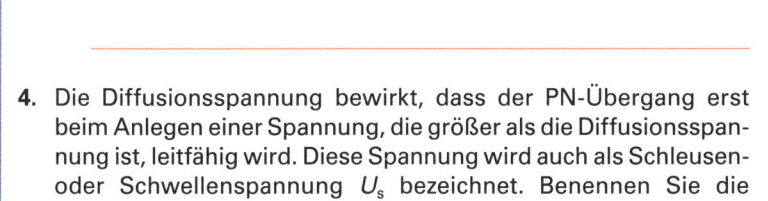

   _____
   _____
   _____
   _____

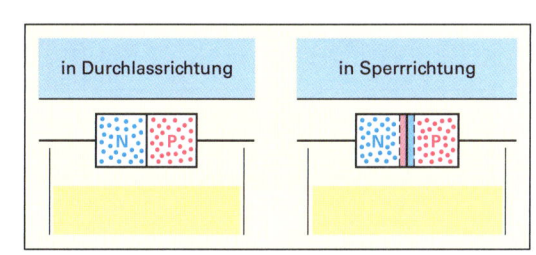

Bild 4: Durchlass- und Sperrrichtung

4. Die Diffusionsspannung bewirkt, dass der PN-Übergang erst beim Anlegen einer Spannung, die größer als die Diffusionsspannung ist, leitfähig wird. Diese Spannung wird auch als Schleusen- oder Schwellenspannung U_s bezeichnet. Benennen Sie die Schleusenspannung in der Dioden-Kennlinie **(Bild 5)**.

5. Ergänzen Sie die Begriffe Durchlassspannung, Durchlassstrom, Sperrspannung und Sperrstrom in der Kennlinie **(Bild 5)** und geben Sie auch das Formelzeichen bei den Achsenbezeichnungen an.

6. Beschreiben Sie die Durchlass- und Sperrrichtung einer Diode anhand der Dioden-Kennlinie **(Bild 5)**.

   _____
   _____
   _____
   _____

7. Nennen Sie ein wichtiges Einsatzgebiet für die Diode.

   _____

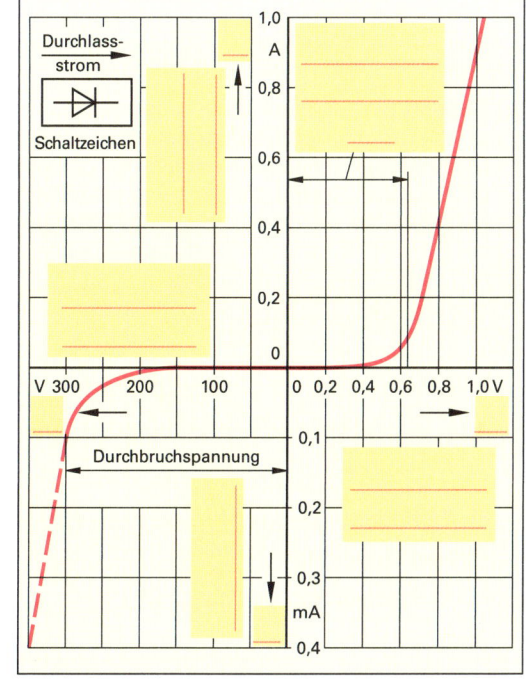

Bild 5: Dioden-Kennlinie

Elektronik
Halbleiterwiderstände NTC, PTC und VDR (1)

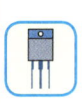

Blatt-Nr.: 9.3

Halbleiterwiderstände (**Bild**) ändern ihren Widerstand in Abhängigkeit von einer physikalischen Größe, z. B. NTC- oder PTC-Widerstände durch Änderung der Temperatur. Damit lassen sich z. B. Temperatursensoren oder Übertemperatursicherungen herstellen. Eine weitere wichtige Art von Halbleiterwiderständen sind VDR-Widerstände. Sie haben einen spannungsabhängigen Widerstand und werden z. B. in Überspannungsableitern eingesetzt.

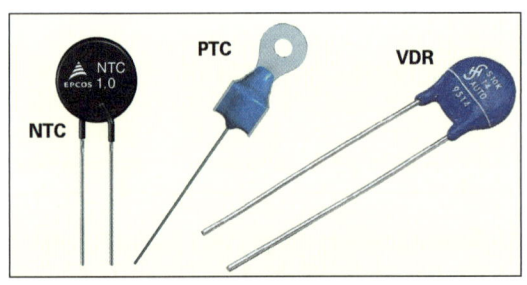

Bild: Halbleiterwiderstände (Beispiele)

1. Vervollständigen Sie in der **Tabelle** die unvollständige Kennlinie des NTC und ergänzen Sie die fehlenden Einträge.

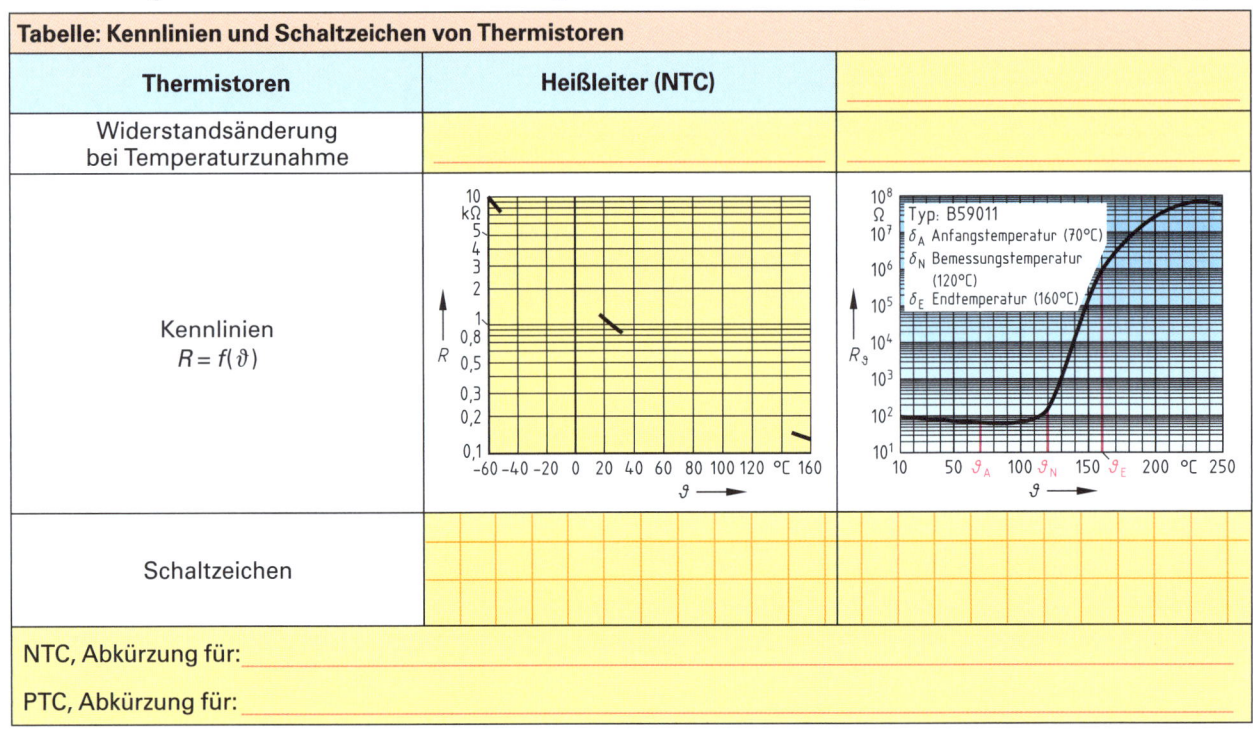

Tabelle: Kennlinien und Schaltzeichen von Thermistoren

Thermistoren	Heißleiter (NTC)	
Widerstandsänderung bei Temperaturzunahme		
Kennlinien $R = f(\vartheta)$		
Schaltzeichen		

NTC, Abkürzung für: _____

PTC, Abkürzung für: _____

2. Beschreiben Sie die Betriebsarten **a)** Eigenerwärmung und **b)** Fremderwärmung bei einem temperaturabhängigen Widerstand.

   a) Eigenerwärmung: _____

   b) Fremderwärmung: _____

3. Nennen Sie bei einem PTC-Widerstand
   a) die Bezeichnung der dargestellten Anwendung.
   b) Ermitteln Sie die Widerstände für die angegebenen Temperaturen aus der Kennlinie in der **Tabelle**.
   c) Ergänzen Sie die Wirkungskette zur Beschreibung der Funktionsweise und
   d) geben Sie an, ob es sich bei der Betriebsart um Eigen- oder Fremderwärmung handelt.

   a) Temperaturmessung

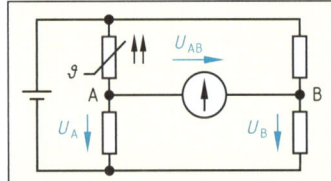

   b) $R_{120\,°C} \approx$ _____
      $R_{150\,°C} \approx$ _____

   c) Temperatur steigt an → Spannung U_A sinkt und Spannung U_B _____ → Brücken-Spannung U_{AB} wird _____.

   d) _____

   a) _____

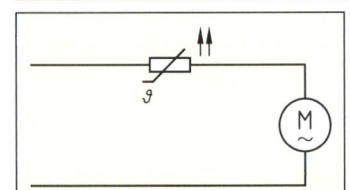

   b) $R_{70\,°C} \approx$ _____
      $R_{130\,°C} \approx$ _____

   c) Motor wird durch Last gebremst → Strom wird _____ → Temperatur des Widerstandes wird _____ → Widerstandswert wird _____ → Strom durch Widerstand und Motor wird _____.

   d) _____

Elektronik, Halbleiterwiderstände NTC, PTC und VDR (2)

4. Nennen Sie bei einem NTC-Widerstand
  a) die Bezeichnung der dargestellten Anwendungen,
  b) ergänzen Sie die Wirkungskette zur Beschreibung der Funktionsweise und
  c) geben Sie an, ob es sich bei der Betriebsart um Eigen- oder Fremderwärmung handelt.

  a) Lichterkette   a) _____

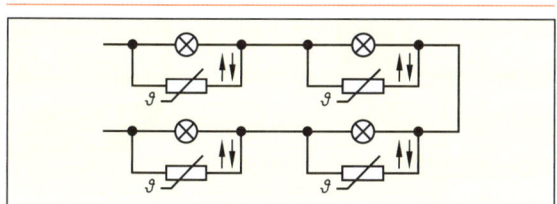

  b) Lampe ist defekt → Spannung am Widerstand   b) Temperatur steigt an → Spannung U_A am
     steigt → Strom durch Widerstand wird   Messpunkt A _____ und Spannung U_B
     _____ → Temperatur des Widerstandes   am Messpunkt B _____
     wird _____ → Widerstandswert _____   → Brücken-Spannung U_{AB} wird _____.
     → Strom durch Widerstand _____
     → Beleuchtung geht _____ aus.

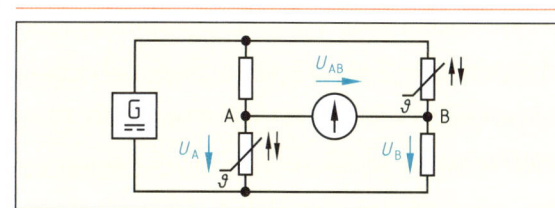

  c) _____   c) _____

5. Zeichnen Sie das Schaltzeichen eines Varistors.

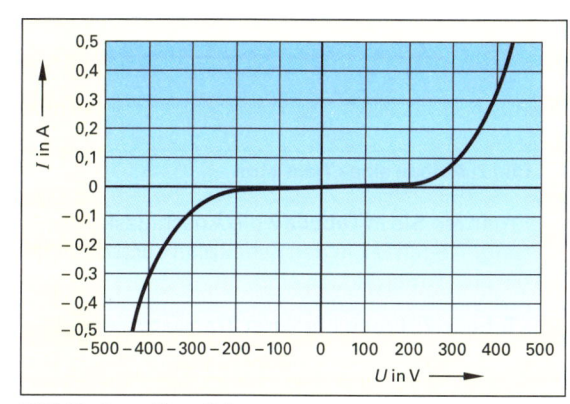

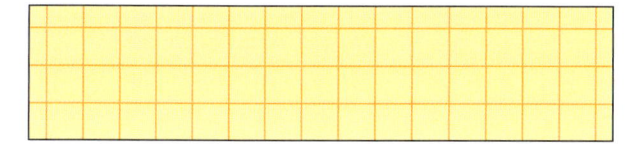

Bild: Varistor-Kennlinie

6. Wie verhält sich der Widerstandswert eines VDR bei ansteigender Spannung?

7. Bestimmen Sie den Widerstand des VDR a) bei 200 V und b) bei 400 V aus der Kennlinie (**Bild**).

  a) Geg.:   Ges.:
     Lösung:

     R_{200V} =

  b) Geg.:   Ges.:
     Lösung:

8. Nennen Sie **a)** die Bezeichnung der folgenden Anwendungen eines VDR und **b)** beschreiben Sie die Funktionsweise durch die Erweiterung der angegebenen Wirkungskette.

  a) _____   a) _____

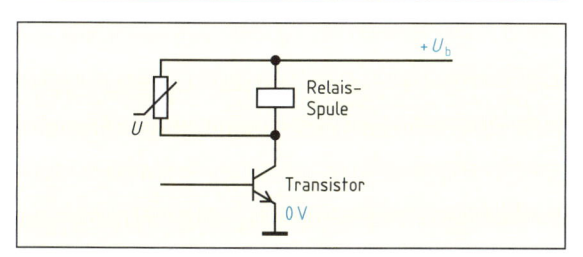

  b) Transistor schaltet in kurzer Zeit von den leitenden   b) Spannung u_1 wird größer →
     in den gesperrten Zustand →

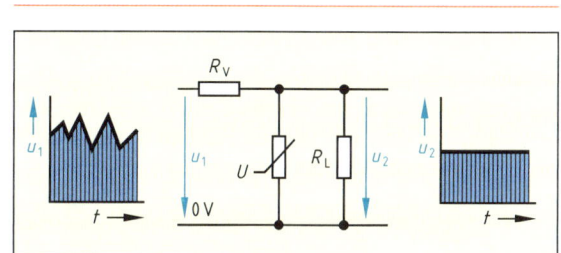

     Spule erzeugt hohe Induktionsspannung
     →

Elektronik
Bipolare Transistoren (1)

Blatt-Nr.: 9.5

> **Bipolare Transistoren (Bild 1)** sind verstärkende (aktive) Halbleiterbauelemente, die zum Schalten, z.B. in Steuerschaltungen, oder zum Verstärken von Analogsignalen, z.B. in NF-Verstärkern, verwendet werden. Sie bestehen aus drei Halbleiterschichten mit n- und p-leitendem Halbleitermaterial. Der Strom durch einen bipolaren Transistor muss im Gegensatz zu einem unipolaren Transistor (Feldeffekt-Transistor) durch zwei Arten von Halbleiterschichten, n- und p-Schicht **(Bild 2)**, fließen.

Bild 1: Bipolare Transistoren

1. Bezeichnen Sie in **Bild 2** die Anschlüsse eines bipolaren Transistors.

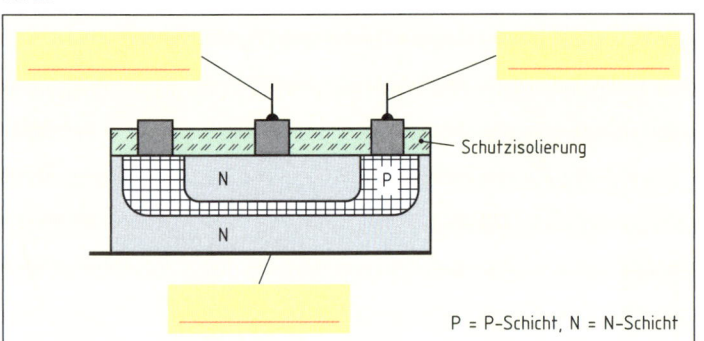

2. Tragen Sie die fehlenden Gehäusebezeichnungen für die Transistoren in **Tabelle 1** ein.

Bild 2: Aufbau eines Transistor

Tabelle 1: Gehäuse für Transistoren

Ansichten	Gehäusebez.	Ansichten	Gehäusebez.
	TO 92		

3. Ergänzen Sie in **Tabelle 2** die Anschlusskurzbezeichnungen der Transistoren und den Schaltplan für die Emitterschaltung. Tragen Sie in den Schaltplan auch die Spannungsquellen mit den Polungen, die Bezugspfeile für die Ströme und deren Formelzeichen ein.

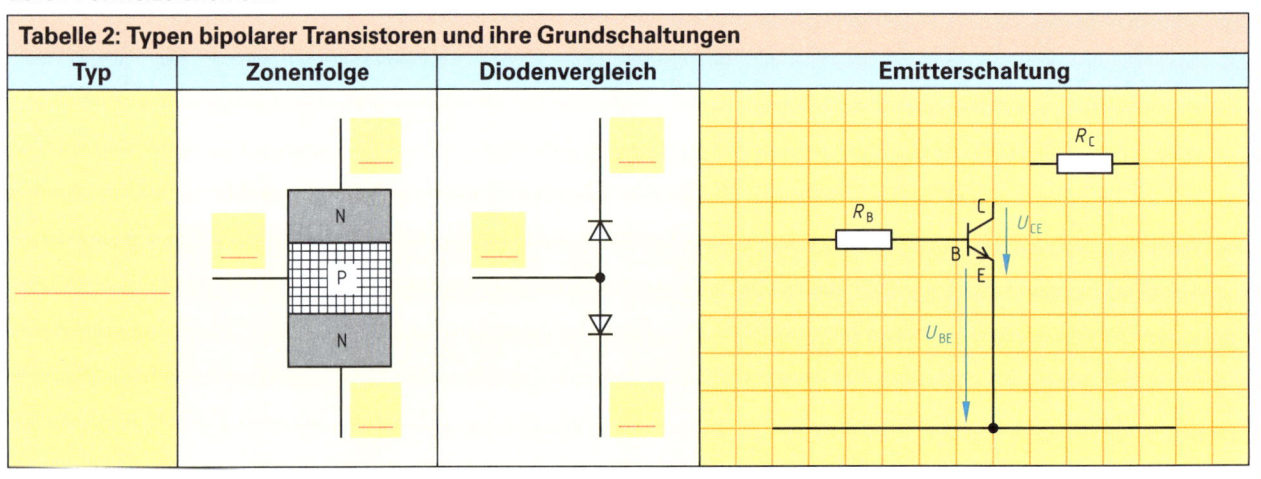

Tabelle 2: Typen bipolarer Transistoren und ihre Grundschaltungen

Typ	Zonenfolge	Diodenvergleich	Emitterschaltung
	N / P / N		

4. Vervollständigen Sie die folgende Wirkungskette zur Steuerung eines NPN-Transistors aus **Tabelle 2**.

   Basisstrom I_B wird größer → Kollektorstrom I_C _____ → Spannung an R_C _____
   und Spannung zwischen Kollektor und Emitter _____.

5. Ergänzen Sie **a)** die **Tabelle 3** mit den Bezeichnungen der Größen, z.B. I_B, für die angegebenen Werte und berechnen Sie **b)** mit den Werten aus **Tabelle 3** das Gleichstromverhältnis (Gleichstromverstärkung) B. **c)** Beschreiben Sie das Ergebnis von Aufgabe **b)**.

a)

Tabelle 3: Messwerte eines NPN-Transistors

I_B				
10 mA	0,6 V	1,51 A	6 V	1,5 A

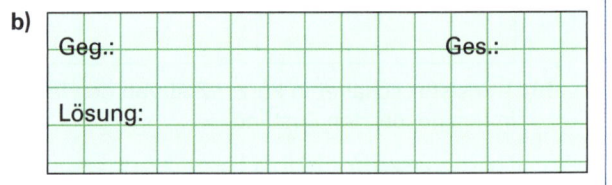

b) Geg.:   Ges.:

Lösung:

c) _____

Elektronik, Bipolare Transistoren (2)

6. Ein NPN-Transistor (**Bild 1**) soll mit einem Widerstandsmesser geprüft werden. Geben Sie an, bei welchen Strecken Durchgang oder kein Durchgang gemessen wird.

Basis → Emitter: **Durchgang**

Emitter → Basis: _____

Basis → Kollektor: _____

Kollektor → Basis: _____

Kollektor → Emitter: _____

Emitter → Kollektor: _____

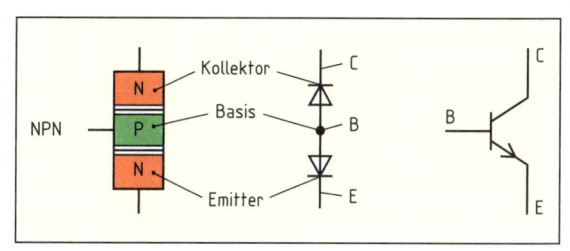

Bild 1: Aufbau eines Transistors

7. Welche Grenzwerte eines Transistors könnten überschritten und somit der Transistor zerstört werden, wenn im Basis- oder Kollektor-Anschluss kein Vorwiderstand vorhanden wäre?

I_{Bmax}, _____

8. a) Ermitteln Sie aus dem Kennlinienfeld (**Bild 2**) I_B, I_C und U_{CE} bei einer U_{BE} von 0,65 V.
b) Berechnen Sie das Gleichstromverhältnis B.

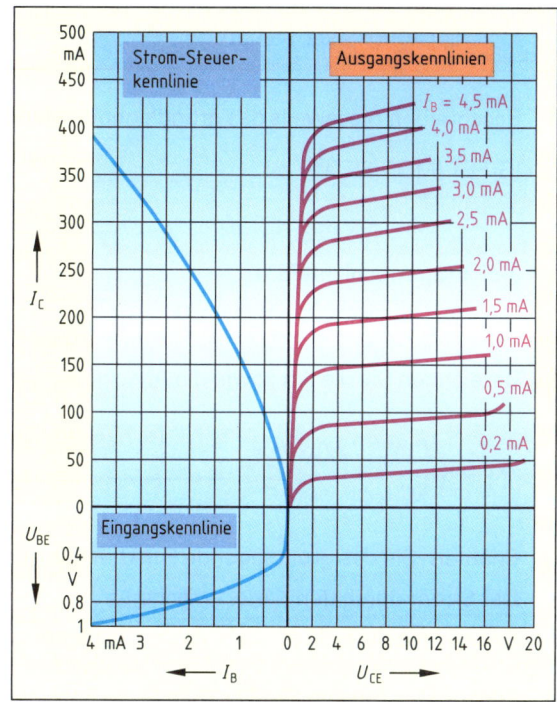

a) I_B: _____ I_C: _____ U_{CE}: _____

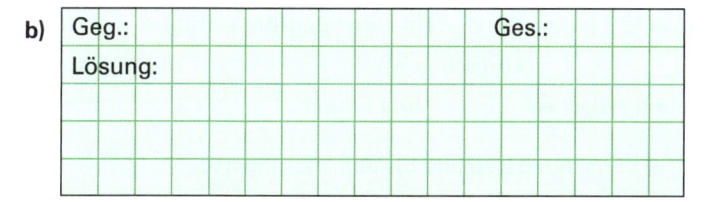

b) Geg.:   Ges.:
   Lösung:

Bild 2: Kennlinienfeld eines Transistors

9. Ergänzen Sie die Funktionsbeschreibungen zu verschiedenen Einsatzgebieten von Transistorschaltungen (**Bild 3 a, b** und **c**).

a) **Transistor zur Anpassung von Spannung**

Bei einer Spannung von 5 V am Eingang der Schaltung fließt ein Basisstrom → Es fließt ein großer

_____ → Der Transistor _____ durch

→ Die Spannung zwischen _____ geht im voll durchgeschalteten Zustand gegen 0 V

Bei 0 V am Eingang fließt kein _____

→ Der Transistor sperrt

→ Die Spannung zwischen C und E beträgt ca. _____

b) **Transistor zum Schalten eines Schütz**

Eine Steuerspannung erzeugt einen kleinen

_____ → Es fließt ein großer _____

zum _____ des Schütz → Der Schütz schaltet einen sehr großen Strom für den Motor

c) **Transistor zur Verstärkung eines Analogsignals**

Eine kleine Wechselspannung am Eingang der Schaltung erzeugt einen kleinen _____ durch die Basis des Transistors → Es fließt ein großer Wechselstrom durch den Lastwiderstand R_C über den Kollektor zum _____ → Am Lastwiderstand R_C fällt eine große _____ → Die verstärkte Wechselspannung wird am _____ gegen Masse abgegriffen

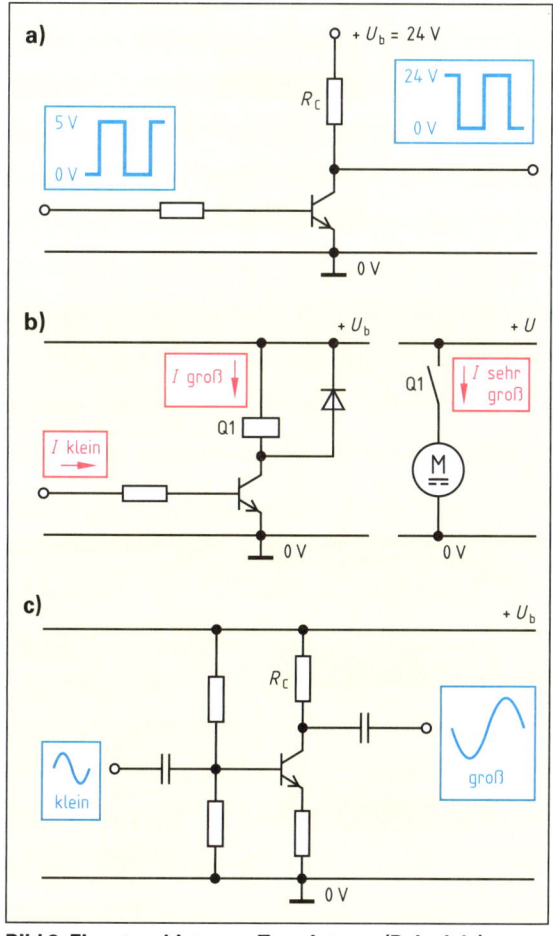

Bild 3: Einsatzgebiete von Transistoren (Beispiele)

Elektronik
Feldeffekttransistor (1)

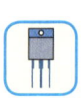

Blatt-Nr.: 9.7

Feldeffekttransistoren (**Bild 1**) werden in der Energietechnik häufig als Schalttransistoren, z.B. in Netzteilen, oder in der Übertragungstechnik, z.B. in Signal-Verstärkern, verwendet. Sie werden auch als unipolare Transistoren bezeichnet, weil im Arbeitsstromkreis nur eine Art von Ladungsträgern, z.B. n-Ladungsträger, verwendet wird. Im Vergleich zu bipolaren Transistoren wird kein Steuerstrom benötigt, man spricht auch von leistungsloser Steuerung.

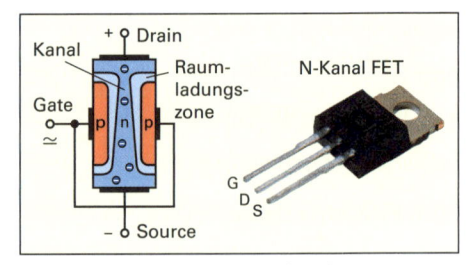

Bild 1: Feldeffekttransistor (FET)

1. Beschreiben Sie jeweils das grundlegende Merkmal der beiden Arten von Feldeffekttransistoren.

IG-FET (MOS-FET): _____

J-FET (Sperrschicht-FET): _____

2. Bezeichnen Sie die Art sowie die Anschlüsse Drain, Source und Gate der Feldeffekttransistoren.

N-Kanal   G   IG-FET

3. Erläutern Sie das grundlegende Funktionsprinzip eines FET indem Sie die fehlenden Begriffe einfügen.

Der Strom durch den Kanal zwischen _____ und _____ wird durch ein _____ Feld gesteuert.

Das elektrische Feld entsteht durch die Steuerspannung zwischen _____ und Source.

4. Erklären Sie bei den IG-FETs (**Bild 2**) die Bezeichnung **a)** Verarmungstyp und **b)** Anreicherungstyp.

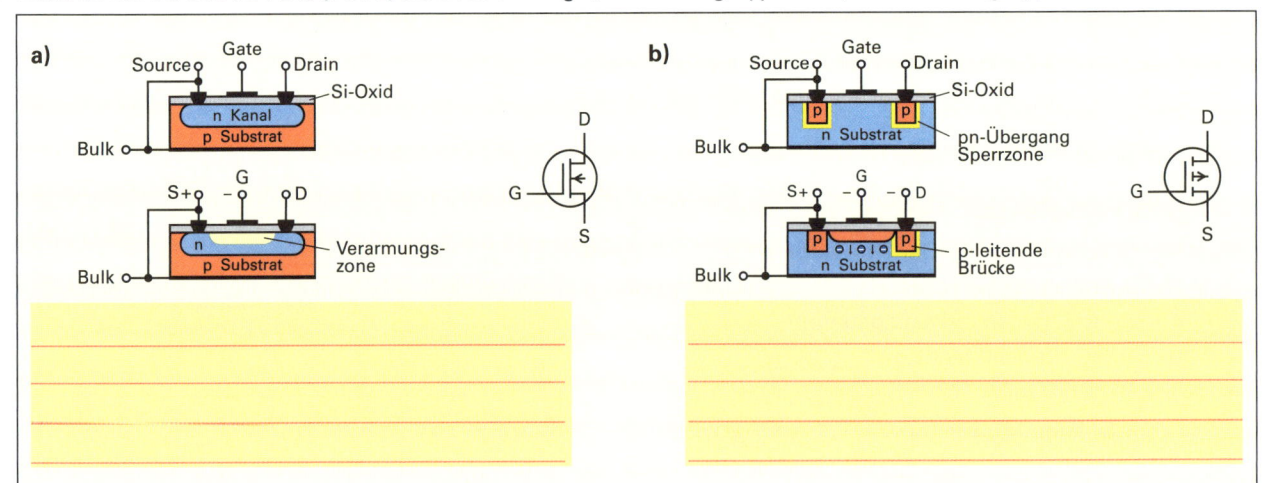

Bild 2: Isolierschicht-Feldeffekttransistoren (IG-FETs)

5. Ergänzen Sie die fehlenden Bezeichnungen in der **Tabelle** mit der Übersicht der Feldeffekttransistoren.

Tabelle: Feldeffekttransistoren			
Halbleiterelement	**Kanal-Typ**	**Ladungsträger**	**Schaltzeichen**
J-FET / Sperrschicht FET	N-Kanal	Verarmung	
	P-Kanal	Verarmung	
IG-FET / MOS-FET			

Elektronik, Feldeffekttransistor (2)

6. Formulieren Sie aus den Kennlinien (**Bild 1**) den Zusammenhang zwischen Größe und Polarität der Steuerspannung und dem dadurch entstehenden Drainstrom.

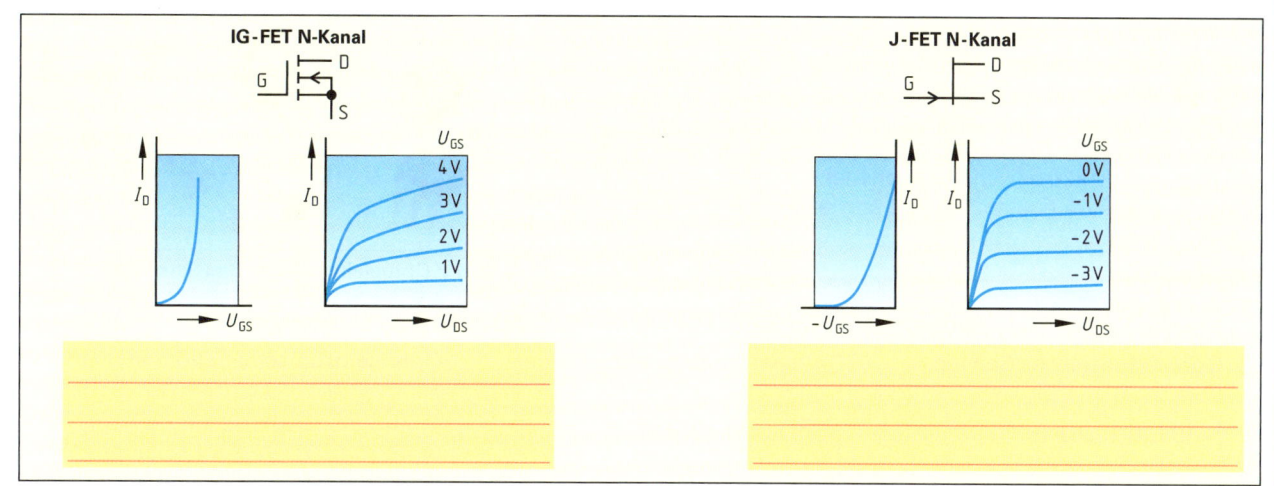

Bild 1: Kennlinien von Feldeffekttransistoren

7. Ergänzen Sie in **Bild 2** die Spannungspfeile für U_{GS} und U_{DS} sowie den Strompfeil für I_D der Schaltungen zur Erzeugung der Gate-Source-Vorspannung für einen FET.

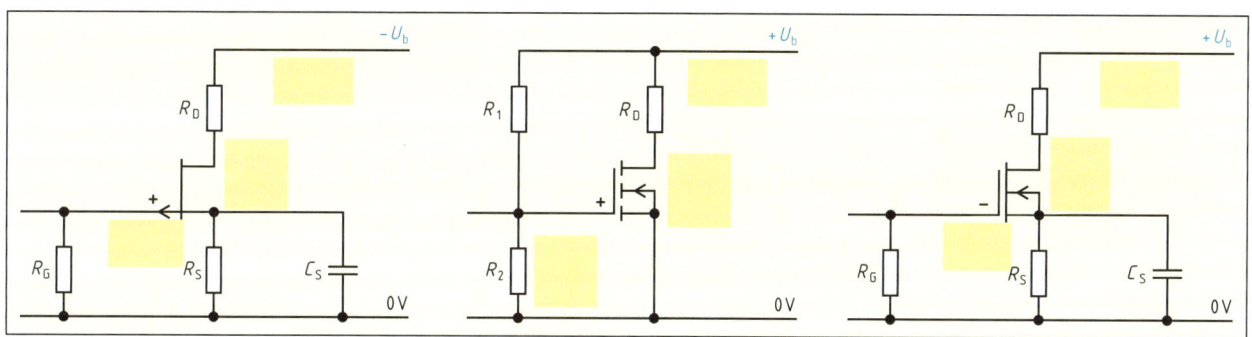

Bild 2: Erzeugen der Gate-Source-Vorspannung

8. a) Ergänzen Sie im **Bild 3** eine Periode der Ausgangsspannung $U_{2\sim}$ eines NF-Verstärkers mit J-FET (**Bild 4**) und
b) berechnen Sie die Spannungsverstärkung. Ermitteln Sie die dazu notwendigen Werte aus dem Schaltbild und den angegebenen Kennlinien (**Bild 3**).

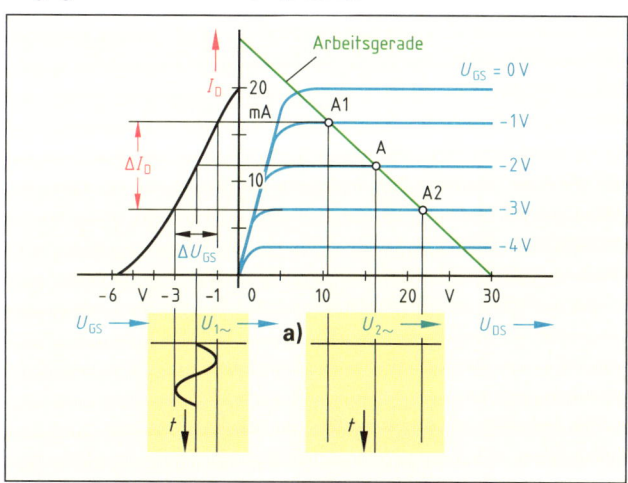

Bild 4: NF-Verstärker mit J-FET

b)
$S = $

$V_U = $

Bild 3: Übertragungs-Kennlinie NF-Verstärker

9. IG-FET, z. B. auf einer Leiterplatte, sind empfindlich gegenüber elektrostatischen Entladungen, auch Electrostatic Discharge oder kurz ESD genannt. Erklären Sie, **a)** wodurch diese Gefahr entsteht und **b)** welche Schutzmaßnahmen ergriffen werden können. Ergänzen Sie dazu folgenden Text.

a) IG-FET haben einen sehr hohen _____. Dadurch erzeugen elektrostatische Entladungen sehr hohe _____ am Eingang.

b) Verhindern von _____, z. B. durch leitfähigen Fußboden, ESD-Arbeitsplatz oder ESD-Schutzverpackung. Verhindern von hohen _____ bei der _____, z. B. durch einen Kurzschlussbügel für die Anschlüsse des FET.

Elektronik
Optoelektronische Sender und Empfänger (1)

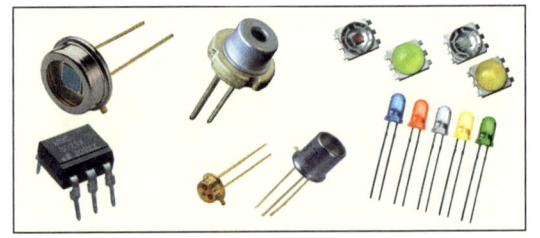

Blatt-Nr.: 9.9

Optoelektronische Bauelemente (Bild 1) können in optoelektronische Sender, z.B. Leuchtdioden, und optoelektronische Empfänger, z.B. Fotodioden, eingeteilt werden. Zur Planung und Reparatur von Schaltungen mit optoelektronischen Bauelementen benötigt man Kenntnisse zur Funktionsweise sowie deren Kenn- und Grenzwerte.

Bild 1: Optoelektronische Bauelemente

1. Nennen Sie Beispiele für optoelektronische Bauelemente in den verschiedenen Einteilungen.

   Optoelektronische Sender
   - Leuchtdiode
   - _____
   - _____

   Optoelektronische Empfänger
   - Fotowiderstand
   - _____
   - _____

   Optoelektronische Sender und Empfänger
   - _____

2. Geben Sie die Anschlussbezeichnungen des Schaltzeichens für eine LED an.

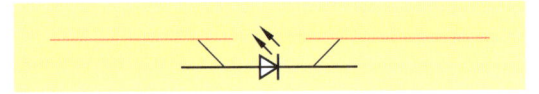

3. Ergänzen Sie in der **Tabelle** die fehlenden Angaben zu den Halbleiterwerkstoffen für optoelektronische Sender.

Tabelle: Halbleiterwerkstoffe für optoelektronische Sender			
Werkstoff mit Dotierung	**Farbe, Bereich**	**Wellenlänge in nm**	**Spannung U_F**
GaAsSi		930	1,2 V
GaAsP	rot	655	
GaAsPN	orange		1,6 V
GaAsPN		590	1,8 V
GaPN	grün	555	
InGaN		465	

4. Zeichnen Sie nach der Kennlinie $I_F = f(U_F)$ **(Bild 2 a)** die entsprechende Kennlinie im linearen Maßstab **(Bild 2 b)**. Berechnen Sie die Größe des Vorwiderstands R_V für einen Betrieb an U_b = 11 V und einen Durchlassstrom I_F = 80 mA. Für welche Leistung muss der Vorwiderstand dimensioniert sein? Wählen Sie zu den berechneten Werten einen passenden Widerstand aus.

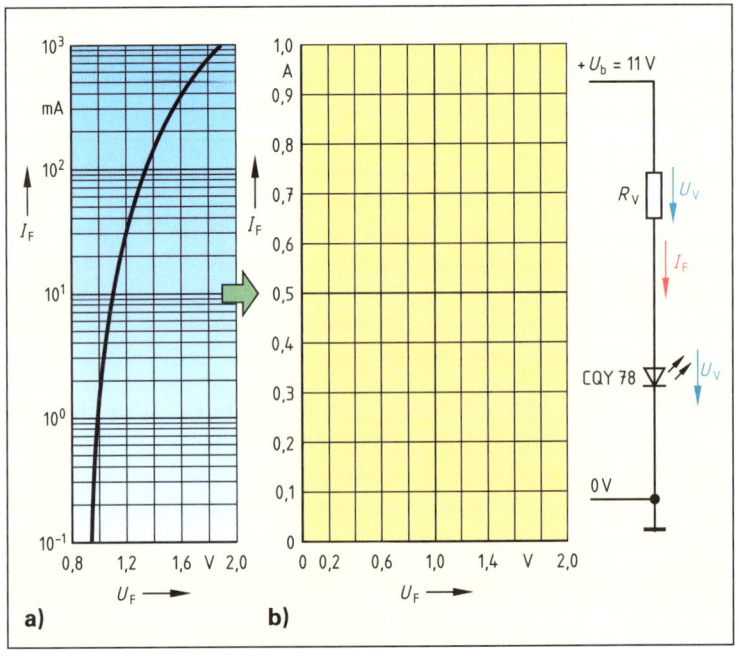

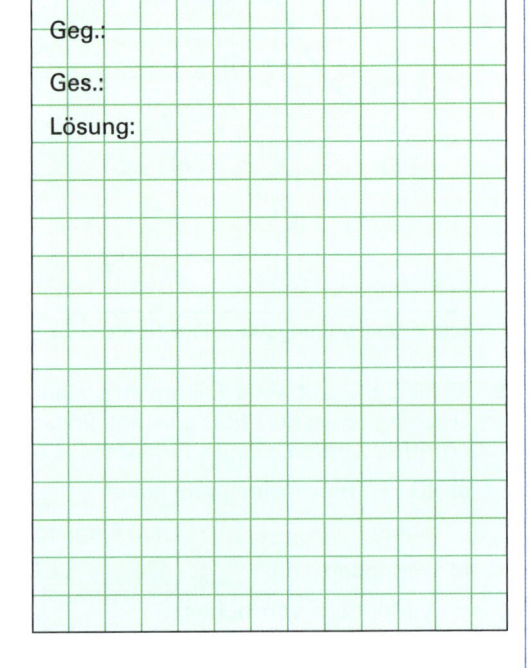

Geg.:

Ges.:

Lösung:

Bild 2: Kennlinien $I_F = f(U_F)$ für Leuchtdiode CQY78

Blatt-Nr.: 9.10 — Elektronik, **Optoelektronische Sender und Empfänger (2)**

5. Ergänzen Sie in der **Tabelle** die Benennungen der optoelektronischen Empfänger. Beschreiben Sie ihre Eigenschaften und nennen Sie je ein Anwendungsbeispiel.

Tabelle: Optoelektronische Empfänger		
Benennung	**Schaltzeichen**	**Eigenschaften und Anwendung**
Fotowiderstand	(Symbol Fotowiderstand)	Leitfähigkeit wird mit zunehmender Beleuchtungsstärke größer; für Gleich- und Wechselstrom geeignet. Anwendung z. B. als Lichtsensor in Dämmerungsschaltern.
	(Symbol Fotodiode)	
	(Symbol Fotodiode in Sperrrichtung)	
	(Symbol Fototransistor)	
	(Symbol Solarzelle)	

6. Ermitteln Sie aus dem Kennlinienfeld in **Bild 1** die Spannung U_{B1} am Fotowiderstand bei einer Beleuchtungsstärke von **a)** 500 lx und **b)** 100 lx.

 a) $U_{B1\ 500\ lx}$ = _____

 b) $U_{B1\ 100\ lx}$ = _____

7. Ergänzen Sie die Wirkungskette für die Funktionsweise des Dämmerungsschalters **(Bild 2)**
 a) bei hoher und
 b) bei geringer Beleuchtung.

 a) **Hohe Beleuchtung:**

 Beleuchtungsstärke wird größer

 → Widerstand von B1 _____

 → Spannung U_{BE} an der Basis des Schalttransistors K1
   <u>wird kleiner</u>

 → Transistor _____

 → Leuchte E1 ist _____

 b) **Geringe Beleuchtung:**

 Beleuchtungsstärke wird kleiner

 → Widerstand von B1 _____

 → Spannung an der Basis des Schalttransistors K1
   _____

 → Transistor _____

 → Leuchte E1 ist _____

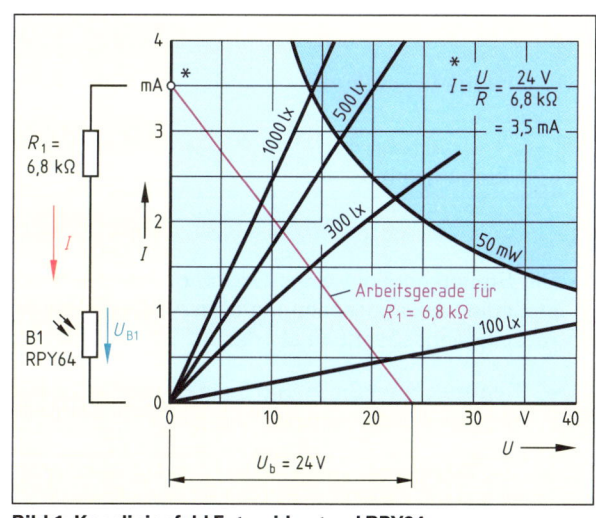

Bild 1: Kennlinienfeld Fotowiderstand RPY64

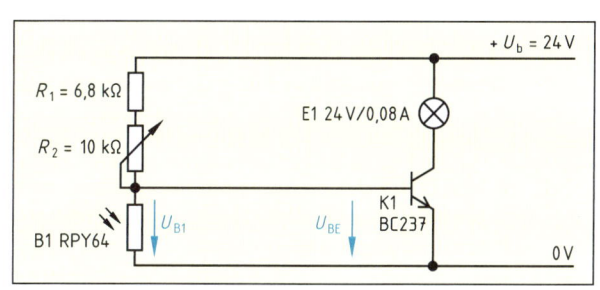

Bild 2: Dämmerungsschalter

Elektronik
Operationsverstärker (1)

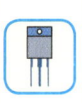

Blatt-Nr.: 9.11

Operationsverstärker (OP) sind mehrstufige Verstärker (**Bild 1**), die als integrierter Schaltkreis (IC) hergestellt werden. Der OP kann in Abhängigkeit von der äußeren Beschaltung nahezu alle Anwendungen übernehmen, die Verstärkerschaltungen enthalten und bisher mit diskreten Bauteilen, z. B. Transistoren, hergestellt wurden. So werden Operationsverstärker in verschiedenen Arten von Analogverstärkern, z. B. auch Kipp-, Filter- oder Oszillatorschaltungen, eingesetzt.

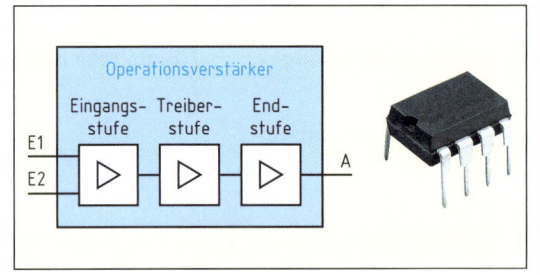

Bild 1: Operationsverstärker

1. Ergänzen Sie in **Bild 2** die fehlenden Anschlüsse für die Spannungsversorgung und geben Sie die Spannungspfeile mit Beschriftung an den Eingängen und am Ausgang an.

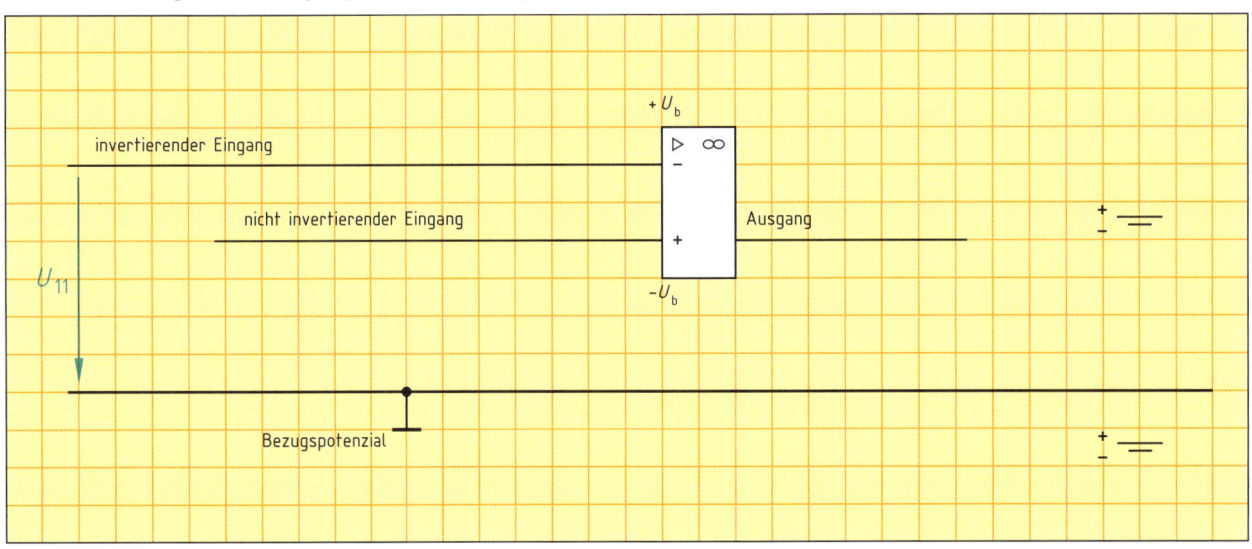

Bild 2: Anschlüsse am Operationsverstärker

2. Vervollständigen Sie die **Tabelle** mit typischen Kennwerten für Operationsverstärker.

Tabelle: Kennwerte eines Operationsverstärkers (Beispiel)			
Hohe Verstärkung:	10^3 bis 10^6	Ausgangsstrom:	
Große Eingangsimpedanz:		Kleine Ausgangsimpedanz:	

3. Die Steuerkennlinie eines Operationsverstärkers (**Bild 3**) stellt die Ausgangsspannung U_2 in Abhängigkeit der Differenzeingangsspannung U_{1D} dar.

   a) Kennzeichnen Sie in **Bild 3** die Bereiche der Aussteuerung und der Übersteuerung.

   b) Die Differenzeingangsspannung U_{1D} beträgt –0,1 mV. Welche Ausgangsspannung U_2 stellt sich ein?

   c) Die Ausgangsspannung U_2 soll +10 V betragen. Welche Differenzeingangsspannung U_{1D} ist notwendig?

   d) Welche Differenzeingangsspannung U_{1D} ist mindestens notwendig, damit der Operationsverstärker in den Übersteuerungsbereich kommt?

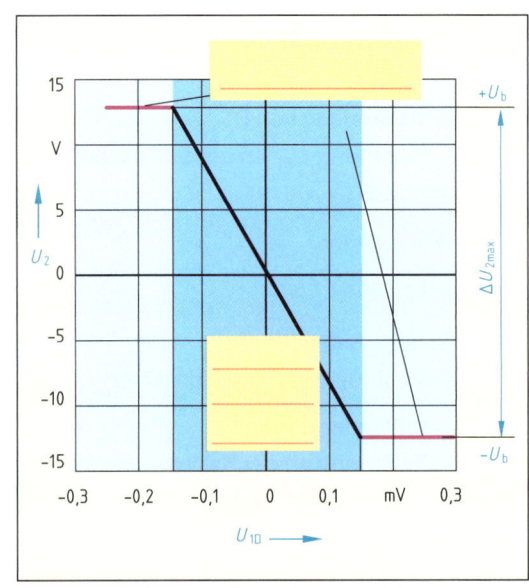

Bild 3: Kennlinie eines Operationsverstärkers

Blatt-Nr.: 9.12 — Elektronik, Operationsverstärker (2)

4. Warum ist bei vielen Operationsverstärkern **a)** ein Nullspannungsabgleich und **b)** eine Frequenzkompensation erforderlich?

a) _____

b) _____

5. Bezeichnen Sie in **Tabelle 1** die invertierende und die nichtinvertierende Verstärkerschaltung und geben Sie die jeweilige Formel für den Verstärkungsfaktor V an.

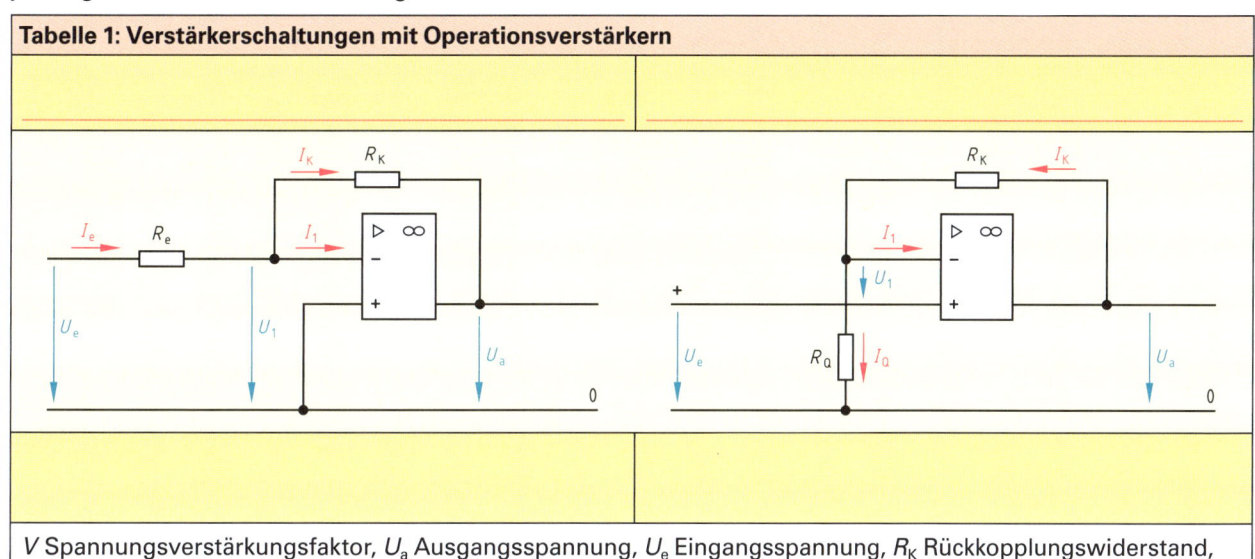

Tabelle 1: Verstärkerschaltungen mit Operationsverstärkern

V Spannungsverstärkungsfaktor, U_a Ausgangsspannung, U_e Eingangsspannung, R_K Rückkopplungswiderstand, R_e Eingangswiderstand, R_Q Eingangsquerwiderstand

6. Nennen Sie zu der Schaltung im **Bild a)** den Spannungsverstärkungsfaktor V, **b)** die Bezeichnungen für die Schaltung und **c)** ein Anwendungsbeispiel.

a) _____

b) _____

c) _____

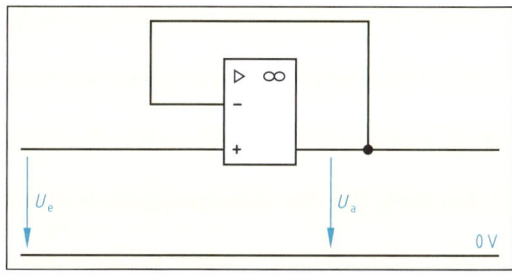

Bild: Impedanzwandler

7. Geben Sie zu den Anwendungen (**Tabelle 2**) die jeweils notwendige Schaltung des OP an.

Tabelle 2: Anwendung und dazu notwendige Schaltungen von Operationsverstärkern (Beispiele)	
Anwendung	**Schaltung**
Verstärken von Analogsignalen mit einer Phasendrehung	
Verstärken und addieren mehrerer Eingangsspannungen	
Verstärken der Differenz zweier Eingangsspannungen	
Erzeugen einer Rechteckspannung	
Vergleichen von zwei Eingangsspannungen	

Elektronik
Schaltalgebra (1)

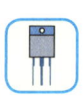

Blatt-Nr.: 9.13

> Binäre Verknüpfungen der Digitaltechnik können auch mathematisch beschrieben werden. Dadurch lassen sich die benötigten Funktionen mathematisch minimieren und Digitalschaltkreise **(Bild 1)** einsparen. Man kann auch bestimmte Grundverknüpfungen durch andere Verknüpfungen ersetzen, um nur mit einer Art von Binärelementen, z. B. NAND, auszukommen und dadurch den Schaltungsaufbau zu vereinfachen.

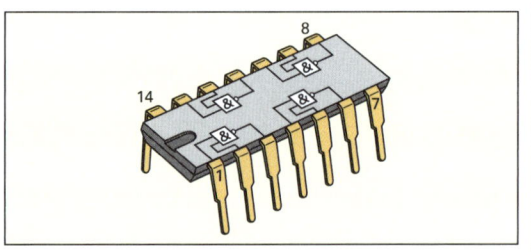

Bild 1: Digitalschaltkreis mit 4 NAND-Verknüpfungen

1. Tragen Sie in die **Tabelle 1** die Schreibweise für die üblichen Zeichen der Schaltalgebra ein. Ergänzen Sie die Ausgangswerte der schaltalgebraischen Grundfunktionen **(Tabelle 2)**.

Tabelle 1: Schaltalgebraische Funktionen

Zeichen	Benennung	Sprechweise	Schreibweise
$\overline{}$	Negation	A nicht	$\overline{A}$
$\vee$	ODER	A oder B	$A \vee B$
$\wedge$	UND	A und B	$A \wedge B$
$\overline{\vee}$	NOR	A oder B, nicht	$\overline{A \vee B}$
$\overline{\wedge}$	NAND	A und B, nicht	$\overline{A \wedge B}$

Tabelle 2: Schaltalgebraische Grundfunktionen

A	$\overline{A}$	A	B	$A \vee B$	A	B	$A \wedge B$
0	1	0	0	0	0	0	0
0	1	0	1	1	0	1	0
1	0	1	0	1	1	0	0
1	0	1	1	1	1	1	1

2. Ergänzen Sie die Schaltung der Binärelemente zur Wechselschaltung **(Bild 2)**. Ermitteln Sie die Schaltfunktion zu P1 und vervollständigen Sie die **Tabelle 3**.

P1 = $(\overline{A} \wedge B) \vee (A \wedge \overline{B})$

Tabelle 3: Wahrheitstabelle, Wechselschaltung

A	B	$\overline{A}$	$\overline{B}$	$(\overline{A} \wedge B) \vee (A \wedge \overline{B})$
0	0	1	1	0
0	1	1	0	1
1	0	0	1	1
1	1	0	0	0

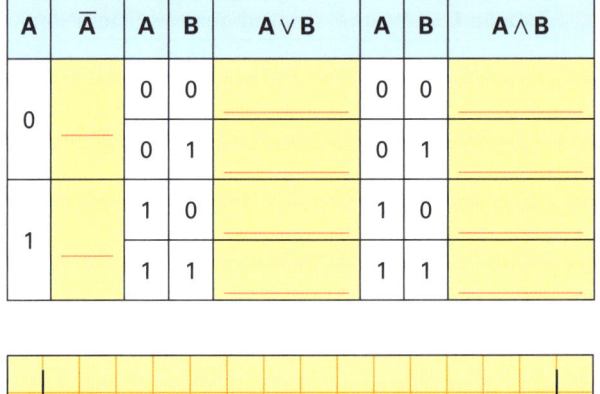

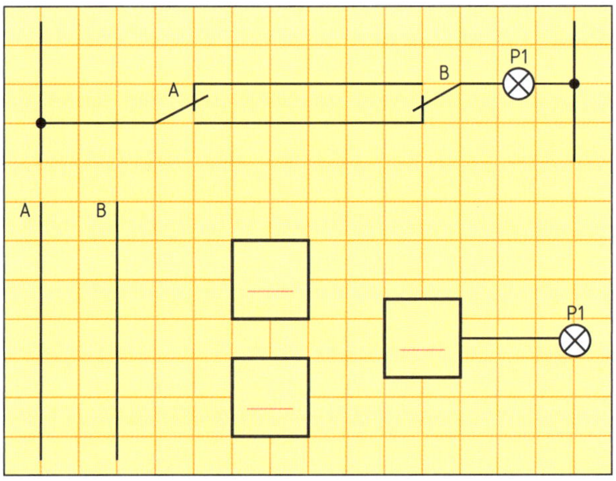

Bild 2: Wechselschaltung

3. Ermitteln Sie die Schaltfunktionen Q1, Q2, Q3 für die Schützspulen der Schützschaltung **(Bild 3)**, abhängig von den Schaltern S1, S2 und S3. Ergänzen Sie die zugehörige **Tabelle 4**.

Q1: $S1 \wedge \overline{Q2}$
Q2: $S2 \wedge \overline{Q1}$
Q3: $Q1 \wedge S3 \wedge Q2$

Tabelle 4: Wahrheitstabelle, Schützschaltung

S1	S2	S3	Q1	Q2	Q3
0	0	0	0	0	0
0	0	1	0	0	0
0	1	0	0	1	0
0	1	1	0	1	0
1	0	0	1	0	0
1	0	1	1	0	0
1	1	0	1	1	0
1	1	1	1	1	1

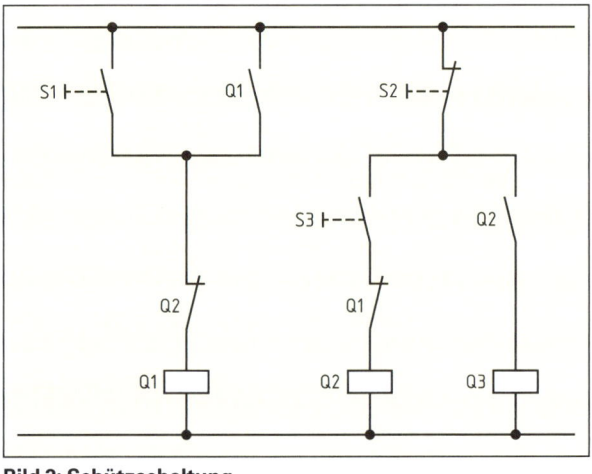

Bild 3: Schützschaltung

Blatt-Nr.: 9.14   Elektronik, **Schaltalgebra (2)**

3. Ergänzen Sie **Tabelle 1**.

Tabelle 1: Wahrheitstabelle, Ableitung der Regeln von de Morgan									
A	$\overline{A}$	B	$\overline{B}$	A∨B	A∧B	$\overline{(A \wedge B)}$	$\overline{(A \vee B)}$	$\overline{A} \wedge \overline{B}$	$\overline{A} \vee \overline{B}$
0		0							
0		1							
1		0							
1		1							

Welche beiden Gesetzmäßigkeiten gehen aus der Wahrheitstabelle **(Tabelle 1)** hervor?
Hinweis: Gesetze von de Morgan für (A ∨ B) und (A ∧ B)

_____   _____

4. Ergänzen Sie in **Bild 1** die Kontaktschaltung und die Schaltung mit den Binärelementen für einen Addierer zweier Dualzahlen *a* und *b*. Ermitteln Sie in **Tabelle 2** die Ausgangsfunktionen für die Summe *S* und den Übertrag *Ü*.

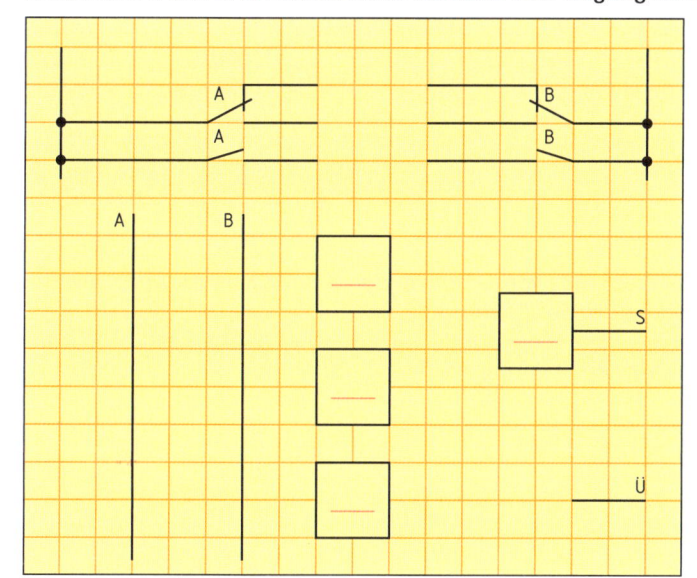

Tabelle 2: Wahrheitstabelle, Addierer zweier Dualzahlen			
A	B	S	Ü
0	0		
0	1		
1	0		
1	1		

Schaltfunktionen für *S* und *Ü*:

S = _____

Ü = _____

Bild 1: Addierer-Schaltung

5. Erstellen Sie mithilfe der folgenden Wahrheitstabelle **(Tabelle 3)** für eine Steuerschaltung
   a) die Schaltfunktion in der disjunktiven Normalform und b) ergänzen Sie die Schaltung mit Binärelementen **(Bild 2)**.

Tabelle 3: Wahrheitstabelle für Steuerschaltung			
A	B	C	X
0	0	0	0
0	0	1	1
0	1	0	0
0	1	1	1
1	0	0	0
1	0	1	1
1	1	0	1
1	1	1	0

a) Schaltfunktion für X:

X = _____

b) **Bild 2: Steuerschaltung**

Elektronik
Grundbegriffe der Digitaltechnik und logische Grundverknüpfungen (1)

Blatt-Nr.: 9.15

> In der Digitaltechnik werden Signale, z. B. Messwerte, als Zahlenwerte interpretiert. Im Vergleich zu einem Analogsignal können dabei nur die Werte erfasst werden, die in dem vorgegebenen Zahlenbereich erfasst werden können. Die einfachste Art der digitalen Signale sind binäre Signale. Sie haben nur zwei Zustände, z. B. Ein und Aus. Digitalsignale lassen sich als Zahlenwerte mit Computern verarbeiten.

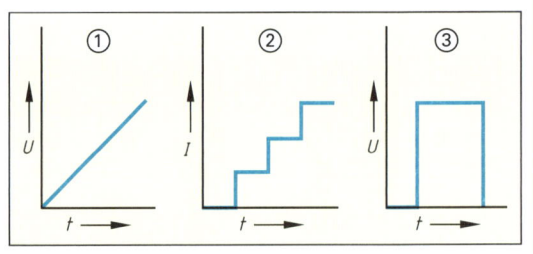

Bild: Signalarten

1. Benennen Sie die verschiedenen Signalarten mit den zugehörigen Nummern aus dem **Bild** und erklären Sie die Begriffe.

   _____ Analogsignal: _____

   _____ Digitalsignal: _____

   _____ Binärsignal: _____

2. Binärsignale können logisch verknüpft werden. Aus einem Satz von Grundverknüpfungen können weitere Verknüpfungen durch Kombination hergestellt werden. Ergänzen Sie die Übersicht.

Logische Verknüpfungen

Grundverknüpfungen
- _____
- _____
- _____

_____
- _____
- _____

3. Ergänzen Sie die Beispiele für logische Verknüpfungen in der **Tabelle**.

Tabelle: Symbole, Schaltfunktion und Wahrheitstabelle von logischen Verknüpfungen (Beispiele)

Symbol	Bedingung für Signalzustand 1 am Ausgang	Wahrheitstabelle		
NAND		B	A	X
		0	0	
		0	1	
		1	0	
		1	1	
NOR		B	A	X
		0	0	
		0	1	
		1	0	
		1	1	

Blatt-Nr.: 9.16 — Elektronik, **Grundbegriffe der Digitaltechnik und logische Grundverknüpfungen (2)**

4. Ergänzen Sie zu der Digitalschaltung (**Bild**) **a)** die Wahrheitstabelle und **b)** das Zeitablaufdiagramm.

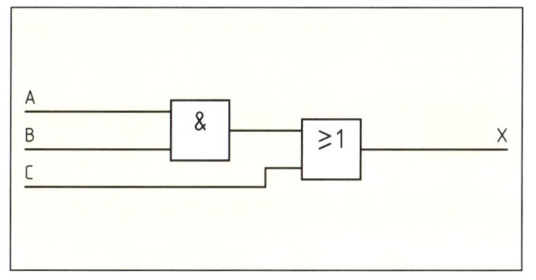

Bild: Digitalschaltung

a) Wahrheitstabelle

C	B	A	X	C	B	A	X
0	0	0	0	1	0	0	1
0	0	1	0	1	0	1	1
0	1	0	0	1	1	0	1
0	1	1	1	1	1	1	1

b) Zeitablaufdiagramm

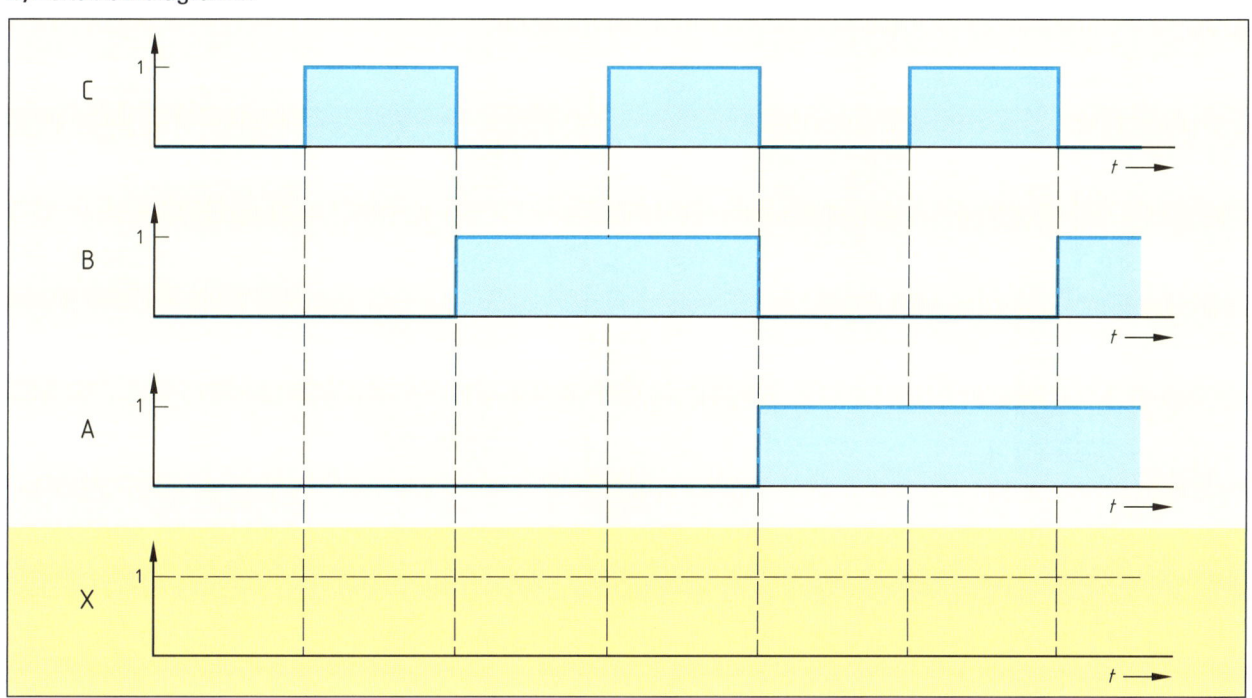

5. Ein Schütz für einen Motor soll anziehen, wenn die Taster S1 und S2 betätigt sind.
  a) Zeichnen Sie den Stromlaufplan und
  b) ergänzen Sie daraus die Wahrheitstabelle.
  c) Zeichnen Sie das Symbol für die logische Verknüpfung, die die Aufgabenstellung löst und
  d) geben Sie die Funktionsgleichung dazu an.

a) Stromlaufplan

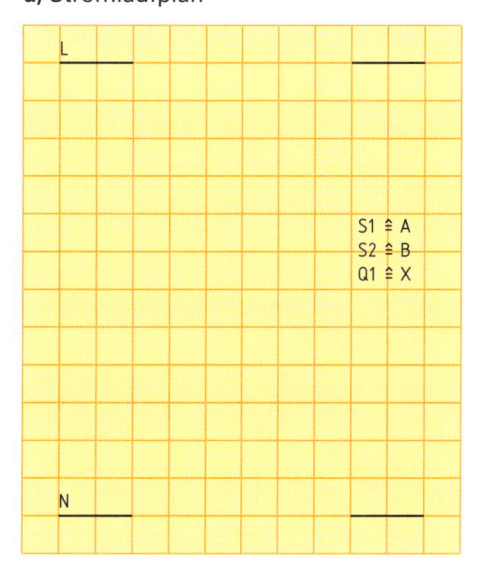

S1 ≙ A
S2 ≙ B
Q1 ≙ X

b) Wahrheitstabelle

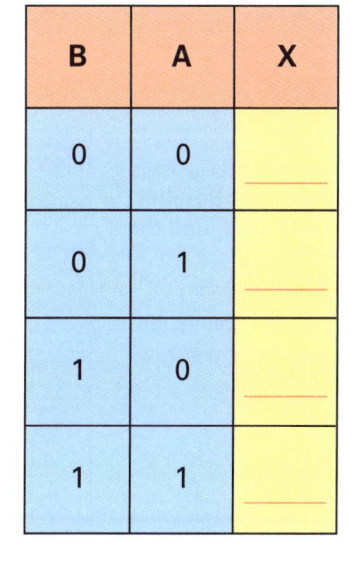

B	A	X
0	0	0
0	1	0
1	0	0
1	1	1

c) Logische Verknüpfung

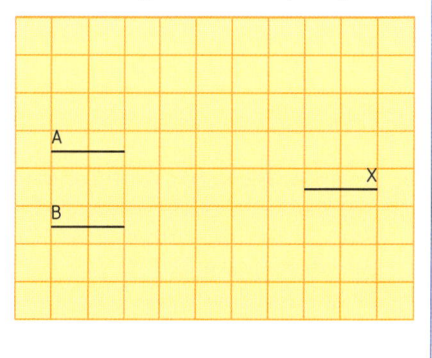

d) Funktionsgleichung

$X = A \wedge B$

Elektronik
Thyristor

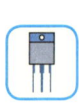

Blatt-Nr.: 9.17

Thyristoren (**Bild 1**) werden in der Leistungselektronik benötigt. Die Leistungselektronik befasst sich mit dem Schalten, Steuern, Umformen und Regeln von elektrischer Energie. Thyristoren werden dabei als kontaktlose Schalter oder gesteuerte Gleichrichter, z.B. in Umrichtern, verwendet. Man unterscheidet P-Gate- und N-Gate-Thyristoren.

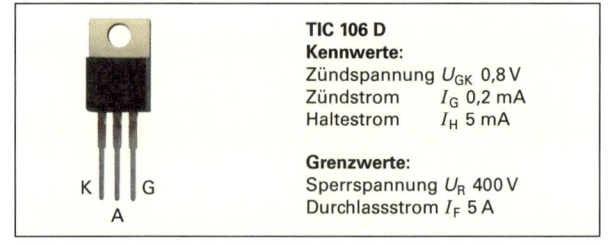

TIC 106 D
Kennwerte:
Zündspannung U_{GK} 0,8 V
Zündstrom I_G 0,2 mA
Haltestrom I_H 5 mA

Grenzwerte:
Sperrspannung U_R 400 V
Durchlassstrom I_F 5 A

Bild 1: Thyristor

1. a) Geben Sie in **Bild 2** die Anschlüsse am Thyristor, an den Halbleiterschichten und an den Schaltzeichen an.
   b) Ordnen Sie den zwei Schaltzeichen die beiden Thyristorarten zu.
   c) Schalten Sie den Thyristor in Vorwärtsrichtung. Tragen Sie dazu die Symbole + und – an die Anschlüsse der Halbleiterschichten ein.

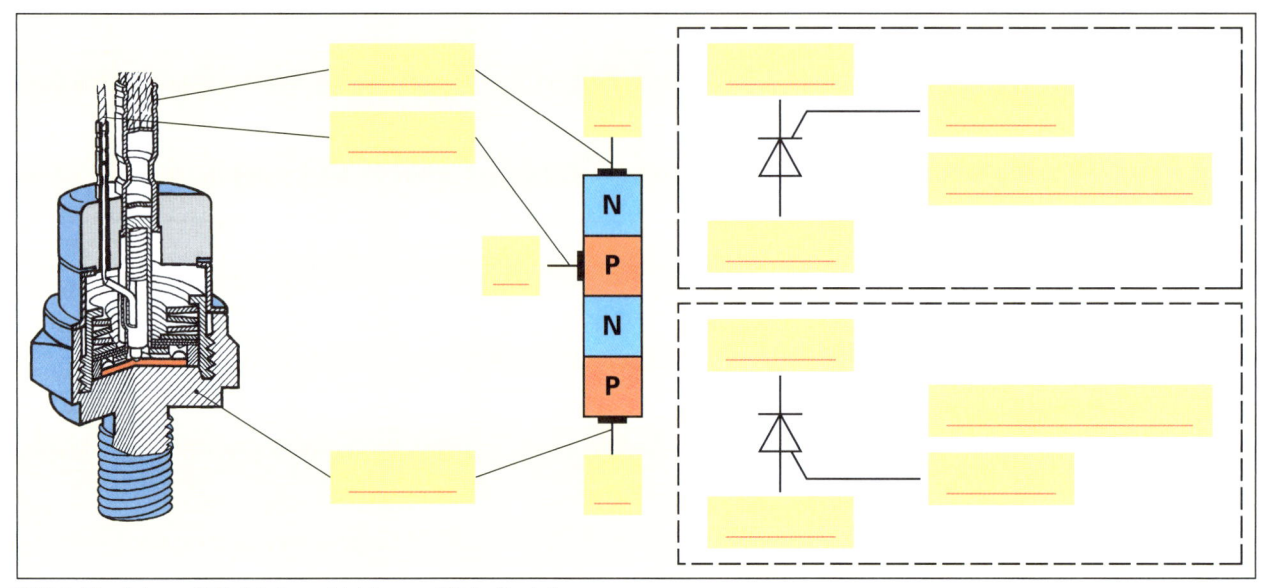

Bild 2: Thyristor mit Halbleiterschichten und Schaltzeichen

2. Beschreiben Sie mithilfe der Kennlinien (**Bild 3**), a) wie der Thyristor in Vorwärtsrichtung durchgeschaltet wird und b) wie der Thyristor wieder gesperrt wird.

   a) _____

   b) _____

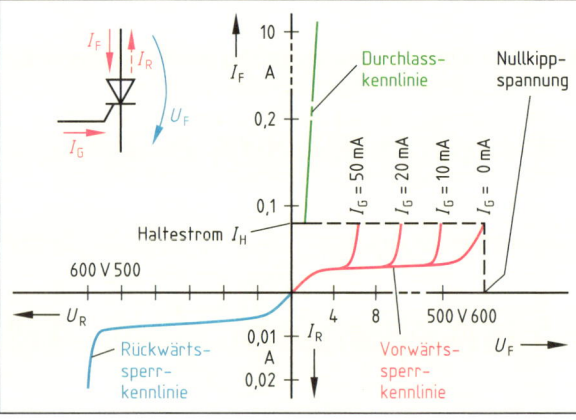

Bild 3: Kennlinien eines Thyristors

3. Ergänzen Sie in **Bild 4** die Kennzeichnung von Steuerkreis und Lastkreis. Zeichnen Sie die Bezugspfeile mit Beschriftung für den Gatestrom I_G, den Durchlassstrom I_F und die Spannung U_{GK} ein.

4. Warum muss der Thyristor beim Betrieb an Wechselspannung bei jeder positiven Halbwelle neu gezündet werden?

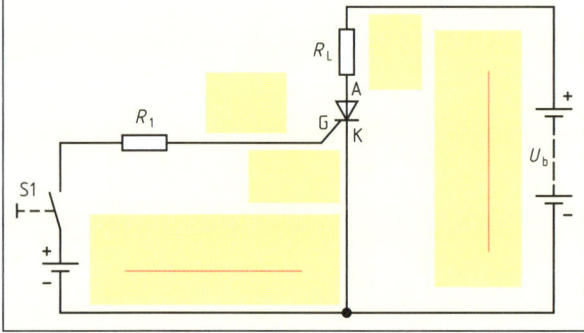

Bild 4: P-Gate-Thyristor an Gleichspannung

Elektronik
Triac und Diac

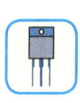

Blatt-Nr.: 9.18

Ein Triac (**Bild 1a**) lässt sich mit Wechselstrom oder mit Gleichstrom in beiden Richtungen zünden. Er ist ein Wechselstromschalter, der im Gegensatz zum Thyristor beide Stromrichtungen schaltet. Der Triac kann somit zum Schalten und Steuern von Wechselspannung, z.B. in einem Dimmer für eine Beleuchtung, verwendet werden. Zum Zünden eines Triacs wird ein kurzzeitiger Stromimpuls benötigt, den man mithilfe eines Diacs (**Bild 1b**) erzeugt.

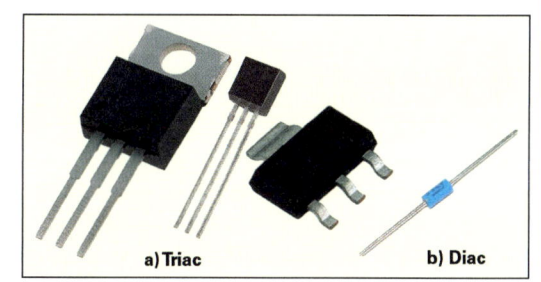

Bild 1: Triac und Diac

1. Kennzeichnen Sie beim Triac-Aufbau (**Bild 2a**) die Bereiche für die N-Schicht. Bezeichnen Sie in der Triac-Ersatzschaltung (**Bild 2b**) den P- und N-Gate-Thyristor sowie die Anschlüsse G, A1 und A2. Beschriften Sie die Anschlüsse am Schaltzeichen (**Bild 2c**).

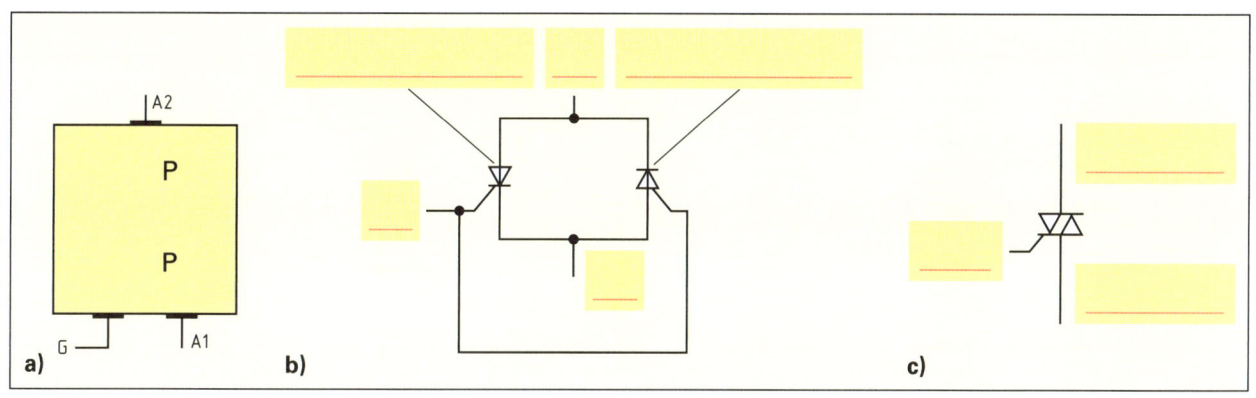

Bild 2: Triac-Aufbau, -Ersatzschaltung und -Schaltzeichen

2. Kennzeichnen Sie in **Bild 3** die Kennlinienbereiche:
   – Vorwärts-Durchlassbereich,
   – Rückwärts-Durchlassbereich,
   – Vorwärts-Sperrbereich und
   – Rückwärts-Sperrbereich

3. Welche Bedeutung haben die verschiedenen Stromangaben in der Kennlinie (**Bild 3**)?
   _____
   _____
   _____
   _____

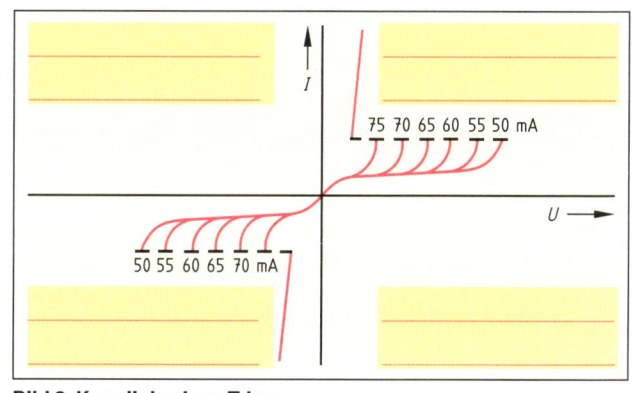

Bild 3: Kennlinie eines Triacs

4. Nennen Sie in der Tabelle die verschiedenen möglichen Polaritäten, um den Triac zu zünden.

Tabelle: Zünden eines Triacs			
Spannung an den Anschlüssen			
A2 nach A1	G nach A1	A2 nach A1	G nach A1
positiv		negativ	
positiv		negativ	

5. Zum Zünden eines Triacs wird ein kurzzeitiger Stromimpuls benötigt. Zur Erzeugung des Stromimpulses, z.B. bei einer Dimmerschaltung, wird ein Diac benötigt. Ein Diac besteht aus drei (**Bild 4a**), vier oder fünf Halbleiterschichten. Beschreiben Sie das elektrische Verhalten des Diacs mithilfe der Kennlinie (**Bild 4c**).
   _____
   _____
   _____
   _____

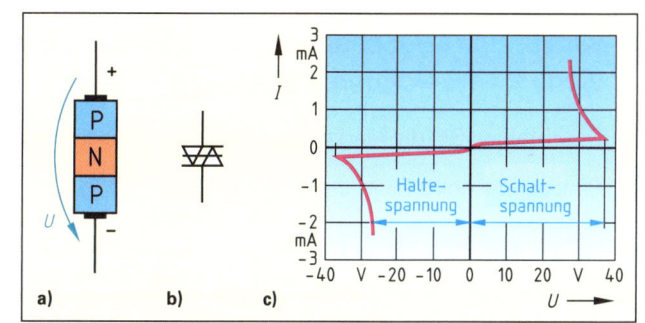

Bild 4: Diac-Aufbau, -Schaltzeichen und -Kennlinie

Elektronik
Phasenanschnittsteuerung (1)

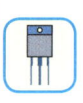

Blatt-Nr.: 9.19

Mit einer Phasenanschnittsteuerung kann der Energiefluss zu einem Wechselstromverbraucher, z. B. einer Lampe, gesteuert werden. Eine Anwendung dafür ist z. B. ein Dimmer **(Bild 1)** zur Helligkeitseinstellung bei einer Beleuchtung. Bei einer Phasenanschnittsteuerung werden die Halbwellen einer Wechselspannung erst ab einem bestimmten Zeitpunkt innerhalb einer Wechselspannungsperiode an den Verbraucher weitergeleitet. Die Halbwellen werden sozusagen angeschnitten. Die Phasenanschnittsteuerung lässt sich mithilfe eines Thyristors oder mit einem Triac, z. B. bei einem Dimmer für eine Beleuchtung, aufbauen.

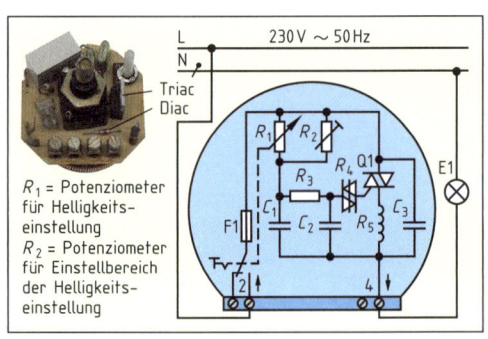

R_1 = Potenziometer für Helligkeitseinstellung
R_2 = Potenziometer für Einstellbereich der Helligkeitseinstellung

Bild 1: Dimmer

1. Ergänzen Sie die Prinzip-Schaltung **(Bild 2)** einer Phasenanschnittsteuerung mit einem **a)** Triac und **b)** Thyristor.

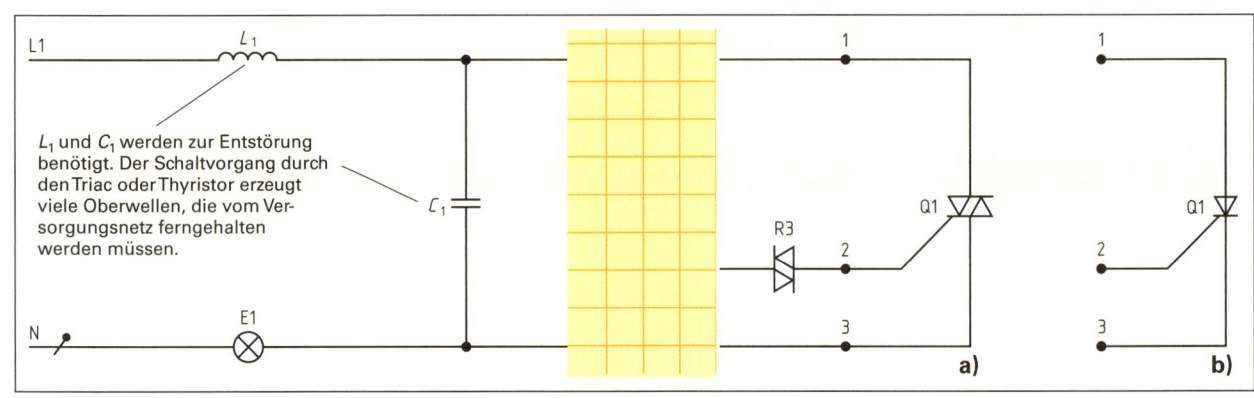

L_1 und C_1 werden zur Entstörung benötigt. Der Schaltvorgang durch den Triac oder Thyristor erzeugt viele Oberwellen, die vom Versorgungsnetz ferngehalten werden müssen.

Bild 2: Phasenanschnittsteuerung mit Triac und Thyristor

2. Vervollständigen Sie die Erklärung zur Erzeugung der Zündimpulse für den Triac Q1 in **Bild 2 a**.

   Über den Widerstand R_1 und R_2 wird der Kondensator C_2 aufgeladen. _____

3. Welche Angabe erfolgt **a)** durch den Zündwinkel α bei der Phasenanschnittsteuerung in **Bild 3** und **b)** wie wirkt sich eine Verkleinerung des Zündwinkels auf den Energiefluss zum Verbraucher aus?

   a) _____

   b) _____

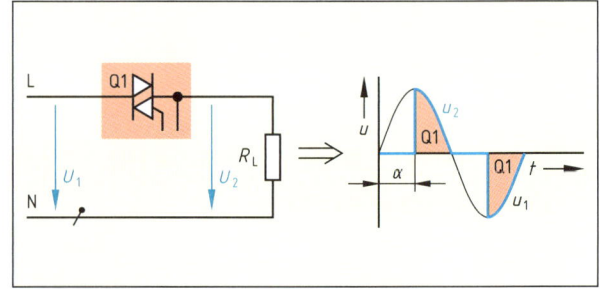

   Bild 3: Phasenanschnittsteuerung mit Triac

4. Wie wird bei der Phasenanschnittsteuerung **(Bild 2)** der Zündwinkel **(Bild 3)** und somit der Energiefluss zum Verbraucher eingestellt? Ergänzen Sie die Wirkungskette.

   Widerstand von R_2 wird kleiner → Ladestrom von C_2 wird _____ → Ladezeit von C_2 wird _____ → Schaltspannung für den Diac wird _____ → Zündwinkel wird _____ → Energiefluss wird _____ .

5. Beschreiben Sie die Merkmale einer Phasenanschnittsteuerung und einer Phasenabschnittsteuerung.

   Phasenanschnittsteuerung: _____

   Phasenabschnittsteuerung: _____

Blatt-Nr.: 9.20 | Elektronik, **Phasenanschnittsteuerung (2)**

6. Eine Phasenanschnittsteuerung (**Bild**) wird einmal mit einem Triac und einmal mit einem Thyristor aufgebaut. Als Last wird jeweils eine Glühlampe verwendet. Die Ansteuerung von Triac und Thyristor erfolgt mit Zündimpulsen. An beiden Schaltungen wird Netzspannung (**Bild a**) angelegt.

a) Ergänzen Sie in Abhängigkeit der Zündspannung (**Bild b**) den Verlauf der Lastspannung für die Schaltung mit dem Thyristor (**Bild c**) und dem Triac (**Bild d**).

b) Beschriften Sie in **Bild d** den Zündwinkel α und den Stromflusswinkel Θ.

c) Welcher Zündwinkel α und Stromflusswinkel Θ ergibt sich aus **Bild d**?

___

d) Berechnen Sie den minimalen Zündwinkel α bei einer Diac-Schaltspannung $U_S = 30$ V und einer Netzspannung $U = 230$ V.

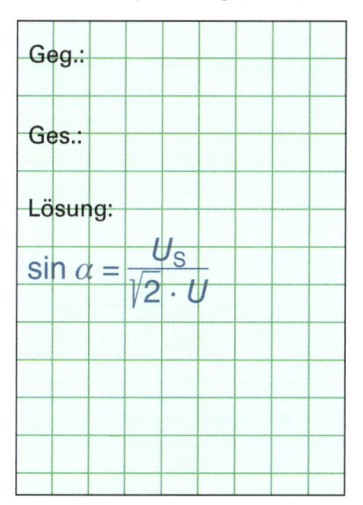

Geg.:

Ges.:

Lösung:

$$\sin \alpha = \frac{U_S}{\sqrt{2} \cdot U}$$

e) Welchen Verlauf und welche Phasenbeziehung hat der Laststrom zur Netzspannung? Begründen Sie Ihre Antwort.

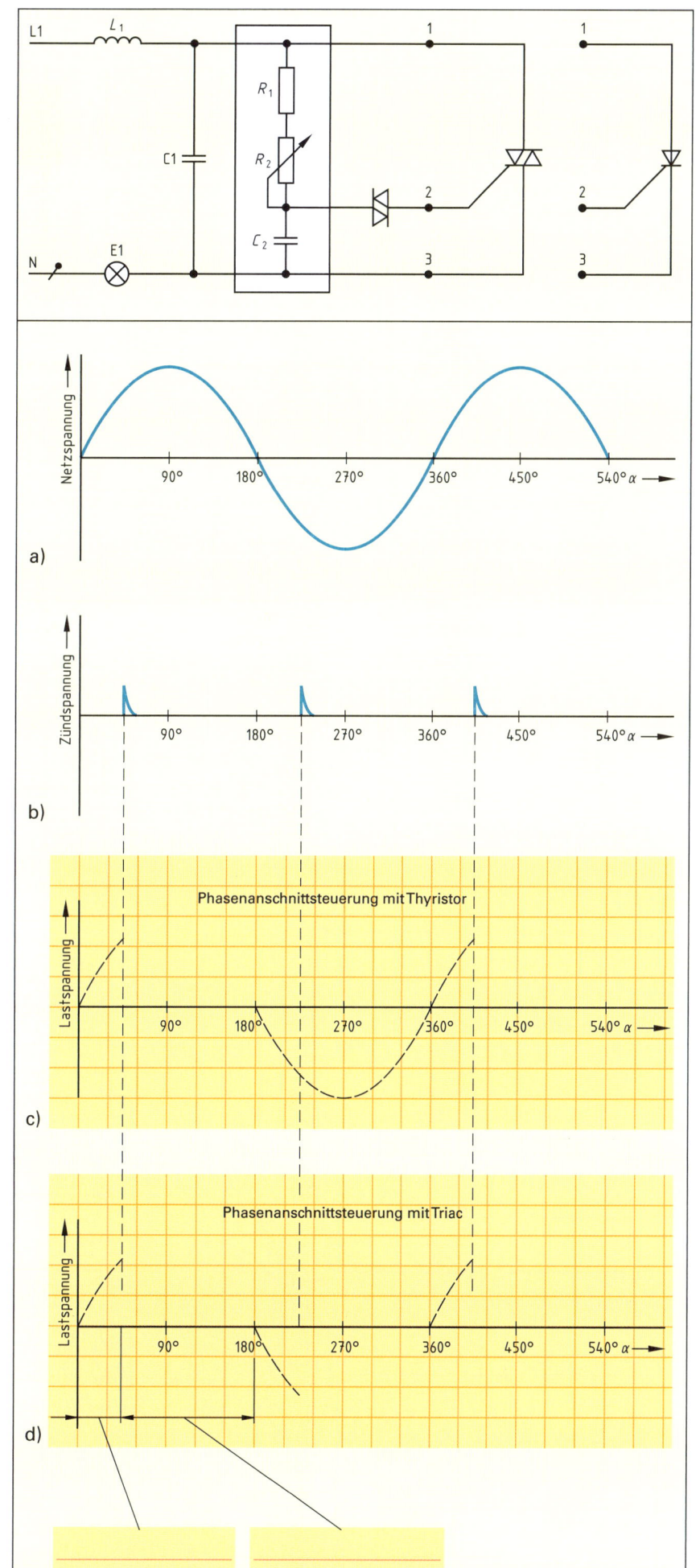

___

Bild: Ströme und Spannungen bei der Phasenanschnittsteuerung

Elektronik
Gleichrichterschaltungen (1)

Blatt-Nr.: 9.21

Gleichrichterschaltungen werden zur Umwandlung von Wechselstrom oder Drehstrom in Gleichstrom benötigt. Die zur Gleichrichtung verwendeten Halbleiterbauelemente nennt man auch Ventile. Bei ungesteuerten Gleichrichtern **(Bild a)** sind dies Dioden, während man bei gesteuerten Gleichrichtern, z. B. Thyristoren **(Bild b)**, verwendet. Bei gesteuerten Gleichrichtern kann man mit einer Steuerspannung die Größe der Gleichspannung am Ausgang der Gleichrichterschaltung bestimmen.

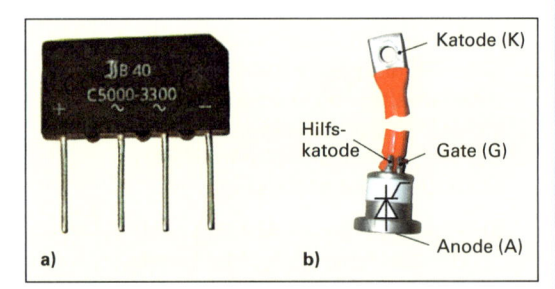

Bild: a) Ungesteuerter und b) gesteuerter Gleichrichter

1. Geben Sie die Bezeichnungen für Gleichrichterschaltungen zu folgenden Kurzzeichen an.

    E1U: _____

    B2U: _____

    B6C: _____

2. Ergänzen Sie in der **Tabelle** die Schaltung, das Kurzzeichen und den Spannungsverlauf an der Last.

Tabelle: Gleichrichterschaltungen		
Schaltung	**Kurzzeichen**	**Spannungsverlauf an der Last**
Einpuls-Einwegschaltung		
Zweipuls-Mittelpunktschaltung		
Zweipuls-Brückenschaltung		
Sechspuls-Brückenschaltung		

Blatt-Nr.: 9.22 | Elektronik, **Gleichrichterschaltungen (2)**

3. Geben Sie die Bedeutung des Aufdrucks auf einem Brückengleichrichter (**Bild 1**) an.

B: _____

40: _____

C: _____

5000: _____

3300: _____

Bild 1: Brückengleichrichter

4. Ergänzen Sie den Schaltplan für ein Netzgerät mit Transformator, Brückengleichrichter und Glättungskondensator.

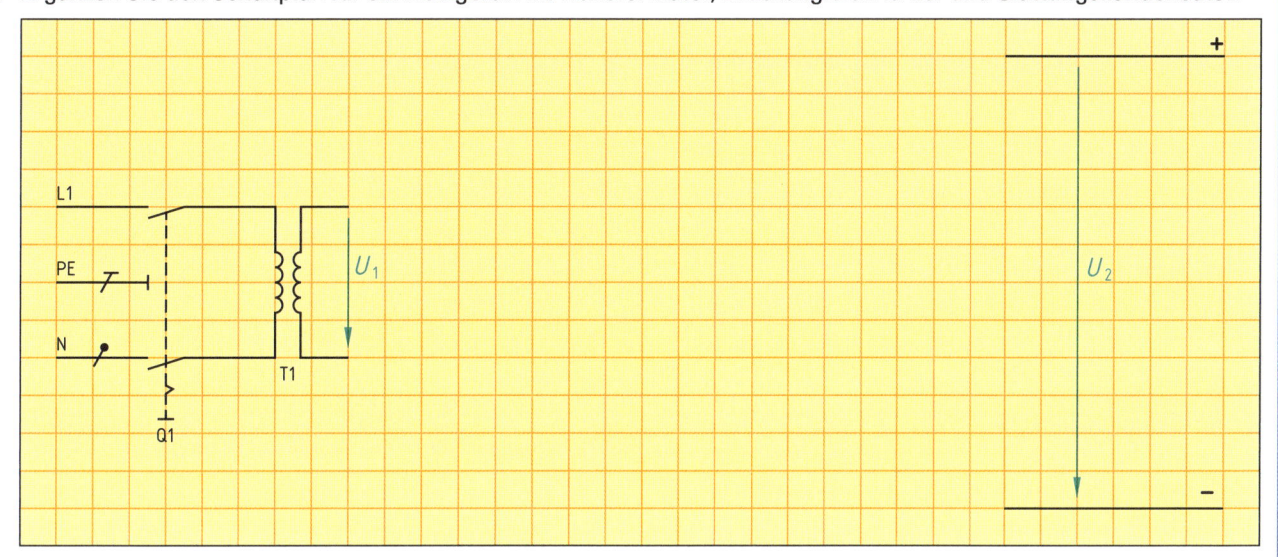

5. Kennzeichnen Sie die Ausgangsspannung (**Bild 2**)
   a) ohne den Glättungskondensator C_1,
   b) mit Glättungskondensator C_1, Last hochohmig,
   c) mit Glättungskondensator C_1, Last niederohmig.

6. Berechnen Sie die Ausgangsspannung im Leerlauf
   a) ohne Kondensator C_1 und
   b) mit Kondensator C_1 bei hochohmiger Last.
   Die Eingangsspannung beträgt $U_1 = 12$ V.
   c) Begründen Sie den Unterschied zwischen den beiden unterschiedlichen Ausgangsspannungen aus a) und b).

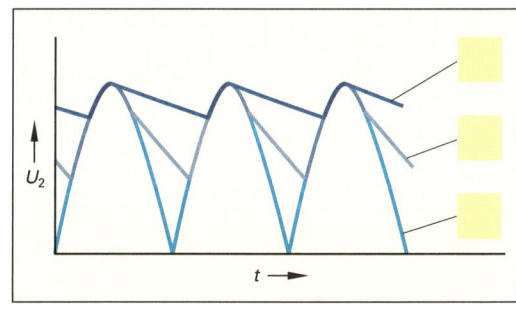

Bild 2: Ausgangsspannung Brückengleichrichter

Geg.:   Ges.:   Lösung: a)
b)

c) _____

_____

_____

7. Nennen Sie drei Möglichkeiten, um die restliche Brummspannung zu vermindern.

- _____
- _____
- _____

125

Elektronik
Gedruckte Schaltungen (1)

Blatt-Nr.: 9.23

> Gedruckte Schaltungen, auch Leiterplatten oder Platinen genannt, sind in vielen elektronischen und elektrischen Geräten vorhanden. Sie dienen als Träger von Bauelementen, z. B. Widerstände und Transistoren, und verbinden diese elektrisch untereinander mithilfe von Leiterbahnen.

1. Ergänzen Sie **Bild 1** und **Bild 2**.

   Herstellverfahren gedruckter Schaltungen (Leiterplatten)

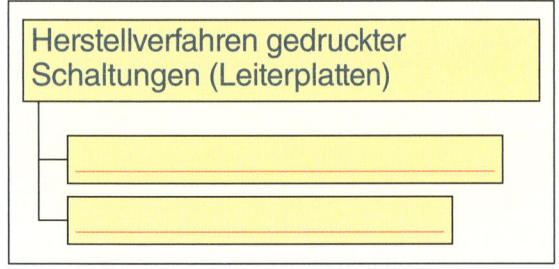

   Bild 1: Herstellverfahren gedruckter Schaltungen

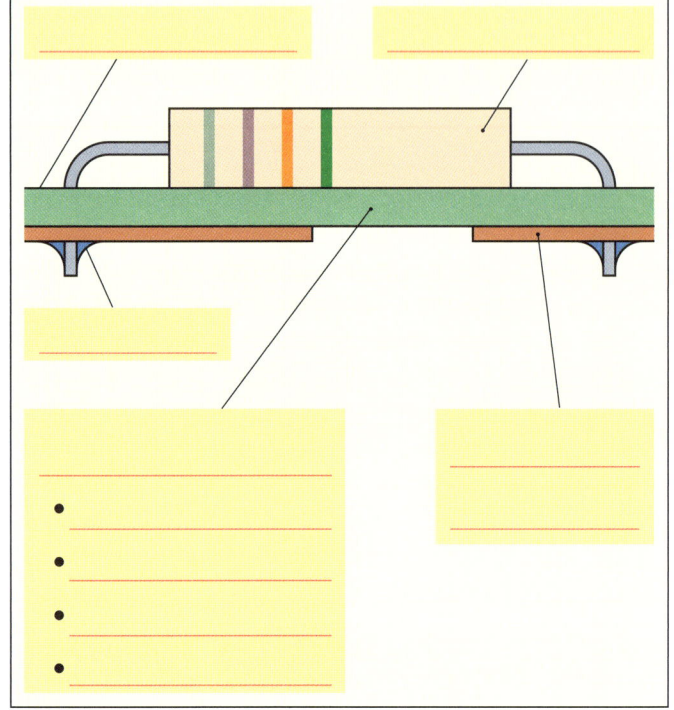

   Bild 2: Querschnitt durch eine bestückte Leiterplatte

2. Ein wichtiger Begriff bei Leiterplatten ist das Basismaterial. Erklären Sie diesen Begriff.

   _____

   _____

   _____

   _____

3. Erklären Sie die Begriffe
   a) Subtraktivtechnik und
   b) Additivtechnik.

   a) _____

   _____

   b) _____

   _____

4. Benennen Sie im **Bild 3** die Leiterplattenarten.

   Leiterbahn — Leiterbahn — Basismaterial

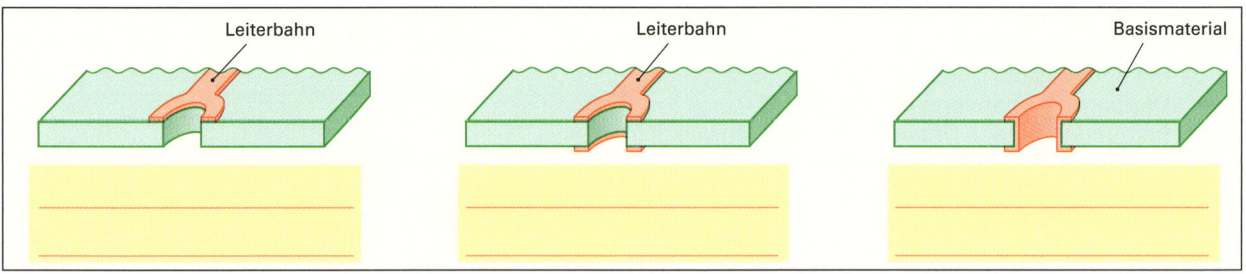

   Bild 3: Arten von Leiterplatten

5. Vervollständigen Sie die **Tabelle**.

Tabelle: Prüfungen bei Leiterplatten	
Optische Prüfungen	**Elektrische Prüfungen**

Blatt-Nr.: 9.24 | Elektronik, **Gedruckte Schaltungen (2)**

> ℹ Durchgangsprüfer verwendet man in der Elektrotechnik um z. B. Leitungsadern, Glühlampen und Sicherungen auf Durchgang oder Unterbrechung zu prüfen.

6. Ergänzen Sie mithilfe des Bestückungsplanes **(Bild 1)** einer gedruckten Schaltung und der Stückliste den Stromlaufplan eines elektronischen Durchgangsprüfers **(Bild 2)**.

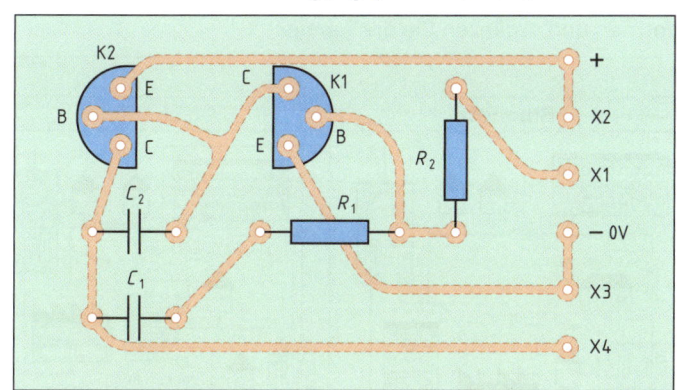

Bild 1: Bestückungsplan

Stückliste:
- K1   NPN-Transistor, z. B. BC237
- K2   PNP-Transistor, z. B. BC250
- R_1 Widerstand 1 kΩ
- R_2 Widerstand 100 kΩ
- C_1 Kondensator 47 nF
- C_2 Kondensator 10 nF
- P1   Lautsprecher 8 Ω/50 mW

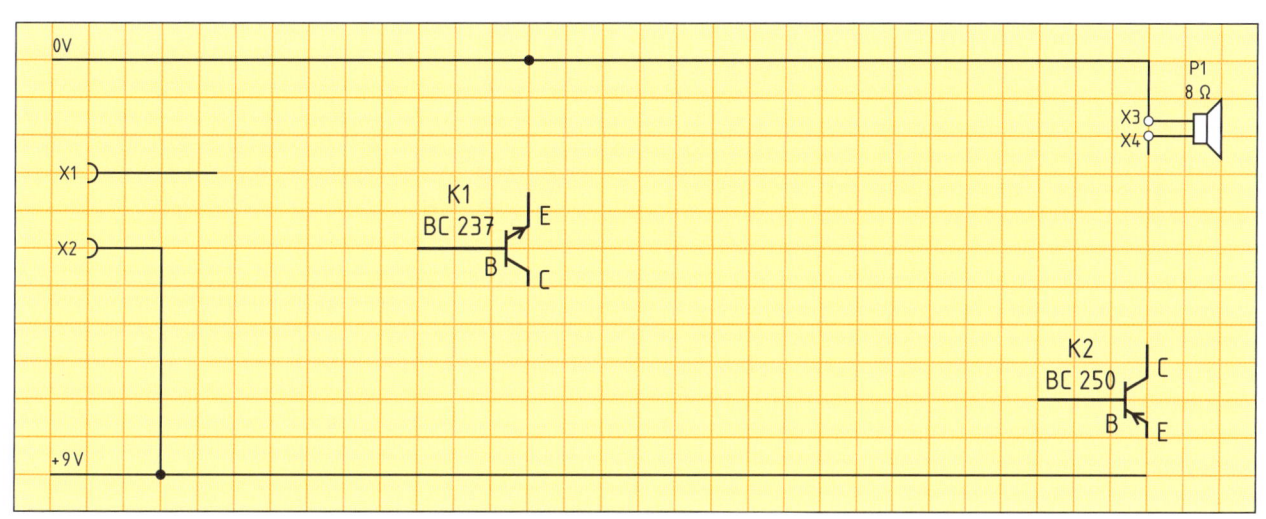

Bild 2: Stromlaufplan eines elektronischen Durchgangsprüfers

7. Einfache elektronische Schaltungen können auch mithilfe von Streifenrasterplatinen **(Bild 3)**, welche waagerechte Leiterbahnen haben, aufgebaut werden. Um Leiterbahnen untereinander zu verbinden, sind senkrechte Drahtbrücken notwendig. Der Bestückungsplan der Streifenrasterplatine des elektronischen Durchgangsprüfers nach **Bild 2** ist fehlerhaft. Es fehlen zwei Drahtbrücken. Ergänzen Sie die Bezeichnungen für die Transistoranschlüsse an K1 und K2 und zeichnen Sie dann die fehlenden Drahtbrücken ein.
Hinweis: Zum Lösen der Aufgabe muss zuvor die **Aufgabe 6** gelöst werden.

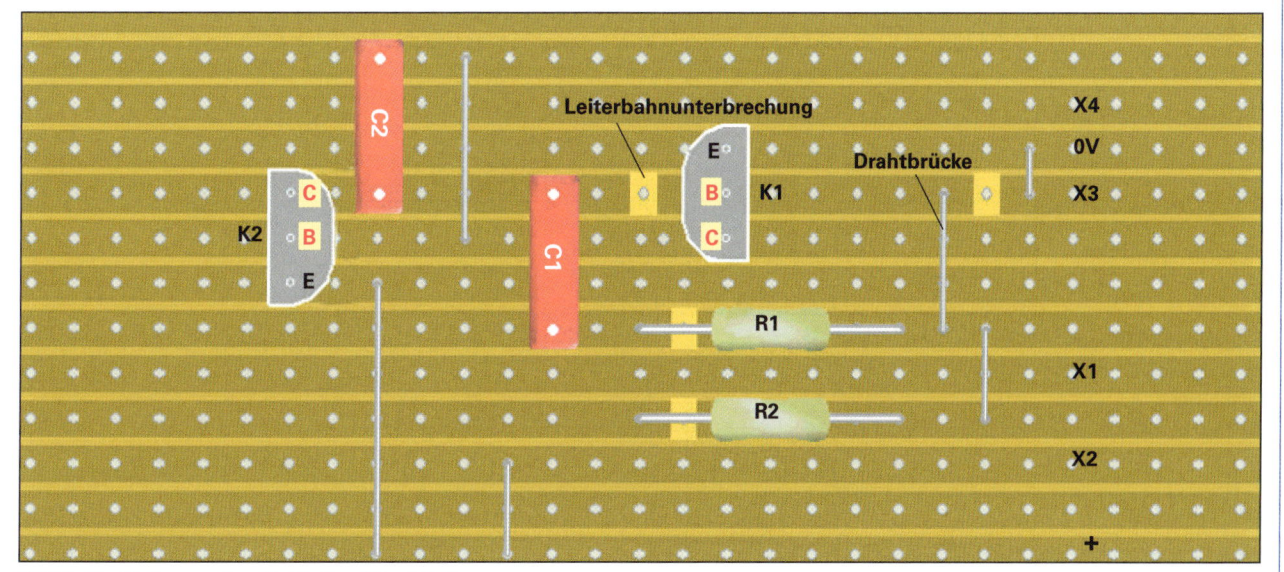

Bild 3: Bestückungsplan für Platine (Bauteile)

Elektrische Anlagen
Netzformen für die Elektroenergieübertragung und -verteilung

Blatt-Nr.: 10.1

> Der Transport und die Verteilung elektrischer Energie im Niederspannungsbereich erfolgt über verschiedene Netzformen. Die Auswahl der Netzform zum Bau des Netzes erfolgt nach vielen Gesichtspunkten.

Vergleichen Sie in der **Tabelle** die drei wichtigsten Netzformen und ergänzen Sie die **Tabelle**.

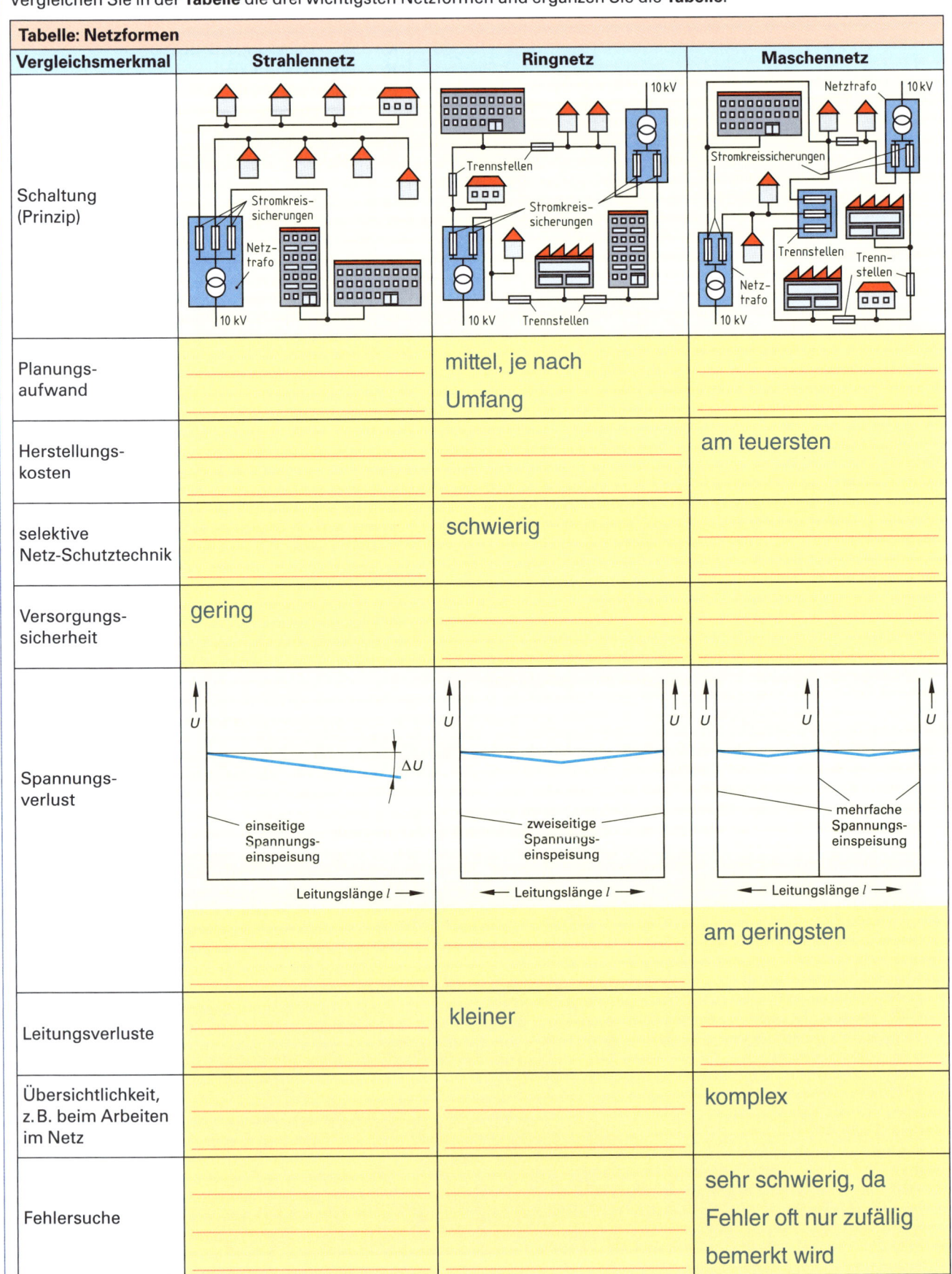

Tabelle: Netzformen			
Vergleichsmerkmal	Strahlennetz	Ringnetz	Maschennetz
Schaltung (Prinzip)			
Planungsaufwand		mittel, je nach Umfang	
Herstellungskosten			am teuersten
selektive Netz-Schutztechnik		schwierig	
Versorgungssicherheit	gering		
Spannungsverlust	einseitige Spannungseinspeisung	zweiseitige Spannungseinspeisung	mehrfache Spannungseinspeisung
			am geringsten
Leitungsverluste		kleiner	
Übersichtlichkeit, z.B. beim Arbeiten im Netz			komplex
Fehlersuche			sehr schwierig, da Fehler oft nur zufällig bemerkt wird

Elektrische Anlagen
Schmelzsicherungen (1)

Blatt-Nr.: 10.2

> Werden elektrische Leiter von einem Strom durchflossen, so erwärmen sie sich. Dabei können unzulässig hohe Ströme Brände verursachen. Im Stromkreis eingebaute Schmelzsicherungen schützen deshalb die Betriebsmittel vor solchen Schäden.

1. a) Welche Aufgaben haben Schmelzsicherungen in elektrischen Netzen?
   b) Wie erfolgt der Schutz?

   a) _____

   b) _____

2. a) Beschreiben Sie den Größenunterschied zwischen Überlaststrom und Kurzschlussstrom in Bezug auf den Bemessungsstrom einer elektrischen Leitung.
   b) Nennen Sie jeweils zwei Beispiele für die Entstehung von Überlaststrom und Kurzschlussstrom.

Überlaststrom	Kurzschlussstrom
a)	a)
b) • •	b) • •

3. Bezeichnen Sie die Sicherungsarten in der **Tabelle**.

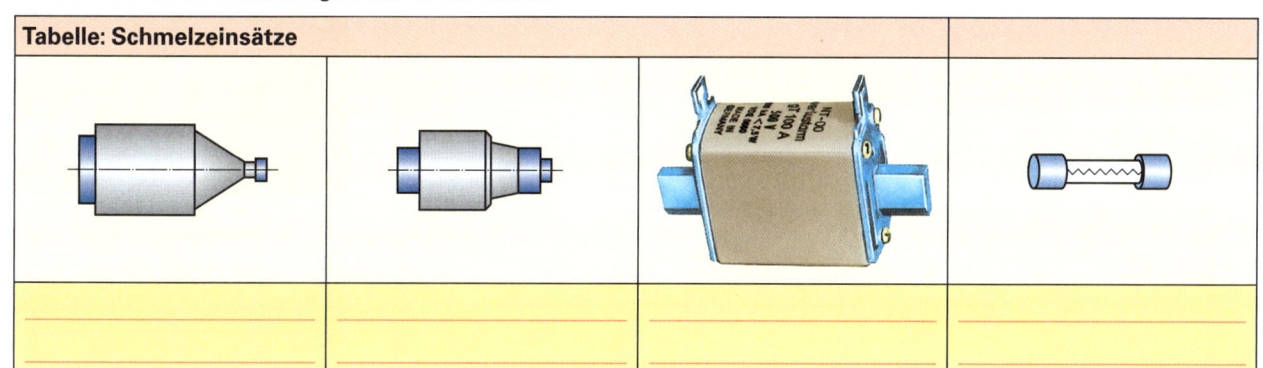

Tabelle: Schmelzeinsätze			

4. Benennen Sie die im **Bild 1** gekennzeichneten Bestandteile eines Schmelzeinsatzes.

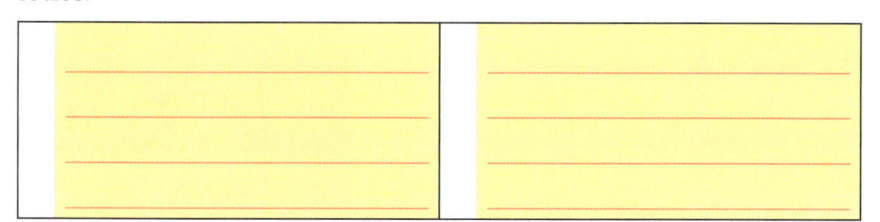

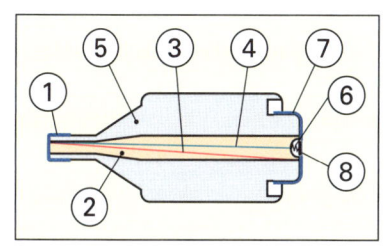

Bild 1: Schmelzeinsatz

5. Wie wird ein Sicherungssockel (**Bild 2**) angeschlossen, damit ein Berühren unter Spannung stehender Teile beim Auswechseln des Schmelzeinsatzes verhindert wird?

   Fußkontakt 1: _____

   Gewindering 2: _____

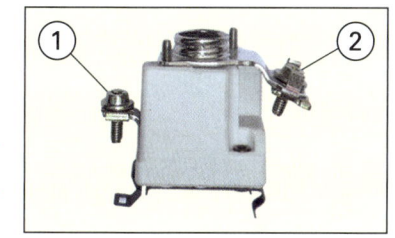

Bild 2: Sicherungssockel

6. Nennen Sie zu den Bemessungsströmen die Kennmelderfarben von Schmelzsicherungen.

Bemessungsstrom	6 A	10 A	16 A	20 A	25 A	35 A
Kennmelderfarbe						

Blatt-Nr.: 10.3 — Elektrische Anlagen, **Schmelzsicherungen (2)**

7. Erklären Sie die Abkürzungen für die Betriebsklassen der Niederspannungssicherungen.

gG:	
gM:	
aM:	
aR:	

8. Worin unterscheidet sich der Schutz einer a) Ganzbereichssicherung von dem einer b) Teilbereichssicherung?

a) _____

b) _____

9. Ermitteln Sie mithilfe der Strom-Zeit-Kennlinien (**Bild 1**)
a) die schnellste und
b) die langsamste Auslösezeit einer 10-A- und einer 16-A-Schmelzsicherung gG, wenn ein Kurzschlussstrom von 60 A fließt.

Schmelzsicherung	a) schnellste Auslösezeit t_a	b) langsamste Auslösezeit t_a
10 A gG		
16 A gG		

10. Erklären Sie den Begriff Selektivität (**Bild 2**) bei der Absicherung von Niederspannungs-Stromkreisen.

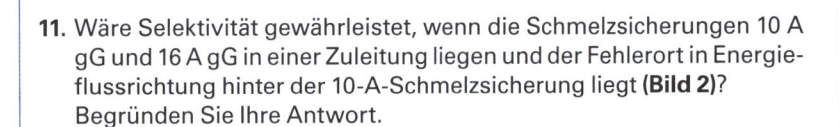

_____

11. Wäre Selektivität gewährleistet, wenn die Schmelzsicherungen 10 A gG und 16 A gG in einer Zuleitung liegen und der Fehlerort in Energieflussrichtung hinter der 10-A-Schmelzsicherung liegt (**Bild 2**)? Begründen Sie Ihre Antwort.

_____

12. Welche Schlussfolgerung ergibt sich deshalb bei der Auswahl von Schmelzsicherungen bei Selektivität?

_____

13. a) Wer darf NH-Sicherungen auswechseln?
b) Welcher Arbeitsschutz ist dabei zu verwenden?

a) _____

b) _____

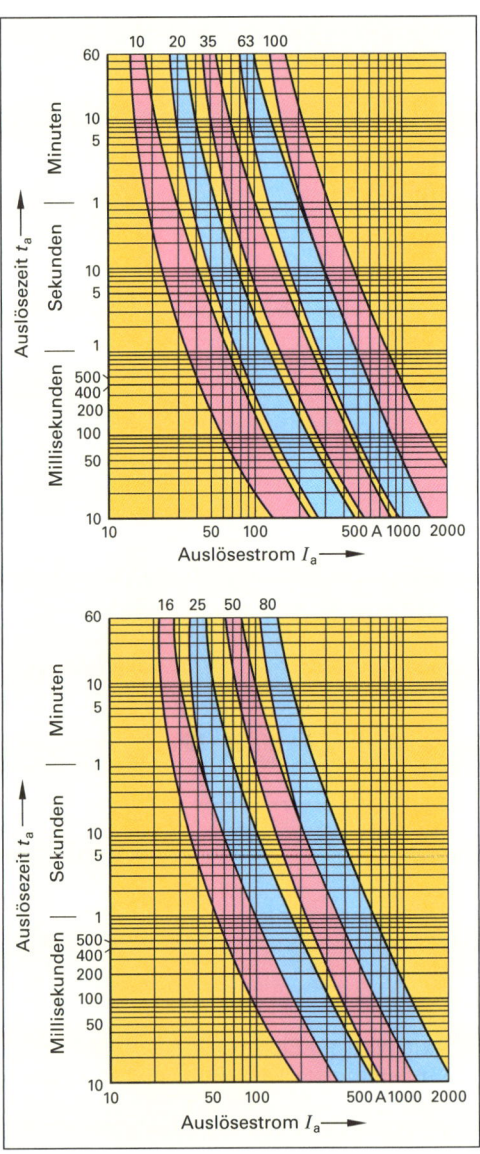

Bild 1: Strom-Zeit-Kennlinien von Ganzbereichssicherungen gG

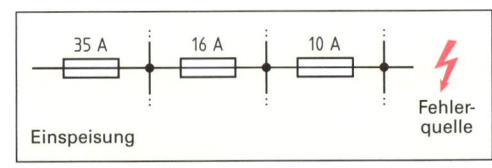

Bild 2: Selektivität

Elektrische Anlagen
Leitungsschutzschalter

Blatt-Nr.: 10.4

> Leitungsschutzschalter (LS-Schalter) haben die Aufgabe, elektrische Leitungen und Anlagen gegen Überlastung und Kurzschluss zu schützen. Sie werden immer öfter anstelle der Schmelzsicherungen eingesetzt.

1. Welchen Vorteil besitzt der Leitungsschutzschalter gegenüber einer Schmelzsicherung?

_____
_____

2. Benennen Sie die im **Bild 1** gekennzeichneten Auslösesysteme eines LS-Schalters.

   ① _____
   ② _____

3. a) Bei welchen Fehlerstromarten lösen die beiden Auslösesysteme aus?
   b) In welchem Zeitraum erfolgt die jeweilige Auslösung?

a) Auslösung erfolgt bei:	b) Zeitliche Auslösung erfolgt:

4. LS-Schalter haben eine Freiauslösung. Was bedeutet das?

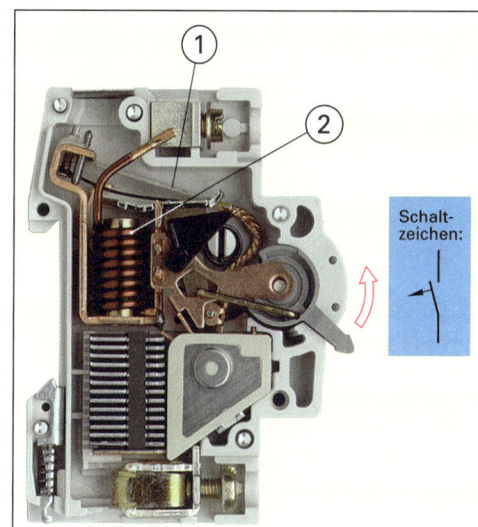

_____
_____

Bild 1: Aufbau eines Leitungsschutzschalters

5. LS-Schalter werden entsprechend ihrer Auslösecharakteristik im Kurzschlussfall eingeteilt **(Bild 2)**. Bei welchem Vielfachen des Bemessungsstromes I_N lösen die LS-Schalter vom Typ B, vom Typ C und vom Typ D unverzögert aus?

   B: _____
   C: _____
   D: _____

6. Geben Sie jeweils ein Beispiel für die Anwendung von LS-Schaltern, Typ B, C und D an.

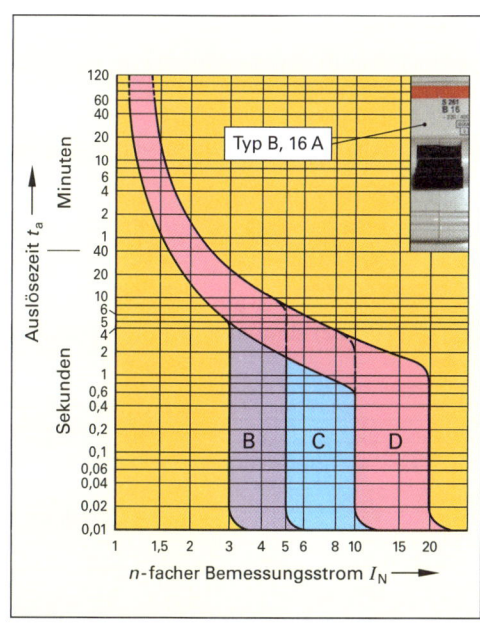

   B: _____
   C: _____
   D: _____

Bild 2: Auslösekennlinien LS-Schalter

7. Bestimmen Sie mithilfe von **Bild 2** die schnellste Ausschaltzeit t_1 und die langsamste Ausschaltzeit t_2
   a) eines LS-Schalters, Typ B 16 A und b) eines LS-Schalters, Typ C 16 A, wenn c) ein Überlaststrom I von 30 A und d) ein Überlaststrom I von 64 A fließt.
   Hinweis: Berechnen Sie für c) und d) den Faktor n mit $n = \dfrac{I}{I_N}$

Überlastströme	a) Typ B 16 A		b) Typ C 16 A	
	schnellste Ausschaltzeit t_1	langsamste Ausschaltzeit t_2	Ausschaltzeit t_1	Ausschaltzeit t_2
c) I = 30 A				
d) I = 64 A				

Elektrische Anlagen
Thermisches Überlastrelais und Motorschutzschalter

Blatt-Nr.: 10.5

> Thermische Überlastrelais (frühere Bezeichnung: Motorschutzrelais) und Motorschutzschalter dienen dem Motorschutz.

1. Welche Bestandteile im
   a) thermischen Überlastrelais und
   b) im Motorschutzschalter (**Bild 1**) dienen dem Motorschutz?

   a) _____

   b) _____

2. Ergänzen Sie in **Bild 1** die dazugehörigen Schaltzeichen in allpoliger Darstellung.

3. Schlussfolgern Sie aus dem Schaltzeichen **(Bild 1)** ob über den Steuer- oder über den Hauptstromkreis
   a) das thermische Überlastrelais bzw.
   b) der Motorschutzschalter im Fehlerfall den Motor vom Netz trennen.

   a) _____

   b) _____

4. Welchen Schutz für Motoren können thermische Überlastrelais nicht übernehmen?

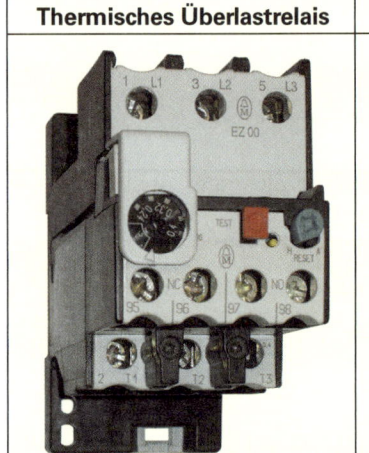

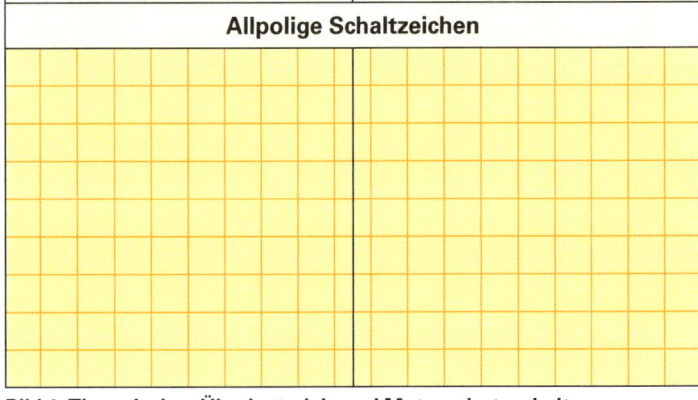

Thermisches Überlastrelais	Motorschutzschalter

Allpolige Schaltzeichen

Bild 1: Thermisches Überlastrelais und Motorschutzschalter

5. Mit welchen Schutzeinrichtungen müssen thermische Überlastrelais als Motorschutzeinrichtung immer kombiniert werden?

6. Auf welche Ströme I_A bzw. I_B muss das thermische Überlastrelais F3 am Einbauort A, bzw. am Einbauort B **(Bild 2)** eingestellt werden?

   $I_A =$ ____ $I_B =$ ____

7. Ergänzen Sie **Bild 3** so, dass anstelle des thermischen Überlastrelais **(Bild 2)** ein Motorschutzschalter verwendet wird. Auf welchen Strom I_A wird der Motorschutzschalter eingestellt?

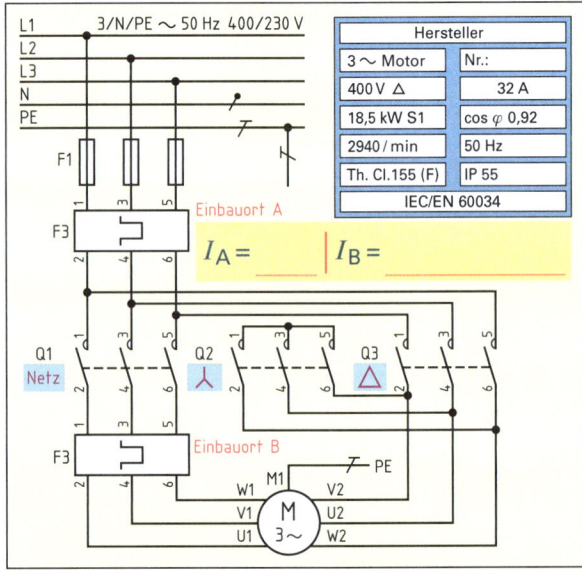

   $I_A =$ ____

Hersteller	
3~ Motor	Nr.:
400 V △	32 A
18,5 kW S1	$\cos \varphi$ 0,92
2940 / min	50 Hz
Th. Cl.155 (F)	IP 55
IEC/EN 60034	

Bild 2: Motor mit thermischem Überlastrelais

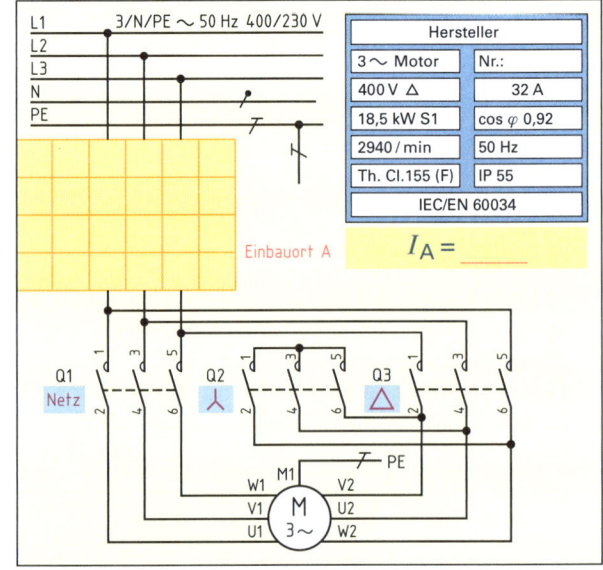

Bild 3: Motor mit Motorschutzschalter

Elektrische Anlagen
Leitungsberechnung (1)

Blatt-Nr.: 10.6

> Leitungen und Kabel können sich bei unsachgemäßer Auswahl und Verlegung bei Stromfluss unzulässig erwärmen und zu Bränden in elektrischen Anlagen führen. Deshalb müssen sie nach DIN VDE 0298 entsprechend der Verlegeart ausreichend dimensioniert werden.

1. Nennen Sie die Einflussfaktoren auf die Strombelastbarkeit von Leitungen und Kabeln.

   - _____
   - _____
   - _____
   - _____
   - _____
   - _____
   - _____
   - _____

2. a) Welche Anzahl von belasteten Adern unterscheidet man bei der Verlegung von Leitungen und Kabeln bei Wechselstrom und bei Drehstrom?
   b) Wo trifft man solche Leitungen in der Praxis an?

a) Anzahl der Adern	b) Anwendungsbeispiele

3. Nach DIN VDE 0298 unterscheidet man verschiedene Verlegearten. Ordnen Sie den Bildern in der **Tabelle** die Kurzzeichen dieser Verlegearten zu und nennen Sie jeweils die Verlegebedingungen für Leitungen.

Tabelle: Verlegearten (Auswahl)	
Verlegeart mit Kurzzeichen	**Verlegebedingungen der Leitungen**

4. Die DIN VDE 0298 gibt die Bemessungswerte I_r der Strombelastbarkeit von Leitungen und Kabeln an.
   a) Was versteht man unter der Kenngröße I_r?
   b) Unter welchen Normalbedingungen gelten diese Werte?

   a) _____

   b) _____

Blatt-Nr.: 10.7 — Elektrische Anlagen, **Leitungsberechnung (2)**

5. Bestimmen Sie in **Tabelle 1** für folgende Fälle die Strombelastbarkeit I_r.

Tabelle 1: Strombelastbarkeit I_r von Leitungen									
Verlegeart	B2	A1	E	C	A2	C	B1	C	B2
Aderanzahl	2	2	3	3	2	2	3	2	3
Nennquerschnitt in mm² Cu	10	2,5	4	1,5	6	4	6	1,5	25
Strombelastbarkeit I_r in A									

6. Unter welchen Bedingungen müssen die Umrechnungsfaktoren f_1 und f_2 berücksichtigt werden?

f_1: _____

f_2: _____

7. Mit den Umrechnungsfaktoren f_1 und f_2 wird die Strombelastbarkeit I_Z bei abweichenden Betriebsbedingungen ermittelt. Geben Sie die dazu notwendige Formel an.

$I_Z =$

8. Berechnen Sie aus der in **Aufgabe 5** ermittelten Strombelastbarkeit I_r aufgrund der sich ändernden Betriebsbedingungen (**Tabelle 2**) die Strombelastbarkeit I_z.
Hinweis: Beachten Sie, dass der Umrechnungsfaktor für PVC-Isolierung und Gummi-Isolierung unterschiedliche Werte annimmt.

Tabelle 2: Änderung der Strombelastbarkeit aufgrund veränderter Betriebsbedingungen									
Strombelastbarkeit I_r in A	52	19,5	34	17,5	32	36	36	19,5	80
Umgebungstemperatur in °C	15	30	45	35	40	30	20	10	45
Leiterisolation aus	PVC	PVC	PVC	PVC	Gummi	Gummi	PVC	PVC	Gummi
Leitungsanzahl im Kanal	5	8	2	10	1	7	4	3	9
Strombelastbarkeit I_z in A									

9. An elektrischen Leitungen darf der Spannungsfall ΔU nach TAB und DIN 18015-1 bestimmte Werte nicht überschreiten. Geben Sie in **Tabelle 3** die zulässigen Spannungsfälle Δu in % und ΔU in V an.

Tabelle 3: Zulässiger Spannungsfall in elektrischen Leitungen		Δu in %	ΔU in V
Art der Leitung			
Im 400-V-Netz zwischen Hausanschluss-sicherung und Messeinrichtung bei einer Scheinleistung S	< 100 kVA		
	100 kVA bis 250 kVA		
	250 kVA bis 400 kVA		
	> 400 kVA		
Zwischen Messeinrichtung und Verbraucher	bei 230 V		
	bei 400 V		

10. Nach DIN VDE 0100-520 darf der gesamte Spannungsfall zwischen Hausanschlusssicherung und Verbraucher jedoch einen festgelegten Wert nicht überschreiten. Ergänzen Sie **Tabelle 4** um die entsprechenden Werte.

Tabelle 4: Maximaler Spannungsfall	
In Stromkreisen für	Δu in %
Beleuchtung	
andere Verbraucher	

11. Welche Schlussfolgerung ziehen Sie, wenn der rechnerisch ermittelte Spannungsfall größer als der laut DIN zulässige Spannungsfall ist?

_____

12. Leitungen sind gegen Überlastung und Kurzschluss mit Überstrom-Schutzeinrichtungen ausgestattet. Welche Bedingungen gelten für den Bemessungsstrom I_N einer Überstrom-Schutzeinrichtung in Bezug auf
a) den Betriebsstrom I_b des Verbrauchers und b) die Strombelastbarkeit I_Z der Leitung?
c) Vervollständigen Sie die Formel durch die Symbole ≤, = oder ≥.

a) _____

b) _____

c) Es muss immer gelten: $I_b \quad I_N \quad I_Z$

Blatt-Nr.: 10.8 Elektrische Anlagen, **Leitungsberechnung (3)**

> In einer Gartenanlage soll ein Fest in einem Gartenzelt veranstaltet werden. Für die Speisezubereitung soll eine elektrische Kocheinrichtung mit einer Anschlussleistung von $P = 2$ kW eingesetzt werden. Die Stromzuführung soll mithilfe einer Kabelrolle **(Bild)** erfolgen, auf der sich 50 m Verlängerungsleitung H07RN-F3G1,5 befinden, die an eine 230-V-Schutzkontaktsteckdose angeschlossen wird.

1. Ermitteln Sie die Stromstärke, wenn die Kocheinrichtung mit voller Leistung betrieben wird.

   Geg.:
   Ges.:
   Lösung:

   Bild: Verlängerungsleitung

2. Bestimmen Sie den Spannungsfall **a)** ΔU in V und **b)** Δu in %.

   Geg.:
   Ges.: a)   b)
   Lösung:
   a)

   b)

3. Bestimmen Sie an der Kocheinrichtung die Höhe der zur Verfügung stehenden Spannung U^*, wenn an der Schutzkontaktsteckdose eine Spannung U von 227 V gemessen wird

   Geg.:   Ges.:
   Lösung:

4. Wie wirkt sich diese Spannung U^* an der Kochstelle aus?

5. Welchen Querschnitt müsste die Zuleitung haben, damit der Spannungsfall ΔU nicht kleiner als 3 V wird?

   Geg.:
   Ges.:
   Lösung:

   → verwendeter, standardisierter Querschnitt: $A =$

Blatt-Nr.: 10.9 — Elektrische Anlagen, **Leitungsberechnung (4)**

> In einer Gießerei soll ein neuer Motor installiert werden. Anhand der Daten auf dem Leistungsschild des Motors **(Bild)** soll der Querschnitt für die Leitung von der Verteilung zum Motor berechnet werden. Zusätzlich sind folgende Bedingungen zu berücksichtigen: Die Leitung soll in einem Installationskanal auf der Wand verlegt werden, in dem sich bereits drei mehradrige Leitungen befinden. Die Raumtemperatur kann bis zu 40 °C betragen. Es soll eine Mantelleitung NYM verwendet werden. Die notwendige Leitungslänge zwischen Unterverteilung und Motor beträgt 16 m.

1. Ermitteln Sie mithilfe des Leistungsschildes **(Bild)**
   a) den Motortyp und
   b) legen Sie daraus die Anzahl der belasteten Adern der zu verlegenden Leitung fest.

   a) _____   b) _____

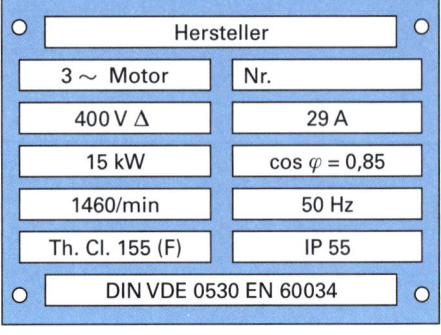

Hersteller	
3 ~ Motor	Nr.
400 V Δ	29 A
15 kW	cos φ = 0,85
1460/min	50 Hz
Th. Cl. 155 (F)	IP 55
DIN VDE 0530 EN 60034	

Bild: Motorleistungsschild

2. Bestimmen Sie mithilfe des Leistungsschildes
   a) die Stromaufnahme I_b des Motors bei Betrieb mit Bemessungsleistung und
   b) legen Sie die Verlegeart fest.

   a) $I_b =$ _____   b) _____

3. Bestimmen Sie
   a) den Bemessungsstrom I_N der Überstromschutzeinrichtung, wenn dreipolige Leitungsschutzschalter Typ C verwendet werden sollen und
   b) legen Sie daraus die Höhe der Strombelastbarkeit I_Z der Leitung fest.

   a) $I_N =$
   b) $I_Z \geq I_N \geq$

4. Welche Umrechnungsfaktoren müssen Sie für die Dimensionierung der Leitung berücksichtigen?
   - _____
   - _____

5. Bestimmen Sie die Umrechnungsfaktoren
   a) f_1 für abweichende Umgebungstemperatur und
   b) f_2 für Leitungshäufung.

   a) Umgebungstemperatur: _____ , Isolierung: _____   → $f_1 =$ _____
   b) Anzahl der mehradrigen Leitungen: _____ , Verlegung: _____   → $f_2 =$ _____

6. Berechnen Sie mithilfe der Strombelastbarkeit I_Z und den Umrechnungsfaktoren f_1 und f_2
   a) den Bemessungswert der Strombelastbarkeit I_r der Leitung.
   b) Legen Sie daraus den erforderlichen Leiterquerschnitt A fest.

   Lösung: a)

   b) Nach DIN VDE 0298-4 beträgt der erforderliche Leiterquerschnitt $A =$

7. Berechnen Sie **a)** den Spannungsfall ΔU der Leitung und **b)** bewerten Sie das Ergebnis.

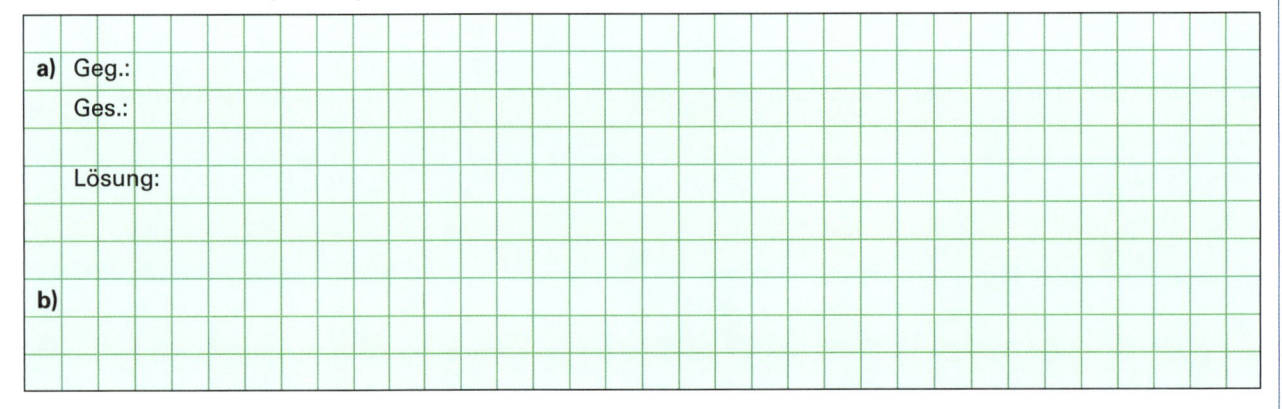

   a) Geg.:
      Ges.:
      Lösung:

   b)

8. Geben Sie die genormte Bezeichnung der zu verwendenden Leitung an: _____

Elektrische Anlagen
Zählerschrank mit Stromkreis- und Multimediaverteiler

Blatt-Nr.: 10.10

> Ein Zählerschrank mit Stromkreis- und Multimediaverteiler kann neben Messung und Verteilung der Elektroenergie auf verschiedene Stromkreise auch als multimediale Zentrale in einem Gebäude genutzt werden. Weiterhin können Baugruppen und Anschlüsse für die Informationstechnik, Telekommunikation und Gebäudeautomation eingebaut sein.

1. Benennen Sie fachgerecht
   a) die im Zähler- und Verteilerfeld im **Bild** mit den Ziffern 1 bis 12 gekennzeichneten Bauteile und Baugruppen und
   b) die im Multimediaverteiler im **Bild** mit den Ziffern 13 bis 18 gekennzeichneten Bauteile, Baugruppen und Anschlüsse.

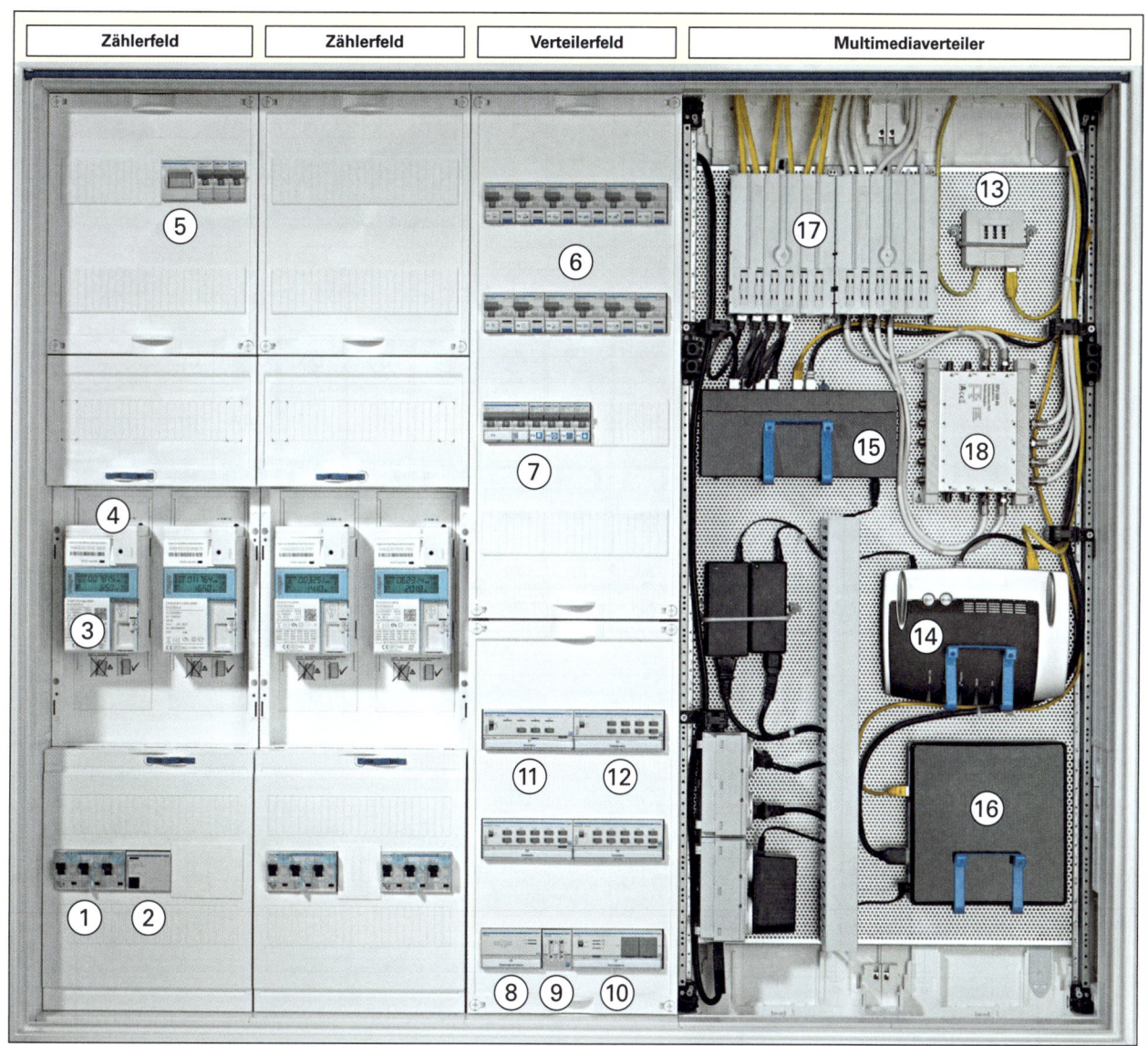

Bild: Zählerschrank eines Zweifamilienwohnhauses mit Stromkreis- und Multimediaverteiler

a)
1. _____
2. Überspannungsableiter
3. _____
4. _____
5. _____
6. _____
7. _____
8. _____
9. _____
10. _____

b)
11. _____
12. _____
13. _____
14. _____
15. Netzwerk-Switch
16. _____
17. _____
18. _____

	Elektrische Anlagen	Blatt-Nr.: 10.11
EUROPA LEHRMITTEL	**Verdrahtung im Verteilerfeld**	

2. Verdrahten Sie für die drei abgehenden Einphasen-Wechselstrom-Leitungen das vereinfachte Verteilerfeld. Die Einspeisung des Verteilerfeldes erfolgt als TN-S-System.

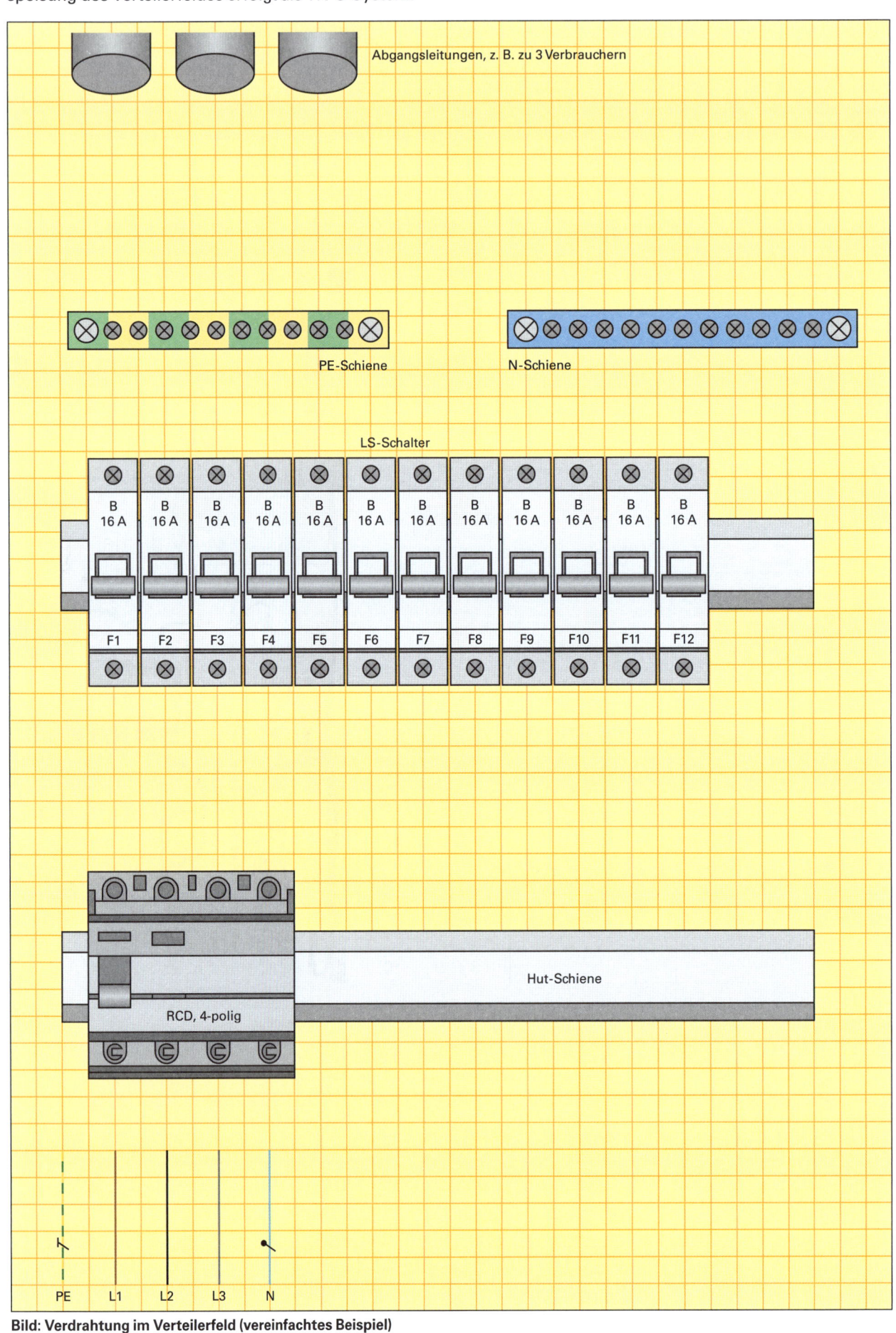

Abgangsleitungen, z. B. zu 3 Verbrauchern

PE-Schiene

N-Schiene

LS-Schalter

F1, F2, F3, F4, F5, F6, F7, F8, F9, F10, F11, F12 (B 16 A)

RCD, 4-polig

Hut-Schiene

PE L1 L2 L3 N

Bild: Verdrahtung im Verteilerfeld (vereinfachtes Beispiel)

Schutzmaßnahmen
Isolationsfehler (1)

Blatt-Nr.: 11.1

> Einen fehlerhaften Zustand in der Isolierung nennt man Isolationsfehler. Ein Elektroniker muss Ursachen und Auswirkungen von Isolationsfehlern kennen und einschätzen können. So lassen sich in neu installierten oder bestehenden Anlagen Gefahren vermeiden.

1. Trotz Beachtung aller Montagevorschriften für das Errichten elektrischer Anlagen kann es zu Isolationsfehlern kommen. Nennen Sie in **Tabelle 1** mögliche Fehlerursachen.

Tabelle 1: Mögliche Fehlerursachen bei Isolationsfehlern in elektrischen Anlagen
•
•
•
•
•

2. Welcher Isolationsfehler liegt in den Bildern der **Tabelle 2** vor?

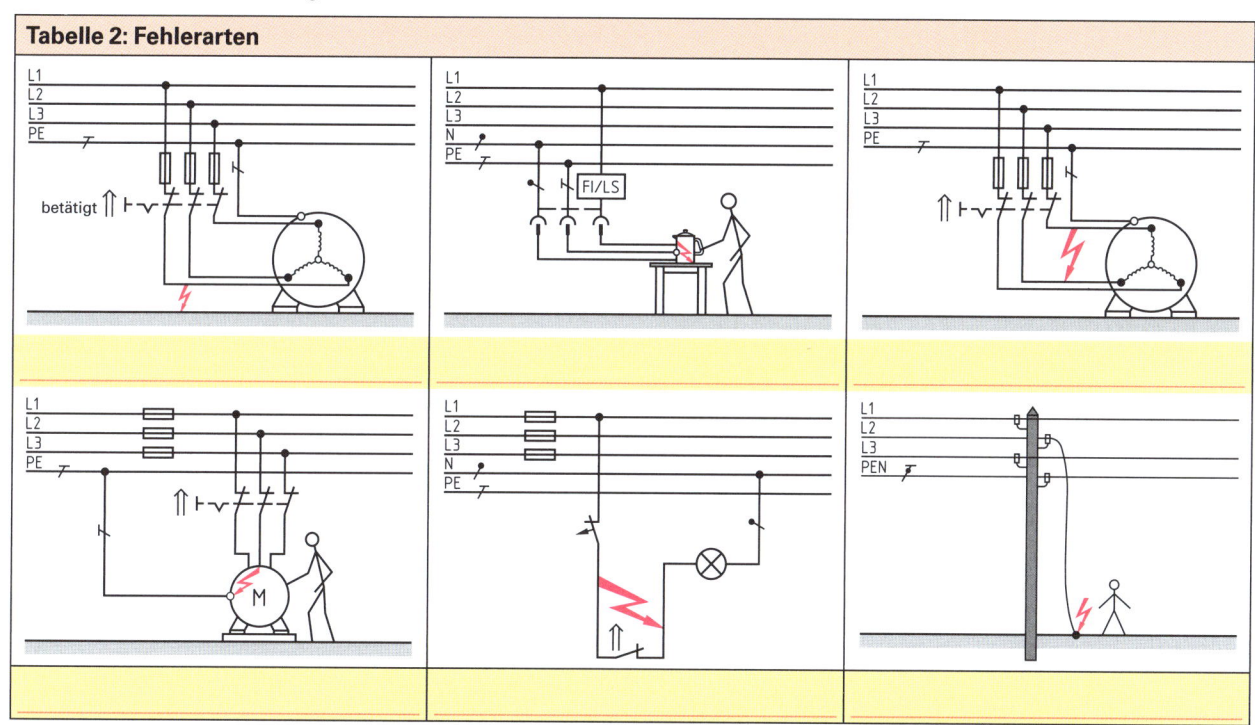

Tabelle 2: Fehlerarten

3. Geben Sie mögliche Auswirkungen beim Auftreten von Isolationsfehlern (**Tabelle 3**) an.

Tabelle 3: Mögliche Fehlerauswirkungen in geerdeten Netzen	
Körperschluss	
Kurzschluss	
Leiterschluss	
Erdschluss	

Blatt-Nr.: 11.2 — Schutzmaßnahmen, **Isolationsfehler (2)**

4. In den **Bildern 1** und **2** sind mehrere Fehlerstellen vorhanden.
   a) Kreisen Sie in den **Bildern 1** und **2** die Fehlerstellen rot ein und nennen Sie die Fehlerarten.
   b) Zeichnen Sie in den **Bildern 1** und **2** die geschlossenen Fehlerstromverläufe rot ein.
   c) Tragen Sie in den **Bildern 1** und **2** die Bezugspfeile für Verbraucherstrom I_V, falls vorhanden, Körperstrom I_B, Gesamtstrom I, Netzspannung gegen Erde U_0 und Berührungsspannung U_B ein.
   d) Entscheiden Sie durch Rechnung, ob eine 16-A-Schmelzsicherung den jeweiligen Fehlerstromkreis in den **Bildern 1** und **2** unterbrechen würde.
   Hinweis: Transformatorenwiderstand vernachlässigbar, Widerstand des Hin- bzw. des Rückleiters je 0,5 Ω, Widerstand des Menschen 1 kΩ, Fußbodenwiderstand 3,2 kΩ, Erdübergangswiderstand 100 Ω, Betriebserde 2 Ω.
   e) Entscheiden und begründen Sie für den Fehler in den **Bildern 1** und **2**, ob ein gefährlicher Körperstrom zum Fließen kommt.

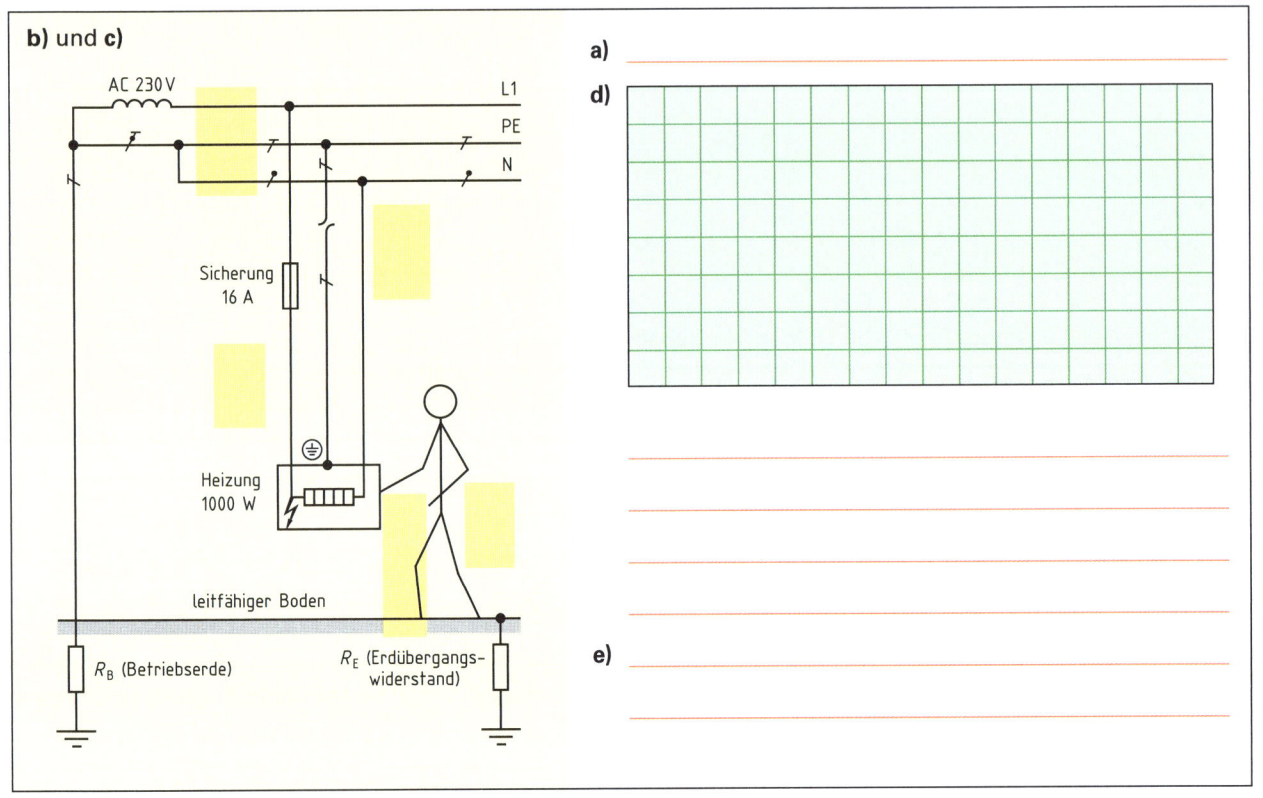

Bild 1: Doppelfehler in einer elektrischen Anlage

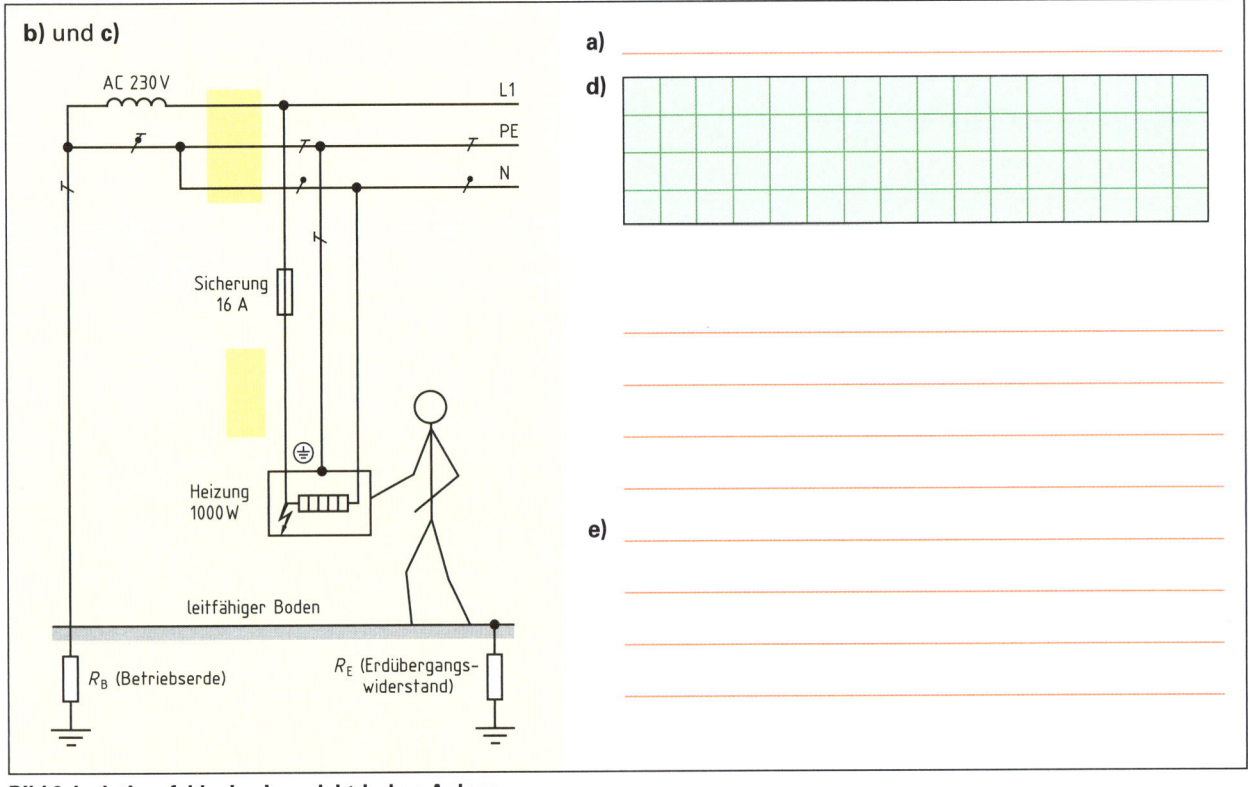

Bild 2: Isolationsfehler in einer elektrischen Anlage

Schutzmaßnahmen
Fachbegriffe: Schutz gegen elektrischen Schlag (1)

Blatt-Nr.: 11.3

> Für die Erklärung und praktische Umsetzung der Maßnahmen zur Vermeidung von Elektro-Unfällen werden Fachbegriffe verwendet, die ähnlich sind und leicht verwechselt werden. Ein Elektroniker muss die Fachbegriffe unterscheiden und richtig verwenden.

Schutzarten:

1. Je nach Verwendungszweck und Aufstellungsort der Betriebsmittel, z.B. in einer Wohnung oder im Freien, ist ein Berührungs- und Fremdkörperschutz und ein Schutz gegen das Eindringen von Wasser erforderlich. Dafür gibt es verschiedene Schutzarten. Das Schutzzeichen für die entsprechende Schutzart des Betriebsmittels besteht aus den Buchstaben IP und zwei nachfolgenden Ziffern (IP-Code). Erklären Sie die Bedeutung der Buchstaben IP und der Ziffern.

Berührungs- und Fremdkörperschutz
- 0: kein Schutz
- 1:
- 2:
- 3:
- 4:
- 5:
- 6:

IP (z.B. IP 23) — 1. Ziffer, 2. Ziffer

Wasserschutz
- 0: kein Schutz
- 1:
- 2:
- 3:
- 4:
- 5:
- 6:
- 7:
- 8:
- 9: Strahlwasser mit Hochdruck und hoher Temperatur

Ein X anstatt einer Ziffer bedeutet: ohne Betrachtung

2. Geben Sie in der **Tabelle** für den Betriebsmitteleinsatz die konkrete Bedeutung der 1. und 2. Kennziffer an.

Tabelle: Beispiele für Schutzarten durch Gehäuse		
IP-Code	**Betriebsmitteleinsatz**	**Bedeutung der 1. und 2. Kennziffer**
IP 20	für trockene Wohnräume, z.B. Leuchten	
IP 54	für Werkstätten, z.B. Motorschutzschalter	
IP 44	für Anlagen im Freien, z.B. Straßenverkehr	

3. Ordnen Sie den **Bildern 1 bis 4** die Mindestschutzart für den Wasserschutz der elektrischen Betriebsmittel zu.

IP X ____   IP X ____   IP X ____   IP X ____

Bild 1: Elektrische Betriebsmittel an der Wand einer Auto-Waschanlage

Bild 2: Steckdose im Badezimmer

Bild 3: Gartensteckdosen

Bild 4: Bewegungsmelder mit Leuchte an einem Haus

Blatt-Nr.: 11.4 Schutzmaßnahmen, **Fachbegriffe:** Schutz gegen elektrischen Schlag (2)

Schutzmaßnahmen:

4. Welche technische Norm schreibt Schutzmaßnahmen gegen elektrischen Schlag vor?

   _____

> **Schutzmaßnahmen** sind Maßnahmen gegen das Entstehen oder Bestehenbleiben einer gefährlichen Berührungsspannung.

5. Nennen Sie in **Tabelle 1** die beiden Hauptaufgaben, die Schutzmaßnahmen erfüllen sollen.

Tabelle 1: Hauptaufgaben der Schutzmaßnahmen gegen elektrischen Schlag	
Unter Normal- und unter Fehlerbedingungen	Unter Fehlerbedingungen

Schutzeinrichtungen:

6. Erklären Sie, was man unter einer Schutzeinrichtung für den Fehlerschutz versteht?

   _____
   _____

7. Ordnen Sie den **Bildern 1** und **2** die Begriffe „direktes Berühren" und „indirektes Berühren" zu.

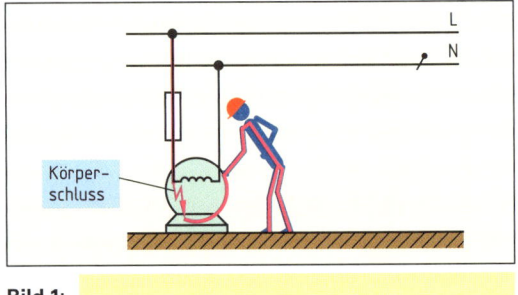

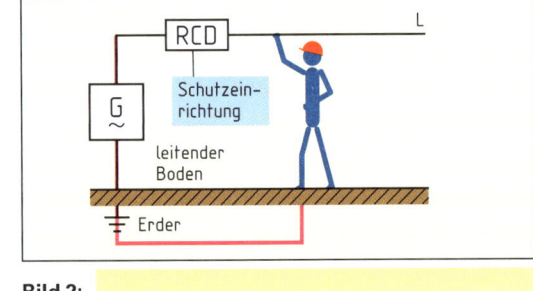

   Bild 1: _____   Bild 2: _____

Schutzebenen:

8. Die Schutzmaßnahmen werden in drei Schutzebenen eingeteilt. Ergänzen Sie die **Tabelle 2**.

Tabelle 2: Schutzebenen und Aufgaben der Schutzmaßnahmen		
Schutzebenen	Aufgabe der Schutzmaßnahme	Beispiel
Basisschutz		Lampenfassung
Fehlerschutz		
	Schutz beim Versagen von Basis- und/oder Fehlerschutz	

Schutzklassen:

9. Für den Einsatz elektrischer Betriebsmittel in einer Elektroanlage müssen Schutzklassen beachtet werden. Ergänzen Sie **Tabelle 3**.

Tabelle 3: Merkmale der Schutzklassen				
Schutzklasse	Kennzeichen	Bedeutung des Kennzeichens	Bedingung für den Betriebsmitteleinsatz	Betriebsmittel (Beispiele)
I	⏚		Netzsystem muss Schutzleiter führen	
II		Doppelte oder verstärkte Isolierung		Handbohrmaschine, Haartrockner
III	⬦III	Betrieb des Betriebsmittels nur mit Kleinspannung SELV oder PELV		

Schutzmaßnahmen
Netzsysteme (1)

Blatt-Nr.: 11.5

> In der Elektrotechnik unterscheidet man verschiedene Netzsysteme. Diese haben Auswirkungen auf die verwendeten Schutzmaßnahmen gegen elektrischen Schlag. Darum ist die genaue Kenntnis des Netzsystems für die Anwendung einer Schutzmaßnahme besonders wichtig.

1. Benennen Sie in der **Tabelle** die abgebildeten Netzsysteme und geben Sie jeweils ein Anwendungsbeispiel an.

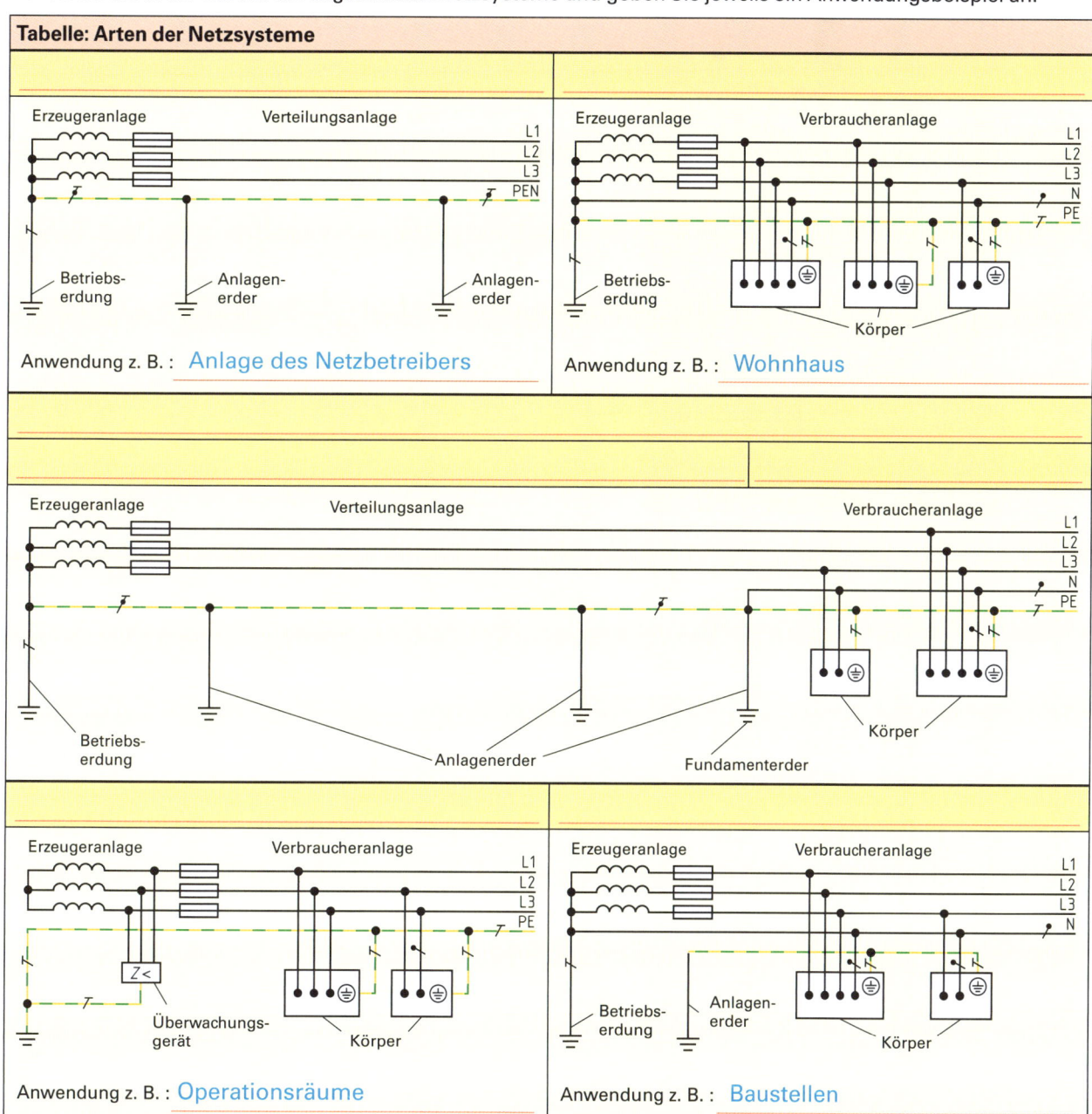

Tabelle: Arten der Netzsysteme

Anwendung z. B.: **Anlage des Netzbetreibers**	Anwendung z. B.: **Wohnhaus**
Anwendung z. B.: **Operationsräume**	Anwendung z. B.: **Baustellen**

2. Nennen Sie besondere Bedingungen, die für PEN-Leiter bei der Installation beachtet werden müssen.
   - Er muss in seinem Verlauf häufig geerdet werden.

| Blatt-Nr.: 11.6 | ⚠ | Schutzmaßnahmen, **Netzsysteme (2)** |

> ℹ Der Hausanschluss verbindet über die Hausanschlussleitung das Verteilungsnetz mit der Kundenanlage. Das Netzsystem einer Verbraucheranlage kann man im Hausanschlusskasten erkennen.

3. Welches Netzsystem kann man an den drei gezeichneten Hausanschlusskästen (**Bild**) erkennen? Tragen Sie dazu das zutreffende Netzsystem ein.

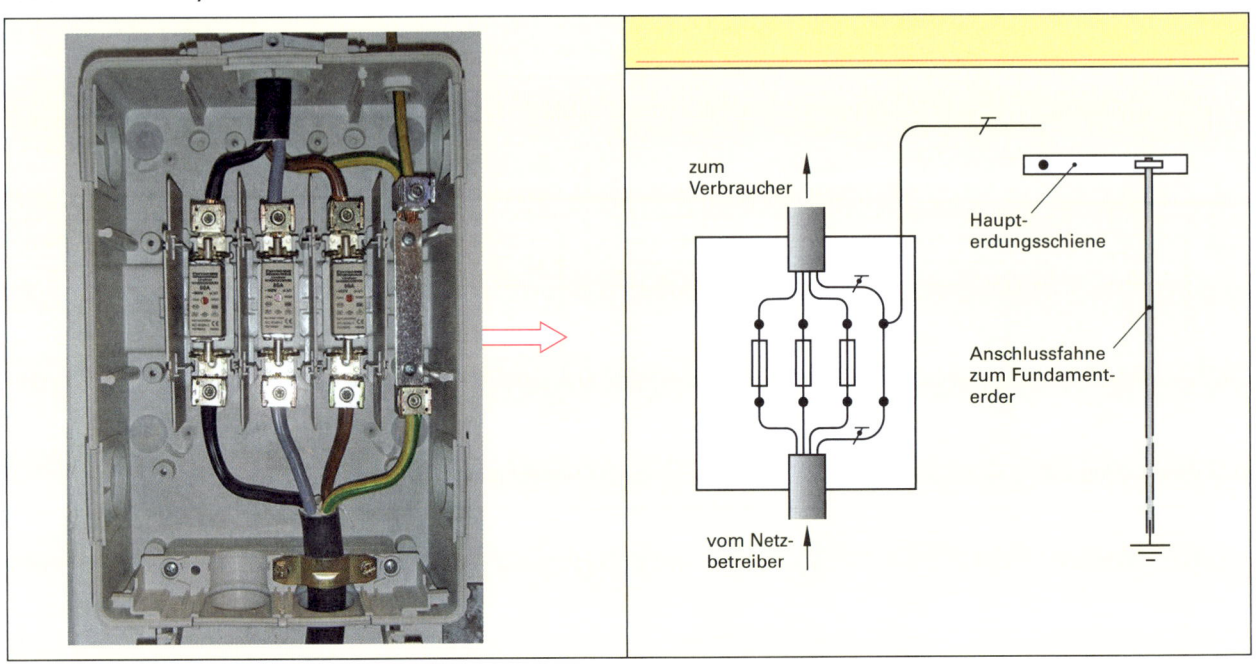

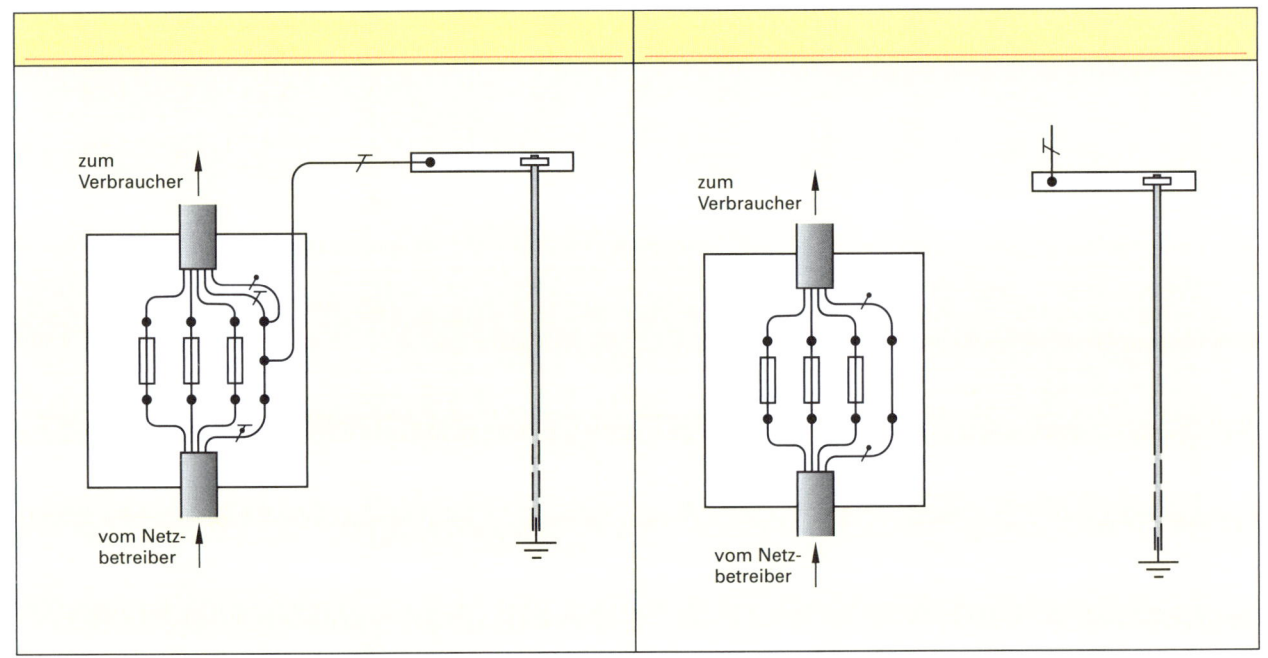

Bild: Hausanschlusskasten und Netzsystem

4. Nach DIN VDE 0100, Teil 444 dürfen TN-C-Systeme in neu errichteten Gebäuden nicht verwendet werden. Es wird empfohlen, in bestehenden Gebäuden mit einem TN-C-System, dieses in ein TN-S-System umzubauen, wenn diese Gebäude eine größere Anzahl informationstechnischer Betriebsmittel, z. B. Computer, enthalten. Begründen Sie die Vorschrift und die Empfehlung.

Schutzmaßnahmen
Schutzpotenzialausgleich (1)

Blatt-Nr.: 11.7

> Der Schutzpotenzialausgleich ist eine zusätzliche Schutzmaßnahme. Die Wirkung des Schutzpotenzialausgleichs ist wichtig, damit bei Eintritt eines Körperschlusses und Versagen des Fehlerschutzes die Berührungsspannung ungefährlich klein wird.

1. Was versteht man unter Schutzpotenzialausgleich?

_____

_____

2. Geben Sie an, wie hoch die Berührungsspannung U_B in der Anlage ohne Schutzpotenzialausgleich (**Bild 1**) ist. Tragen Sie die Höhe der Spannung in **Bild 1** ein.

Berührungsspannung U_B _____

3. Geben Sie an, wie hoch die Berührungsspannung U_B in der Anlage mit Schutzpotenzialausgleich (**Bild 2**) ist. Tragen Sie die Höhe der Spannung in **Bild 2** ein.

Berührungsspannung U_B _____

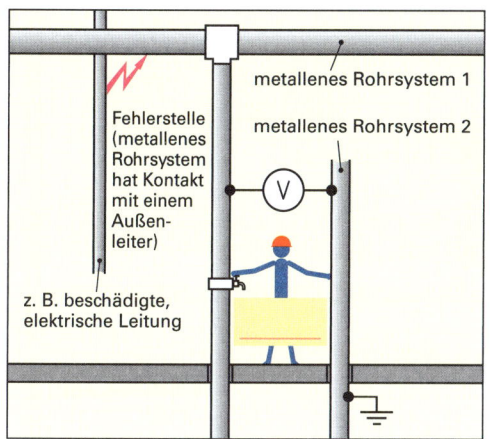

Bild 1: Anlage ohne Schutzpotenzialausgleich

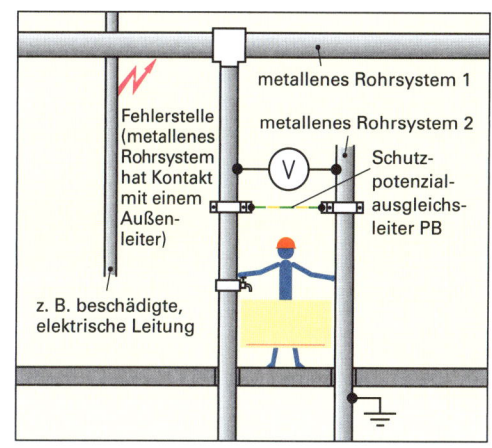

Bild 2: Anlage mit Schutzpotenzialausgleich

3. Welche zwei Ausführungsarten des Schutzpotenzialausgleichs kann man unterscheiden?

- _____
- _____

> Ein zusätzlicher Schutzpotenzialausgleich ist nur in Gebäuden vorgeschrieben, in denen ein Schutzpotenzialausgleich über die Haupterdungsschiene noch nicht installiert wurde, z. B. in Altbauten.

4. a) Zeichnen Sie im **Bild 3** bzw. **Bild 4** bei Leiterbruch des PEN-Leiters den Stromverlauf rot ein, der bei Betätigung des Schalters Q2 zum Fließen kommt. **b)** Erklären Sie die Auswirkung auf die Berührungsspannung am Verbraucher 2 und den Strom durch den Menschen.

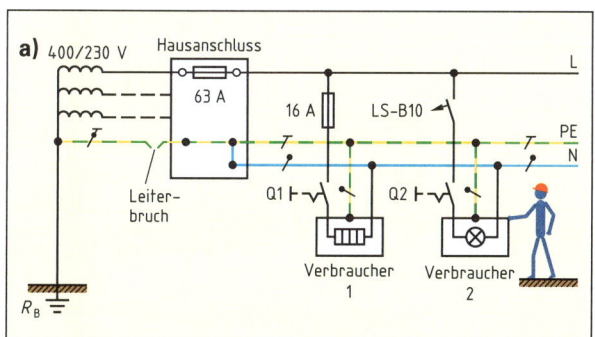

Bild 3: Elektrische Altanlage ohne Schutzpotenzialausgleich über die Haupterdungsschiene

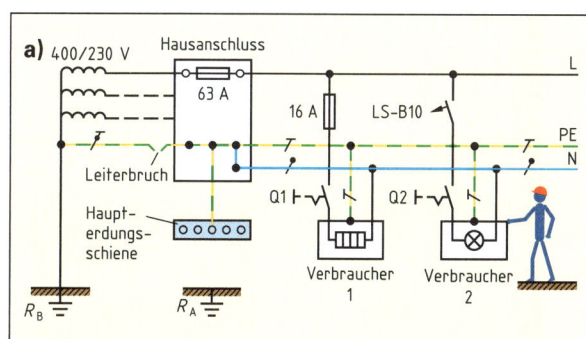

Bild 4: Elektrische Neuanlage mit Schutzpotenzialausgleich über die Haupterdungsschiene

b) _____

_____

_____

b) _____

_____

_____

Blatt-Nr.: 11.8 — Schutzmaßnahmen, Schutzpotenzialausgleich (2)

> Der Schutzleiter (PE) und der Schutzpotenzialausgleichsleiter (PB) müssen in einer elektrischen Anlage normgerecht und sorgfältig installiert werden, damit der Schutz von Personen und Nutztieren gewährleistet wird.

7. **a)** Benennen Sie im **Bild** die gekennzeichneten elektrischen Bauteile mit Fachbegriffen. **b)** Zeichnen Sie die fehlenden Schutz- und Schutzpotenzialausgleichsleiter ein. **c)** Benennen Sie diese Leiter mit ihren Kurzbezeichnungen (PE und PB).

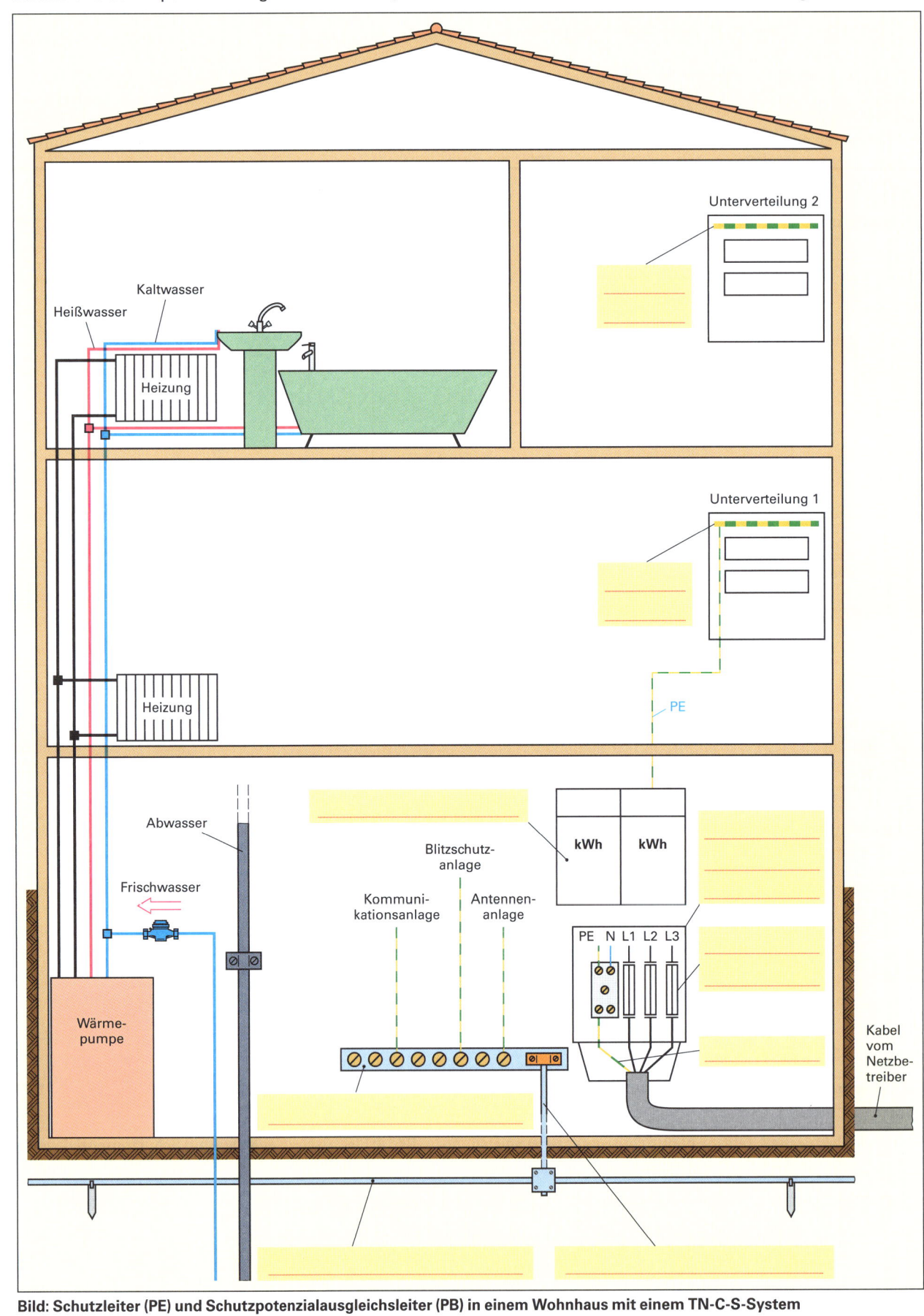

Bild: Schutzleiter (PE) und Schutzpotenzialausgleichsleiter (PB) in einem Wohnhaus mit einem TN-C-S-System

Schutzmaßnahmen
Schutz durch automatische Abschaltung der Stromversorgung im TN-System

Blatt-Nr.: 11.9

> Die Schutzmaßnahme „Schutz durch automatische Abschaltung der Stromversorgung" gehört zu den am häufigsten verwendeten Schutzmaßnahmen, die eine Elektrofachkraft planen, installieren und prüfen muss.

1. Wie wird das Bestehenbleiben einer gefährlichen Berührungsspannung bei einem Körperschluss verhindert?

2. Nennen Sie drei Schutzeinrichtungen im TN-S-System.
   -
   -
   -

3. a) Benennen Sie im **Bild 1** die Bauteile 1 bis 8 fachgerecht.
   b) Ergänzen Sie nach DIN VDE 0100 Teil 410 im **Bild 1** die maximalen Abschaltzeiten.

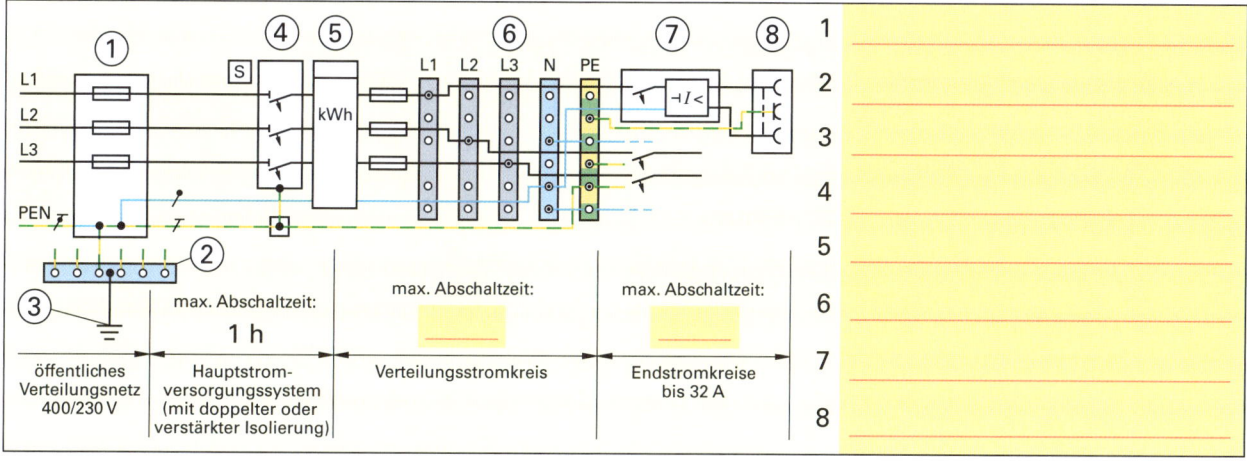

Bild 1: Maximale Abschaltzeiten für Stromkreise im TN-C-S-System

4. Ermitteln Sie aus den Auslösekennlinien (**Bild 2**) für einen LS-Schalter 16 A, Charakteristik B, den Faktor n für eine sichere Auslösezeit von 0,4 s.
   a) Tragen Sie den Auslöseschnittpunkt mit einem roten Kreis in den Kennlinienverlauf ein.
   b) Berechnen Sie den Abschaltstrom.

Abschaltstrom $I_a = n \cdot I_N =$

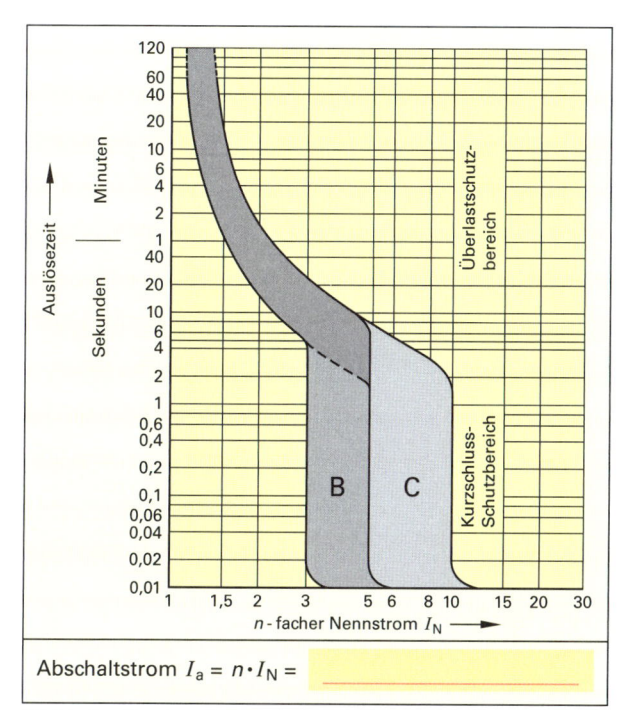

Bild 2: Auslösekennlinien LS-Schalter Typ B und C

5. Ergänzen Sie die **Tabelle**.

Tabelle: Abschaltbedingungen für Überstrom-Schutzeinrichtungen im TN-System nach DIN VDE 0100-410	
Formel	
Z_S	Scheinwiderstand der Fehlerstromschleife
I_a	
U_0	

6. Für einen 230-V-Lichtstromkreis beträgt die errechnete Schleifenimpedanz der Leitung 1,7 Ω. Der Stromkreis soll mit einem LS-Schalter 16 A Typ B geschützt werden. Überprüfen Sie durch Rechnung, ob die Abschaltbedingung erfüllt wird und bewerten Sie das Rechenergebnis in einem Antwortsatz.

Geg.:
Ges.:
Lösung:

Antwortsatz:

Schutzmaßnahmen
Zusätzlicher Schutz durch Fehlerstrom-Schutzeinrichtung (RCD) im TN-System

Blatt-Nr.: 11.10

> Eine Fehlerstrom-Schutzeinrichtung (RCD) ist eine Zusatz-Schutzeinrichtung. Sie ist für elektrische Anlagen mit besonders unfallgefährdeten Bereichen, sowie für allgemeine Steckdosenstromkreise vorgeschrieben, um, z. B. bei einem Körperschluss, die Stromversorgung sicher abzuschalten. Gleichzeitig wirkt die FI-Schutzeinrichtung als Brandschutz.

1. Nennen Sie für den Personenschutz in elektrischen Anlagen vorgeschriebene Bereiche, die zusätzlich mithilfe von Fehlerstrom-Schutzeinrichtungen geschützt werden müssen.

2. In welchen TN-Systemen sind FI-Schutzeinrichtungen (RCDs) zugelassen? Tragen Sie die Wörter „zulässig" und „nicht zulässig" in die **Tabelle 1** ein.

Tabelle 1: RCD im TN-System

TN-C-System	TN-S-System

3. Ergänzen Sie die **Tabelle 2**.

Tabelle 2: Abschaltbedingung für RCD im TN-System

Formel	
Z_S	
$I_{\Delta N}$	Bemessungs-Differenzstrom
U_0	

4. a) Berechnen Sie den maximal zulässigen Schleifenwiderstand für einen Steckdosenkreis-Stromkreis, bis zu dem die Abschaltbedingung im TN-S-System durch einen RCD mit $I_{\Delta N}$ = 30 mA erfüllt wird.
   b) Beurteilen Sie aus praktischer Sicht das Rechenergebnis im Antwortsatz.

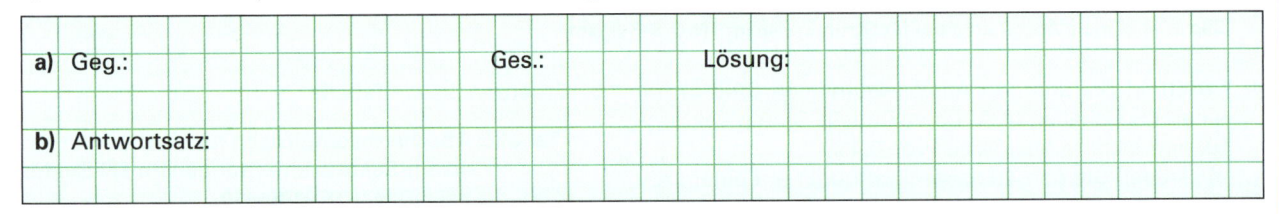

a) Geg.:   Ges.:   Lösung:

b) Antwortsatz:

5. Zeichnen Sie in den **Bildern 1** und **2** den Verlauf des Fehlerstromkreises rot ein. Tragen Sie unter jedem Bild ein, ob die RCD abschaltet oder nicht abschaltet.
   Hinweis: Überstrom-Schutzeinrichtungen und Fundamenterder sind nicht eingezeichnet.

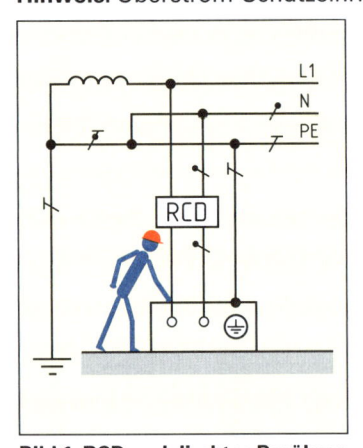

Bild 1: RCD und direktes Berühren   Bild 2: RCD und Körperschluss   Bild 3: RCD und Kurzschluss

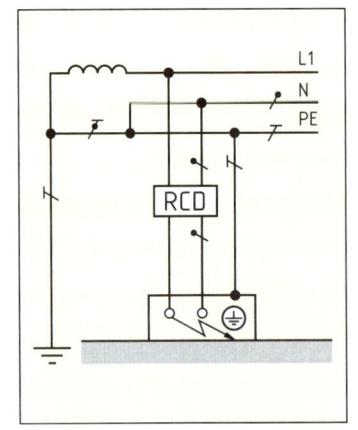

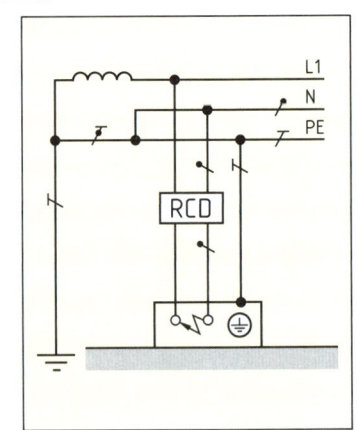

RCD schaltet _____   RCD schaltet _____   RCD schaltet _____

6. Welche Schlussfolgerung ist aus der richtigen Entscheidung von **Bild 3** zu ziehen?

Schutzmaßnahmen
Schutz durch automatisches Abschalten der Stromversorgung im TT-System

Blatt-Nr.: 11.11

> Für TT-Systeme ist der Fehlerschutz durch automatische Abschaltung der Stromversorgung wirtschaftlich meist nur mittels Fehlerstrom-Schutzeinrichtungen möglich.

1. Tragen Sie im **Bild 1** den Fehlerstromverlauf rot ein.

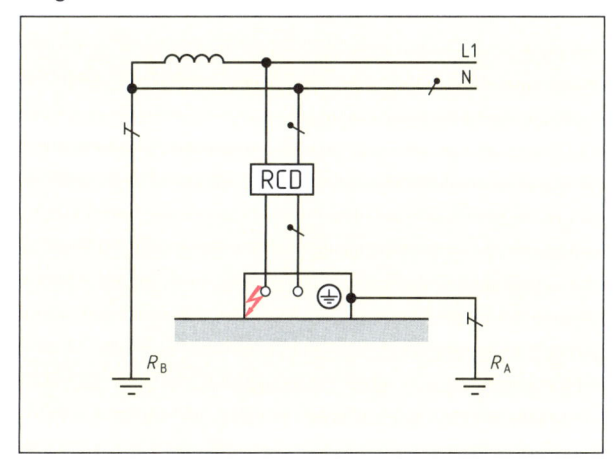

Bild 1: Prinzip des Schutzes im TT-System

2. Wie wirkt sich im TT-System ein Körperschluss aus?

   Körperschluss wird zum _____

3. Ergänzen Sie die **Tabelle**.

Tabelle: Abschaltbedingung für RCD im TT-System	
Formel	
R_A	
$I_{\Delta N}$	

4. Berechnen Sie im TT-System den maximalen Summenwert des Erderwiderstandes R_A mithilfe der Abschaltbedingung für FI-Schutzeinrichtungen, wenn zum automatischen Abschalten im Fehlerfall eine FI-Schutzeinrichtung mit $I_{\Delta N}$ = 30 mA eingesetzt wird.

   Geg.:   Ges.:

   Lösung:

5. Begründen Sie, warum es im TT-System vorteilhaft ist, zusätzlich zur Überstrom-Schutzeinrichtung eine Fehlerstrom-Schutzeinrichtung zu verwenden.

6. Ergänzen Sie im **Bild 2** für ein TT-System die fehlenden Verbindungsleitungen zu den Verbrauchern, die Schutzeinrichtungen gegen Überlastung und Kurzschluss, sowie die notwendigen Schmelzsicherungen im Hausanschlusskasten.

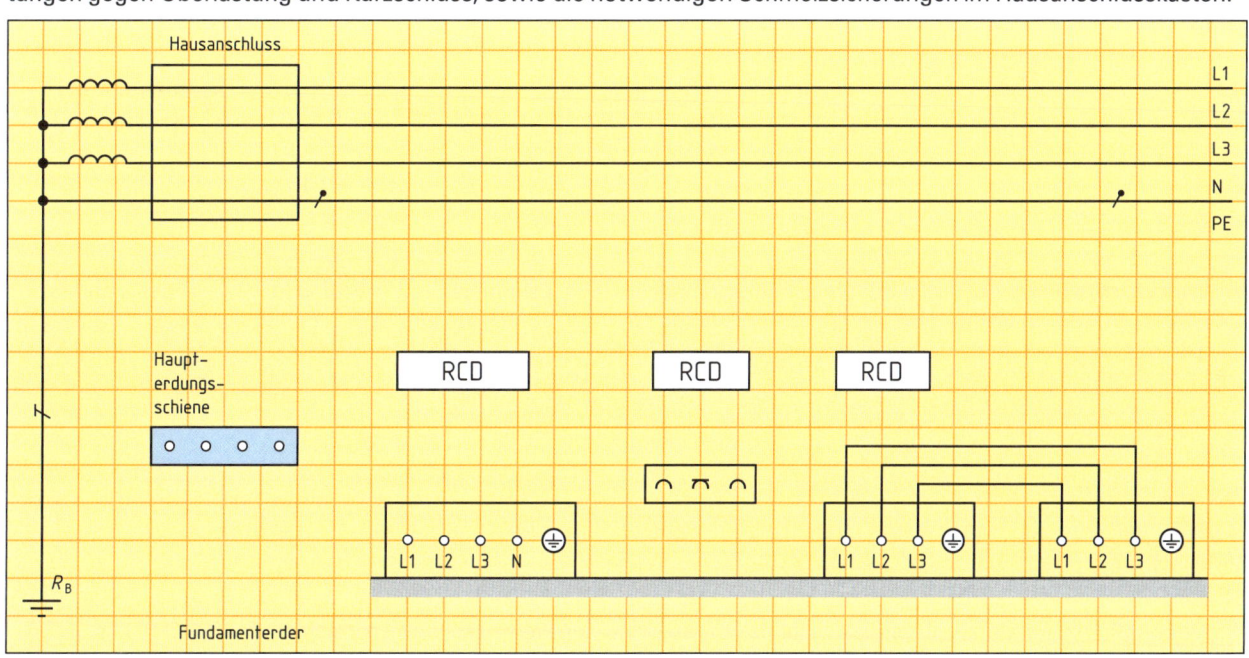

Bild 2: TT-System mit Schutzeinrichtungen

Schutzmaßnahmen
Schutz durch automatisches Abschalten der Stromversorgung im IT-System

Blatt-Nr.: 11.12

> Das IT-System wird zur elektrischen Stromversorgung angewendet, wenn eine erhöhte Ausfallsicherheit der Stromversorgung notwendig ist, z. B. in Operationsräumen. Bei einem ersten Isolationsfehler wird die Stromversorgung aufrecht erhalten, der Fehler aber erkannt und gemeldet. Beim Auftreten eines zweiten Fehlers wird die Stromversorgung automatisch abgeschaltet.

1. Wodurch wird im IT-System ein Isolationsfehler erkannt und gemeldet, obwohl die Stromversorgung nicht abgeschaltet wird?

2. Warum muss im IT-System beim Auftreten nur eines Körperschlusses die Stromversorgung nicht automatisch abgeschaltet werden? Welche Bedingung muss dazu eingehalten werden?

3. Ergänzen Sie in der **Tabelle** die Erdungsbedingung im IT-System.

Tabelle: Erdungsbedingung im IT-System	
Formel	
R_A	Summe der Widerstände des Erders und des PE-Leiters der Körper
I_d	

4. Berechnen Sie den maximalen zulässigen Erderwiderstand R_A, wenn beim 1. Fehler ein Strom von 20 mA fließt. Geben Sie im Antwortsatz an, ob R_A hoch- oder niedrigohmig ist.

Geg.: Ges.:
Lösung:
Antwortsatz:

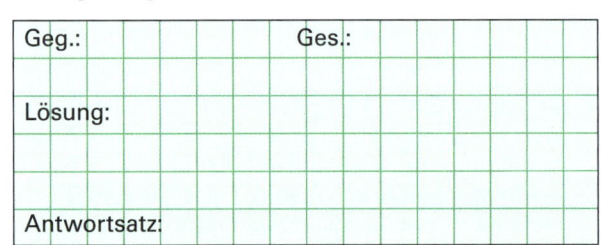

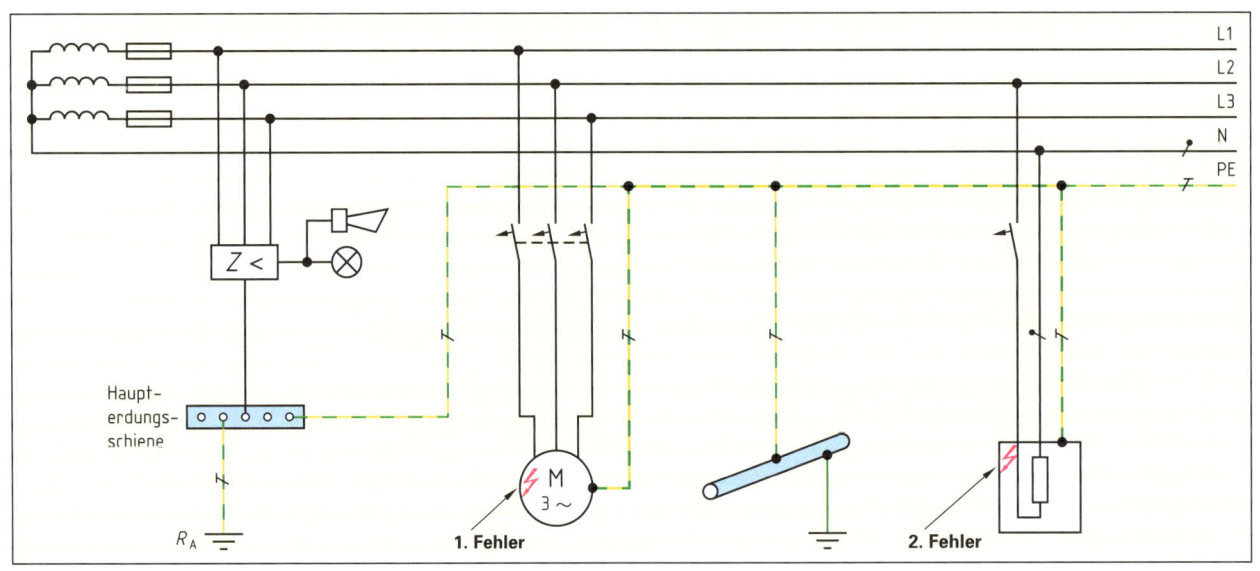

Bild: IT-System mit Überwachungs- und Schutzeinrichtungen

5. Warum ist es beim Auftreten nur eines Fehlers (**Bild**, 1. Fehler) ungefährlich mit den Verbrauchern weiter zu arbeiten, obwohl eine gefährliche Spannung anliegt?

6. Zeichnen Sie im **Bild** den Verlauf des Fehlerstromes beim Auftreten des 1. Fehlers und des 2. Fehlers ein.

7. Was geschieht, wenn in einem IT-System ein Doppelfehler auftritt?

8. Geben Sie die maximal zulässige Abschaltzeit t_a an, wenn die Nennwechselspannung U_0 = 230 V beträgt und ein Doppelfehler eintritt.

$t_a \leq$ _____

Gebäudetechnische Anlagen
Lichttechnische Größen bei Beleuchtungsanlagen (1)

Blatt-Nr.: 12.1

> Bei der Planung von Beleuchtungsanlagen, z. B. einer Beleuchtung für ein Büro oder eine Werkstatt, müssen die Anzahl der Leuchten sowie deren Dimensionierung und Anordnung bestimmt werden. Dazu werden Kenntnisse über Eigenschaften zur Farbwiedergabe, z. B. dem Lichtspektrum (**Bild 1**), dem Farbwiedergabeindex und lichttechnische Größen, z. B. Lichtstrom, Lichtstärke und Beleuchtungsstärke, benötigt. Weiterhin müssen Kriterien, z. B. Blendung, Tageslichteinflüsse und Lichtrichtung, berücksichtigt werden.

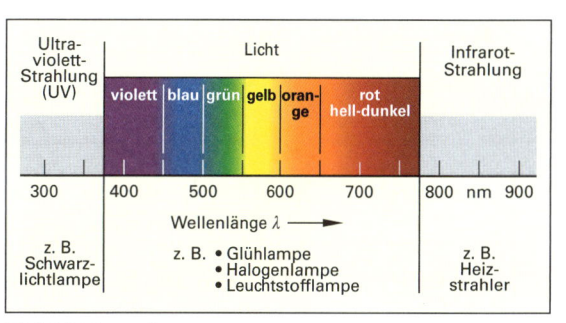

Bild 1: Lichtspektrum

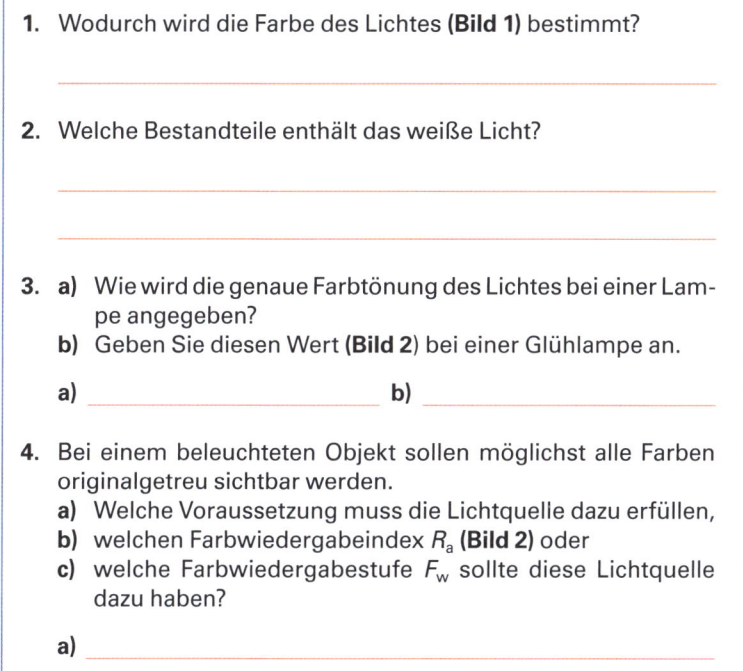

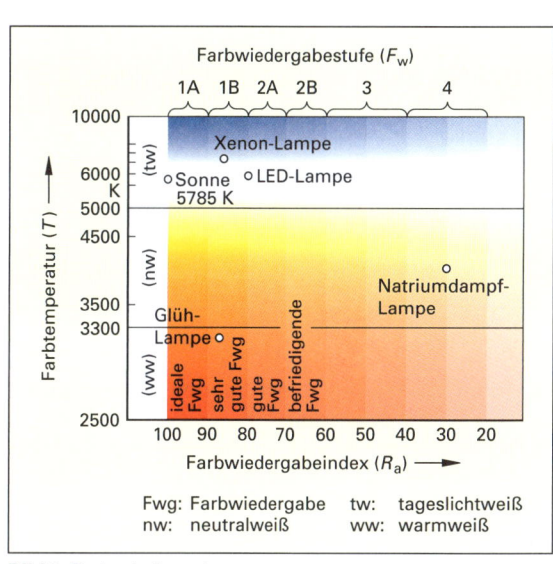

1. Wodurch wird die Farbe des Lichtes (**Bild 1**) bestimmt?

2. Welche Bestandteile enthält das weiße Licht?

3. a) Wie wird die genaue Farbtönung des Lichtes bei einer Lampe angegeben?
   b) Geben Sie diesen Wert (**Bild 2**) bei einer Glühlampe an.

   a) _____ b) _____

4. Bei einem beleuchteten Objekt sollen möglichst alle Farben originalgetreu sichtbar werden.
   a) Welche Voraussetzung muss die Lichtquelle dazu erfüllen,
   b) welchen Farbwiedergabeindex R_a (**Bild 2**) oder
   c) welche Farbwiedergabestufe F_w sollte diese Lichtquelle dazu haben?

   a) _____ b) _____ c) _____

Bild 2: Farbwiedergabe

5. Bei einer Leuchtstofflampe wird die Lichtfarbe warmweiß (ww) angegeben. Welcher Farbtönung und welchem Farbtemperaturbereich entspricht das?

6. Bei der Beleuchtung eines Verkehrsschildes mit einer Natriumdampflampe erscheinen die roten Bestandteile des Verkehrsschildes schwarz. Welche Ursache hat dieser Effekt?

7. Wodurch unterscheiden sich Lichtstrom und Lichtstärke bei einer Lichtquelle?

8. Anbieter von Leuchten geben in ihren Prospekten Lichtstärkeverteilungskurven (**Tabelle**) an. Was kann daraus ermittelt werden?

Tabelle: Lichtstärkeverteilungskurven

Grundform der Leuchte und Lichtverteilung	Lichtabstrahlung in % nach unten	Lichtabstrahlung in % nach oben	Lichtstärkeverteilungskurve für Φ_v = 1000 lm
direkte Lichtverteilung	100 bis 90	0 bis 10	
gleichförmige Lichtverteilung	60 bis 40	40 bis 60	

Blatt-Nr.: 12.2 — Gebäudetechnische Anlagen, **Lichttechnische Größen bei Beleuchtungsanlagen (2)**

9. Zur Planung von Beleuchtungsanlagen werden lichttechnische Größen sowie deren Formelzeichen und Einheiten benötigt. Ergänzen Sie dazu die **Tabelle**.

Benennung Größe	Formelzeichen	Einheit	Einheitenzeichen	Bedeutung	Formel
Lichtstrom	Φ_v	Lumen	lm	abgestrahlte Lichtleistung	$\Phi_v = E_v \cdot A$ (A beleuchtete Fläche)
Lichtstärke					
Leuchtdichte					
Beleuchtungsstärke					
Lichtausbeute					

10. Trifft Licht auf ein Objekt, können in Abhängigkeit des Objektes vier lichttechnische Effekte auftreten. Beschreiben Sie kurz deren Bedeutung.

- Reflexion: Licht wird zurückgeworfen
- Streuung:
- Transmission:
- Absorption:

11. Wodurch entsteht bei einer Beleuchtungsanlage Blendung?

12. Ergänzen Sie die fehlenden Kriterien für eine gute Beleuchtung.

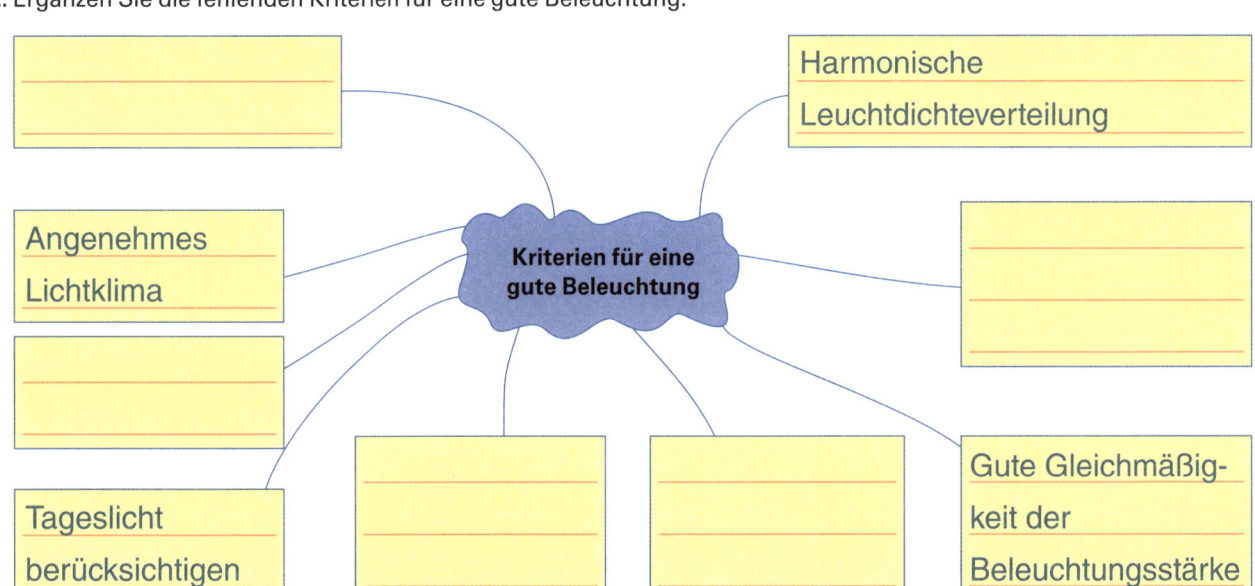

Kriterien für eine gute Beleuchtung

- Harmonische Leuchtdichteverteilung
- Angenehmes Lichtklima
- Tageslicht berücksichtigen
- Gute Gleichmäßigkeit der Beleuchtungsstärke

Gebäudetechnische Anlagen
Lampen (1)

Blatt-Nr.: 12.3

> Zur Erzeugung von Licht werden verschiedene Lampenarten (**Bild 1**) verwendet. Je nach Anforderungen, z.B. Farbwiedergabe, Lebensdauer oder Lichtausbeute, muss man die richtige Lampe auswählen. Die unterschiedlichen Eigenschaften einer Lampe sind oft nur an bestimmten festgelegten Kennzeichnungen auf der Lampe zu erkennen. Eine Lampe wird meist in einer Leuchte betrieben. Dazu werden verschiedene Steck- oder Schraubsockel für eine Lampe verwendet, die man kennen muss, damit die Lampe in den Sockel passt.

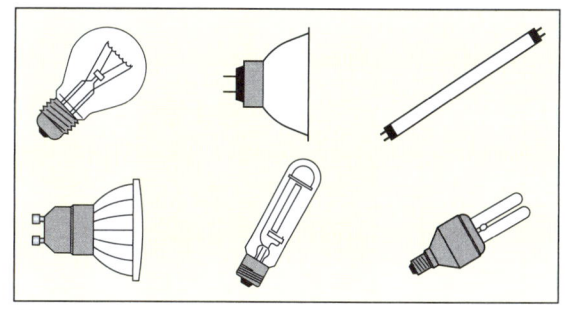

Bild 1: Lampenarten

1. Ergänzen Sie in der **Tabelle** die fehlenden Merkmale der Glühfadenlampen.

Tabelle: Glühfaden-Lampenarten

Prinzip	Bezeichnung		a) Lebensdauer in h, b) Lichtausbeute in lm/W	Besondere Merkmale	Anwendungs-bereich
Glühfaden	Glühlampe		a) _____ b) _____	Nur noch für Sonderanwendungen zulässig	z.B. Backofen, Kühlschrank
	_____		a) _____ b) _____	Auch für Kleinspannungsbetrieb, Betrieb mit Transformator	Strahler, Akzent-beleuchtung

2. Erklären Sie die Vorteile von Hochvolt- zu Niedervolt-Halogenlampen.

_____
_____
_____

3. Benennen Sie in **Bild 2**
   a) die Hochvolt-Halogenlampen und
   b) die Niedervolt-Halogenlampen
   mit den richtigen Sockelbezeichnungen.

a) _____   _____

b) _____   _____

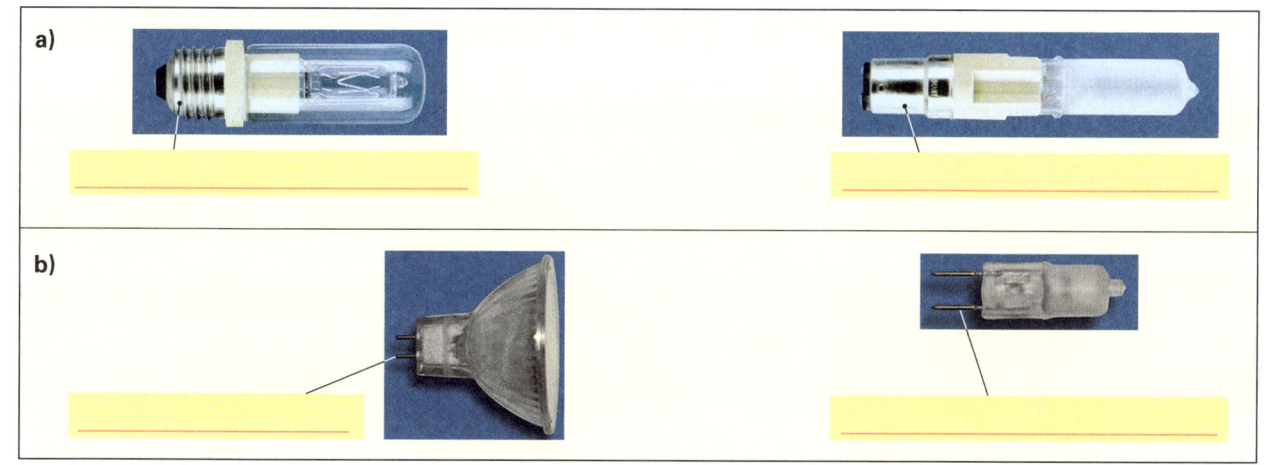

Bild 2: Sockel für Hochvolt- und Niedervolt-Halogenlampen

4. Welche Angabe steckt in den Zahlenangaben bei den Stiftsockel-Bezeichnungen?

_____

5. Welche Gefahr bezüglich des Montageortes besteht bei Halogen-Glühlampen?

_____
_____

Blatt-Nr.: 12.4 — Gebäudetechnische Anlagen, **Lampen (2)**

6. Ergänzen Sie in der **Tabelle 1** die fehlenden Merkmale der folgenden Gasentladungslampen.

Tabelle 1: Gasentladungs-Lampenarten					
Prinzip	Bezeichnung		a) Lebensdauer in h, b) Lichtausbeute in lm/W	Besondere Merkmale	Anwendungs-bereich
Gas-entladung			a) b)	mit E-Gewinde, enthält Quecksilber	Wohnbereich
			a) b)	einseitig gesockelt, Betrieb mit Vorschaltgerät, enthält Quecksilber	Wohnbereich, Außenbereich, Sicherheits-beleuchtung
			a) b)	häufigst genutzte Lampe, enthält Quecksilber	Schulen, Büro, Verkauf, Industrie

7. Benennen Sie die Bezeichnung einer stabförmigen Leuchtstofflampe T8.

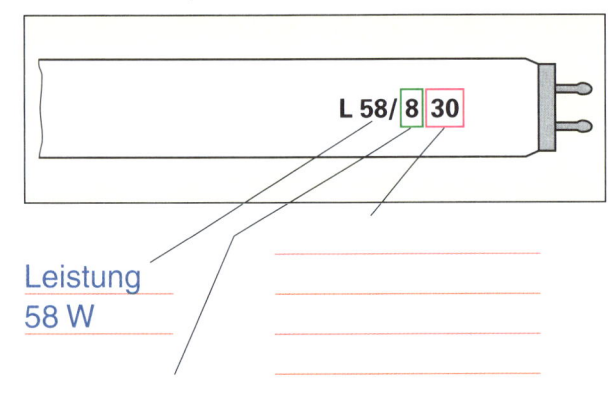

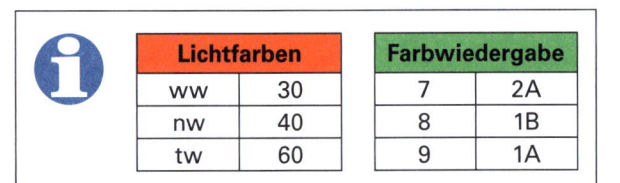

L 58/ 8 30

Leistung
58 W

	Lichtfarben		Farbwiedergabe	
ℹ️	ww	30	7	2A
	nw	40	8	1B
	tw	60	9	1A

8. Ordnen Sie bei einer Leuchtstofflampe T8 den unterschiedlichen Längen die richtige Leistung zu.

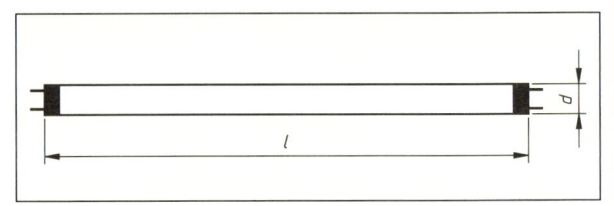

Leistung *P* in W	Länge *l* in mm
	590 mm
	1200 mm
	1500 mm

9. Ergänzen Sie die **Tabelle 2** der folgenden LED-Lampen.

Tabelle 2: LED-Lampenarten					
Prinzip	Bezeichnung		a) Lebensdauer in h, b) Lichtausbeute in lm/W	Besondere Merkmale	Anwendungs-bereich
LED			a) b)		Wohnbereich
					Weg- und Konturen-beleuchtung
					Ersatz für Leuchtstoff-lampen

10. Welche Vorteile haben LED-Lampen gegenüber Leuchtstofflampen?

Gebäudetechnische Anlagen
Elektrogeräte – Aufbau und Funktion (1)

Blatt-Nr.: 12.5

> Bei der Fehlersuche an einem defekten Elektrogerät, z.B. einem Kühl- oder einem Mikrowellengerät **(Bild 1)**, benötigt man genaue Kenntnisse von dessen Aufbau und Funktionsweise. Damit kann man Fehler systematisch eingrenzen. Das ist die Voraussetzung für eine fachgerechte und kostengünstige Reparatur.

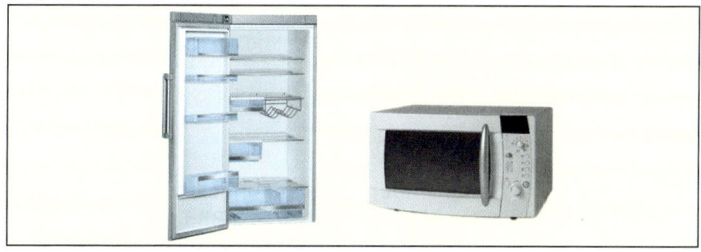

Bild 1: Kühl- und Mikrowellengerät

Kühlgerät

1. Nennen Sie die fehlenden Bezeichnungen für die Bestandteile eines Verdichter-Kühlgerätes **(Bild 2)**.

   ① Verdampfer
   ②
   ③
   ④
   ⑤
   ⑥

2. Welche Funktion haben die gekennzeichneten elektrischen Betriebsmittel **(Bild 3)** beim Verdichter-Kühlgerät?

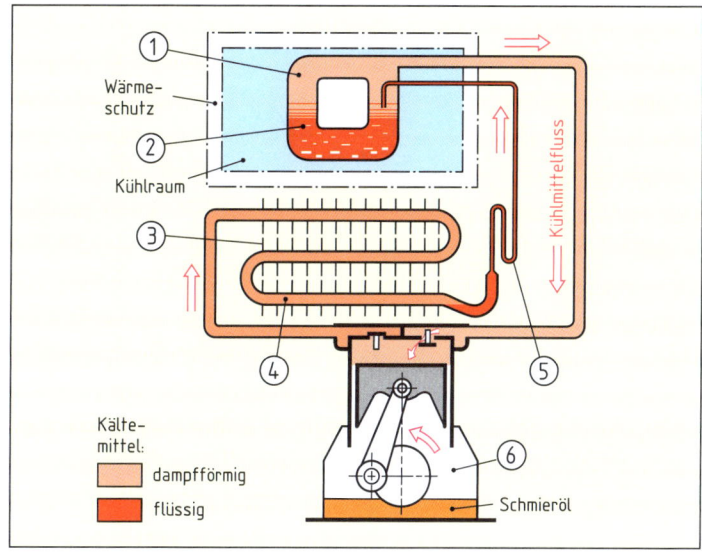

   ① Temperaturregler
   ②
   ③
   ④
   ⑤

Bild 2: Bestandteile Verdichter-Kühlgerät

3. Beschreiben Sie
   a) Bezeichnung und die Aufgabe von B1 **(Bild 3)** und
   b) das Verhalten von B1 bei zu niedriger und zu hoher Temperatur.

   a)

   b)

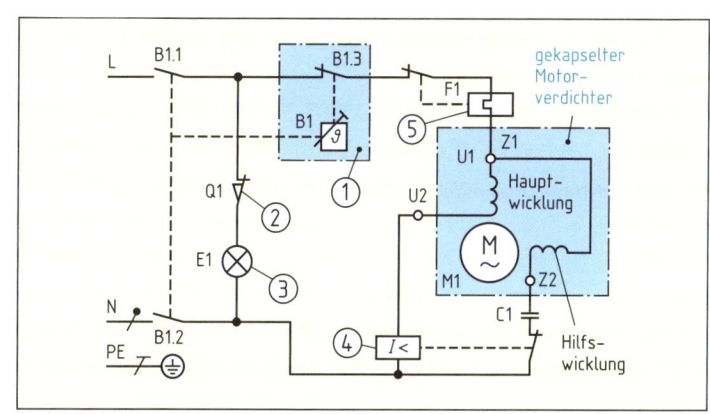

Bild 3: Stromlaufplan Verdichter-Kühlgerät

4. Erklären Sie die Auswirkung, wenn das Anlaufrelais nicht schaltet.

5. Welche Folge hat das Verschmutzen der Kühlrippen des Verflüssigers auf der Rückseite des Kühlschrankes?

| Blatt-Nr.: 12.6 | Gebäudetechnische Anlagen, **Elektrogeräte – Aufbau und Funktion (2)** |

Mikrowellenherd

6. Beschreiben Sie die Art der Wärmeerzeugung bei einem Mikrowellenherd.

___

7. Ergänzen Sie die fehlenden Bezeichnungen für die Bestandteile des Mikrowellenherdes (**Bild 1**).

① Garraum

② ___

③ ___

④ ___

⑤ ___

⑥ ___

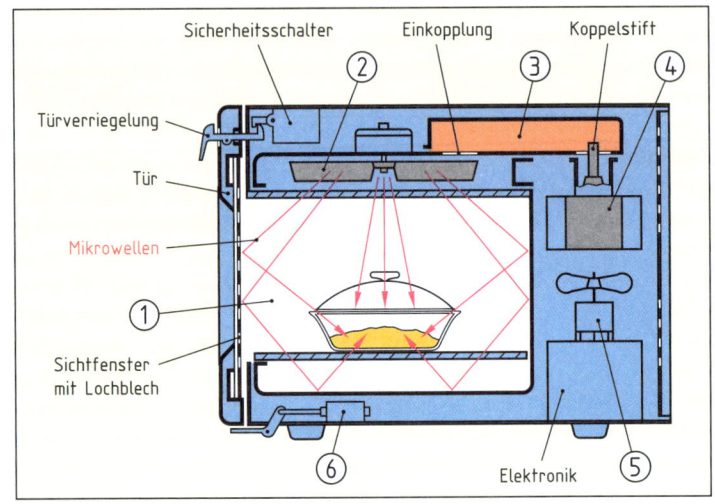

Bild 1: Bestandteile Mikrowellenherd

8. a) Welche Schalter (**Bild 2**) dienen zur sicheren Abschaltung des Mikrowellenherdes beim Öffnen der Tür und
   b) warum werden dazu mehrere Schalter verwendet?

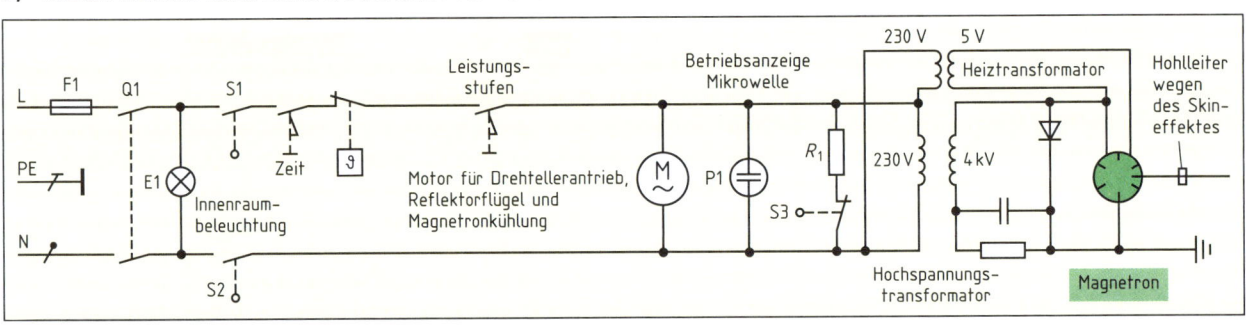

Bild 2: Stromlaufplan Mikrowellenherd

a) ___

b) ___

9. Nach dem Einschalten des Mikrowellenherdes leuchtet die Innenraumbeleuchtung und der Drehteller rotiert. Es entsteht jedoch keine Wärme. Welche elektrischen Betriebsmittel (**Bild 2**) kommen für diesen Fehler infrage?

___

10. a) Welche Frequenz wird bei einem Mikrowellenherd zur Wärmeerzeugung verwendet?
    b) Nennen Sie zwei Übertragungsstandards, welche die gleiche Frequenz zur Signalübertragung verwenden.

a) ___

b) ___

11. Welche Prüfung muss nach Abschluss der Reparatur am Mikrowellenherd durchgeführt werden?

___

Gebäudetechnische Anlagen
Prüfung von Elektrogeräten (1)

Blatt-Nr.: 12.7

> Ein Elektrogerät, z.B. ein Heizgerät, muss nach einer Reparatur auf seine elektrische Sicherheit geprüft werden, bevor es dem Kunden ausgehändigt wird. In der Unfallverhütungsvorschrift DGUV Vorschrift 3 der deutschen gesetzlichen Unfallversicherung wird verlangt, dass diese Prüfung im gewerblichen Bereich, z.B. in einem Handwerksbetrieb, in bestimmten Zeitabständen wiederholt werden muss. Die Prüffristen sind in der DGUV Vorschrift 3, abhängig vom Gewerbe, festgelegt. Durch die Wiederholungsprüfung sollen vorbeugend eventuelle Sicherheitsmängel erkannt werden. Die Prüfung ist nach DIN VDE 0701-0702 festgelegt. Für die Durchführung der Messungen wird ein spezielles Messgerät **(Bild 1)** benötigt.

Bild 1: Messgeräte (Beispiele) zur Prüfung nach DIN VDE 0701-0702

1. Nennen Sie die drei grundlegenden Schritte bei der Prüfung von Elektrogeräten nach DIN VDE 0701-0702.

Sichtprüfung → _____ → _____

2. Nach der Reparatur eines Elektrogerätes wird zuerst die Sichtprüfung durchgeführt. Geben Sie wichtige Teile an, die bei der Sichtprüfung berücksichtigt werden müssen.

- Gehäuse
- _____
- _____
- _____
- _____
- _____
- _____

3. a) Ergänzen Sie im **Bild 2** den Anschluss der Messleitungen bei der Messung des Schutzleiterwiderstandes.

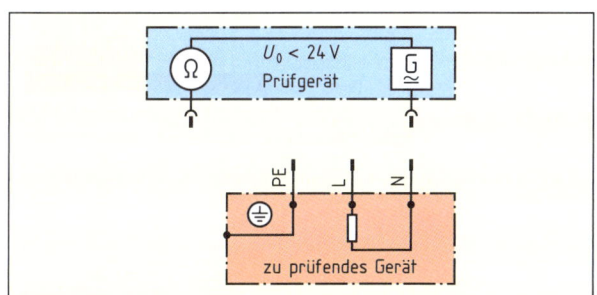

Bild 2: Messung des Schutzleiterwiderstandes

b) Berechnen Sie den maximalen zulässigen Wert für den Schutzleiterwiderstand, wenn die Anschlussleitung für max. 10 A eine Länge von 12 m hat.

Anschlussleitung: $R_{PEmax\ 5\ m} =$

Verlängerung Anschlussleitung: $R_{PEmax\ 7,5\ m} =$

$R_{PEmax\ 12\ m} \approx R_{PEmax\ 5\ m} + R_{PEmax\ 7\ m}$

$R_{PEmax\ 12\ m} \approx$

c) Warum muss die Anschlussleitung bei der Messung bewegt werden?

_____

4. a) Ergänzen Sie im **Bild 3** den Anschluss der Messleitungen bei der Messung des Isolationswiderstandes.

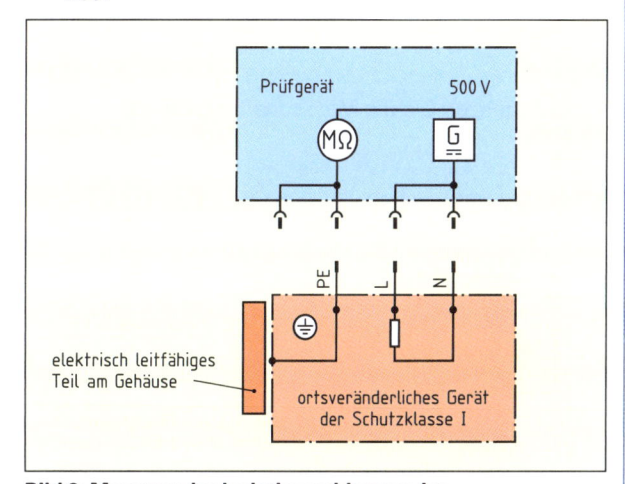

Bild 3: Messung des Isolationswiderstandes

b) Warum führt bei einem Gerät mit einem elektronischen Netzteil die Messung des Isolationswiderstandes zu einem falschen Ergebnis?

_____

c) Ergänzen Sie die fehlenden Werte für die minimalen Isolationswiderstände bei den verschiedenen Schutzklassen (SK).

SK I ohne Heizelemente: _____

SK II: _____

Gebäudetechnische Anlagen, Prüfung von Elektrogeräten (2)

5. Bei der Messung des Isolationswiderstandes mit 500-V-Gleichspannung wird der Wechselstromwiderstand der Isolation nicht berücksichtigt. Zum Beispiel bewirkt der Wechselstromwiderstand eines Entstörkondensators in einem Gerät der Schutzklasse I, dass ein Wechselstrom zum Gehäuse über den Schutzleiter zur Erde fließt. Dieser Wechselstrom über den Schutzleiter (Ableitstrom) muss als Ersatz oder zusätzlich zum Isolationswiderstand gemessen werden.
   a) Benennen Sie die grundlegenden Methoden und
   b) beschreiben Sie die Messung des Ableitstromes (**Bild 1**) und
   c) ergänzen Sie den maximalen Wert, der dabei nicht überschritten werden darf.

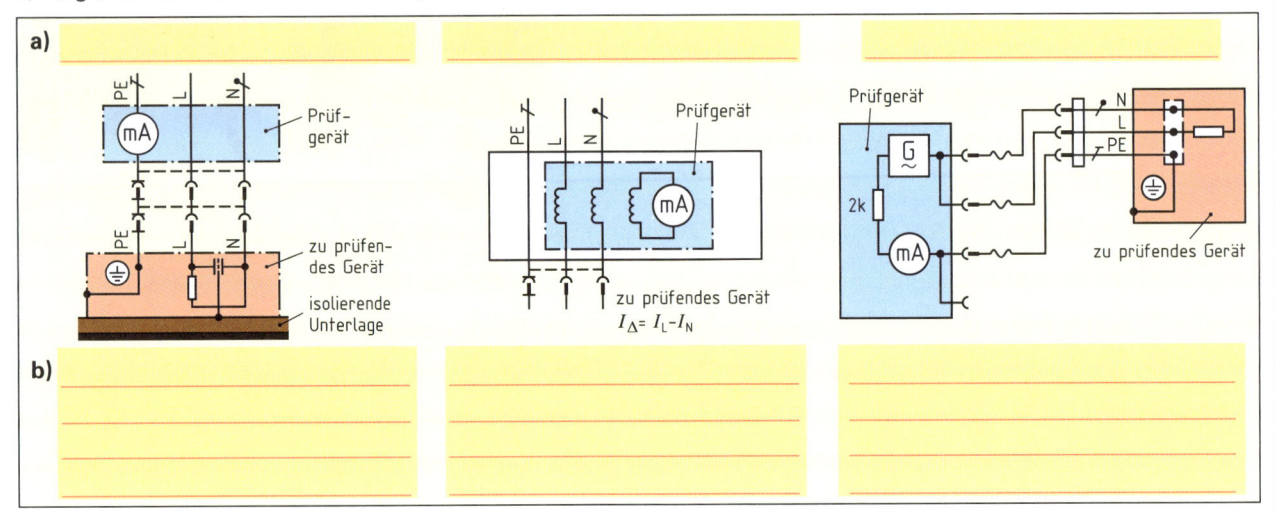

Bild 1: Methoden zur Messung des Schutzleiterstromes (Ableitstrom)

c) Grenzwert des maximalen Schutzleiterstromes bei Geräten bis 3,5 kW: _____

6. Der Berührungsstrom muss an leitfähigen Teilen gemessen werden, die nicht mit dem Schutzleiter verbunden sind.
   a) Nennen Sie den maximalen Wert für den Berührungsstrom nach DIN VDE 0701-0702.

   b) Ergänzen Sie die Messschaltung (**Bild 2**)

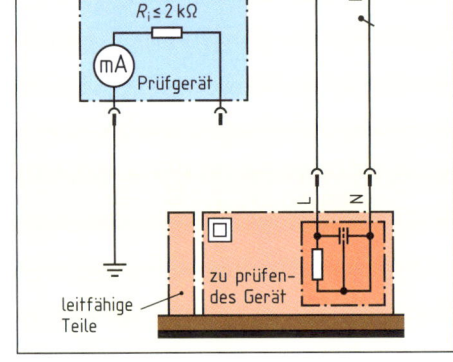

Bild 2: Messung des Berührungsstromes

7. Ergänzen Sie den Prüfungsablauf (**Bild 3**) für die Prüfung eines ortsveränderlichen Elektrogerätes nach Schutzklasse I und II.

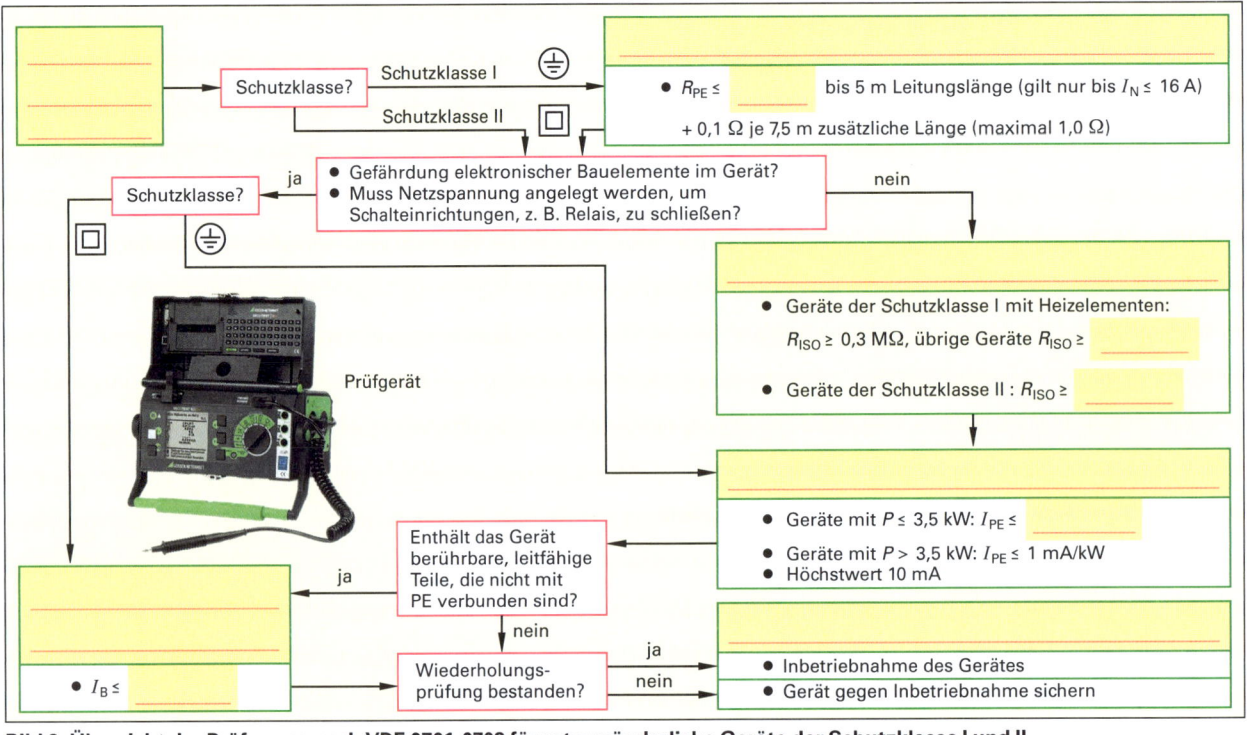

- $R_{PE} \leq$ _____ bis 5 m Leitungslänge (gilt nur bis $I_N \leq$ 16 A)
  + 0,1 Ω je 7,5 m zusätzliche Länge (maximal 1,0 Ω)

- Gefährdung elektronischer Bauelemente im Gerät?
- Muss Netzspannung angelegt werden, um Schalteinrichtungen, z. B. Relais, zu schließen?

- Geräte der Schutzklasse I mit Heizelementen:
  $R_{ISO} \geq$ 0,3 MΩ, übrige Geräte $R_{ISO} \geq$ _____
- Geräte der Schutzklasse II : $R_{ISO} \geq$ _____

- Geräte mit $P \leq$ 3,5 kW: $I_{PE} \leq$ _____
- Geräte mit $P >$ 3,5 kW: $I_{PE} \leq$ 1 mA/kW
- Höchstwert 10 mA

Enthält das Gerät berührbare, leitfähige Teile, die nicht mit PE verbunden sind?

Wiederholungsprüfung bestanden?

- Inbetriebnahme des Gerätes
- Gerät gegen Inbetriebnahme sichern

- $I_B \leq$ _____

Bild 3: Übersicht der Prüfungen nach VDE 0701-0702 für ortsveränderliche Geräte der Schutzklasse I und II

Gebäudetechnische Anlagen
Dämpfung und Verstärkung in Antennenanlagen

Blatt-Nr.: 12.9

Bei der Planung von Übertragungsstrecken, z.B. in Antennenanlagen, sind Berechnungen zu Dämpfung, Verstärkung und Pegelwerten durchzuführen. Die Übertragungsstrecke besteht aus einzelnen Übertragungsgliedern (**Bild 1**), z.B. Verstärker, welche die Leistung oder Spannung eines Signals vergrößern bzw. verstärken oder Leitungen und Anschlussdosen, die eine Verkleinerung bzw. Dämpfung des Signals bewirken. Die Angabe von Dämpfung und Verstärkung erfolgen in der Regel in dB (Dezibel).

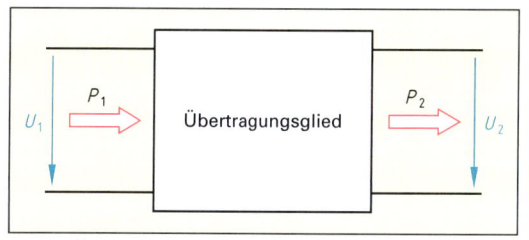

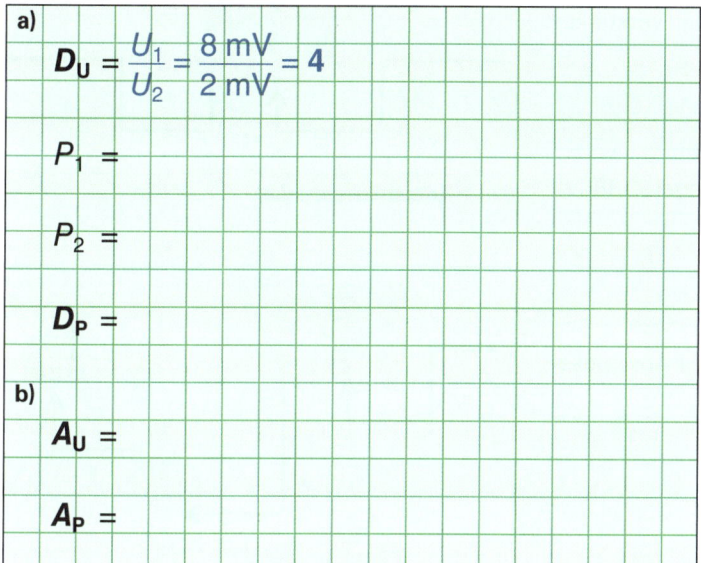

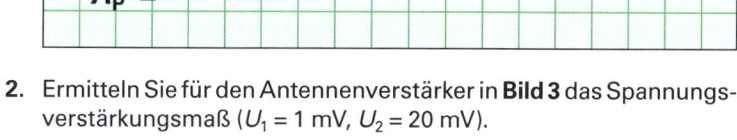

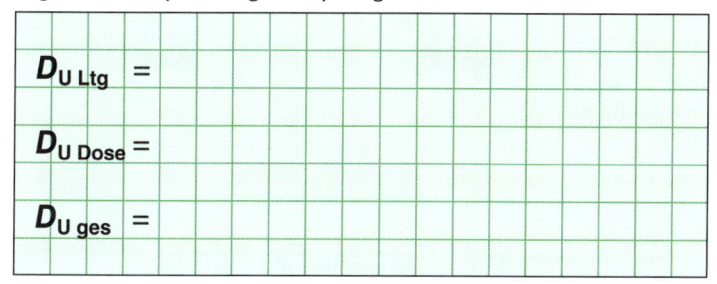

Bild 1: Übertragungsglied (Prinzip)

Übersicht: Berechnung von Dämpfung und Verstärkung

$V_u = \dfrac{U_2}{U_1}$ $V_p = \dfrac{P_2}{P_1}$ $A_u = 20 \cdot \lg \dfrac{U_1}{U_2}$ $A_p = 10 \cdot \lg \dfrac{P_1}{P_2}$

$D_u = \dfrac{U_1}{U_2}$ $D_p = \dfrac{P_1}{P_2}$ $G_u = 20 \cdot \lg \dfrac{U_2}{U_1}$ $G_p = 10 \cdot \lg \dfrac{P_2}{P_1}$

V_u Spannungsverstärkungsfaktor
U_1 Eingangsspannung
U_2 Ausgangsspannung
V_p Leistungsverstärkungsfaktor
P_1 aufgenommene Leistung
P_2 abgegebene Leistung
D_u Spannungsdämpfungsfaktor
D_p Leistungsdämpfungsfaktor

A_u Spannungsdämpfungsmaß in dB
U_1 Eingangsspannung in V
U_2 Ausgangsspannung in V
A_p Leistungsdämpfungsmaß in dB
P_1 aufgenommene Leistung in W
P_2 abgegebene Leistung in W
G_u Spannungsverstärkungsmaß in dB
G_p Leistungsverstärkungsmaß in dB

1. Ermitteln Sie für die Übertragungsstrecke in **Bild 2** (U_1 = 8 mV, U_2 = 2 mV)
   a) den Spannungs- und Leistungsdämpfungsfaktor sowie
   b) das Spannungs- und Leistungs-Dämpfungsmaß.

a)
$D_U = \dfrac{U_1}{U_2} = \dfrac{8\,mV}{2\,mV} = 4$

$P_1 =$

$P_2 =$

$D_P =$

b)
$A_U =$

$A_P =$

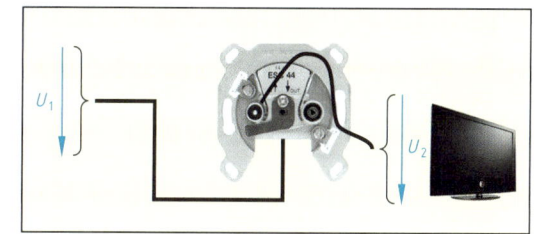

Bild 2: Antennen-Anschlussdose

2. Ermitteln Sie für den Antennenverstärker in **Bild 3** das Spannungsverstärkungsmaß (U_1 = 1 mV, U_2 = 20 mV).

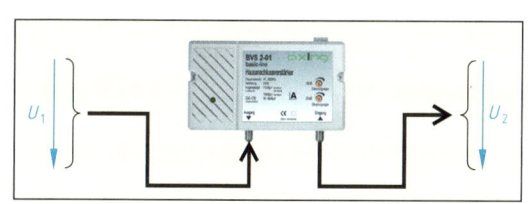

Bild 3: Antennenverstärker

3. Ermitteln Sie aus den Angaben in **Bild 4** das Spannungsdämpfungsmaß (**Bild 4a**) und das Spannungsverstärkungsmaß (**Bild 4b**) für die jeweiligen Übertragungsstrecken.

a)
| Leitung | Anschlussdose |
| 8 dB | 14 dB |

b)
| Verstärker 1 | Verstärker 2 |
| 22 dB | 10 dB |

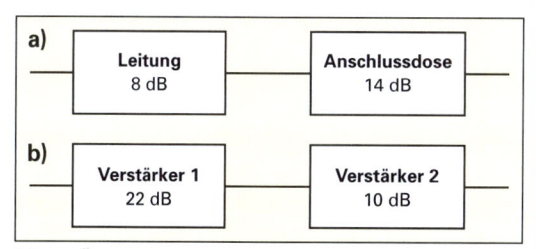

Bild 4: Übertragungsstrecken aus mehreren Übertragungsgliedern

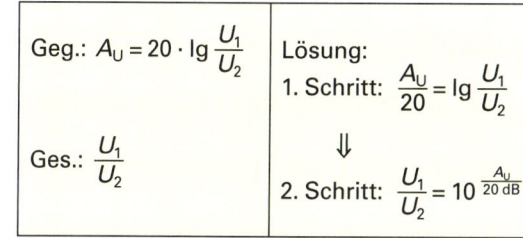

4. Ermitteln Sie aus den Angaben in **Bild 4a** und dem Beispiel in **Bild 5** den Spannungsdämpfungsfaktor für die Leitung, die Anschlussdose und den sich aus den beiden Übertragungsgliedern ergebenden Spannungsdämpfungsfaktor.

$D_{U\,Ltg} =$

$D_{U\,Dose} =$

$D_{U\,ges} =$

Geg.: $A_U = 20 \cdot \lg \dfrac{U_1}{U_2}$

Ges.: $\dfrac{U_1}{U_2}$

Lösung:
1. Schritt: $\dfrac{A_U}{20} = \lg \dfrac{U_1}{U_2}$

⇓

2. Schritt: $\dfrac{U_1}{U_2} = 10^{\frac{A_U}{20\,dB}}$

Bild 5: Umrechnung von dB-Angaben in Faktoren

Gebäudetechnische Anlagen
Pegelrechnung in Antennenanlagen

Blatt-Nr.: 12.10

> Bei Antennenanlagen rechnet man mit Pegelangaben, z.B. Spannungspegelangaben mit der Einheit dBµV. Dadurch lassen sich Berechnungen, in Verbindung mit Angaben für Dämpfungs- und Verstärkungsmaße einfacher durchführen.

Übersicht: Pegelberechnung

$$L_u = 20 \cdot \lg \frac{U}{U_0}$$

$$L_p = 10 \cdot \lg \frac{P}{P_0}$$

- L_u Spannungspegel in dBµV
- U Spannung in µV
- U_0 Bezugsspannung 1 µV an 75 Ω
- L_p Leistungspegel in dBmW
- P Leistung in mW
- P_0 Bezugsleistung 1 mW

1. Berechnen Sie den Pegel am Eingang und am Ausgang des Verstärkers (**Bild 1**).

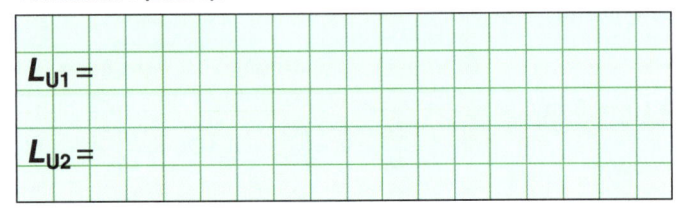

   $L_{U1} =$

   $L_{U2} =$

2. Welches Spannungsverstärkungsmaß G_u hat der Verstärker (**Bild 1**)?

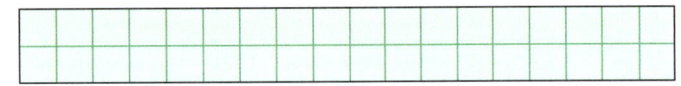

3. Welcher Spannung U an 75 Ohm entspricht der Pegel 60 dBµV?

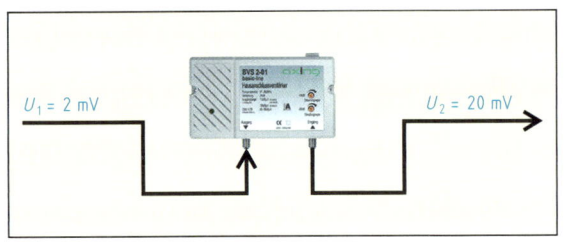

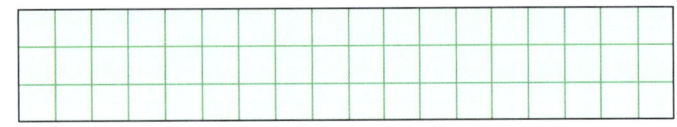

Bild 1: Antennenverstärker ($U_1 = 2$ mV, $U_2 = 20$ mV)

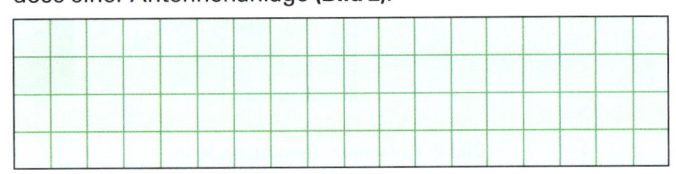

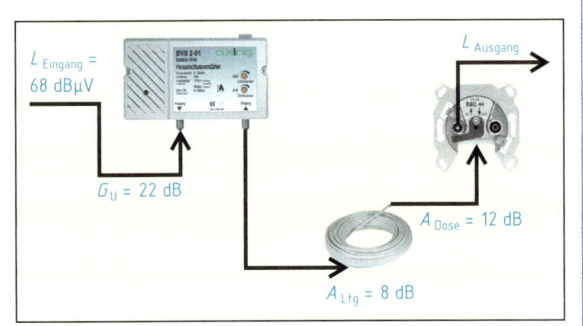

4. Berechnen Sie den Pegel $L_{Ausgang}$ am Ausgang der Anschlussdose einer Antennenanlage (**Bild 2**).

Bild 2: Übertragungsstrecke Antennenanlage
($L_{Eingang} = 68$ dBµV, $G_U = 22$ dB, $A_{Ltg} = 8$ dB, $A_{Dose} = 12$ dB)

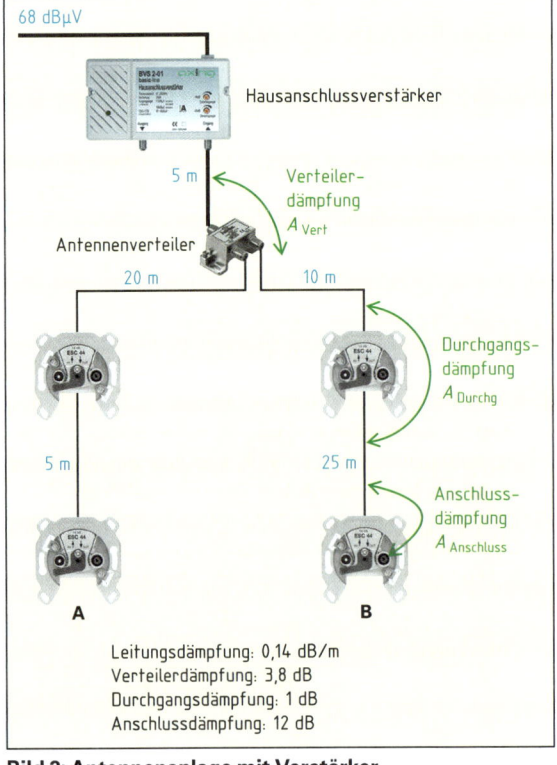

5. Welche Dämpfung A_{Ltg} hat die gesamte Leitung vom Hausanschlussverstärker zur Anschlussdose B (**Bild 3**).

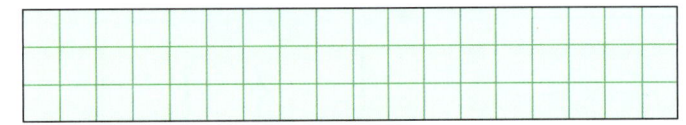

6. Wie groß ist die Gesamtdämpfung A_{Ges} vom Hausanschlussverstärker zur Anschlussdose B (**Bild 3**).

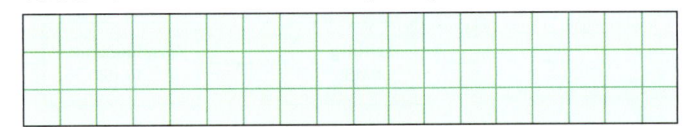

7. Wie groß muss der Ausgangspegel L_{Ausg} am Ausgang des Hausanschlussverstärkers (**Bild 3**) sein, damit der Pegel an der Anschlussdose B dem Mindestpegel von 60 dBµV entspricht?

8. Welche Verstärkung (Spannungsverstärkungsmaß) G_u muss der Verstärker (**Bild 3**) haben, damit der Pegel an der Anschlussdose B dem Mindestpegel von 60 dBµV entspricht?

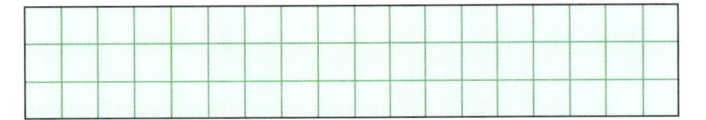

Bild 3: Antennenanlage mit Verstärker

Leitungsdämpfung: 0,14 dB/m
Verteilerdämpfung: 3,8 dB
Durchgangsdämpfung: 1 dB
Anschlussdämpfung: 12 dB

Gebäudetechnische Anlagen
Planung einer DVB-T/DVB-S/UKW-Antennenanlage (1)

Blatt-Nr.: 12.11

> Antennenanlagen (Bild) werden zum Empfang von Hörfunk- und Fernsehprogrammen benötigt. Fernsehprogramme können nur noch digital von terrestrischen Sendern (DVB-T) oder Satelliten (DVB-S) empfangen werden. Rundfunkprogramme kann man analog, z.B. UKW-Rundfunk, und in manchen Bereichen auch digital (DAB) empfangen. Bei der Planung und Montage einer Antennenanlage muss neben einer sicheren mechanischen Befestigung der Antenne auch der Mindest- und Maximal-Pegel sowie die Signalqualität an der Antennenanschlussdose beachtet werden.

1. Berechnen Sie die Mindest-Einspannlänge l_E des Antennenmastes (Bild) aus der freien Länge l_F.

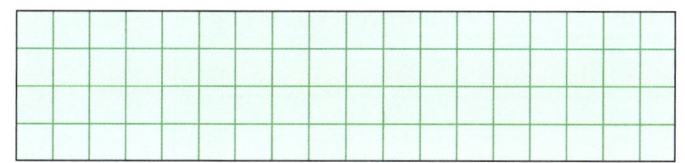

2. Wie groß ist der nach DIN EN 50083 angegebene maximale Wert für das Gesamtbiegemoment an der oberen Einspannstelle?

3. Weisen Sie durch eine Berechnung nach, dass das Gesamtbiegemoment an der oberen Einspannstelle (Bild) den nach DIN EN 50083 angegebenen Maximalwert nicht überschreitet. Das Eigenbiegemoment M_{Rohr} des Antennenstandrohres beträgt 160 Nm.

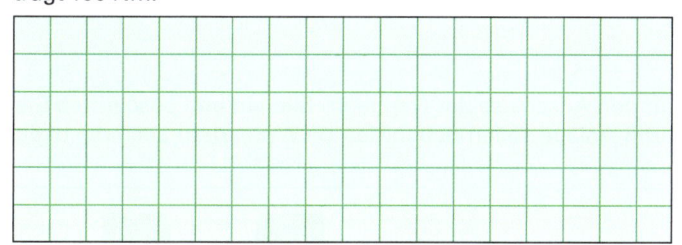

4. Welche Erdungsleitungen sind nach DIN EN 50083 erlaubt?

   - _____
   - Aluminiumleitung ≥ 25 mm², z.B. NAYY
   - _____

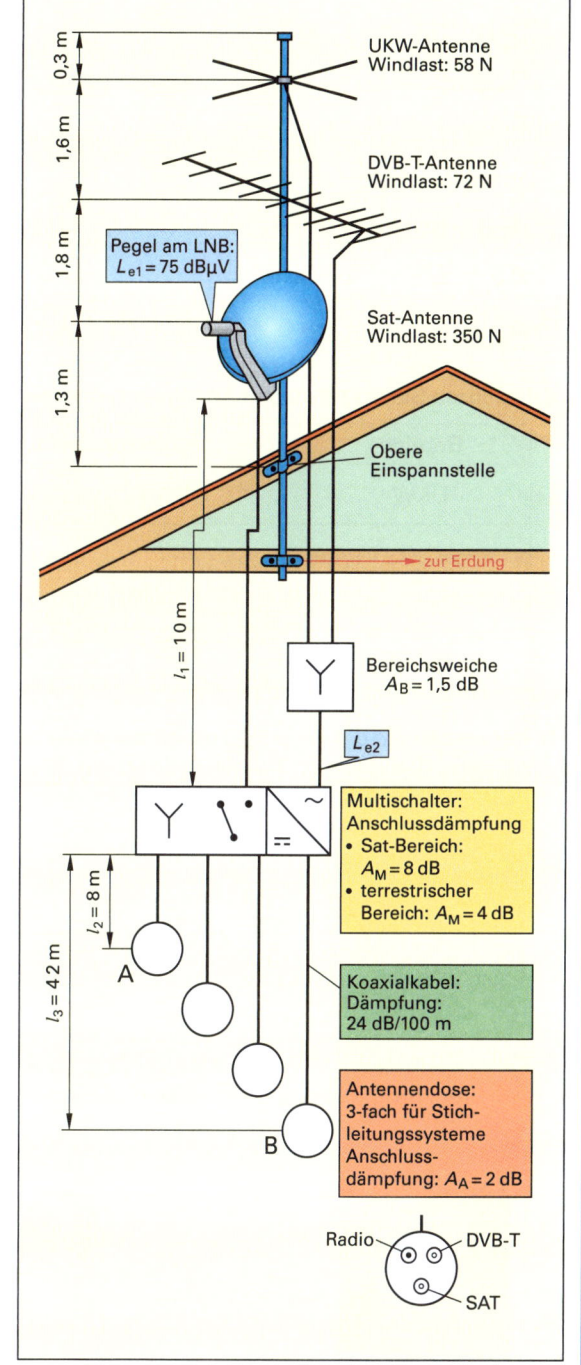

Bild-Beschriftungen:
- UKW-Antenne, Windlast: 58 N (0,3 m)
- DVB-T-Antenne, Windlast: 72 N (1,6 m)
- Pegel am LNB: L_{e1} = 75 dBµV
- Sat-Antenne, Windlast: 350 N (1,8 m)
- (1,3 m)
- Obere Einspannstelle
- zur Erdung
- $l_1 = 10$ m
- Bereichsweiche $A_B = 1,5$ dB
- L_{e2}
- Multischalter: Anschlussdämpfung
  - Sat-Bereich: $A_M = 8$ dB
  - terrestrischer Bereich: $A_M = 4$ dB
- $l_2 = 8$ m
- $l_3 = 42$ m
- A
- Koaxialkabel: Dämpfung: 24 dB/100 m
- B
- Antennendose: 3-fach für Stichleitungssysteme Anschlussdämpfung: $A_A = 2$ dB
- Radio, DVB-T, SAT

Bild: DVB-T/DVB-S/UKW-Antennenanlage

5. Welche Teile der Antennenanlage sind in den Schutzpotenzialausgleich mit einzubeziehen und welcher Leitungsquerschnitt ist für Schutzpotenzialausgleichsleitung gefordert?

6. Ergänzen Sie den fehlenden Text zu Sicherheitsvorkehrungen, die beim Bau einer Antennenanlage auf dem Dach berücksichtigt werden müssen.

   Zwischen Antenne und Erde darf keine gefährliche _____ entstehen. Beim Arbeiten in der Nähe von Starkstromleitungen sind _____ zu treffen. Vor Betreten des Gebäudedaches hat sich der Antennenerrichter vorschriftsmäßig _____. Bei Gefahr, dass Teile auf den Gehweg fallen, ist der Gehweg durch _____ und _____ abzusichern.

| Blatt-Nr.: 12.12 | Gebäudetechnische Anlagen, **Planung einer DVB-T/DVB-S/UKW-Antennenanlage (2)** |

7. Berechnen Sie die Dämpfungen der verschiedenen Signale vom Multischalter bis einschließlich der Antennendosen A und B für die Antennenanlage **(Bild, Blatt 12.11)**.
Antennendose A:

$A_{Sat} = A_m + A_{Ltg} + A_A = 8\ dB + 8\ m \cdot 0{,}24\ dB/m + 2\ dB =$ **11,92 dB**

$A_{DVB} =$

$A_{UKW} =$

Antennendose B:

$A_{Sat} =$

$A_{DVB} =$

$A_{UKW} =$

8. Ergänzen Sie die fehlenden Angaben zu den Mindest- und Höchstpegeln an Antennensteckdosen.

Bereich	Mindestpegel L_{min} in dBµV	Höchstpegel L_{max} in dBµV
UKW	40 bei Mono 50 bei Stereo	
DVB-T		74
SAT-ZF		

9. Berechnen Sie die Pegel L_{eing} der einzelnen Antennensignale, die am Eingang des SAT-Multischalters vorhanden sein müssen, damit an den Anschlussdosen der Mindestpegel erreicht wird.

$L_{eing\ Sat} = L_{min\ Sat} + A_{max\ Sat} =$

$L_{eing\ DVB-T\ min} =$

$L_{eing\ DVB-T\ max} =$

$L_{eing\ UKW} =$

10. Zeichnen Sie die fehlenden Verbindungsleitungen für den Anschluss der Geräte im **Bild** ein und beschriften Sie die Leitungen mit der richtigen Bezeichnung. Über die Hifi-Anlage sollen neben den UKW-Sendern auch die digitalen Rundfunkprogramme gehört werden können.

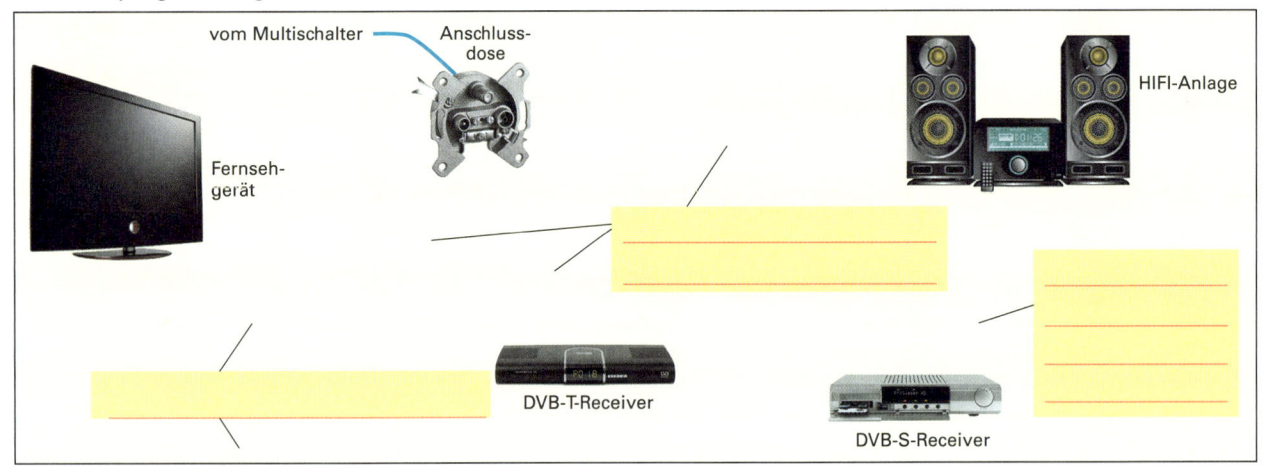

Bild: Anschluss der Endgeräte

11. Welche Prüfungen sind nach der Montage der Antennenanlage notwendig?

- Sichtprüfung auf fachgerechte Montage
-
-
-
-

Gebäudetechnische Anlagen
Planung einer BK-Antennenanlage

Blatt-Nr.: 12.13

> BK-Anlagen (**Bild 1**) übertragen Rundfunk- und Fernsehprogramme über Koaxialkabel bis zu einem Übergabepunkt im Haus. Vom Übergabepunkt aus montiert der Elektroniker die BK-Anlage. Dazu muss er die verschiedenen Möglichkeiten der Signalverteilung sowie die dafür notwendigen Komponenten kennen. Am Teilnehmeranschluss darf ein bestimmter Minimalpegel nicht unterschritten, aber auch ein Maximalwert nicht überschritten werden. Außerdem muss die Signalqualität beachtet werden.

1. Nennen Sie die verschiedenen Fachbegriffe für Netzstrukturen, die bei einer BK-Anlage (**Bild**) verwendet werden können.

   _____

2. Ergänzen Sie die Leitungen im **Bild** zu einer Netzstruktur, die das Trennen einzelner Teilnehmer vom Netz ermöglicht. Nennen Sie die Bezeichnung für das Netz:

   _____

3. Benennen Sie die Komponenten A bis D der BK-Anlage im **Bild** mit der richtigen Bezeichnung.

   Ⓐ _____
   Ⓑ _____
   Ⓒ _____
   Ⓓ _____

   Bild: BK-Anlage

4. In welchem Bereich soll der Mindestpegel für **a)** analoge Fernsehsignale und **b)** UKW-Rundfunksignale am ÜP liegen?

   a) Fernsehsignale (analog): _____ b) UKW-Rundfunksignale: _____

5. Ergänzen Sie die geforderten Mindest- und Maximalpegel an den Anschlussdosen, wenn mehr als 20 Kanäle belegt sind.

   a) Fernsehsignale (analog): _____ b) UKW-Rundfunksignale (stereo): _____

6. Berechnen Sie die minimal notwendige Verstärkung des BK-Hausanschlussverstärkers für die BK-Anlage (**Bild**), wenn die ausgewählten Komponenten folgende Werte haben und am HÜP ein Pegel von 69 dBµV bei den analogen Fernsehsignalen gemessen wurde.

   Verteilerdämpfung 7 dB, Anschlussdämpfung Antennendose 14 dB, Leitungsdämpfung 14 dB/100 m, Leitungslänge vom BK-Hausanschlussverstärker zum Verteiler 15 m, Leitungslänge vom Verteiler zur weitest entfernten Dose im 1. Stock 8 m

   $A_{Ltg} = l \cdot A_{Ltg}/m =$ _____

   $A_{Ges} =$ _____

   $L_{Ausg} =$ _____

   $G_{Verst} =$ _____

7. Warum muss die Berechnung in **Aufgabe 6** für den UKW-Rundfunkbereich nochmal durchgeführt werden?

   _____

Gebäudetechnische Anlagen
Multimedia-Verkabelung

Blatt-Nr.: 12.14

> ℹ️ Die Anwendung von Multimedia in privaten Haushalten ist weit verbreitet. Darum werden Wohnhäuser zunehmend mit anwendungsneutraler Kommunikationsverkabelung **(Bild 1)**, auch Multimedia-Verkabelung genannt, ausgestattet. Dadurch kann unabhängig von der Anwendung, z. B. Internetzugang oder Telefon, die Kommunikation über ein einziges Verkabelungssystem durchgeführt werden. Dabei wird z. B. eine Wohnung mit Anschlüssen für Antenne, Telefon und Computernetzwerk ausgestattet. Für die Verkabelung wird eine sternförmige Verteilung verwendet, mit dem Multimedia-Verteilerschrank **(Bild 3)** als zentralem Punkt.

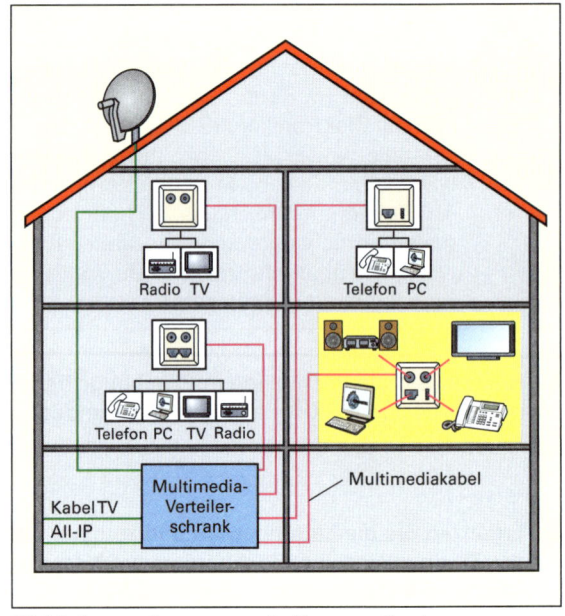

Bild 1: Anwendungsneutrale Kommunikationsverkabelung

1. Nennen Sie die drei Anwendungsgruppen bei der anwendungsneutralen Kommunikationsverkabelung.
   - _____
   - _____
   - _____

2. Welchen Vorteil hat die Multimedia-Verkabelung?
   _____
   _____

3. In welcher Norm ist die anwendungsneutrale Kommunikationsverkabelung festgelegt? _____

4. Für die Multimedia-Verkabelung werden mindestens zwei grundlegende Arten von Leitungen benötigt. Manche Hersteller bieten Spezialleitungen an, die beide Arten von Leitungen beinhalten. Benennen Sie die Bestandteile des Multimediakabels **(Bild 2)** und geben Sie jeweils Beispiele für die Kommunikations-Anwendungen.

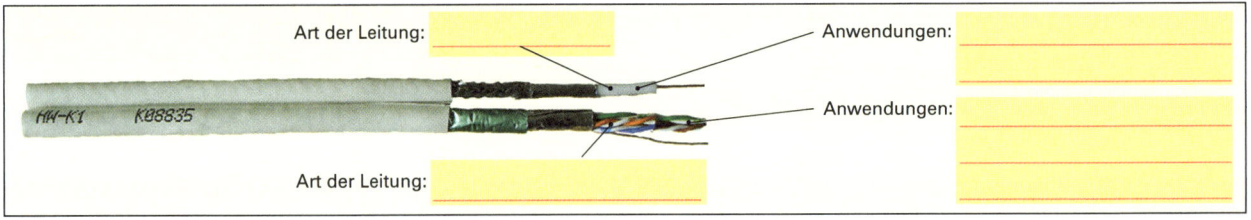

Bild 2: Multimediakabel

5. Ein Multimedia-Verteilerschrank soll für verschiedene Räume insgesamt 3 BK-Anschlüsse, 12 Netzwerkanschlüsse und 3 ISDN-Telefonanschlüsse bereitstellen. Ergänzen Sie die fehlenden Verbindungen im Multimedia-Verteilerschrank **(Bild 3)**.

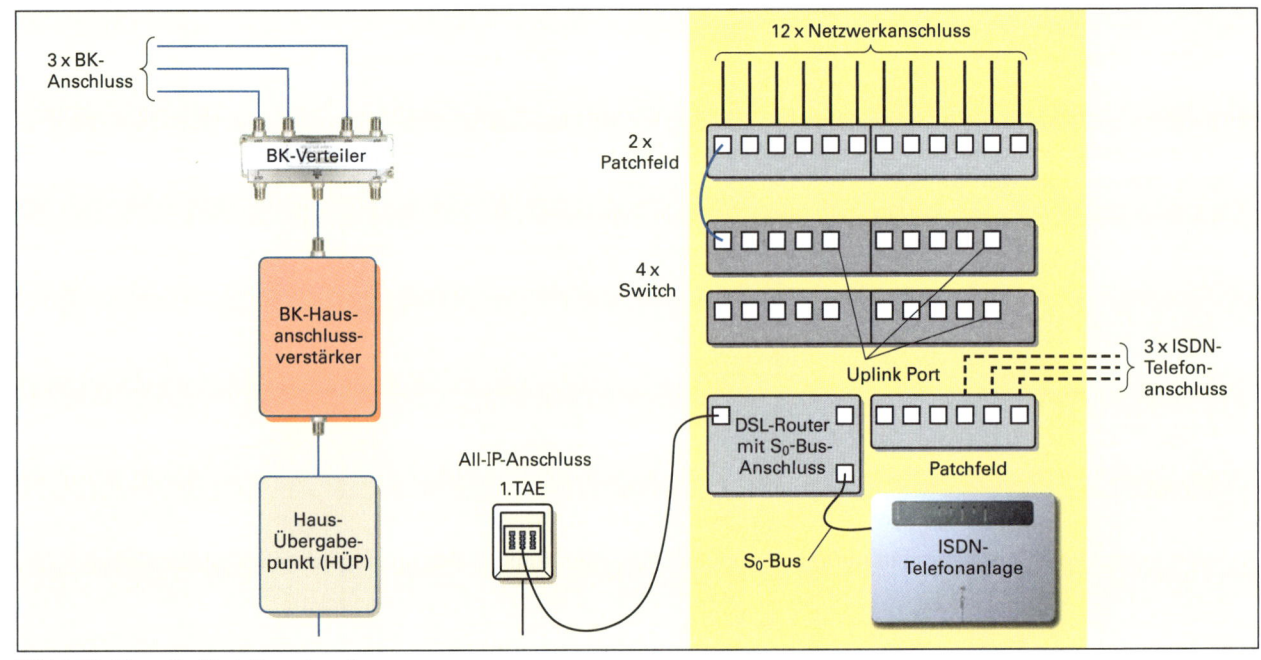

Bild 3: Multimedia-Verteilerschrank

Gebäudetechnische Anlagen
Telekommunikation (1)

Blatt-Nr.: 12.15

> Die Telekommunikation (TK) dient zur Übertragung von Informationen, z.B. Sprache, Bilder und Daten. Dazu werden ein Übertragungsnetzwerk, das Telekommunikationsnetz und Dienste (**Bild 1**) benötigt. Bei den Teilnehmern am TK-Netz besteht die Möglichkeit von digitaler Übertragung, z.B. DSL, und analoger Übertragung. Zur Anbindung eines Teilnehmers an das TK-Netz benötigt man genaue Kenntnisse über die Belegung und Bezeichnung von Telekommunikations-Anschlüssen.

Bild 1: Telekommunikationsnetz und Dienste

1. Geben Sie
   a) die Anschlussbezeichnungen der TAE-Steckdose (**Bild 2**) und
   b) die Bedeutung von Anschluss 3 und 4 an.

   a) 1: La   3: _____ 5: _____
      2: _____ 4: _____ 6: _____
   b) 3 _____
      4 _____

2. Zeichnen Sie in **Bild 2** die fehlenden Verbindungen ein, um mehrere TAE-Steckdosen über den Hausanschluss mit dem Anschlussnetz des Telefondienstanbieters zu verbinden.

3. Nennen Sie die genaue Bezeichnung für folgende Abkürzungen beim analogen Telefonnetz.

   TAE: _____

   NTA: _____

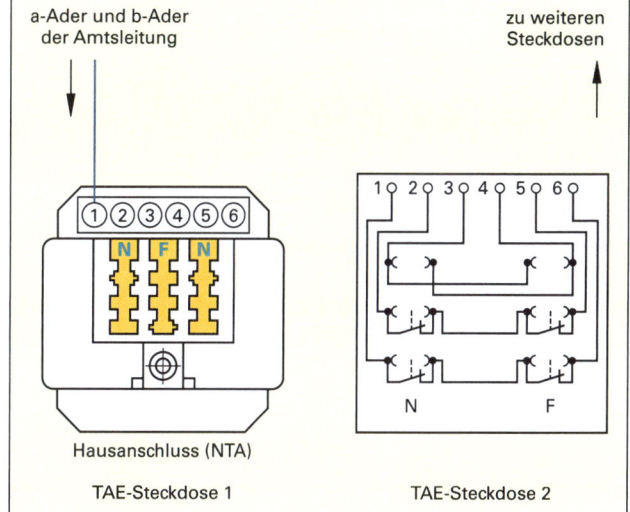

Bild 2: TAE-Steckdose

4. Ergänzen Sie die fehlenden Anschlussbezeichnungen für TAE-Stecker (**Bild 3**) und geben Sie die Buchstaben-Kennzeichnung für die beiden Stecker-Codierungen an.

5. Geben Sie die Bedeutung für folgende Stecker-Codierungen sowie ein Beispiel für ein damit angeschlossenes Endgerät an.

   F-Codierung: _____

   N-Codierung: _____

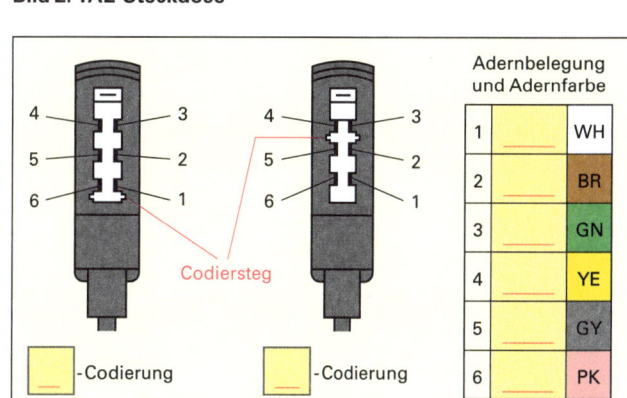

Bild 3: TAE-Stecker

6. Geben Sie für folgende Telekommunikationsleitung die Bedeutung der einzelnen Kennzeichnungen an.

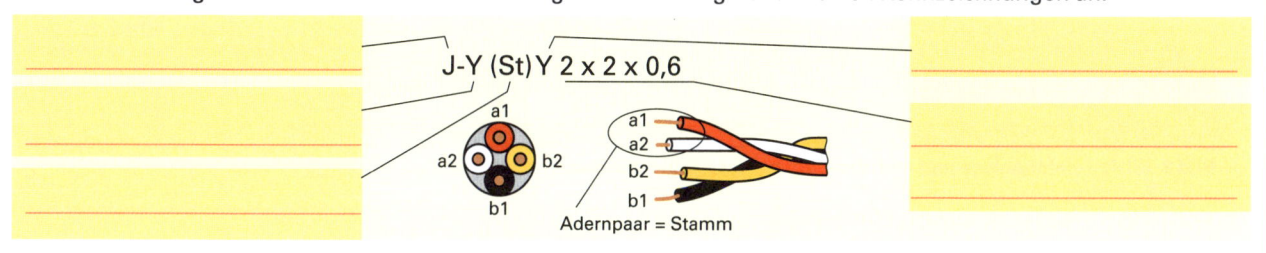

   J-Y (St) Y 2 x 2 x 0,6

   Adernpaar = Stamm

7. Beschreiben Sie die beiden Wahlverfahren beim analogen Telekommunikationssystem.

   Mehrfrequenzwahlverfahren (MFV): _____

   Impulswahlverfahren (IWV): _____

Blatt-Nr.: 12.16 — Gebäudetechnische Anlagen, Telekommunikation (2)

8. Ergänzen Sie die folgende Übersicht mit den Merkmalen von zwei ISDN-Anschlussarten.

Merkmal	Mehrgeräteanschluss	Primär-Multiplexanschluss
B-Kanäle		30×64 kbit/s
D-Kanal	16 kbit/s	64 kbit/s
Nettobitrate		1984 kbit/s

> **Nettobitrate**
> Gibt die Übertragungsrate der Nutzdaten an. Zeichen, z.B. für Fehlerkorrektur oder Synchronisation, sind darin nicht enthalten.

9. Nennen Sie in **Bild 1 a)** die genauen Bezeichnungen für die zwei Anschlussdosen und **b)** bezeichnen Sie die Steckerarten für einen ISDN-Endgeräte-Anschluss.

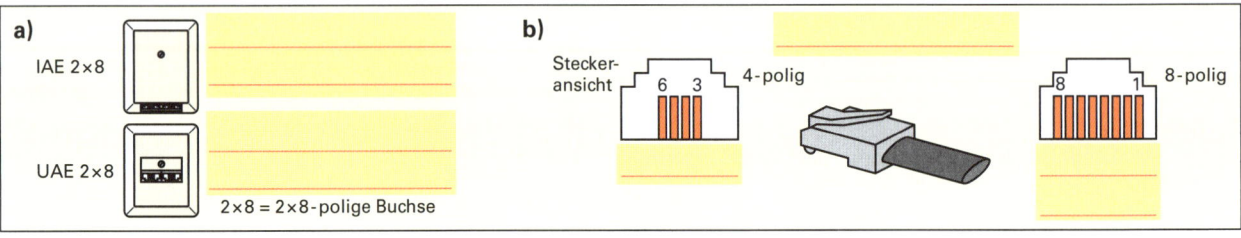

- IAE 2×8
- UAE 2×8 — 2×8 = 2×8-polige Buchse
- Steckeransicht 4-polig / 8-polig

Bild 1: ISDN-Anschlussdosen und Steckerarten

10. An einem All-IP-Anschluss **(Bild 2)** werden mehrere Endgeräte, z.B. ISDN-Telefon und PC, an einem ISDN-S_0-Bus betrieben. Ergänzen Sie
a) im Übersichtsschaltplan **(Bild 2a)** die fehlenden Bezeichnungen 1 bis 4 und
b) im Stromlaufplan **(Bild 2b)** die fehlenden Verbindungen und die Bus-Bezeichnung.

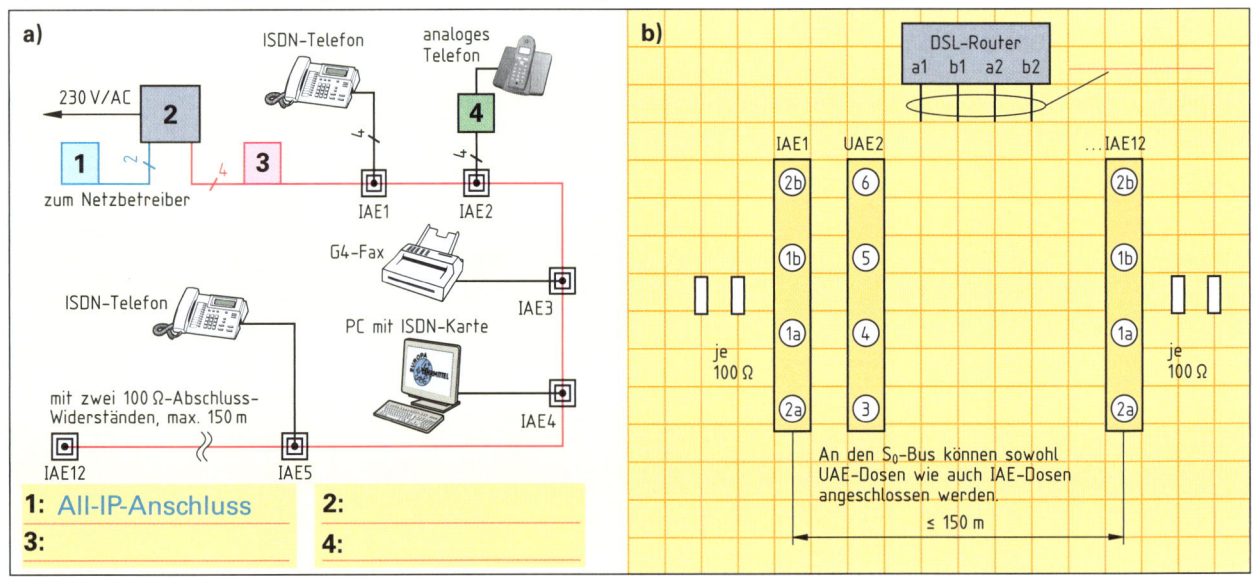

1: All-IP-Anschluss **2:**
3: **4:**

An den S_0-Bus können sowohl UAE-Dosen wie auch IAE-Dosen angeschlossen werden. ≤ 150 m

Bild 2: ISDN-Telefonanlage am All-IP-Anschluss

11. Ergänzen Sie die fehlenden Verbindungen und Bezeichnungen für die Bereitstellung einer ISDN-Telefonanlage und eines Internet-Zugangs an einem All-IP-Anschluss **(Bild 3)**.

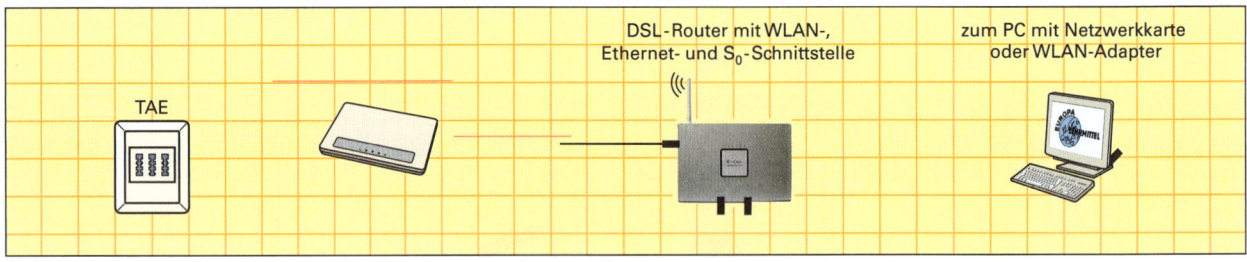

Bild 3: ISDN-Telefonanlage und Internet-Zugang mit All-IP-Anschluss

12. Von einem Webserver soll eine Datei mit einer Größe von 1,2 MB heruntergeladen werden. Berechnen Sie die Zeit t für den Download
a) bei einem Analoganschluss mit 56 kbit/s,
b) bei einem ISDN-Anschluss und
c) bei einem DSL-Anschluss mit 16 Mbit/s.

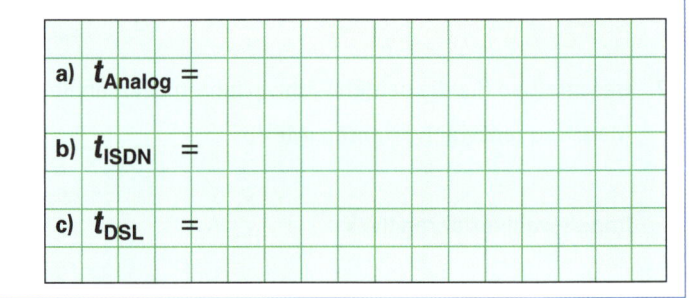

a) $t_{Analog} =$

b) $t_{ISDN} =$

c) $t_{DSL} =$

> 1 Byte (B) = 8 Bit

Gebäudetechnische Anlagen
Blitzschutz (1)

Blatt-Nr.: 12.17

Blitzschutz ist notwendig, um bauliche Anlagen, z.B. Wohngebäude, vor den Folgen von Blitzeinwirkungen zu schützen. Blitze entstehen durch Ladungen in Gewitterzellen (**Bild 1**). Das sind Wolkengebilde mit unterschiedlichen elektrischen Ladungen. Bei ausreichend großen Ladungen entsteht eine Entladung über die Luft in Form eines Blitzes. Durch einen Blitzeinschlag besteht die Gefahr von Brand und mechanischer Zerstörung. Außerdem können durch die magnetischen und elektrischen Auswirkungen eines Blitzschlages auch innerhalb eines Gebäudes, Schäden an elektrischen Anlagen und Geräten entstehen.

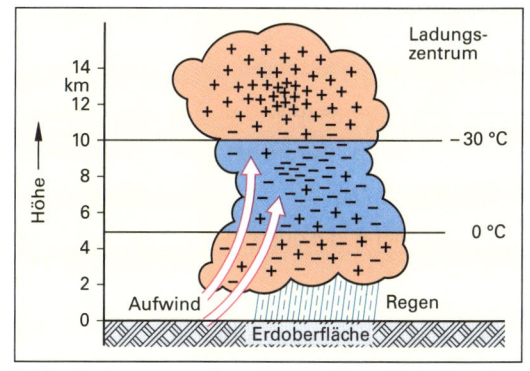

Bild 1: Ladungsverteilung in einer Gewitterzelle

1. Berechnen Sie die mindestens notwendige Spannung, damit eine Blitzentladung über eine Strecke von 100 m über die Luft entstehen kann. **Hinweis:** inhomogenes Feld, Durchschlagsfestigkeit $E_{D\,Luft}$ = 0,5 kV/mm.

Geg.:	Ges.:
Lösung: $E_D = \dfrac{U}{l} \rightarrow$	

2. Für welche Gebäude ist ein Blitzschutzsystem nach der Landesbauordnung vorgeschrieben? Geben Sie Beispiele für solche Gebäude an.

3. Welche Aufgaben hat **a)** der äußere und **b)** der innere Blitzschutz? Nennen Sie dafür auch Beispiele.
   a) Aufgaben äußerer Blitzschutz

   b) Aufgaben innerer Blitzschutz

4. Welche drei grundsätzlichen Teile gehören zum äußeren Blitzschutz?
   1. _____
   2. _____
   3. _____

5. Tragen Sie in **Bild 2** die Ziffern für die Teile einer Blitzschutzanlage ein.
   1 Ableitung
   2 Regenfallrohre
   3 Fangleitung
   4 Fangstange
   5 Trennstelle
   6 Fangspitze
   7 Erdungsanlage, z.B. Fundamenterder
   8 Dachrinne

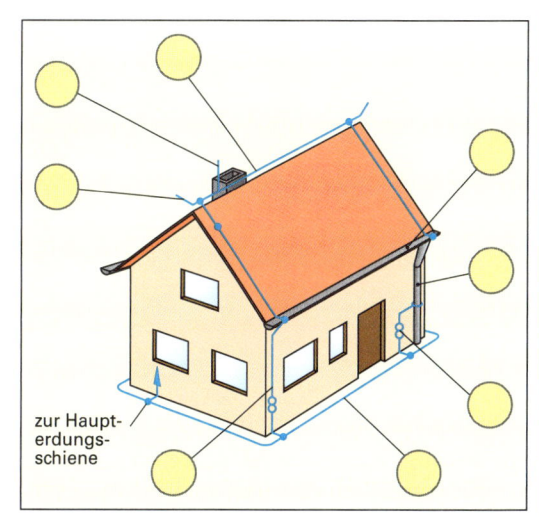

   Bild 2: Blitzschutzanlage

6. Durch welche Maßnahmen kann der innere Blitzschutz prinzipiell erreicht werden?

Blatt-Nr.: 12.18 — Gebäudetechnische Anlagen, **Blitzschutz (2)**

7. Ergänzen Sie die Beschreibungen für drei gängige Verfahren (**Bild 1**), die zur Planung und Umsetzung von Fangeinrichtungen angewendet werden.

a) Blitzkugelverfahren

Blitzkugel wird virtuell über das Gebäude gerollt. Alle von der Blitzkugel berührten Gebäudeteile sind durch **direkten** Blitzschlag _____. Nicht _____ Teile sind Bereiche, die durch das _____ geschützt werden.

b) Fangstangenverfahren

Fangstange muss so befestigt sein, dass sich alle Teile der zu _____ baulichen Anlage im _____ der _____ befinden.

c) Maschenverfahren

Alle Gebäudeteile, die vom _____ bedroht sind, werden durch eine _____ Fangeinrichtung geschützt.

8. Der Radius der Blitzkugel, der Schutzwinkel der Fangstange und die Größe der Maschen sind von der Schutzklasse des Blitzschutzsystems abhängig. Ergänzen Sie die **Tabelle** mit Anwendungsbeispielen für die jeweilige Schutzklasse eines Blitzschutzsystems.

Tabelle: Schutzklassen für Blitzschutzsysteme (nach DIN VDE 185-305-3, Beiblatt 2)	
Schutzklasse	**Anwendungsbeispiele**
I	
II	
III	
IV	

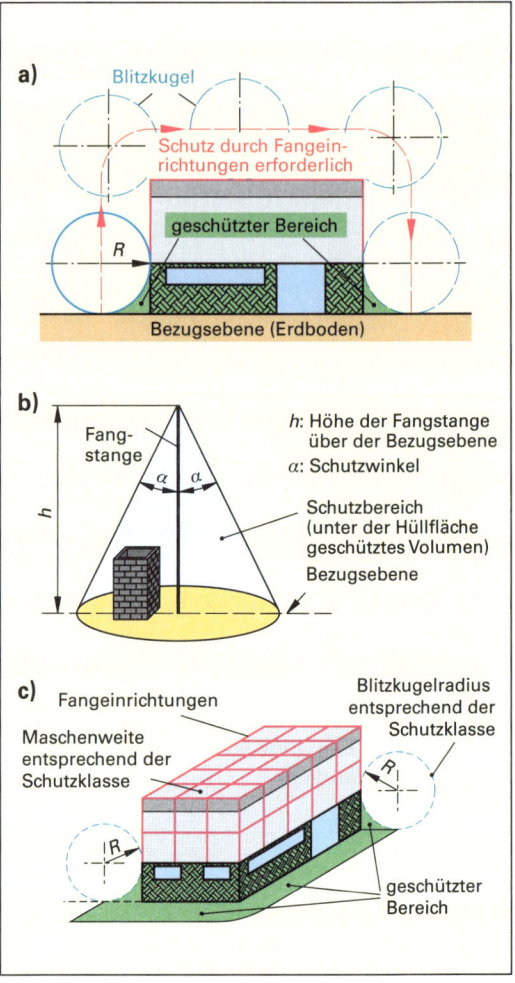

Bild 1: Verfahren zur Planung von Fangeinrichtungen

9. Wodurch schützt man Verbraucher vor Überspannungen, z. B. durch Blitzeinschläge?

_____

_____

10. Welches elektronische Bauteil als Bestandteil von Überspannungsableitern wird meistens verwendet?

_____

_____

11. Tragen Sie in **Bild 2** (Anlage im TN-System) die fehlenden Verbindungen ein und stellen Sie die Verbindungen zur Haupterdungsschiene (Schutzpotenzialausgleichsleiter) her.

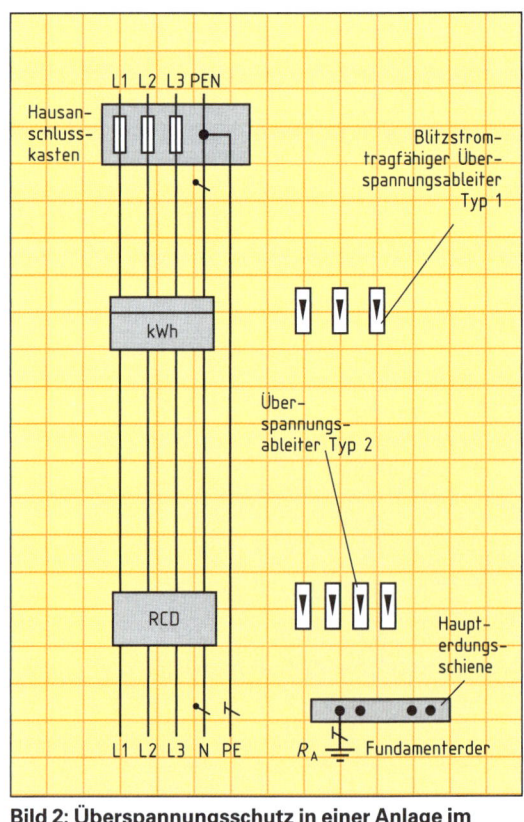

Bild 2: Überspannungsschutz in einer Anlage im TN-System

Elektrische Maschinen
Aufbau und Arbeitsweise des Einphasentransformators

Blatt-Nr.: 13.1

> Transformatoren gehören zu den elektrischen Maschinen. Sie bilden die Gruppe der ruhenden elektrischen Maschinen und werden in Wechselstrom-, Drehstrom- und Sondertransformatoren sowie Messwandler unterteilt.

1. Nennen Sie die Aufgabe, die ein Transformator zu erfüllen hat.

   _____
   _____

2. Beschreiben Sie den prinzipiellen Aufbau des Einphasentransformators.

   _____
   _____

3. Tragen Sie im **Bild 1** die Zahlen für die folgenden Bezeichnungen ein:

   1: Eingangsspannung U_1
   2: Ausgangsspannung U_2
   3: Eingangsstrom I_1
   4: Ausgangsstrom I_2
   5: Eingangswicklung N_1
   6: Ausgangswicklung N_2
   7: Eisenkern
   8: Magnetischer Wechselfluss Φ

   > Für Eingang ist auch die Bezeichnung Primär und für Ausgang die Bezeichnung Sekundär üblich.

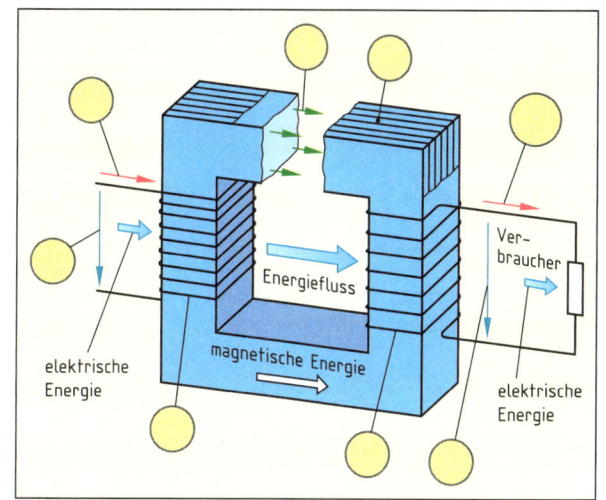

   Bild 1: Aufbau des Einphasentransformators

4. Die Eisenkerne der Transformatoren werden aus voneinander isolierten Blechen geschichtet. Welcher Zweck wird damit erreicht?

   _____

5. Der Eisenkern kann in verschiedenen Bauarten gefertigt werden. Wie nennt man die beiden Bauarten (**Bild 2**) von Transformatoren?

   a) _____
   b) _____

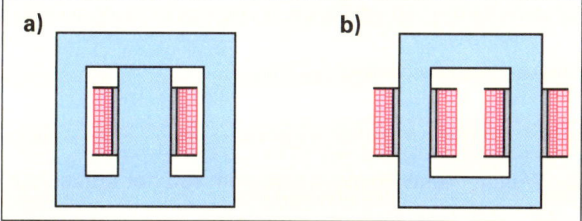

   Bild 2: Bauarten eines Wechselstromtransformators

6. Wie verhalten sich die Ein- und Ausgangsgrößen eines Transformators zueinander bei unterschiedlichen Windungszahlen von Ein- und Ausgangswicklung? Ergänzen Sie die folgenden elektrischen Größen durch „unverändert" oder „wird verändert".

   Spannung: _____ Stromstärke: _____ Frequenz: _____

7. Ergänzen Sie stichpunktartig die Wirkungsweise eines Einphasentransformators.

   An die Eingangswicklung N_1 wird die Eingangswechselspannung U_1 angelegt.
   → In der Eingangswicklung N_1 fließt der _____
   _____
   _____

8. Begründen Sie, warum Transformatoren nicht mit Gleichstrom funktionieren.

   _____
   _____

Elektrische Maschinen
Betriebsverhalten des Einphasentransformators (1)

Blatt-Nr.: 13.2

> Das Betriebsverhalten des Transformators beschreibt die Abhängigkeit der Eingangs- und Ausgangsgrößen. Es werden die Betriebszustände Leerlauf, Belastung und Kurzschluss unterschieden. Die Betriebszustände Leerlauf und Kurzschluss sind für die Ermittlung der Verluste eines Transformators bedeutsam.

1. Nennen Sie die Bedingungen, bei denen sich der Transformator im Leerlauf befindet.

   Eingangswicklung: _____

   Ausgangswicklung: _____

2. In der Eingangswicklung fließt der Leerlaufstrom I_0.
   a) Nennen Sie die beiden Stromanteile, aus denen sich der Leerlaufstrom I_0 zusammensetzt.
   b) Welche Wirkungen haben diese beiden Stromanteile?

   a) _____

   b) _____

3. Nennen Sie die Verluste, die im Eisenkern eines Transformators entstehen.

4. Beschreiben Sie mithilfe von **Bild 1**, wie die Eisenverluste (Kernverluste) P_{VFe} eines Transformators ermittelt werden.

Bild 1: Ermittlung der Eisenverluste

5. Nennen Sie die Bedingungen, bei denen sich der Transformator im Kurzschluss befindet.

   Eingangswicklung: _____

   Ausgangswicklung: _____

6. Welche Auswirkungen hätte ein solcher Kurzschluss im Transformator?

7. Beschreiben Sie mithilfe von **Bild 2** den Vorgang zur Ermittlung der Kurzschlussspannung U_k.

8. Berechnen Sie die relative Kurzschlussspannung u_k eines Klingeltransformators 230 V/8 V, wenn seine Kurzschlussspannung U_k = 81 V beträgt.

Bild 2: Messen der Kurzschlussspannung U_k

Geg.:	Ges.:
Lösung:	

Blatt-Nr.: 13.3 — Elektrische Maschinen, **Betriebsverhalten des Einphasentransformators (2)**

9. Beschreiben Sie mithilfe des **Bildes**, wie die Wicklungsverluste (Kurzschlussverluste) P_{VWi} eines Transformators ermittelt werden.

_____
_____
_____
_____
_____
_____

Bild: Messen der Kurzschlussverluste

10. Ein Transformator 400 VA mit einem Wirkfaktor cos φ = 0,8 wird mit seiner Bemessungsleistung belastet. Die gemessenen Eisenverluste betragen 17 W, die Wicklungsverluste 23 W. Berechnen Sie
  a) die abgegebene Wirkleistung und
  b) den Wirkungsgrad des Transformators.

Geg.:   Ges.:

Lösung:
  a)

  b)

> ℹ️ Die Wicklungsverluste nehmen quadratisch mit der Belastung zu. Die gemessenen Wicklungsverluste treten nur bei Erreichen des Bemessungsstromes auf. Wird der Transformator z.B. nur mit 80% (n = 0,8) seiner Bemessungsleistung belastet, so betragen die Wicklungsverluste nur $0{,}8^2 = 0{,}64 \mathrel{\hat=} 64\%$ der im Kurzschlussversuch gemessenen Wicklungsverluste.

11. a) Berechnen Sie den Wirkungsgrad des Transformators aus **Aufgabe 10**, wenn er nur mit 50% seiner Bemessungsleistung belastet wird.
  b) Geben Sie den Wirkungsgrad als Antwortsatz an.

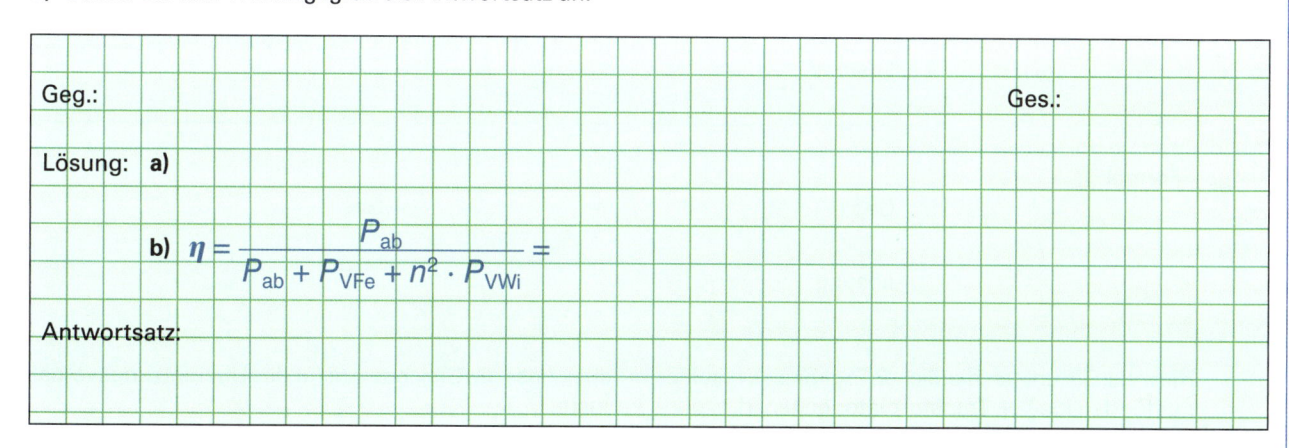

Geg.:   Ges.:

Lösung: a)

  b) $\eta = \dfrac{P_{ab}}{P_{ab} + P_{VFe} + n^2 \cdot P_{VWi}} =$

Antwortsatz:

12. a) Welchen Wert kann der Einschaltstromstoß eines Transformators beim Einschalten annehmen, auch wenn der Transformator ausgangsseitig nicht belastet wird?
  b) Welche Auslösecharakteristik sollten deshalb LS-Schalter haben, die in Transformatorstromkreisen eingesetzt werden?

a) _____
_____

b) _____
_____

Elektrische Maschinen
Übersetzungen beim Einphasentransformator (1)

Blatt-Nr.: 13.4

> **i** Um Transformatoren (**Bild 1**) an ein vorhandenes Netz richtig anzuschließen, sind Kenntnisse über ihre technischen Daten notwendig. Diese Daten erhält man vom Leistungsschild, das auf dem Gehäuse des Transformators angebracht ist.

1. Übernehmen Sie alle für den Betrieb des Einphasentransformators erforderlichen Kenngrößen mithilfe seines Leistungsschildes (**Bild 2**) in folgende Tabelle.

Kenngröße	Formelzeichen	Wert
Bemessungsleistung	S_N	20 kVA
Bemessungs-Eingangsspannung	U_{1N}	
Bemessungs-Ausgangsspannung	U_{2N}	
Bemessungs-Eingangsstrom	I_{1N}	
Bemessungs-Ausgangsstrom	I_{2N}	
Bemessungsfrequenz	f_N	
Betriebsart	–	
Thermische Klasse	–	
Kurzschlussspannung	U_k	

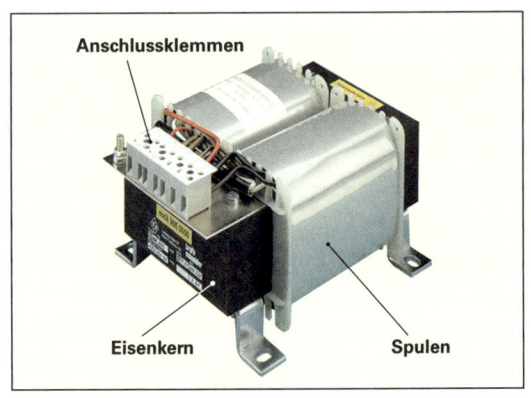

Bild 1: Einphasentransformator

Leistungsschild:
- Hersteller
- Typ / Nr. / Baujahr 2008
- Bemessungsleistg. kVA 20 / Art LT / Frequenz Hz 50
- Bemessungsspg. V 20000 / 400 / Betrieb S1
- Bemessungsstrom A 1,03 / 50 / Therm. Cl. 155
- Kurzschl.-Spg. % 5 / Kurzschl.-Strom kA 20,6

Bild 2: Leistungsschild

2. Welche Eigenschaften dieses Transformators können Sie aus den Angaben **a)** für Betriebsart und **b)** Thermische Klasse ermitteln?

   a) S1 bedeutet: _____

   b) 155 bedeutet: _____

3. Geben Sie die Formeln für das Übersetzungsverhältnis ü des Transformators (**Bild 2**) mithilfe
   a) der Spannungen und **b)** der Ströme an und berechnen Sie es jeweils für diesen Transformator.

   a) Formel:
   Geg.: Ges.:
   Lösung:

   b) Formel:
   Geg.: Ges.:
   Lösung:

   Hinweis: Die unterschiedlichen Ergebnisse resultieren daher, dass die Gleichungen für das Übersetzungsverhältnis nur für den idealen Transformator gelten, d.h. ohne Verluste.

4. Berechnen Sie mithilfe des Leistungsschildes (**Bild 2**) den Dauerkurzschlussstrom des Transformators.

   Geg.: Ges.:
   Lösung:

Blatt-Nr.: 13.5 | Elektrische Maschinen, **Übersetzungen beim Einphasentransformator (2)**

5. Ein Einphasentransformator mit einer Bemessungsleistung von 500 VA soll eine Eingangsspannung von 230 V auf eine Ausgangsspannung von 24 V herabtransformieren. Die Eingangswindungszahl beträgt 470. Berechnen Sie **a)** das Übersetzungsverhältnis des Transformators, **b)** seinen Eingangsstrom, **c)** seinen Ausgangsstrom und **d)** die Ausgangswindungszahl. **Hinweis:** Die Verluste des Transformators sind zu vernachlässigen.

Geg.:   Ges.: **a)**   **b)**   **c)**   **d)**

Lösung:

a)   c)

b)   d)

6. Einphasentransformatoren werden auch als Spartransformatoren **(Bild)** hergestellt. Nennen Sie je einen Vorteil und Nachteil von Spartransformatoren.

Vorteil: _____

_____

Nachteil: _____

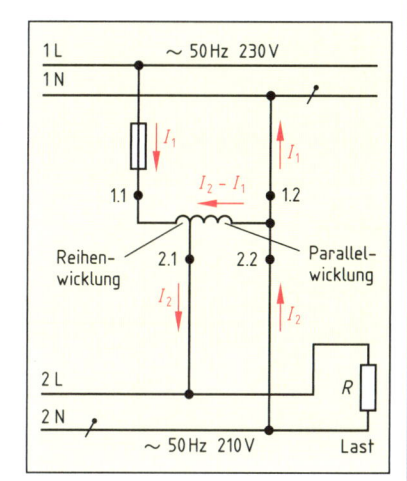

_____

_____

Bild: Spartransformator

7. Nennen Sie je ein Beispiel, wo **a)** Spartransformatoren eingesetzt werden und **b)** keine Spartransformatoren verwendet werden dürfen.

a) _____

b) _____

8. Bei Spartransformatoren unterscheidet man **a)** die Durchgangsleistung S_D und **b)** die Bauleistung S_B. Was versteht man unter diesen beiden Leistungen?

a) _____

b) _____

9. Ein Spartransformator 400/230 V hat eine Durchgangsleistung von 480 VA bei einem Wirkungsgrad von 0,9. Berechnen Sie **a)** die Bauleistung, **b)** den Eingangsstrom und **c)** den Ausgangsstrom.

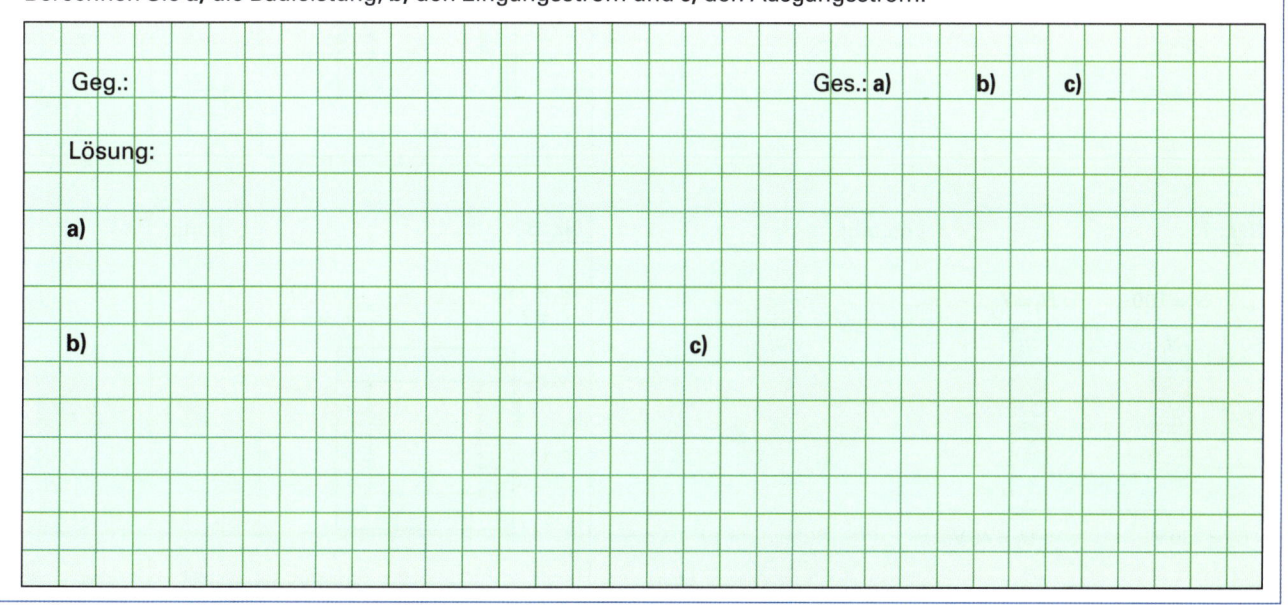

Geg.:   Ges.: **a)**   **b)**   **c)**

Lösung:

a)

b)   c)

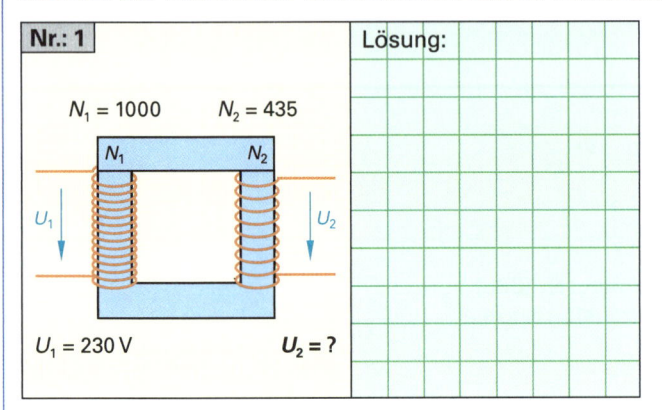

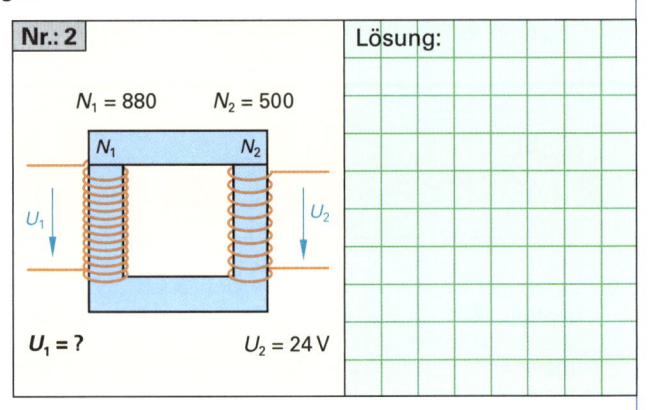

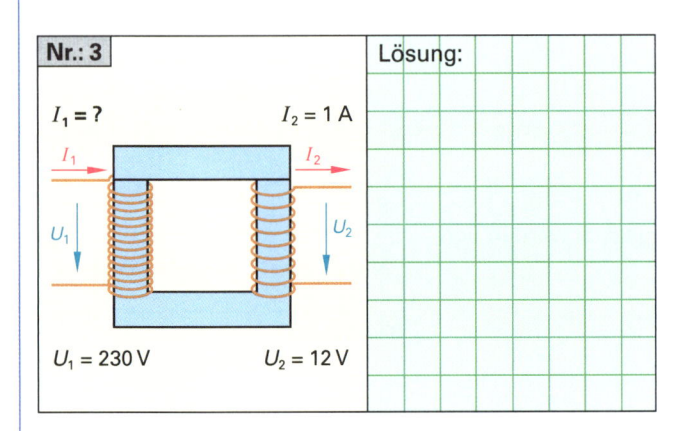

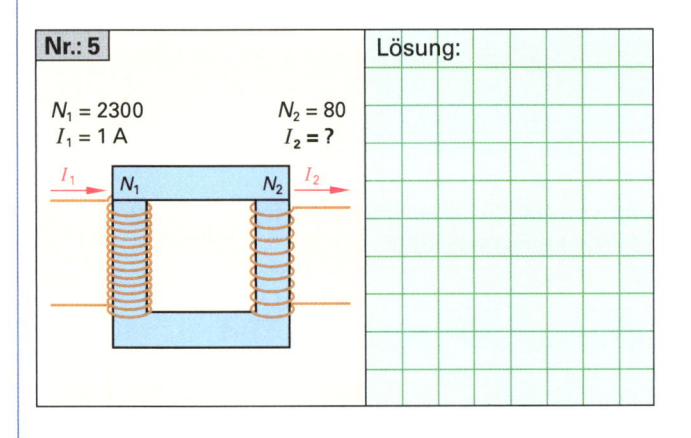

Elektrische Maschinen
Berechnungen am Einphasentransformator

Blatt-Nr.: 13.6

> Mithilfe eines Transformators kann man die verschiedensten Spannungen erzeugen, die sich mit der Formel zur Spannungsübersetzung auch berechnen lassen. Infolge der Spannungsübersetzung ändern sich dann auch die Ströme in den Wicklungen.

Berechnen Sie aus den angegebenen Werten der Transformatoren Nr. 1 bis Nr. 8 den Wert der jeweils gesuchten Größe.
Hinweis: Die Verluste des Transformators sind zu vernachlässigen.

Nr.: 1
$N_1 = 1000$ $N_2 = 435$
$U_1 = 230\,V$ $U_2 = ?$

Nr.: 2
$N_1 = 880$ $N_2 = 500$
$U_1 = ?$ $U_2 = 24\,V$

Nr.: 3
$I_1 = ?$ $I_2 = 1\,A$
$U_1 = 230\,V$ $U_2 = 12\,V$

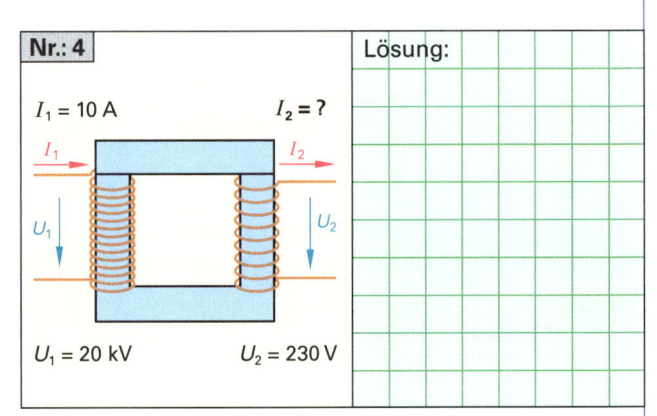

Nr.: 4
$I_1 = 10\,A$ $I_2 = ?$
$U_1 = 20\,kV$ $U_2 = 230\,V$

Nr.: 5
$N_1 = 2300$ $N_2 = 80$
$I_1 = 1\,A$ $I_2 = ?$

Nr.: 6
$N_1 = ?$ $N_2 = 800$
$I_1 = 10\,A$ $I_2 = 500\,mA$

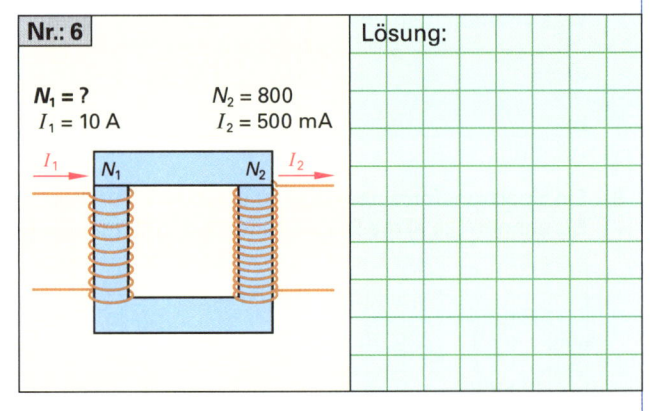

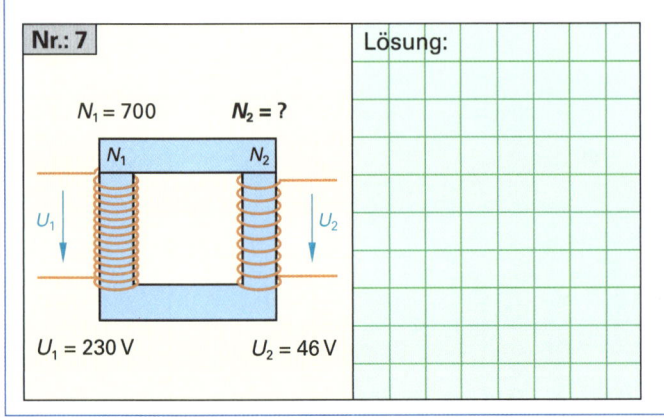

Nr.: 7
$N_1 = 700$ $N_2 = ?$
$U_1 = 230\,V$ $U_2 = 46\,V$

Nr.: 8
$N_1 = 750$ $N_2 = 100$
$I_1 = ?$ $I_2 = 5\,A$

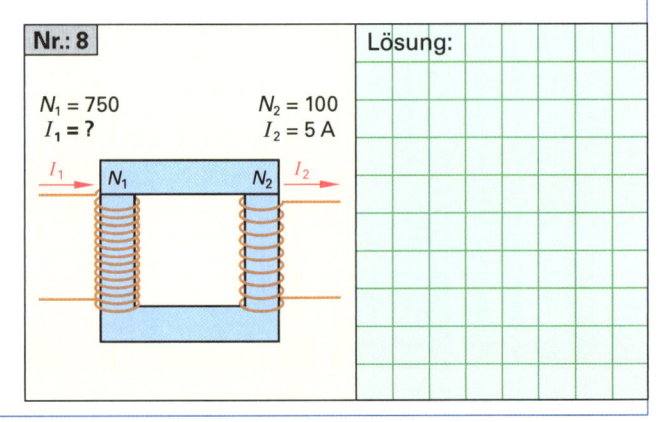

Elektrische Maschinen
Drehfeld

Blatt-Nr.: 13.7

> Das Drehfeld ist ein rotierendes magnetisches Feld. Es ist die Grundlage für die Funktion der Drehstrommotoren, die zu den am meisten eingesetzten Motoren gehören. Aus dem Wort Drehfeld leitet sich die Bezeichnung für den Drehstrom ab.

1. a) Was versteht man unter einem Drehfeld?
   b) Geben Sie an, wie man das Drehfeld mithilfe einer Magnetnadel im Ständer eines Drehstrommotors nachweisen kann.

   a) _____
   b) _____

2. Um wieviel Grad sind bei einem Dreiphasenwechselstromgenerator und -motor die drei Spulen versetzt?

3. Wie kommt ein Drehfeld beim Dreiphasenwechselstrommotor zustande?

4. Tragen Sie im **Bild** mit roter Farbe die Stromrichtungen für die Augenblickwerte 120°, 240° und 360° für die drei um 120° versetzten Spulen ein. Geben Sie die jeweilige Lage des Nordpols durch *N* und des Südpoles durch *S* an.

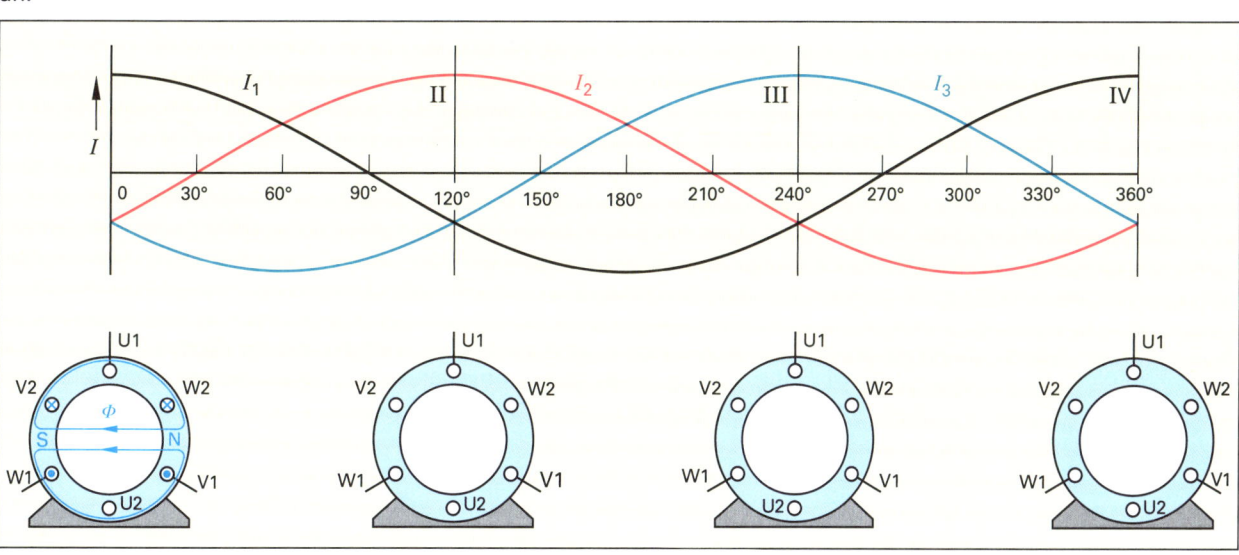

Bild: Entstehung des Drehfeldes beim zweipoligen Drehstrommotor

5. a) Wie kann man die Umlaufrichtung eines Drehfeldes ändern, um damit die Drehrichtung eines Drehstrommotors umzukehren?
   b) Wo findet diese Änderung statt?

   a) _____
   b) _____

6. Geben Sie die Formel zur Berechnung der Drehfelddrehzahl an und ergänzen Sie die **Tabelle**.

Tabelle: Drehfelddrehzahl (Umrechnungsfrequenz), Polpaarzahl und Netzfrequenz	
Formel	
n_S	
f	
p	

7. Berechnen Sie für eine zweipolige Maschine die Drehfelddrehzahl in Umdrehungen je Minute.

   Geg.:   Ges.:
   Lösung:

8. Erklären Sie am Beispiel einer vierpoligen Maschine den Zusammenhang zwischen Anzahl der Magnetpole und Polpaarzahl.

Elektrische Maschinen
Drehstrom-Asynchronmotor, Kurzschlussläufermotor (1)

Blatt-Nr.: 13.8

> Drehstrom-Asynchronmotoren (DSAM) sind die wichtigsten Elektromotoren. Als Energiesparmotoren werden sie in den Leistungsklassen von 60 W bis über 100 MW eingesetzt.

1. Benennen Sie im **Bild 1** die Teile eines DSAM mit Kurzschlussläufer.

   1: Ständerwicklung
   2: ___
   3: ___
   4: ___
   5: ___
   6: ___
   7: ___
   8: ___
   9: ___

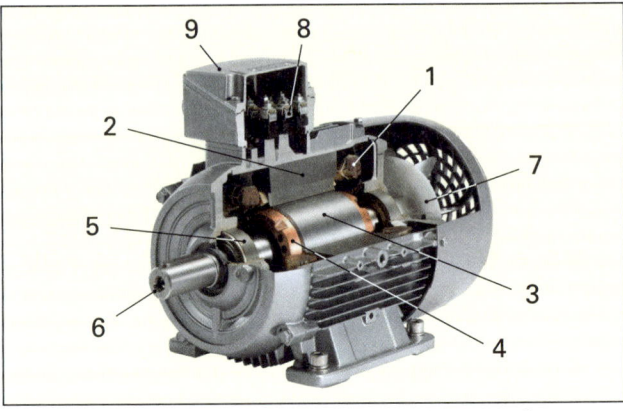

   Bild 1: Drehstrom-Kurzschlussläufermotor (IE3-Motor)

2. Weshalb werden Elektromotoren am häufigsten verwendet? Nennen Sie fünf Gründe.
   - ___
   - ___
   - ___
   - ___
   - ___

3. a) Nennen Sie die Bedingung, bei der im Kurzschlussläufer des DSAM (Induktionsmotor) eine Spannung induziert wird.
   b) Nennen Sie den Fachbegriff, mit dem man diese Bedingung beschreiben und berechnen kann.

   a) ___
   b) ___

4. Erklären Sie kurz die Funktionsweise des DSAM mit Kurzschlussläufer. Verwenden Sie die Fachbegriffe in folgender Reihenfolge: Drehfeld, Ständerwicklung, Läuferstäbe, Induktionsspannung, Läuferdrehzahl, Drehfelddrehzahl, Kurzschlussringe, Leiterstäbe, Läuferstrom, Magnetfeld und Drehmoment.

   ___
   ___
   ___
   ___

5. Benennen Sie nach **Bild 2 a** und **2 b** die wichtigen Kennwerte 1 bis 8 für des Betriebsverhalten eines Drehstrom-Asynchronmotors.

   1: Anlaufmoment M_A
   2: ___
   3: ___
   4: ___
   5: ___
   6: ___
   7: ___
   8: ___

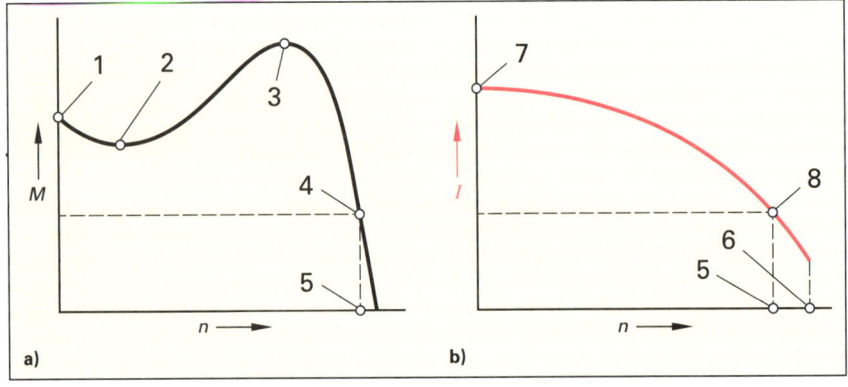

   Bild 2: a) Drehmoment-Drehzahl-Kennlinie und
   b) Strom-Drehzahl-Kennlinie eines Drehstrom-Asynchronmotors

Blatt-Nr.: 13.9 — Elektrische Maschinen, **Drehstrom-Asynchronmotor, Kurzschlussläufermotor (2)**

6. Die Kennlinien in der **Tabelle** zeigen die Motorbelastung durch vier verschiedene Arbeitsmaschinen. Beschreiben Sie das Verhalten des Motors und beurteilen Sie seine Eignung für die Arbeitsmaschine.

Tabelle: Kurzschlussläufermotor mit verschiedenen Arbeitsmaschinen (Lasten)	
Motordrehmoment und Belastungsmoment	**Beurteilungen**
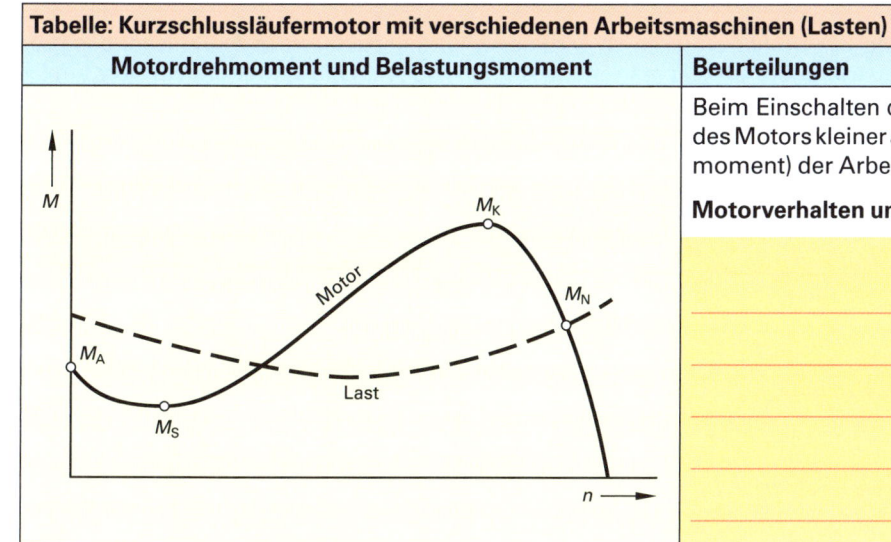 (Diagramm: Motorkennlinie mit M_A, M_S, M_K, M_N; Lastkennlinie liegt über M_A)	Beim Einschalten des Motors ist das Anlaufmoment des Motors kleiner als das Lastmoment (Widerstandsmoment) der Arbeitsmaschine. **Motorverhalten und -eignung:**
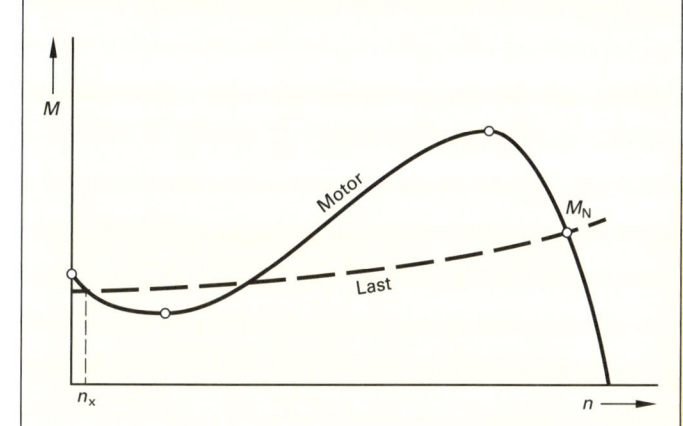 (Diagramm: Motorkennlinie mit M_N; Lastkennlinie schneidet Motorkennlinie bei n_x im Sattelbereich)	Nach Anlauf des Motors ist das Sattelmoment des Motors kleiner als das Lastmoment der Arbeitsmaschine. **Motorverhalten und -eignung:**
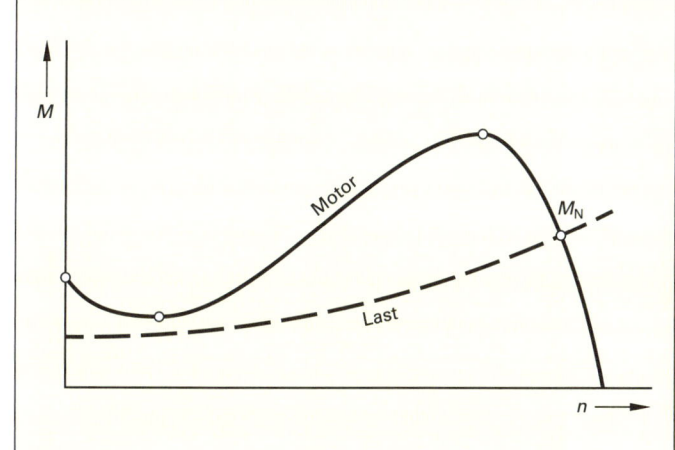 (Diagramm: Motorkennlinie mit M_N; Lastkennlinie bleibt unterhalb)	Das Lastmoment der Arbeitsmaschine bleibt immer kleiner als das Motormoment. **Motorverhalten und -eignung:**
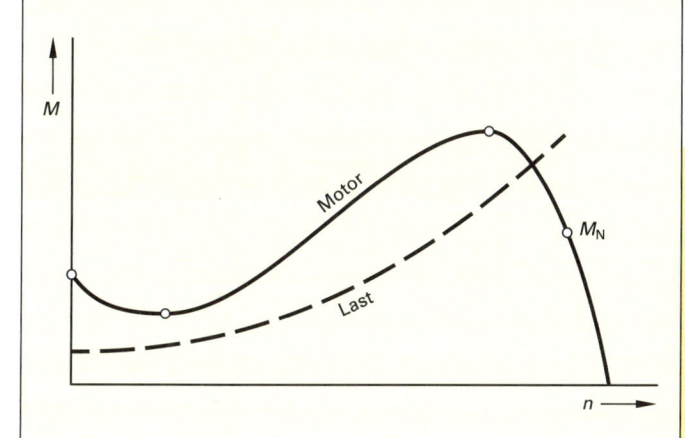 (Diagramm: Motorkennlinie mit M_N; Lastkennlinie schneidet Motorkennlinie vor Bemessungsdrehzahl)	Das Lastmoment der Arbeitsmaschine wird vor Erreichen der Bemessungsdrehzahl des Motors größer als das Bemessungsmoment des Motors. **Motorverhalten und -eignung:**

Elektrische Maschinen
Drehstrom-Asynchronmotor am Dreh- und Wechselstromnetz

Blatt-Nr.: 13.10

> Die Drehrichtungsänderung von Drehstrommotoren wird durch Vertauschen zweier Außenleiter des Drehstromnetzes erreicht. Drehstrommotoren kleiner Leistung können auch mithilfe eines Kondensators am Einphasen-Wechselstromnetz betrieben werden.

1. Zeichnen Sie in die Klemmbretter von **Bild 1** die Brücken für die geforderte Schaltung der Ständerwicklungen ein. Ergänzen Sie die Anschlussleitungen zum Drehstromnetz für die geforderte Drehrichtung.

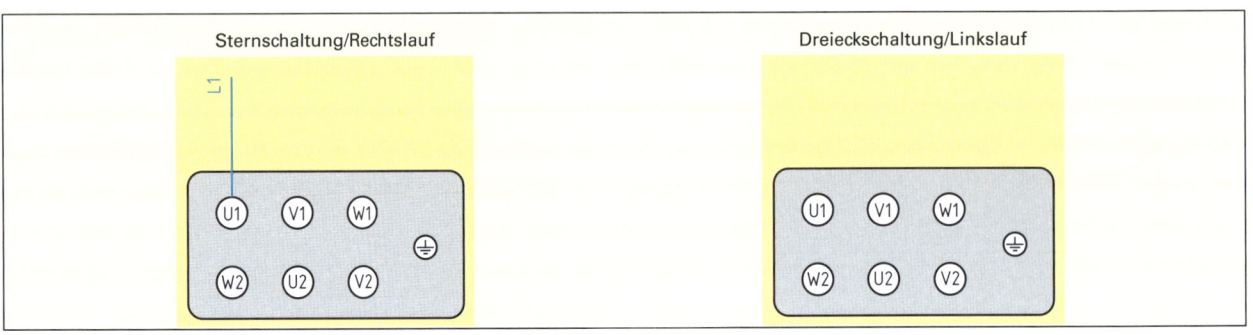

Bild 1: Klemmbretter von Drehstrommotoren mit Kurzschlussläufer

2. Tragen Sie in die **Tabelle** die Schaltungsart der Ständerwicklungen des Motors mit den Symbolen Y oder Δ ein. Darf der Motor nicht an dem Netz betrieben werden, schreiben Sie einen Strich.

3. Ein Drehstrommotor für 230 V Δ soll an Einphasen-Wechselspannung AC 230 V mithilfe eines Betriebskondensators C_B betrieben werden. Ergänzen Sie im **Bild 2** die Brücken und die Anschlüsse.

Tabelle: Ständerschaltungen von Drehstrommotoren für direktes Einschalten		
Angabe auf dem Leistungsschild des Motors	**Drehstromnetz (Leiterspannung)**	
	400 V	**690 V**
Y 400 V		
230/400 V		
400 V Δ/690 V Y		
230 V Δ/400 V Y		
690 V Y		
400/690 V		

4. Warum ist für den Anschluss von Drehstrommotoren kleiner Leistung an Einphasen-Wechselspannung ein Betriebskondensators C_B erforderlich?

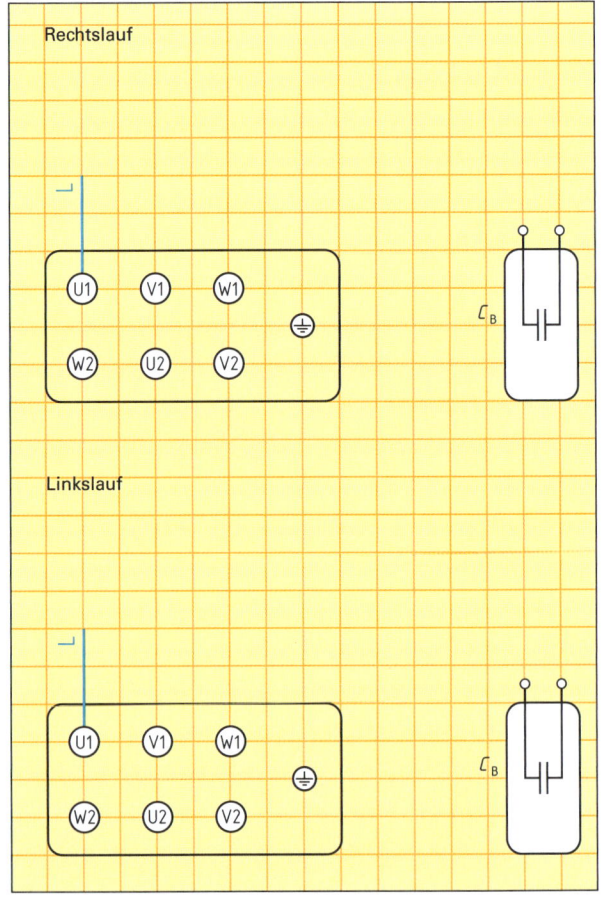

Bild 2: Klemmbrett mit Kondensator für Drehstrom-Asynchronmotoren am Wechselstromnetz

5. Mit welcher Leistung kann ein Drehstrommotor mit Kondensator am Einphasen-Wechselstromnetz dauernd betrieben werden?

Elektrische Maschinen
Einschaltvorschriften und Stern-Dreieck-Anlassverfahren

Blatt-Nr.: 13.11

> Die Technischen Anschlussbedingungen (TAB) schreiben für den Betrieb von Motoren am öffentlichen Netz (400/230 V) Grenzwerte für Leistung und Anzugsstrom vor.

1. Ergänzen Sie die geforderten Grenzwerte nach TAB in **Tabelle 1**.

Tabelle 1: Grenzwerte für direktes Einschalten von Motoren nach TAB		
Einphasen-Wechselstrommotoren	maximale Scheinleistung	
Drehstrommotoren	maximaler Anzugsstrom I_A	maximale Scheinleistung

2. Berechnen und beurteilen Sie im Antwortsatz, ob ein Drehstrommotor mit einem Bemessungsstrom $I_N = 8{,}5$ A, aber unbekanntem Anlaufstrom I_A, am öffentlichen Netz 400/230 V direkt eingeschaltet werden darf. **Hinweis**: Bei unbekanntem Anlaufstrom nimmt man das 8-fache des Bemessungsstromes für diesen Strom an.

Antwortsatz:

3. Warum ist direktes Einschalten von Motoren mit großer Bemessungsleistung nach TAB nicht zulässig?

4. Benennen Sie im **Bild 1** die Schütze entsprechend ihrer Aufgabe für eine Y-Δ-Schütz-Schaltung. Ergänzen Sie die Leitungsverbindungen.

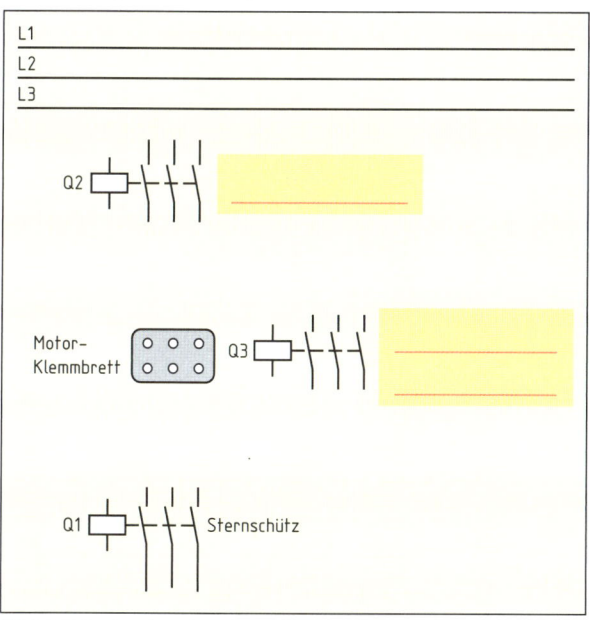

Bild 1: Prinzip einer Y-Δ-Schütz-Schaltung

5. Ergänzen Sie **Tabelle 2** unter Beachtung von **Bild 1**.

	Schaltfolge ein/aus	Wirkung
1.	Q1 ein	Ständerwicklungen werden in Stern geschaltet
2.		
3.		
4.		

Tabelle 2: Ablaufschritte beim Anlassen mit einer Y-Δ-Schütz-Schaltung (400/230 V)

6. Zeichnen Sie in **Bild 2** den Verlauf der gemeinsamen Kennlinie des Motors beim Stern-Dreieck-Anlauf ein. Kennzeichnen Sie die Umschaltdrehzahl n_u.

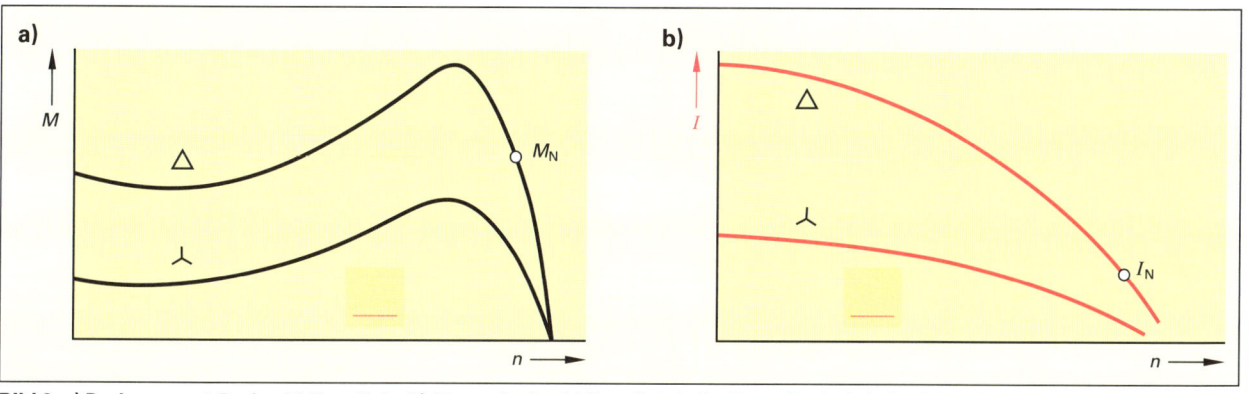

Bild 2: a) Drehmoment-Drehzahl-Kennlinie, b) Strom-Drehzahl-Kennlinie beim Stern-Dreieck-Anlauf eines Drehstrom-Asynchronmotors mit Kurzschlussläufer

Elektrische Maschinen
Drehstrom-Asynchronmotor, elektrische Drehzahländerung

Blatt-Nr.: 13.12

> Die Drehzahl (Umdrehungsfrequenz) von Elektromotoren muss bei vielen Anwendungen elektrisch gesteuert werden können. Die elektrische Drehzahländerung von Drehstrom-Asynchronmotoren kann dabei unterschiedlich umgesetzt werden.

1. Ergänzen Sie in der Übersicht die Möglichkeiten zur elektrischen Drehzahländerung von Drehstrom-Asynchronmotoren.

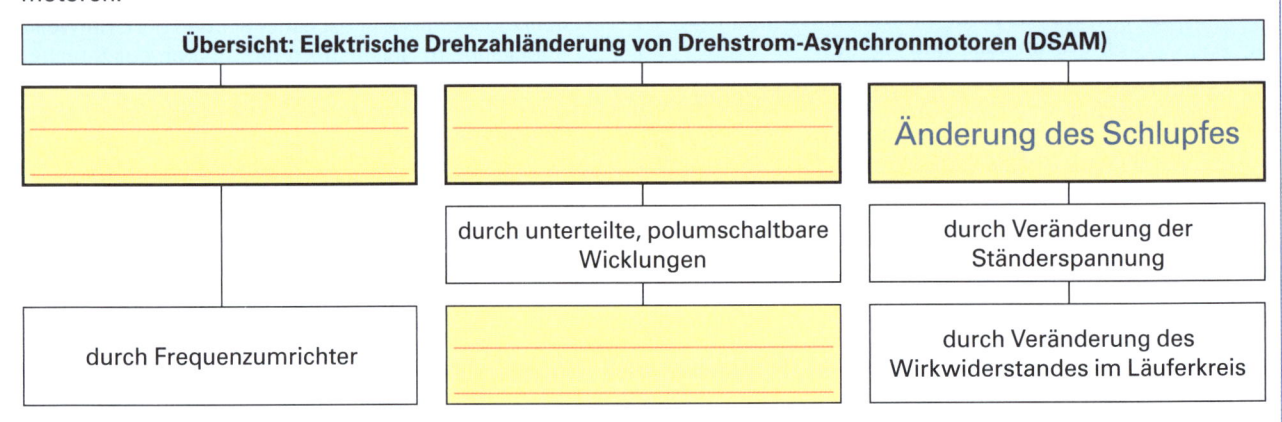

Übersicht: Elektrische Drehzahländerung von Drehstrom-Asynchronmotoren (DSAM)

		Änderung des Schlupfes
	durch unterteilte, polumschaltbare Wicklungen	durch Veränderung der Ständerspannung
durch Frequenzumrichter		durch Veränderung des Wirkwiderstandes im Läuferkreis

2. Die **Tabelle** zeigt das Prinzip der Dahlander-Schaltung für DSAM mit Kurzschlussläufer. Ergänzen Sie in der Tabelle die Polpaarzahl, die Drehzahl (hoch/niedrig) und die Schaltverbindungen.

Tabelle: Prinzip der Dreieck-Doppelstern-Schaltung (Δ/YY) nach Dahlander

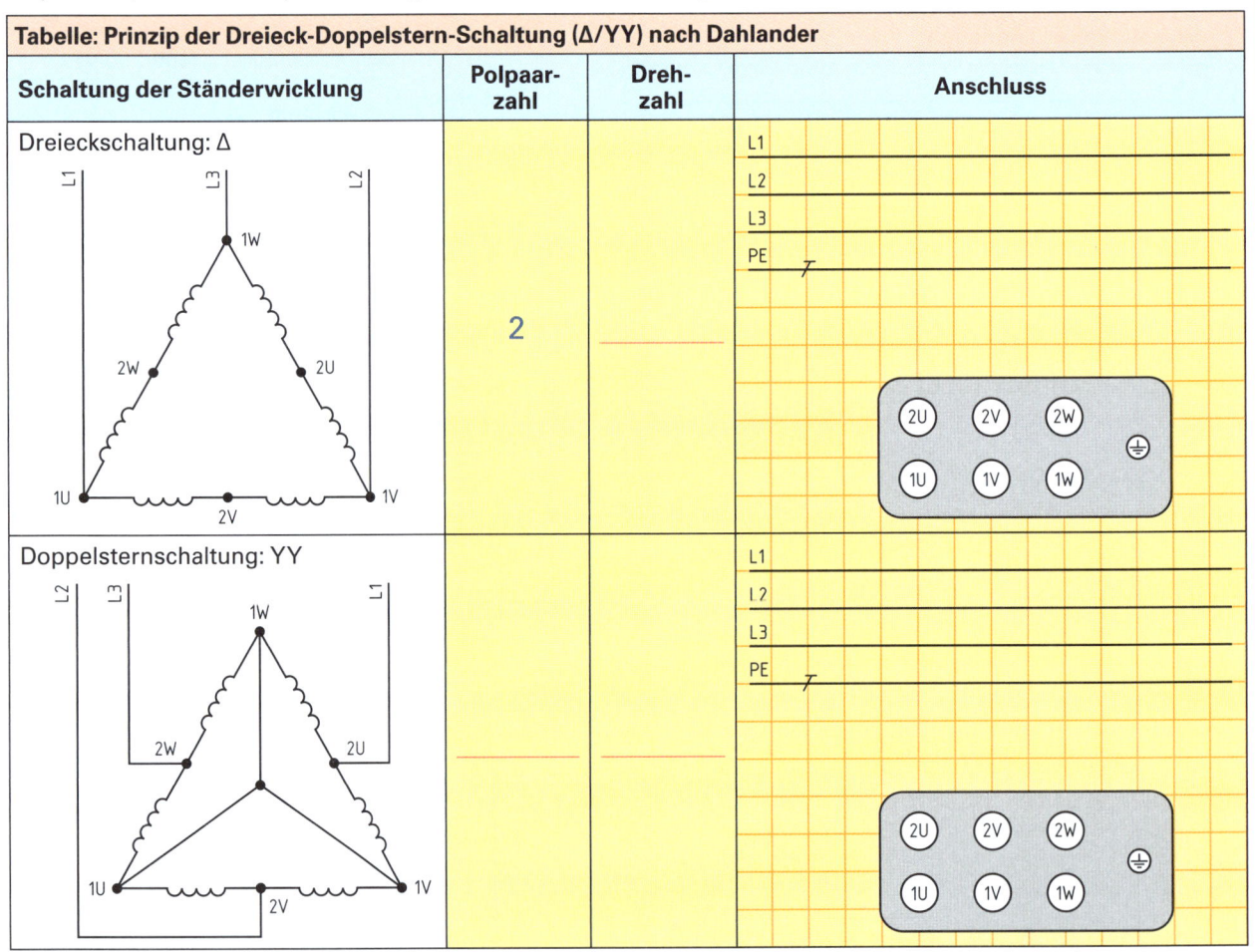

Schaltung der Ständerwicklung	Polpaarzahl	Drehzahl	Anschluss
Dreieckschaltung: Δ	2		
Doppelsternschaltung: YY			

3. Vergleichen Sie zwei drehzahlstellbare DSAM mit Kurzschlussläufer gleicher Bemessungsleistung. Motor 1 hat zwei getrennte Ständerwicklungen und Motor 2 hat unterteilte, umschaltbare Ständerwicklungen.

Motor	Ständerwicklung mit	Aufbau des Klemmbrettes	Baugröße bei gleicher Leistung
1	2 getrennten Wicklungen	wie Motor 2	
2	Δ/YY-Schaltung		

Elektrische Maschinen
Kondensatormotor

Blatt-Nr.: 13.13

> Der Kondensatormotor ist ein Einphasenmotor. Das bedeutet, er wird mit Wechselstrom betrieben. Wechselstrommotoren entwickeln jedoch kein Drehfeld und können somit nicht von allein anlaufen. Beim Kondensatormotor wird das Anlaufproblem dadurch gelöst, dass sich im Ständer zwei Wicklungen, die Hauptwicklung U1–U2 und die Hilfswicklung Z1–Z2, befinden. Zur Hilfswicklung wird ein Kondensator in Reihe geschaltet, sodass sie ein phasenverschobenes Magnetfeld zur Hauptwicklung erzeugt.

1. Welcher Unterschied besteht im Betrieb des Kondensatormotors (**Bild 1**) zwischen Anlaufkondensator und Betriebskondensator?

2. Wie müssen die Motorwicklungen angeschlossen werden, um
   a) Rechtslauf und b) Linkslauf zu erzielen?

   a)

   b)

Bild 1: Kondensatormotor (Betriebskondensator C_B, Klemmbrett)

3. Ergänzen Sie a) die Stromlaufpläne und b) die Anschlüsse am Klemmbrett, um Rechtslauf (**Bild 2**) und Linkslauf (**Bild 3**) zu erzielen.

4. Begründen Sie, warum Anlaufkondensatoren nach erfolgtem Anlauf abgeschaltet werden müssen.

5. Nennen Sie Bauteile, um den Anlaufkondensator C_B nach erfolgtem Anlauf abzuschalten.
   -
   -
   -

Bild 2: Kondensatormotor im Rechtslauf

6. Geben Sie Beispiele für die Anwendung von Kondensatormotoren an.
   -
   -
   -
   -

Bild 3: Kondensatormotor im Linkslauf

7. Wodurch unterscheiden sich der Anlaufkondensator C_A und der Betriebskondensator C_B hinsichtlich der Einsatzzeit, der Kapazität und der Auswirkung auf den Motorbetrieb? Ergänzen Sie die **Tabelle**.

Tabelle: Merkmale Anlauf- und Betriebskondensator		
	Betriebskondensator C_B	**Anlaufkondensator C_A**
Einsatzzeit		
Kondensatorblindleistung pro kW-Motorleistung bzw. Kapazität		
Auswirkung auf den Motorbetrieb		

Elektrische Maschinen
Aufbau der Gleichstrommotoren

Blatt-Nr.: 13.14

> Gleichstrommotoren werden häufig in Werkzeugmaschinen mit großem Drehzahlsteuerbereich und als Antriebsmotoren in Elektrofahrzeugen verwendet.

1. Gleichstrommaschinen können als Generator oder als Motor betrieben werden. Entscheidend für die Betriebsweise ist die Art der Energieaufnahme und -abgabe. Geben Sie im **Bild 1** jeweils die Art der aufgenommenen und der abgegebenen Energie für **a)** Generatorbetrieb und **b)** Motorbetrieb an.

   a) Generatorbetrieb:
   _____ ⇒ _____
   Energieaufnahme (G) Energieabgabe

   b) Motorbetrieb:
   _____ ⇒ _____
   Energieaufnahme (M) Energieabgabe

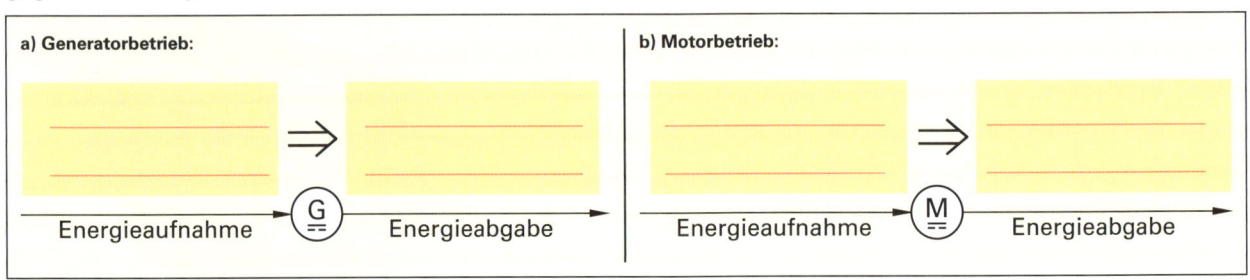

   Bild 1: Energieaufnahme und -abgabe bei Generator- und Motorbetrieb

2. Nennen Sie Vorteile von Gleichstrommotoren.
   - _____
   - _____
   - _____

3. Ordnen Sie im **Bild 2** die Ziffern der nachfolgend genannten Hauptbestandteile der Gleichstrommaschine zu.

   1: Ständer (Joch)
   2: Läufer (Anker)
   3: Erregerwicklung
   4: Ankerwicklung
   5: Kommutator (Stromwender)
   6: Kohlebürste
   7: Welle

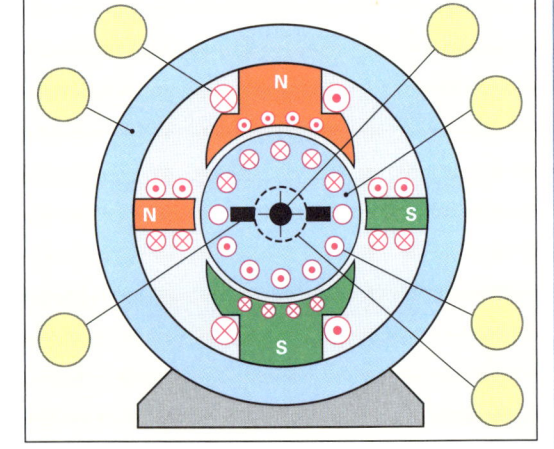

   Bild 2: Hauptbestandteile der Gleichstrommaschine

4. Zählen Sie alle Arten von Gleichstrommotoren hinsichtlich ihrer Erregungsart auf?
   - _____
   - _____
   - _____
   - _____

5. Die Wicklungen eines Gleichstrommotors werden mit jeweils einem Buchstaben und der Ziffer 1 für den Wicklungsanfang und der Ziffer 2 für das Wicklungsende bezeichnet. Geben Sie für jede Bezeichnung in der **Tabelle** die entsprechende Wicklung an.

Tabelle: Wicklungsbezeichnungen bei Gleichstrommotoren	
A1–A2	
B1–B2	
C1–C2	
D1–D2	
E1–E2	
F1–F2	

6. Nennen Sie die Stromrichtungen in Anker- und Erregerwicklung für Rechts- und Linkslauf eines Gleichstrommotors

Rechtslauf eines Gleichstrommotors:	
Linkslauf eines Gleichstrommotors:	

Elektrische Maschinen
Arten von Gleichstrommotoren

Blatt-Nr.: 13.15

> Das Erregerfeld eines Gleichstrommotors kann durch unterschiedliche Schaltungen erzeugt werden. Das setzt ein richtiges Anschließen der jeweiligen Motorart voraus.

1. Ergänzen Sie in der **Tabelle** die vorgegebenen Schaltungen **a)** bis **f)**. Achten Sie auf den geforderten Drehsinn und benennen Sie die Schaltungen **d)** bis **f)**.

Tabelle: Schaltungen von Gleichstrommotoren		
a) Nebenschluss-Motor	**b) Reihenschluss-Motor**	**c) Fremderregter Motor**
Rechtslauf	Linkslauf	Linkslauf
d)	**e)**	**f)**
Rechtslauf	Rechtslauf	Linkslauf

2. Ordnen Sie den mit Ziffern versehenen Kennlinien **(Bild)** die entsprechende Art des Gleichstrommotors zu.

    1: _____

    2: _____

    3: _____

3. Berechnen Sie den zulässigen Anlassspitzenstrom $I_{A\,max}$ eines Gleichstrommotors, wenn sein Bemessungsstrom 12,9 A beträgt.

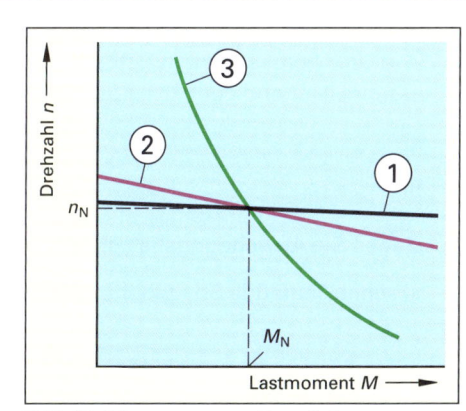

Bild: Gleichstrommotor-Kennlinien

> Nach DIN VDE 0650 darf der Anlassspitzenstrom I_A von Gleichstrommotoren mit $P_N \geq 1{,}5$ kW das 1,5-fache des Ankerbemessungsstromes I_N nicht überschreiten.

4. Nennen Sie drei schaltungstechnische Möglichkeiten zur Begrenzung des Anlassspitzenstromes.

    • _____

    • _____

    • _____

5. Nennen Sie zwei Möglichkeiten zur Drehzahlsteuerung von Gleichstrommotoren.

    • _____

    • _____

Elektrische Maschinen
Spaltpolmotor

Blatt-Nr.: 13.16

> Spaltpolmotoren sind Wechselstrommotoren mit Kurzschlussläufer. Der Aufbau ist einfach (**Bild 1**). Damit sie selbstständig anlaufen können, ist ein Drehfeld erforderlich. Deshalb besitzen sie im Ständer neben den Hauptpolen Spaltpole, um die sich jeweils eine Kurzschlusswicklung befindet (**Bild 2**). In dieser Kurzschlusswicklung tritt im Vergleich zum Magnetfeld der Hauptwicklung eine Phasenverschiebung auf. Beide Magnetfelder bilden dadurch zusammen ein Drehfeld, sodass der Motor anlaufen kann.

1. Benennen Sie die im **Bild 1** und **2** mit den Ziffern 1 bis 6 gekennzeichneten Bestandteile eines Spaltpolmotors.

    1: _____ 4: _____

    2: _____ 5: _____

    3: _____ 6: _____

2. Welche Schutzart hat der Spaltpolmotor im **Bild 1**?

    _____

3. Nennen Sie Vorteile von Spaltpolmotoren.

    • _____ • _____

    • _____ • _____

    • _____ • _____

Bild 1: Spaltpolmotor

4. Wodurch wird die Drehrichtung eines Spaltpolmotors festgelegt?

    _____

    _____

5. Bestimmen Sie die Drehrichtung des Motors im **Bild 2**.

    _____

6. Kann man die Drehrichtung eines Spaltpolmotors umkehren? Begründen Sie Ihre Antwort.

    _____

    _____

7. Wie viele Polpaare und welche Wirkleistungen haben
    a) schnelllaufende und **b)** langsamlaufende Spaltmotoren?

    a) _____

    b) _____

Bild 2: 2-polger Spaltpolmotor (Beispiel)

8. Geben Sie Anwendungsbeispiele von Spaltpolmotoren **a)** für schnelllaufende, **b)** für langsamlaufende Motoren an.

    a) schnelllaufende Spaltpolmotoren:

    • _____

    • _____

    • _____

    • _____

    b) langsamlaufende Spaltpolmotoren:

    • _____

    • _____

    • _____

    • _____

Elektrische Maschinen
Allgemeine Arbeitsweise der Elektromotoren

Blatt-Nr.: 13.17

> Rotierende elektrische Maschinen werden in allen Bereichen von Industrie, Handwerk und Haushalt eingesetzt. Unabhängig von ihrer Bauart arbeiten alle rotierenden elektrischen Maschinen nach dem gleichen Prinzip.

1. In welche beiden Gruppen werden rotierende elektrische Maschinen hinsichtlich ihrer Arbeitsweise eingeteilt?

   _____

2. Eine rotierende elektrische Maschine (**Bild 1**) kann als Motor oder Generator verwendet werden. Motoren und Generatoren haben deshalb den gleichen Aufbau. Die Arbeitsweise Motor- oder Generatorbetrieb wird nur durch die Richtung der Energieumwandlung festgelegt. Ergänzen Sie das folgende Blockschaltbild eines Motors mit den Angaben „mechanische Energie" bzw. „elektrische Energie".

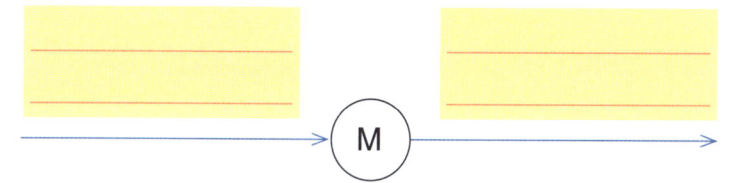

   Bild 1: Elektrische Maschine (Beispiel)

3. Welche Wirkung des elektrischen Stromes wird bei den rotierenden elektrischen Maschinen ausgenutzt?

   _____

4. Unter welchen Bedingungen wird durch den Magnetismus eine Kraftwirkung hervorgerufen?

   _____

5. Wo befinden sich die beiden Magnetfelder in einer rotierenden elektrischen Maschine?

   Ein Magnetfeld befindet sich _____

   Das zweite Magnetfeld befindet sich _____

6. Bestimmen Sie mithilfe der Motorregel (**Bild 2**) die Bewegungsrichtungen des Läufers im Motorbetrieb und ergänzen Sie den Drehsinn in der Tabelle.

   Tabelle: Drehrichtung von Motoren

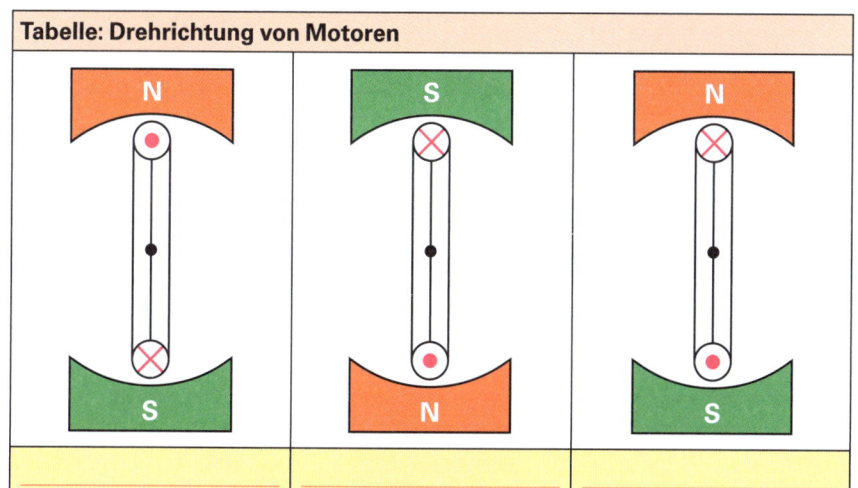

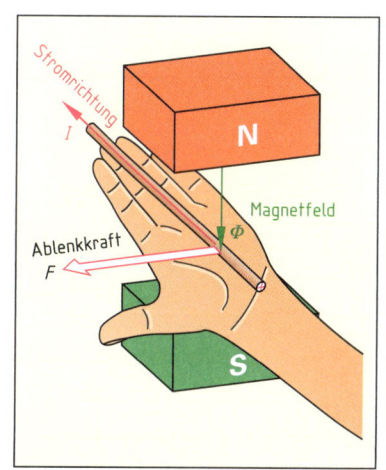

   Bild 2: Motorregel (linke Hand)

7. Welche Arten von elektrischen Motoren unterscheidet man?

   _____

Elektrische Maschinen
Motor-Leistungsschild, Klemmbrett und Netzanschluss (1)

Blatt-Nr.: 13.18

ℹ️ Mithilfe des Motor-Leistungsschildes und des Klemmbrettes eines Elektromotors kann man den Motortyp bestimmen und z. B. Spannungsangaben entnehmen, um den Motor an das vorhandene Verteilungsnetz anzuschließen.

Bestimmen Sie mithilfe des Motor-Leistungsschildes den Motortyp und schließen Sie den Motor an das vorgegebene Verteilnetz an. Beachten Sie die Drehrichtung (Schutzeinrichtungen sind zu vernachlässigen).

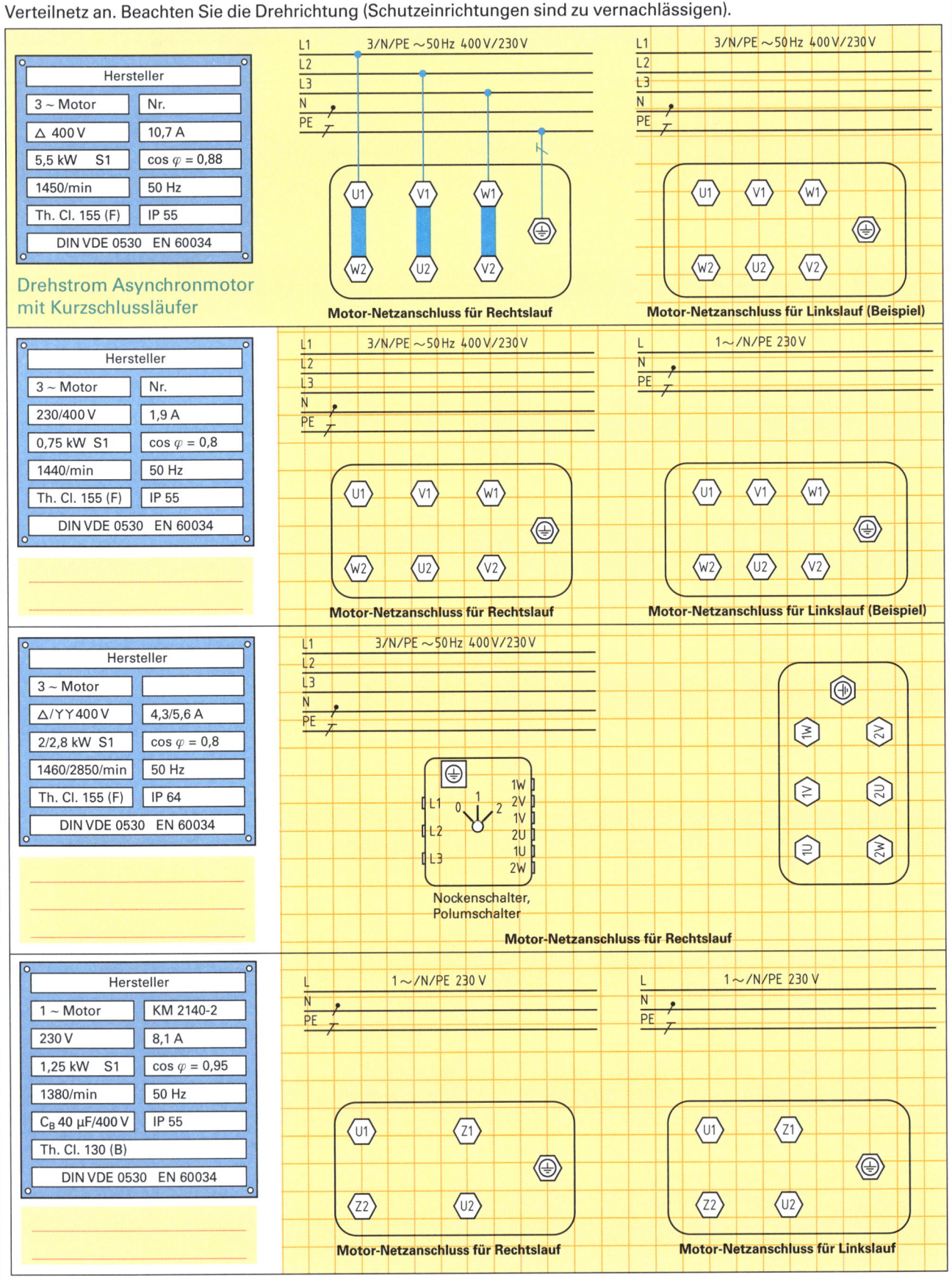

Hersteller
- 3 ~ Motor | Nr.
- △ 400 V | 10,7 A
- 5,5 kW S1 | cos φ = 0,88
- 1450/min | 50 Hz
- Th. Cl. 155 (F) | IP 55
- DIN VDE 0530 EN 60034

Drehstrom Asynchronmotor mit Kurzschlussläufer

Motor-Netzanschluss für Rechtslauf

Motor-Netzanschluss für Linkslauf (Beispiel)

Hersteller
- 3 ~ Motor | Nr.
- 230/400 V | 1,9 A
- 0,75 kW S1 | cos φ = 0,8
- 1440/min | 50 Hz
- Th. Cl. 155 (F) | IP 55
- DIN VDE 0530 EN 60034

Motor-Netzanschluss für Rechtslauf

Motor-Netzanschluss für Linkslauf (Beispiel)

Hersteller
- 3 ~ Motor |
- △/YY 400 V | 4,3/5,6 A
- 2/2,8 kW S1 | cos φ = 0,8
- 1460/2850/min | 50 Hz
- Th. Cl. 155 (F) | IP 64
- DIN VDE 0530 EN 60034

Nockenschalter, Polumschalter

Motor-Netzanschluss für Rechtslauf

Hersteller
- 1 ~ Motor | KM 2140-2
- 230 V | 8,1 A
- 1,25 kW S1 | cos φ = 0,95
- 1380/min | 50 Hz
- C_B 40 µF/400 V | IP 55
- Th. Cl. 130 (B)
- DIN VDE 0530 EN 60034

Motor-Netzanschluss für Rechtslauf

Motor-Netzanschluss für Linkslauf

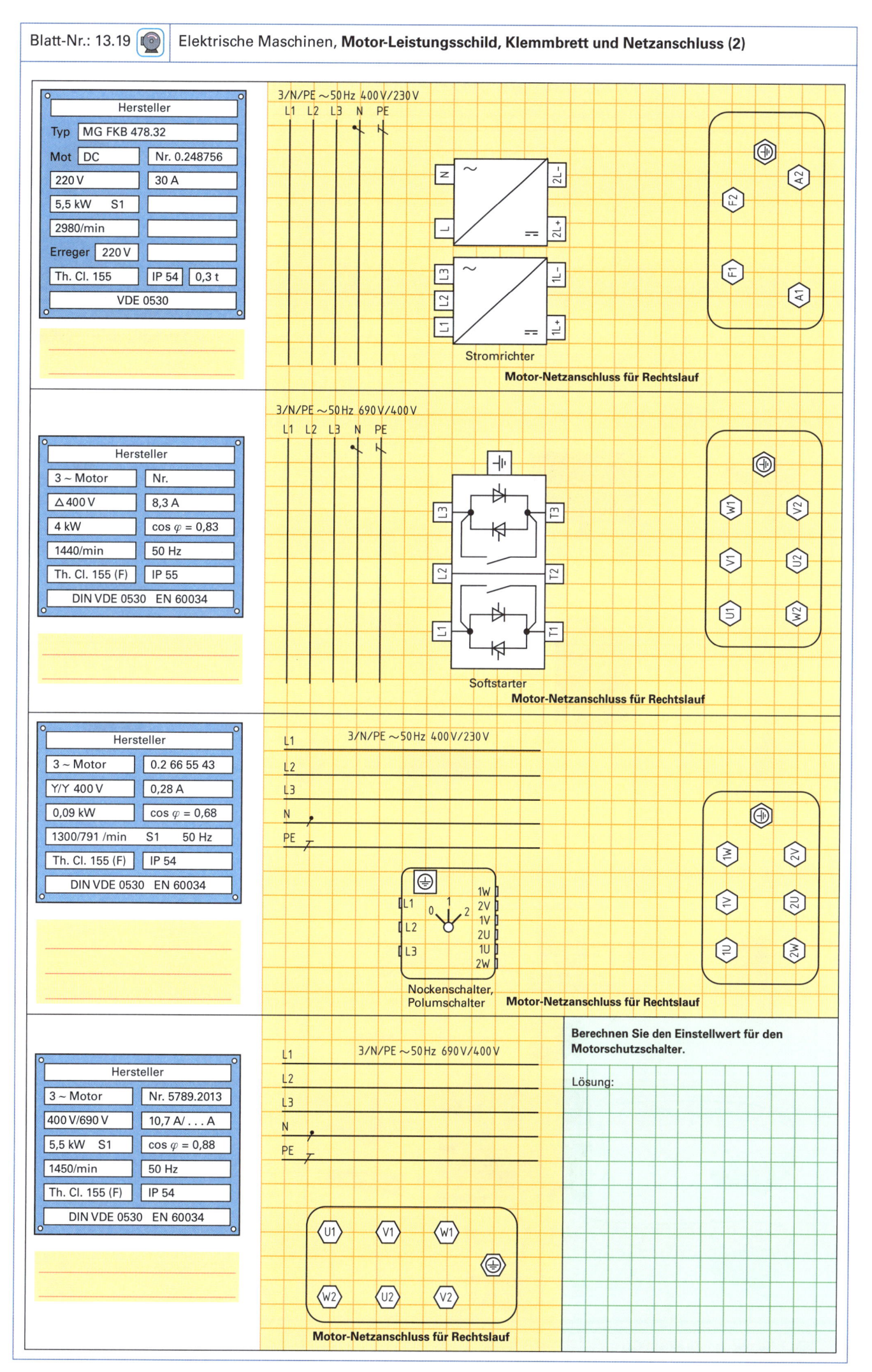

Blatt-Nr.: 13.19 Elektrische Maschinen, **Motor-Leistungsschild, Klemmbrett und Netzanschluss (2)**

Hersteller	
Typ	MG FKB 478.32
Mot	DC	Nr. 0.248756
220 V	30 A
5,5 kW S1	
2980/min	
Erreger	220 V	
Th. Cl. 155	IP 54	0,3 t
VDE 0530	

3/N/PE ~50Hz 400V/230V
L1 L2 L3 N PE

Stromrichter
Motor-Netzanschluss für Rechtslauf

Klemmbrett: A2, F2, F1, A1

Hersteller	
3 ~ Motor	Nr.
△ 400 V	8,3 A
4 kW	cos φ = 0,83
1440/min	50 Hz
Th. Cl. 155 (F)	IP 55
DIN VDE 0530 EN 60034	

3/N/PE ~50Hz 690V/400V
L1 L2 L3 N PE

Softstarter
Motor-Netzanschluss für Rechtslauf

Klemmbrett: W1, V2, V1, U2, U1, W2

Hersteller	
3 ~ Motor	0.2 66 55 43
Y/Y 400 V	0,28 A
0,09 kW	cos φ = 0,68
1300/791 /min S1	50 Hz
Th. Cl. 155 (F)	IP 54
DIN VDE 0530 EN 60034	

3/N/PE ~50Hz 400V/230V
L1 L2 L3 N PE

Nockenschalter, Polumschalter
Motor-Netzanschluss für Rechtslauf

Klemmbrett: 1W, 2V, 1V, 2U, 1U, 2W

Hersteller	
3 ~ Motor	Nr. 5789.2013
400 V/690 V	10,7 A/ ... A
5,5 kW S1	cos φ = 0,88
1450/min	50 Hz
Th. Cl. 155 (F)	IP 54
DIN VDE 0530 EN 60034	

3/N/PE ~50Hz 690V/400V
L1 L2 L3 N PE

Klemmbrett: U1, V1, W1, W2, U2, V2

Motor-Netzanschluss für Rechtslauf

Berechnen Sie den Einstellwert für den Motorschutzschalter.

Lösung:

Informationstechnik
Computersystem (1)

Blatt-Nr.: 14.1

> Die Kombination von Computer, Peripherie und Software bezeichnet man als Computersystem. Je nach Anwendung, z. B. ein Computer-Arbeitsplatz für Büroverwaltung **(Bild 1)** oder computergestützte Konstruktion (CAD), werden unterschiedliche Anforderungen an ein Computersystem gestellt. Dabei sind eine Vielzahl von Peripheriegeräten, z. B. Monitore und Drucker, zu unterscheiden. Zum Anschluss von Peripherie muss der Computer mit den benötigten Anschlüssen, z. B. USB, Firewire, ausgestattet sein. Für spezielle Anwendungen muss ein Computer erweitert oder umgerüstet werden, z. B. durch die Montage einer neuen Grafikkarte oder die Vergrößerung des Arbeitsspeichers.

Bild 1: Computer-Arbeitsplatz für Büroverwaltung

1. Bezeichnen Sie in **Bild 2** die noch nicht benannten Bestandteile eines Computersystems.

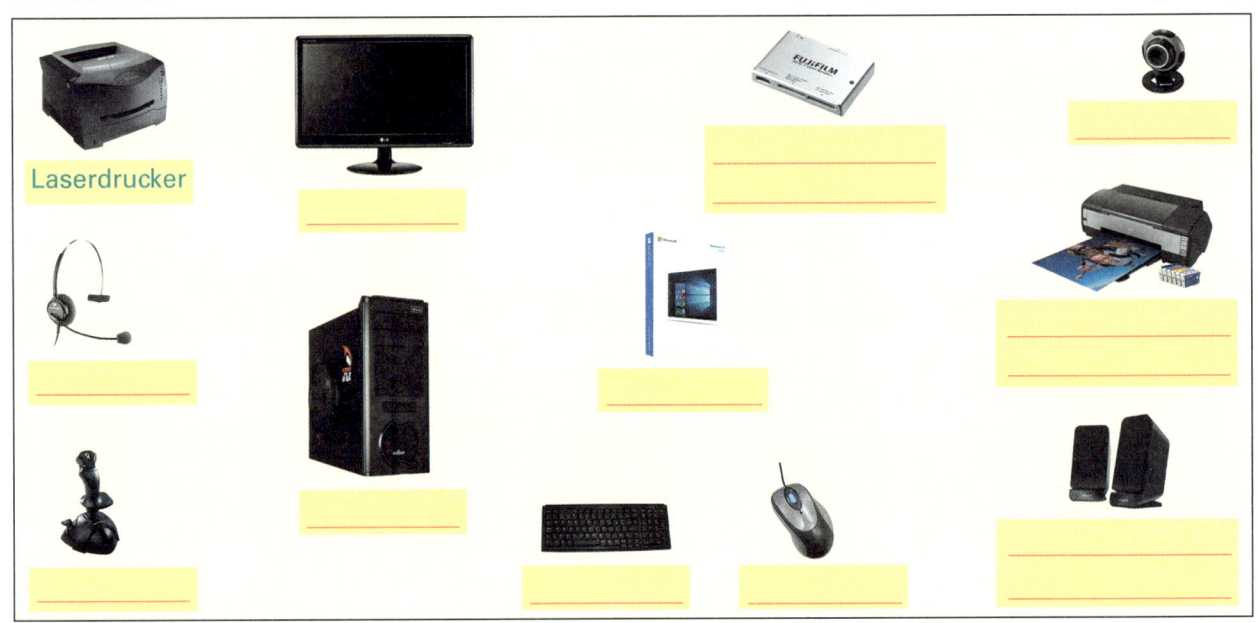

Laserdrucker

Bild 2: Bestandteile eines Computersystems

2. Benennen Sie in **Bild 3** die Verbindungsleitungen eines PCs.

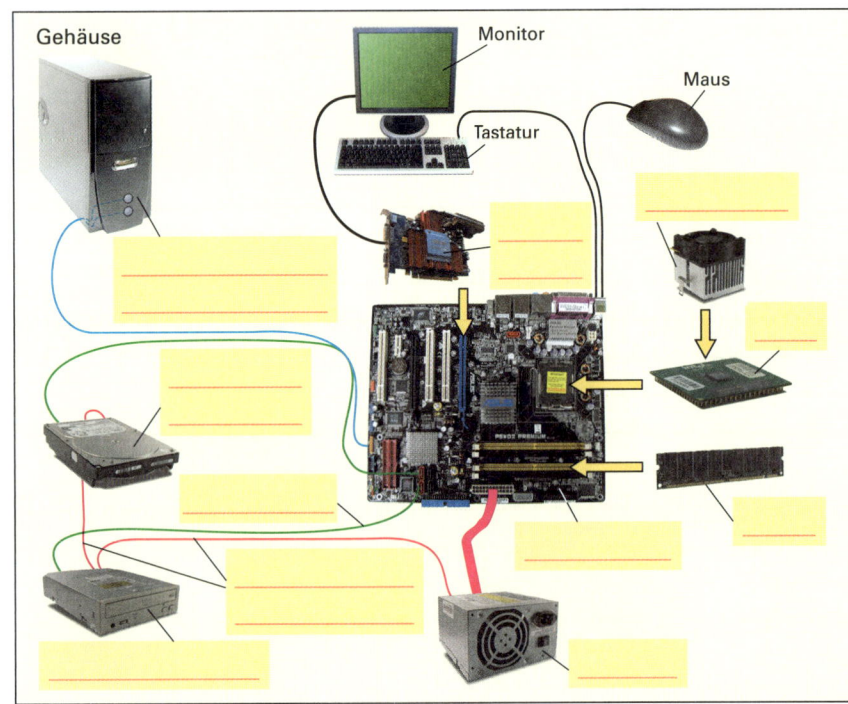

Gehäuse — Monitor — Maus — Tastatur

Montageschritte beim PC-Selbstbau
1. Blende für Mainboard-Buchsen (liegt Mainboard bei) an Gehäuse-Rückseite befestigen.
2. Gewindebuchsen für Mainboard-Befestigung in Gehäuse einschrauben.
3. Mainboard vorbereiten
   - CPU einsetzen (Lage beachten)
   - CPU-Kühler montieren (an Mainboard anstecken)
   - Arbeitsspeicher einstecken (dabei nicht verkanten)
4. Mainboard montieren. Auf richtige Lage der Buchsen (Rückseite) achten.
5. Verbindungen für Ein- und Reset-Taster sowie z.B. LED-Anzeigen des Gehäuses zum Mainboard herstellen.
6. Festplatten-, CD/DVD-Laufwerk montieren.
7. Datenleitungen anschließen.
8. Netzteil in Gehäuse montieren.
9. Stromversorgungsleitungen anschließen.
10. Steckkarten, z.B. Grafikkarte, einstecken.

ESD*-Schutzmaßnahmen beachten!

* ESD, Abk. für: Electrostatic Discharge (engl.) = elektrostatische Entladung

Bild 3: Komponenten eines PCs

| Blatt-Nr.: 14.2 | Informationstechnik, **Computersystem (2)** |

3. Bezeichnen Sie in **Bild 1** die Schnittstellen-Anschlüsse und geben Sie jeweils ein Beispiel für eine Anschlussmöglichkeit an.

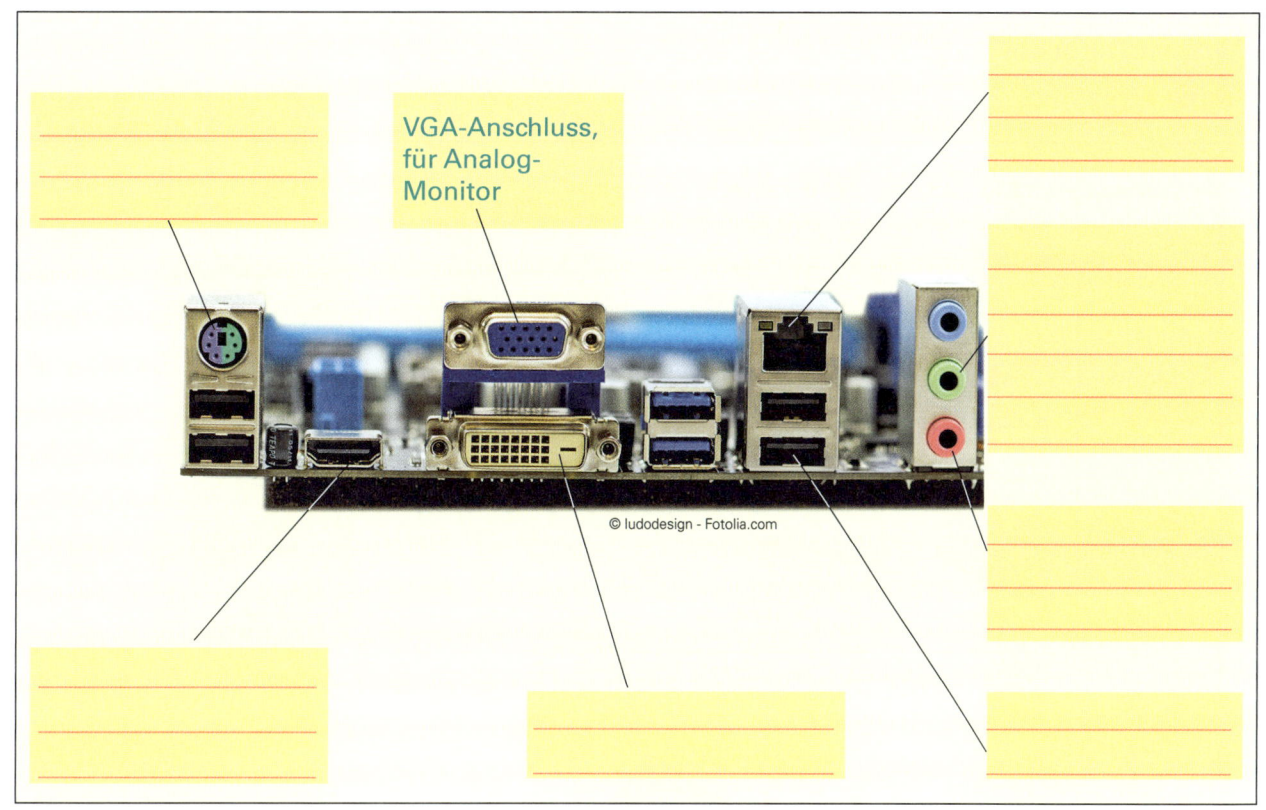

VGA-Anschluss, für Analog-Monitor

Bild 1: Schnittstellen-Anschlüsse

4. Ergänzen Sie in **Bild 2** die Übersicht zur Einteilung von Software.

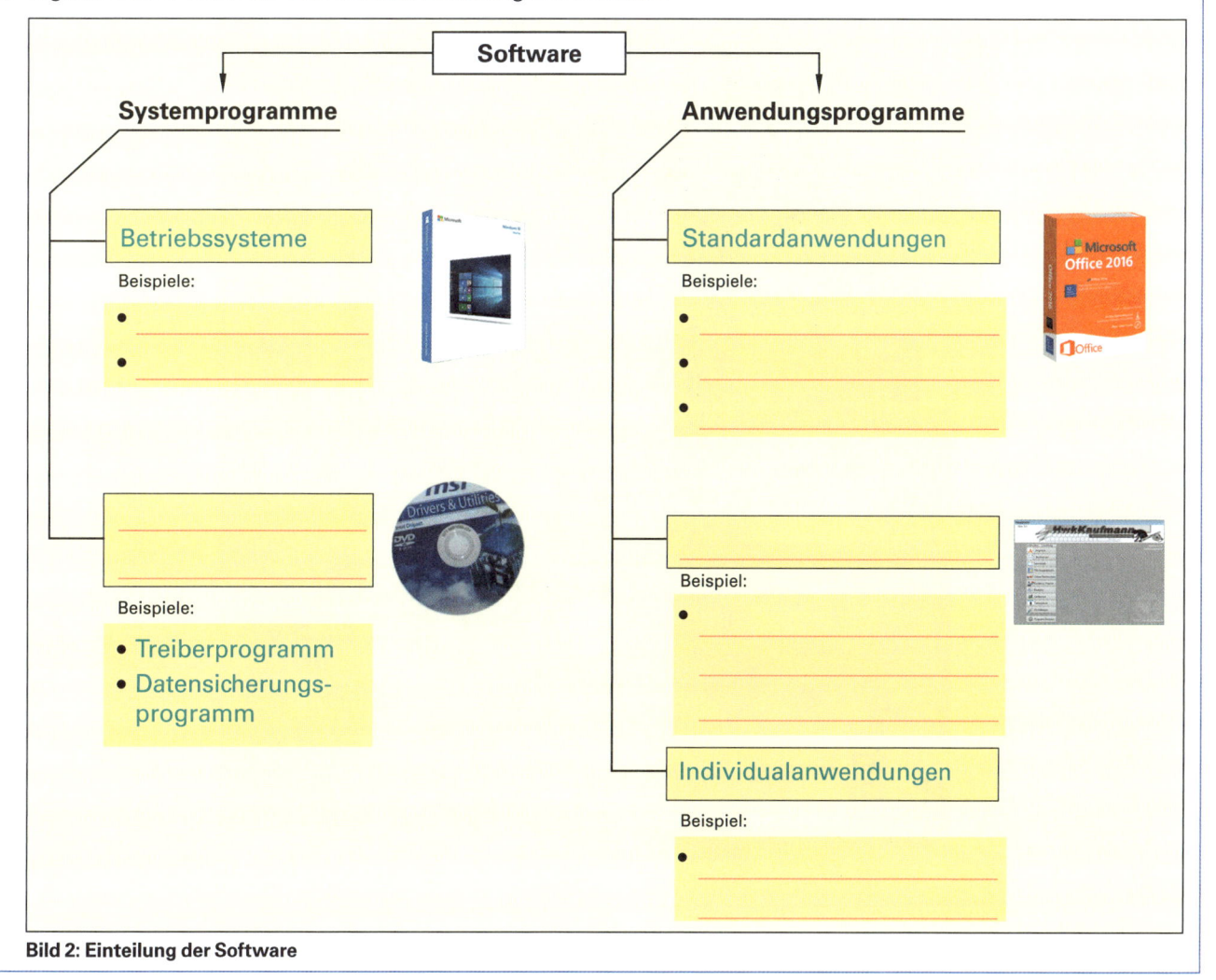

Software

Systemprogramme

- Betriebssysteme
  Beispiele:

Beispiele:
- Treiberprogramm
- Datensicherungsprogramm

Anwendungsprogramme

- Standardanwendungen
  Beispiele:

  Beispiel:

- Individualanwendungen
  Beispiel:

Bild 2: Einteilung der Software

Informationstechnik
PC-Mainboard (1)

Blatt-Nr.: 14.3

ℹ️ Das PC-Mainboard **(Bild)** ist der zentrale Bestandteil eines PCs. Es enthält die wichtigsten Einheiten für einen Computer. Bei der Montage eines PCs muss das Mainboard mit einigen Komponenten, z. B. CPU und RAM, bestückt und mit anderen Komponenten, z. B. Netzteil oder Festplatte, verbunden werden.

1. Bezeichnen Sie im **Bild** die Komponenten eines Mainboards.

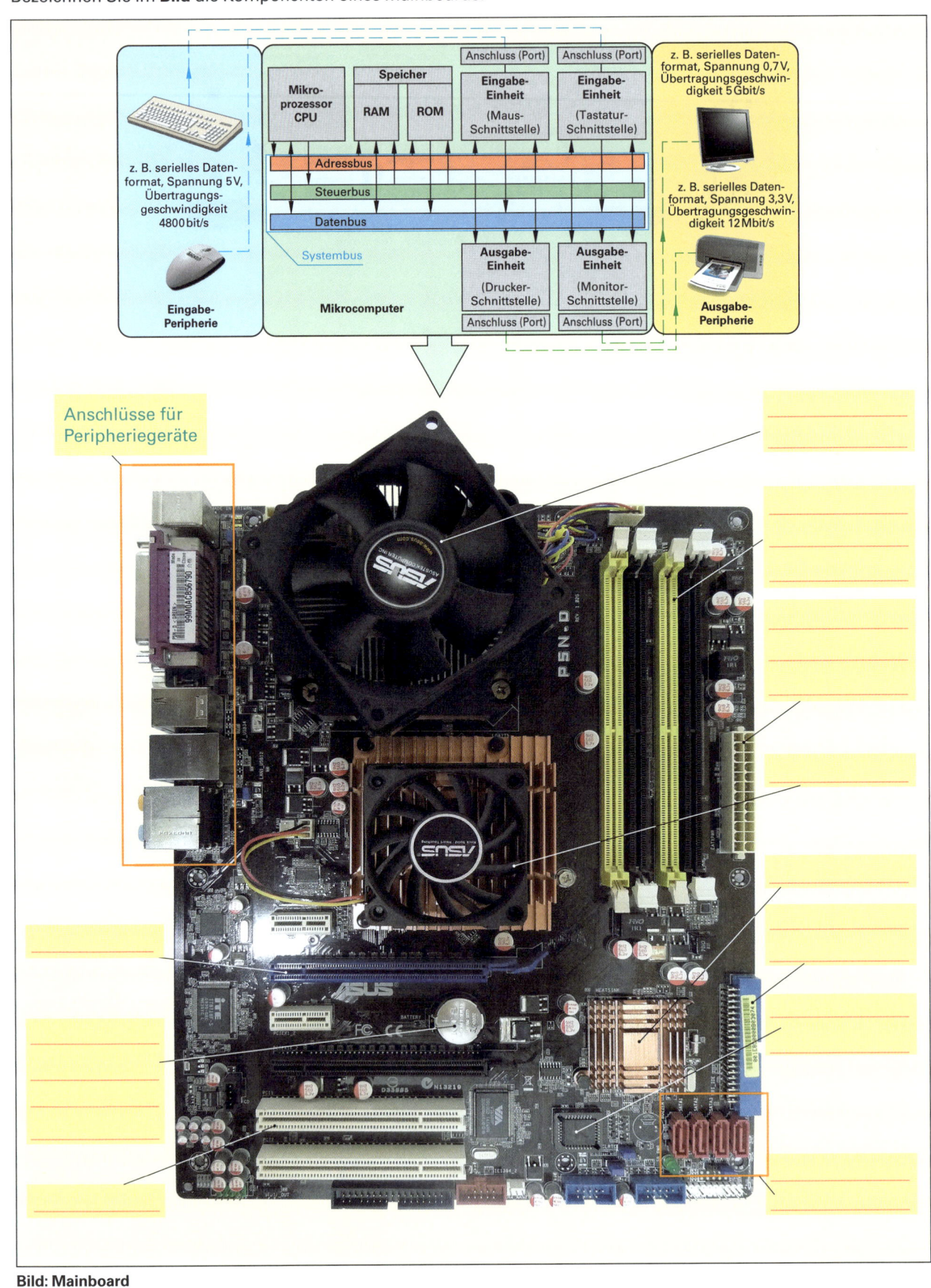

Diagramm:
- Eingabe-Peripherie (Tastatur, Maus): z. B. serielles Datenformat, Spannung 5V, Übertragungsgeschwindigkeit 4800 bit/s
- Mikrocomputer: Mikroprozessor CPU, Speicher (RAM, ROM), Eingabe-Einheit (Maus-Schnittstelle), Eingabe-Einheit (Tastatur-Schnittstelle), Ausgabe-Einheit (Drucker-Schnittstelle), Ausgabe-Einheit (Monitor-Schnittstelle), Anschluss (Port)
- Systembus: Adressbus, Steuerbus, Datenbus
- Ausgabe-Peripherie (Monitor): z. B. serielles Datenformat, Spannung 0,7V, Übertragungsgeschwindigkeit 5 Gbit/s
- Ausgabe-Peripherie (Drucker): z. B. serielles Datenformat, Spannung 3,3V, Übertragungsgeschwindigkeit 12 Mbit/s

Anschlüsse für Peripheriegeräte

Bild: Mainboard

Informationstechnik, PC-Mainboard (2)

Blatt-Nr.: 14.4

2. Benennen Sie im **Bild** die am Chipsatz für ein Mainboard angeschlossenen Komponenten.

Northbridge — CPU — USB — Tastatur, Maus

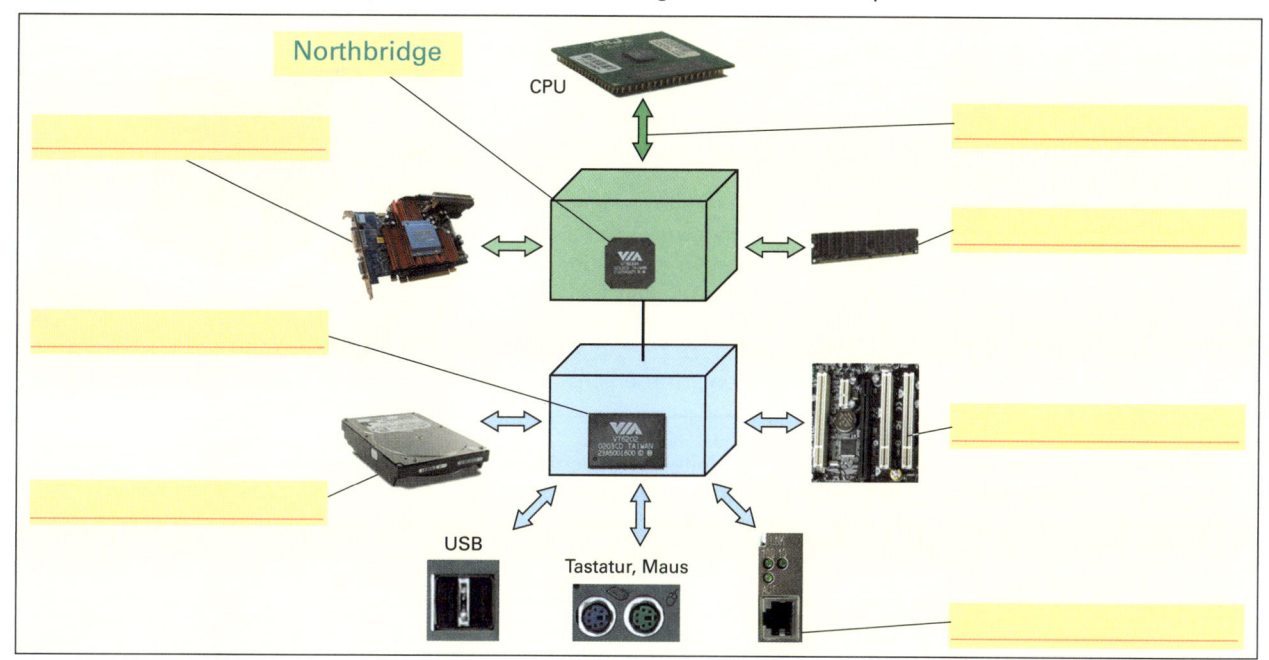

Bild: Chipsatz für Mainboard

3. Bei einem Mikroprozessor sind in einem Prospekt folgende Werte angegeben:
Intel Core i7 7700, Quad Core, 4 x 3,6 GHz, Cache 8 MB shared, LGA 1151, 65 W

Ordnen Sie die Wertangaben aus dem Prospekt den folgenden Merkmalen des Mikroprozessors Intel Core i7 7700 zu.

Architektur: Quad Core

CPU-Takt: _____

Sockel: _____

Max. Verlustleistung: _____

Cache-Speichergröße: _____

4. Vervollständigen Sie die Übersicht der Halbleiterspeicher.

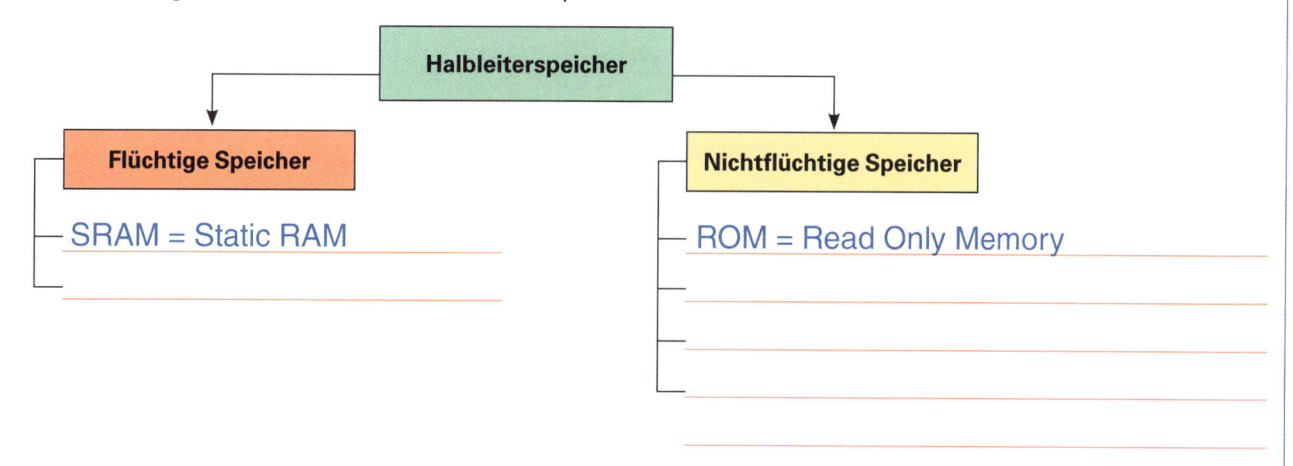

Halbleiterspeicher

- **Flüchtige Speicher**
  - SRAM = Static RAM

- **Nichtflüchtige Speicher**
  - ROM = Read Only Memory

5. Bei einem Arbeitsspeicher sind in einem Prospekt folgende Werte angegeben.
Kingston SDRAM DDR4-2133 (PC4-17000), 8 GB

Ordnen Sie die Wertangaben aus dem Prospekt den folgenden Merkmalen des Arbeitsspeichers zu.

Speicherkapazität: 8 GB

Bandbreite: _____

Speichertechnologie: _____

Hersteller: _____

6. Bei einem DDR4-Arbeitsspeicher werden pro Taktzyklus 8 mal 64 Bit transportiert.
Welcher maximalen Datenübertragungsrate (Bandbreite) in GB/s entspricht das bei einer Taktfrequenz von 266 MHz?

Bandbreite =

Informationstechnik
Peripheriegeräte für Computer (1)

Blatt-Nr.: 14.5

> Peripheriegeräte für einen Computer sind Geräte, die den Computer umgeben und für den Betrieb des Computers notwendig sind. Zu den Peripheriegeräten gehören Geräte zur Eingabe, z.B. Tastatur, Maus und Scanner, Geräte zur Ausgabe, z.B. Drucker und Monitore, und Geräte zur Speicherung von großen Datenmengen, z.B. externe Festplatten. Computer und Peripheriegeräte ergeben miteinander ein Computersystem. Ein Computersystem, z.B. ein CAD-Arbeitsplatz **(Bild)**, muss so geplant sein, dass es die Anforderungen der jeweiligen Anwendung erfüllt. Dazu sind Kenntnisse zu verschiedenen Peripheriegeräten erforderlich.

Bild: CAD-Arbeitsplatz

1. Neben Maus und Tastatur gibt es für einen PC weitere Möglichkeiten für Eingabegeräte. Ergänzen Sie in **Tabelle 1** Eingabegeräte und Anwendungsbeispiele.

Tabelle 1: Eingabegeräte und Anwendungsbeispiele	
Eingabegerät	**Anwendungsbeispiele**
Touchpad	
	Eingabe von Texten und Grafiken mit einem elektronischen Stift.
Scanner	
Web-Cam	
	Umwandeln von Schallwellen in elektrische Signale, z.B. zur Spracheingabe.

2. Ordnen Sie den angegebenen Eingabegeräten die folgenden Beispiele für Wertangaben richtig zu:
   optisch, 48 Bit, 1000 dpi, 640 x 480 Pixel, 15 Bilder/s, 1200 x 1200 dpi

   Maus
   Abtastart: optisch
   Auflösung: 1000 dpi

   Webcam
   Framerate: _____
   Auflösung: _____

   Scanner
   Farbtiefe: _____
   Auflösung: _____

3. Wie groß ist der kleinste erkennbare Bildpunkt bei einer Auflösung von 1200 x 1200 dpi?

   Kleinste erkennbare Punktgröße: _____

   > dpi = dot per inch = Punkte pro Zoll
   > 1 Zoll = 25,4 mm

4. Ordnen Sie in **Tabelle 2** den Merkmalen für LCD-Monitoren die folgenden Beispiele für Wertangaben richtig zu:
   300 cd/m², 16:10, hor. 160°, 2000:1, 1920 x 1200, 2 ms, DVI-I

Tabelle 2: Merkmale für LCD-Monitore (Beispiele)		
Merkmal	**Bedeutung**	**Beispiel**
Leuchtdichte	Bildhelligkeit (Lichtstärke pro Fläche)	300 cd/m²
Reaktionszeit	Zeit des Bildschirmes, um auf Änderungen zu reagieren	
Kontrastverhältnis	Verhältnis von größter zu kleinster darstellbaren Bildhelligkeit	
Betrachtungswinkel	Bereich in dem der Monitor betrachtet werden kann	
Anschlussstandard	Anschluss an die Grafikkarte des PCs	
Format (B:H)	Verhältnis von Breite zu Höhe	
Auflösung	Anzahl der darstellbaren Bildpunkte (Pixel)	

Blatt-Nr.: 14.6 | Informationstechnik, **Peripheriegeräte für Computer (2)**

5. Nennen Sie periphere Geräte zur Datenspeicherung.

_____

6. Ordnen Sie in der **Tabelle** folgende Beispiele für Wertangaben den Merkmalen für Festplatten-Laufwerke richtig zu:
8 MB, 1 TB, 3,5 Zoll, 8 ms, 3 Gbit/s, SATA, 7200 rpm

Tabelle: Merkmale für Festplatten-Laufwerke (Beispiele)		
Merkmal	**Bedeutung**	**Beispiel**
Speicherkapazität	Maximale Datenmenge, die gespeichert werden kann	1 TB
Mittlere Zugriffszeit	Durchschnittliche Verzögerung beim Zugriff auf Daten	
Schnittstelle	Standard für die Schnittstelle zum Mainboard	
Cache-Größe	Zwischenspeichergröße für Festplatte	
Drehzahl	Anzahl der Umdrehungen der Festplattenzylinder	
Bandbreite	Datenübertragungsgeschwindigkeit Festplatte/Mainboard	
Baugröße	Größe für den Einbau des Festplattenlaufwerkes in den PC	

7. Bezeichnen Sie Schnittstellenstandards der im **Bild 1** dargestellten Anschlüsse für Festplatten-Laufwerke.

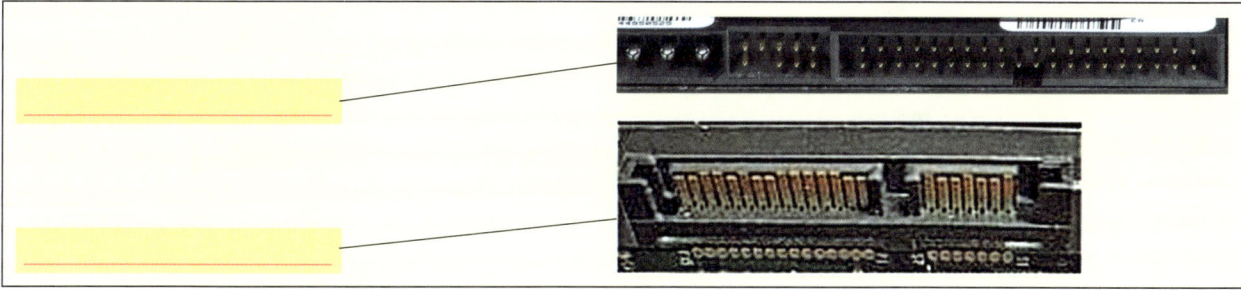

Bild 1: Anschlüsse für Festplatten-Laufwerke

8. Nennen Sie die Speicherkapazitäten zu folgenden Datenträgern.

CD-ROM: ~ 700–800 MB   CD-R, CD-RW: _____

DVD-ROM: _____   DVD–/+R: _____

DVD–/+R DL: _____   BD-R DL: _____

9. Bezeichnen Sie in **Bild 2** die Standards für Speicherkarten.

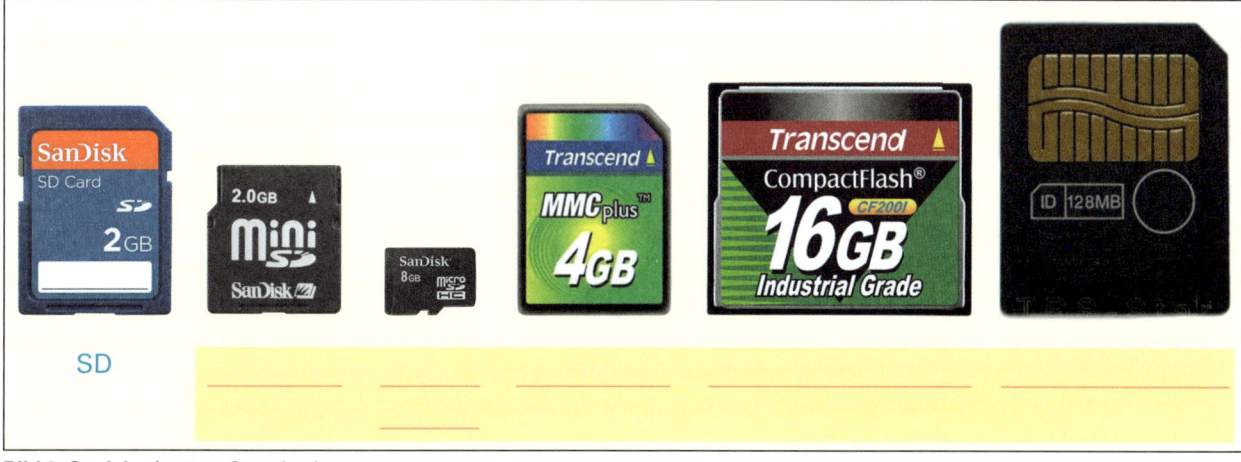

SD _____

Bild 2: Speicherkarten, Standards

10. Nennen Sie vier wichtige technische Merkmale einer Speicherkarte und geben Sie jeweils ein Beispiel für einen Wert an.

1. Speicherkapazität, z.B. 8 GB   3. _____

2. _____   4. _____

Informationstechnik
Netzwerktechnik Grundlagen (1)

Blatt-Nr.: 14.7

ℹ️ Netzwerke ermöglichen den Informationsaustausch zwischen Computern sowie die Nutzung von Diensten, die im Netzwerk angeboten werden. Für die Planung eines Netzwerkes, z.B. eines lokalen Netzwerkes **(Bild 1)**, sind Kenntnisse zu den benötigten Komponenten sowie deren elektrischen Eigenschaften notwendig. Weiterhin muss ein Netzwerk geplant werden, z.B. Festlegung der Struktur. Dazu müssen Normen, z.B. die EN 50173, beachtet werden. Für die Umsetzung müssen z.B. Verbindungen fachgerecht hergestellt werden. Am Schluss muss durch ein Prüfprotokoll die einwandfreie Funktion des Netzwerkes nachgewiesen werden.

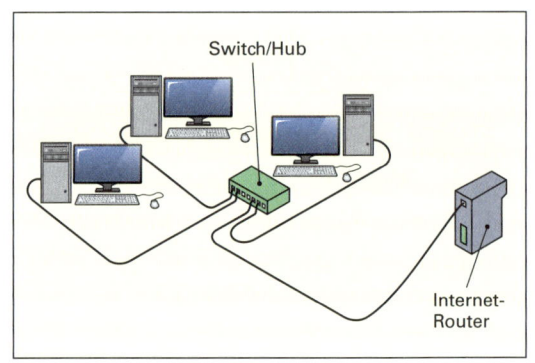

Bild 1: Lokales Netzwerk (LAN)

1. Ergänzen Sie die Verbindungen und bezeichnen Sie die grundlegenden Topologien in **Bild 2** für ein lokales Netzwerk (LAN).

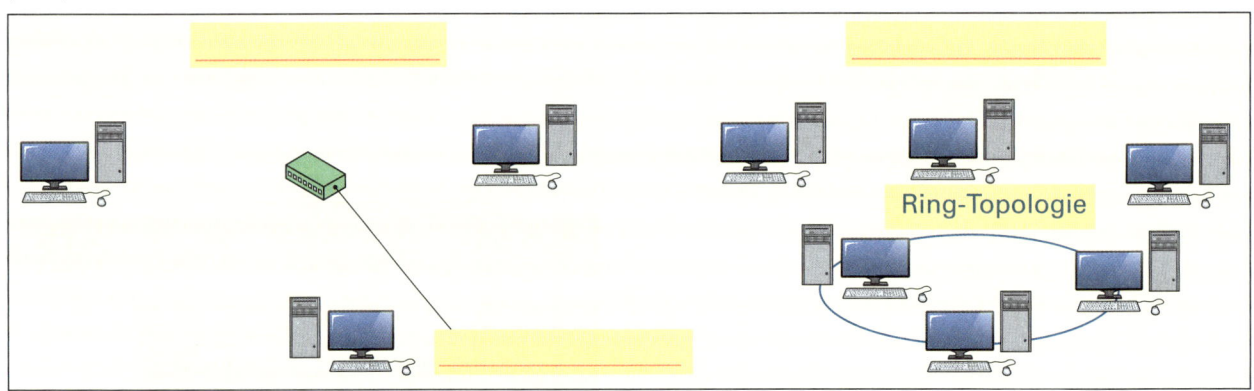

Ring-Topologie

Bild 2: Topologien im lokalen Netzwerk (LAN)

2. Zeichnen Sie in **Bild 3** die fehlenden Verbindungen ein und beschriften Sie die Bestandteile für das LAN.

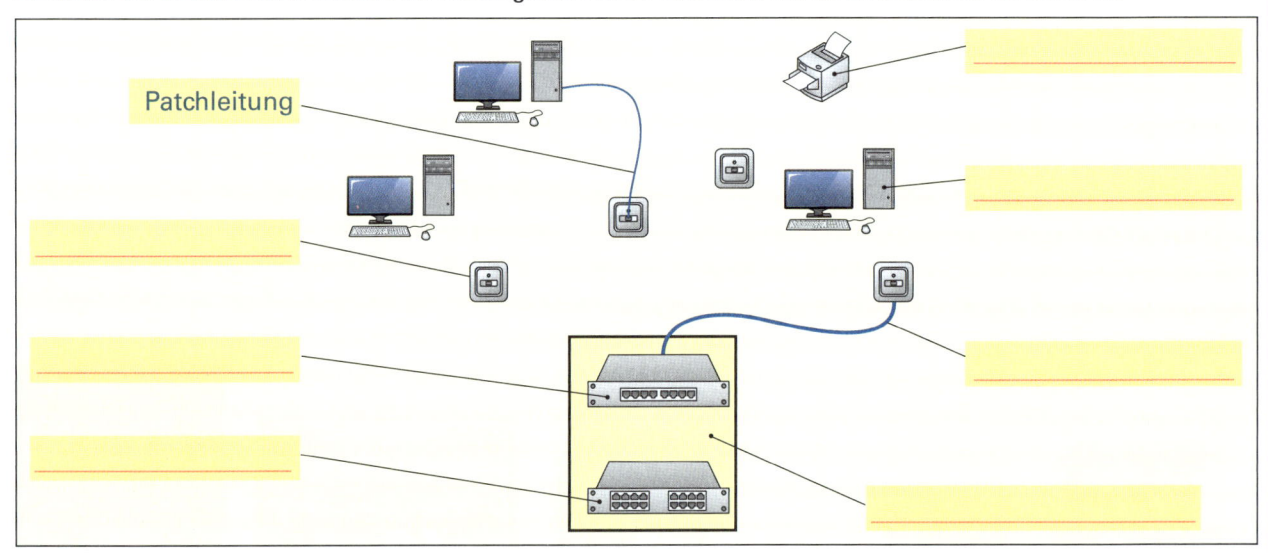

Patchleitung

Bild 3: Bestandteile eines lokalen Netzwerkes (LAN)

3. Die Datenleitungen werden mit einem LSA-Werkzeug **(Bild 4)** auf das Patchfeld und die Anschlussdose aufgelegt.
   a) Ordnen Sie den Anschlüssen des Patchfeldes die folgenden Farben zu. Verwenden Sie dazu folgende Abkürzungen:
      br/w (braun/weiß), br (braun), bl/w (blau/weiß), bl (blau), gr/w (grün/weiß), gr (grün), or/w (orange/weiß), or (orange)
   b) Nennen Sie die dafür geltende Norm und **c)** die Ausschreibung für die Abkürzung LSA.

LSA-Werkzeug

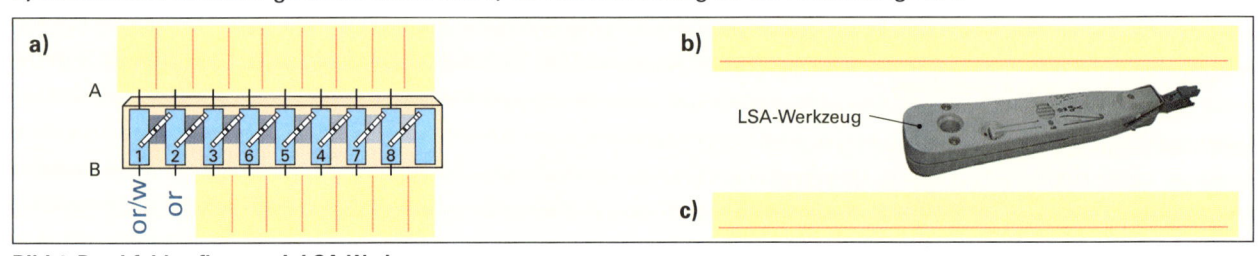

Bild 4: Patchfeld auflegen mit LSA-Werkzeug

| Blatt-Nr.: 14.8 | Informationstechnik, **Netzwerktechnik Grundlagen (2)** |

4. Bezeichnen Sie in **Bild 1** die Datenleitungen für ein Netzwerk und deren Abkürzung.

Datenleitung S/STP

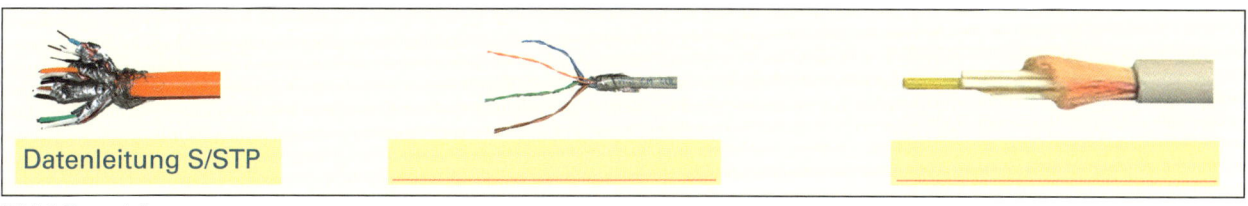

Bild 1: Datenleitungen

5. Erklären Sie die Bedeutung a) der Kategorie und b) der Link-Klasse bei einem Netzwerk.
c) Welche Kategorie müssen die Komponenten in **Bild 3, Blatt 14.7,** mindestens haben, damit die Strecke für eine Datenübertragungsrate von 100 Mbit/s verwendet werden kann und d) welcher Link-Klasse entspricht das?

a) Kategorie: _____

b) Link-Klasse: _____

c) Minimale Kategorie für 100 Mbit/s _____

d) Minimale Link-Klasse für 100 Mbit/s: _____

6. Für die Kommunikation über ein Netzwerk, das TCP/IP als Protokoll zur Datenübertragung verwendet, sind am PC Protokolleinstellungen notwendig. Ein PC soll die IP-Adresse 192.168.12.10 in einem Klasse-C-Netz erhalten. Die Adresse des LAN-Routers ist 192.168.12.1 und der Nameserver wurde vom Internet-Provider mit der Adresse 194.25.2.129 angegeben. Tragen Sie in die Eingabemaske **(Bild 2)** die notwendigen Werte ein, die dem PC nicht nur Verbindung zum LAN, sondern auch eine Verbindung über das Internet ermöglicht.

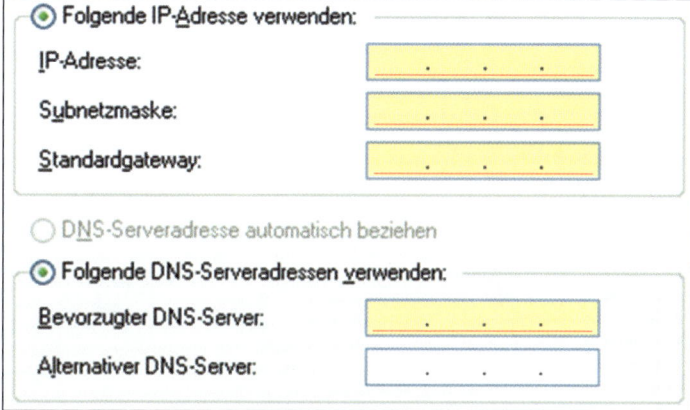

Bild 2: Eingabemaske für TCP/IP-Protokolleinstellungen

7. Ergänzen Sie in **Bild 3** die notwendigen Leitungen zur Verbindung eines PCs über das LAN mit dem Internet über einen All-IP-Anschluss und die Benennung der beteiligten Komponenten.

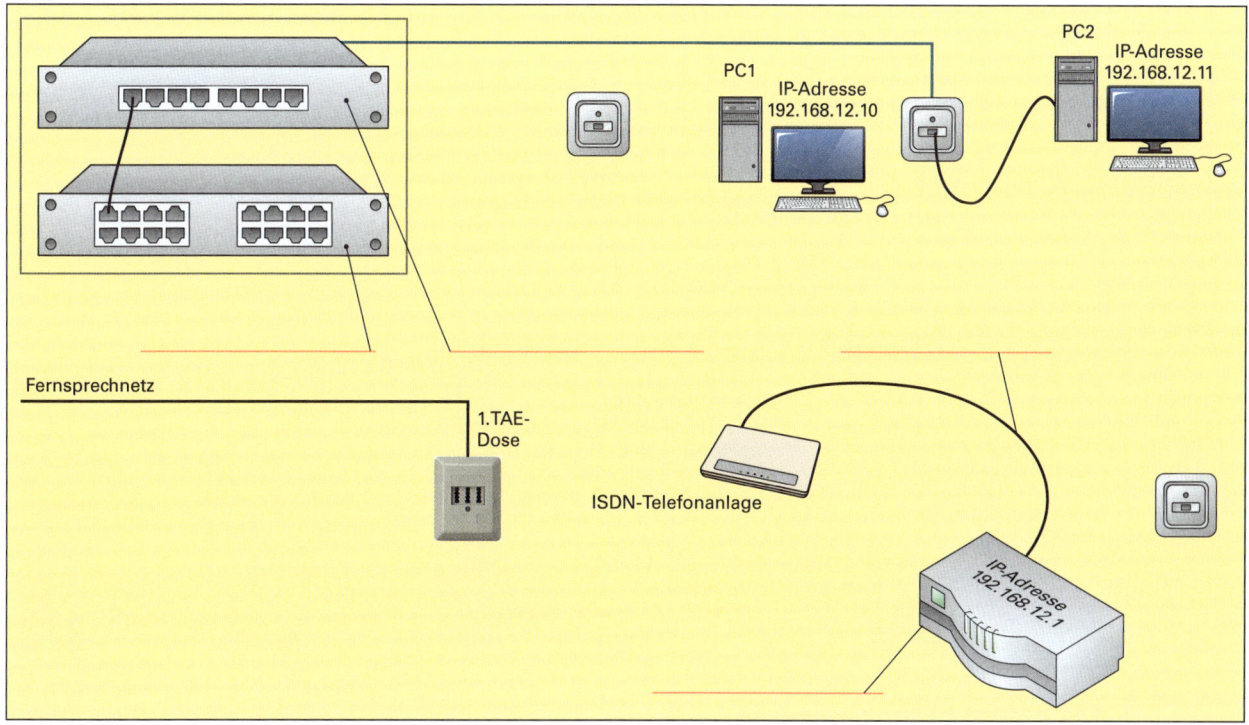

Bild 3: Verbindung eines LAN mit dem Internet

Informationstechnik
Lokales Netzwerk nach Fast Ethernet-Standard planen

Blatt-Nr.: 14.9

In einem Unternehmen sollen PC-Arbeitsstationen und Netzwerkdrucker in zwei Etagen mit den Servern im Erdgeschoss über ein Netzwerk nach dem Fast Ethernet-Standard verbunden werden. Sie erhalten den Auftrag das Netzwerk zu planen. Die Netzwerk-Verkabelung soll nach DIN EN 50173 erfolgen. Während im Tertiärbereich die maximale Datenübertragungsrate 100 Mbit/s betragen soll, ist der Sekundärbereich mit LWL-Verbindungen für 1 Gbit/s zu realisieren. Die Verbindung der LWL-Uplink-Leitungen an den Etagen-Switch mit 16 Ports nach 100 Base TX soll jeweils mit einem Medienkonverter erfolgen.

a) Ergänzen Sie die fehlenden Verbindungen.
b) Beschriften Sie die verwendeten Komponenten. Nennen Sie auch die mindestens benötigte Kategorie oder den verwendeten Leitungsstandard, wenn diese Angaben zur Auswahl der Komponenten benötigt werden.

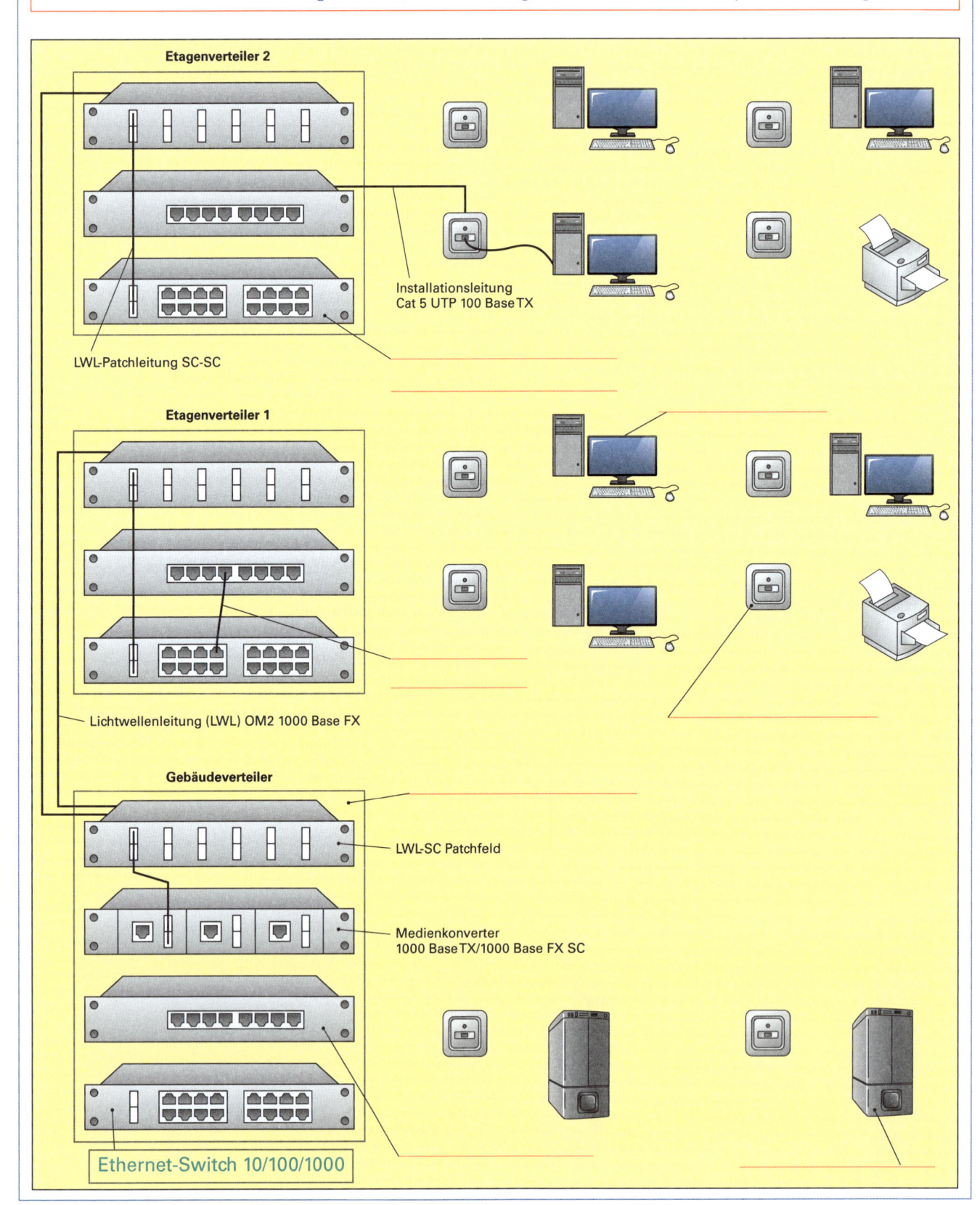

Etagenverteiler 2

Installationsleitung
Cat 5 UTP 100 Base TX

LWL-Patchleitung SC-SC

Etagenverteiler 1

Lichtwellenleitung (LWL) OM2 1000 Base FX

Gebäudeverteiler

LWL-SC Patchfeld

Medienkonverter
1000 Base TX/1000 Base FX SC

Ethernet-Switch 10/100/1000

Informationstechnik
Lokales Netzwerk nach WLAN-Standard planen und umsetzen

Blatt-Nr.: 14.10

> Mehrere PCs in einem Büro sollen über einen WLAN-Router per DSL mit dem Internet verbunden werden. Ein All-IP-Anschluss ist bereits vorhanden. Der verwendete WLAN-Router enthält einen Switch und ein DSL-Modem. Dadurch können auch Computer mit einer Netzwerkleitung an den WLAN-Router angeschlossen werden. Der Internet-Zugangsprovider gibt seine DNS-Adresse mit 194.25.2.129 an. Die IP-Adressen sollen statisch vergeben, also nicht automatisch bezogen werden.
> a) Nennen Sie die Arbeitsschritte zur Herstellung der WLAN-Verbindung vom PC zum WLAN-Router.
> b) Ergänzen Sie die fehlenden Bezeichnungen bei den benötigten Komponenten.
> c) Zeichnen Sie die fehlenden Verbindungen ein.
> d) Tragen Sie für den PC1 und den PC2 die notwendigen Einstellungen für das TCP/IP-Protokoll in den entsprechenden Eingabemasken ein. Verwenden Sie bei den PCs die aus dem Adressbereich nächstmögliche IP-Adresse.

a) Arbeitsschritte zur Herstellung der Verbindung über WLAN

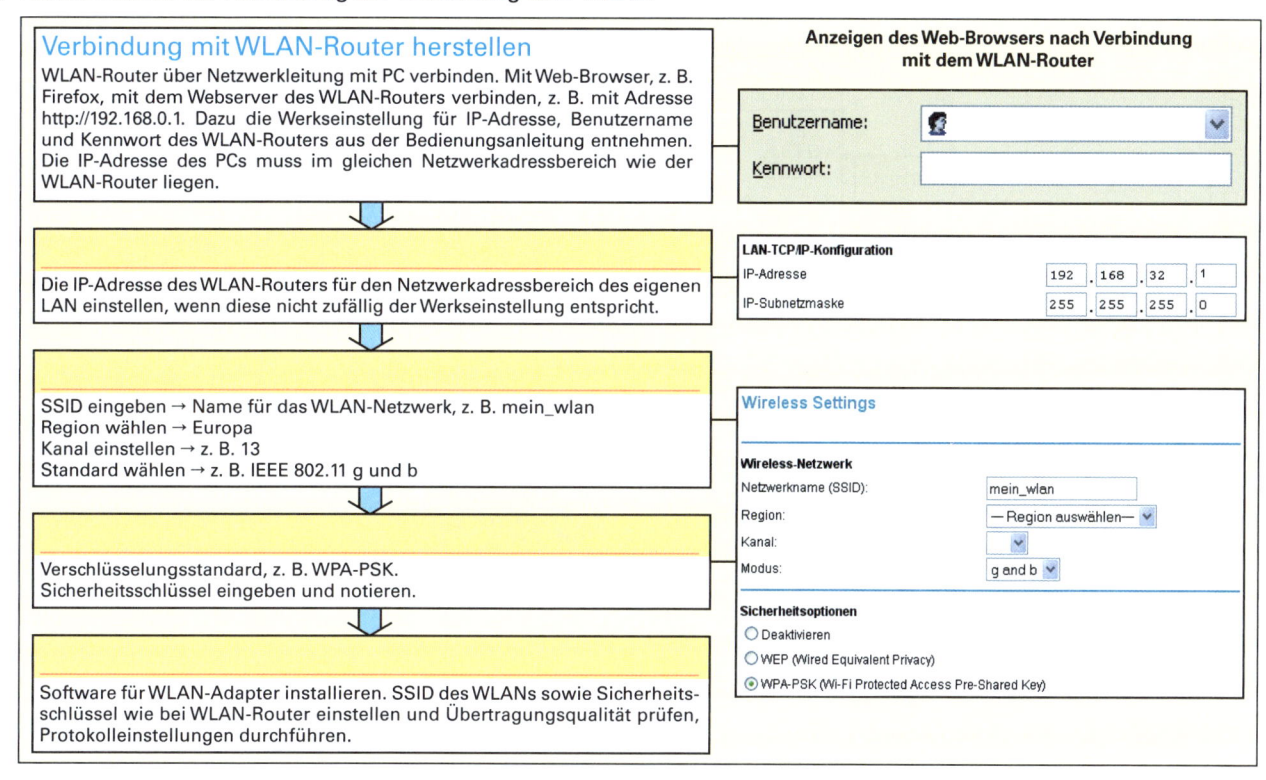

Verbindung mit WLAN-Router herstellen
WLAN-Router über Netzwerkleitung mit PC verbinden. Mit Web-Browser, z. B. Firefox, mit dem Webserver des WLAN-Routers verbinden, z. B. mit Adresse http://192.168.0.1. Dazu die Werkseinstellung für IP-Adresse, Benutzername und Kennwort des WLAN-Routers aus der Bedienungsanleitung entnehmen. Die IP-Adresse des PCs muss im gleichen Netzwerkadressbereich wie der WLAN-Router liegen.

Anzeigen des Web-Browsers nach Verbindung mit dem WLAN-Router

Benutzername:
Kennwort:

Die IP-Adresse des WLAN-Routers für den Netzwerkadressbereich des eigenen LAN einstellen, wenn diese nicht zufällig der Werkseinstellung entspricht.

LAN-TCP/IP-Konfiguration
IP-Adresse: 192 . 168 . 32 . 1
IP-Subnetzmaske: 255 . 255 . 255 . 0

SSID eingeben → Name für das WLAN-Netzwerk, z. B. mein_wlan
Region wählen → Europa
Kanal einstellen → z. B. 13
Standard wählen → z. B. IEEE 802.11 g und b

Wireless Settings

Wireless-Netzwerk
Netzwerkname (SSID): mein_wlan
Region: — Region auswählen —
Kanal:
Modus: g and b

Sicherheitsoptionen
○ Deaktivieren
○ WEP (Wired Equivalent Privacy)
● WPA-PSK (Wi-Fi Protected Access Pre-Shared Key)

Verschlüsselungsstandard, z. B. WPA-PSK. Sicherheitsschlüssel eingeben und notieren.

Software für WLAN-Adapter installieren. SSID des WLANs sowie Sicherheitsschlüssel wie bei WLAN-Router einstellen und Übertragungsqualität prüfen, Protokolleinstellungen durchführen.

b) Bezeichnungen und **c)** Verbindungen der Komponenten

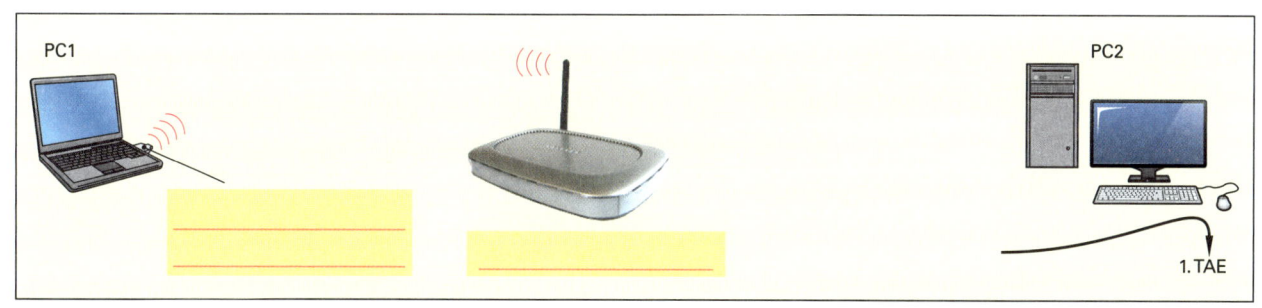

PC1   ))))   PC2
                                              1. TAE

c) TCP/IP-Protokolleinstellungen an den PCs

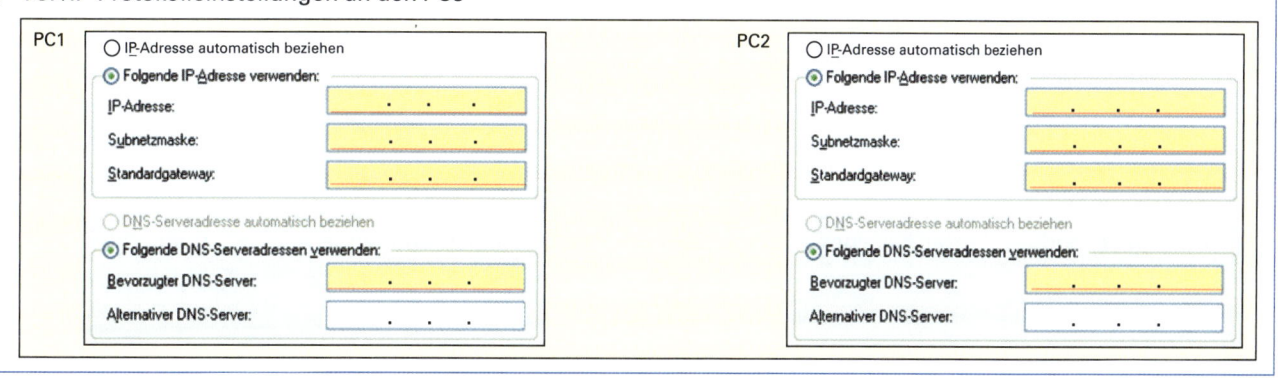

PC1
○ IP-Adresse automatisch beziehen
● Folgende IP-Adresse verwenden:
IP-Adresse:
Subnetzmaske:
Standardgateway:
○ DNS-Serveradresse automatisch beziehen
● Folgende DNS-Serveradressen verwenden:
Bevorzugter DNS-Server:
Alternativer DNS-Server:

PC2
○ IP-Adresse automatisch beziehen
● Folgende IP-Adresse verwenden:
IP-Adresse:
Subnetzmaske:
Standardgateway:
○ DNS-Serveradresse automatisch beziehen
● Folgende DNS-Serveradressen verwenden:
Bevorzugter DNS-Server:
Alternativer DNS-Server:

Automatisierungstechnik
Speicherprogrammierbare Steuerungen (SPS) (1)

Blatt-Nr.: 15.1

> Speicherprogrammierbare Steuerungen (SPS) ersetzen zunehmend verdrahtete Steuerungen, auch Verbindungsprogrammierte Steuerungen (VPS) genannt. Der zentrale Bestandteil einer SPS ist das Automatisierungs-System (AS). Das Automatisierungssystem **(Bild 1)** besteht aus Zentraleinheit (CPU), den Ein- und Ausgabebaugruppen und der Stromversorgung. Die Zentraleinheit benötigt ein Programm, welches auf einem Programmiergerät (PG) erstellt wird. Dazu werden verschiedene Programmiersprachen zur Auswahl gestellt.

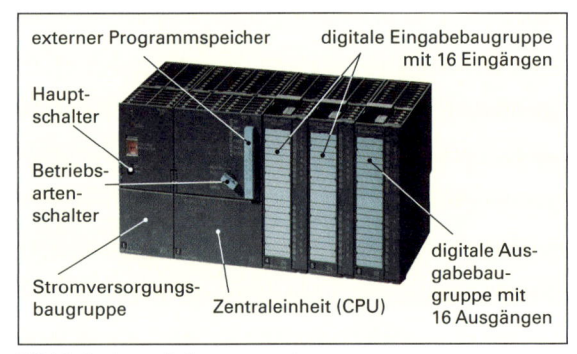

Bild 1: Automatisierungssystem

1. Ergänzen Sie die Übersicht zur Programmierung einer Speicherprogrammierbaren Steuerung **(Bild 2)**.

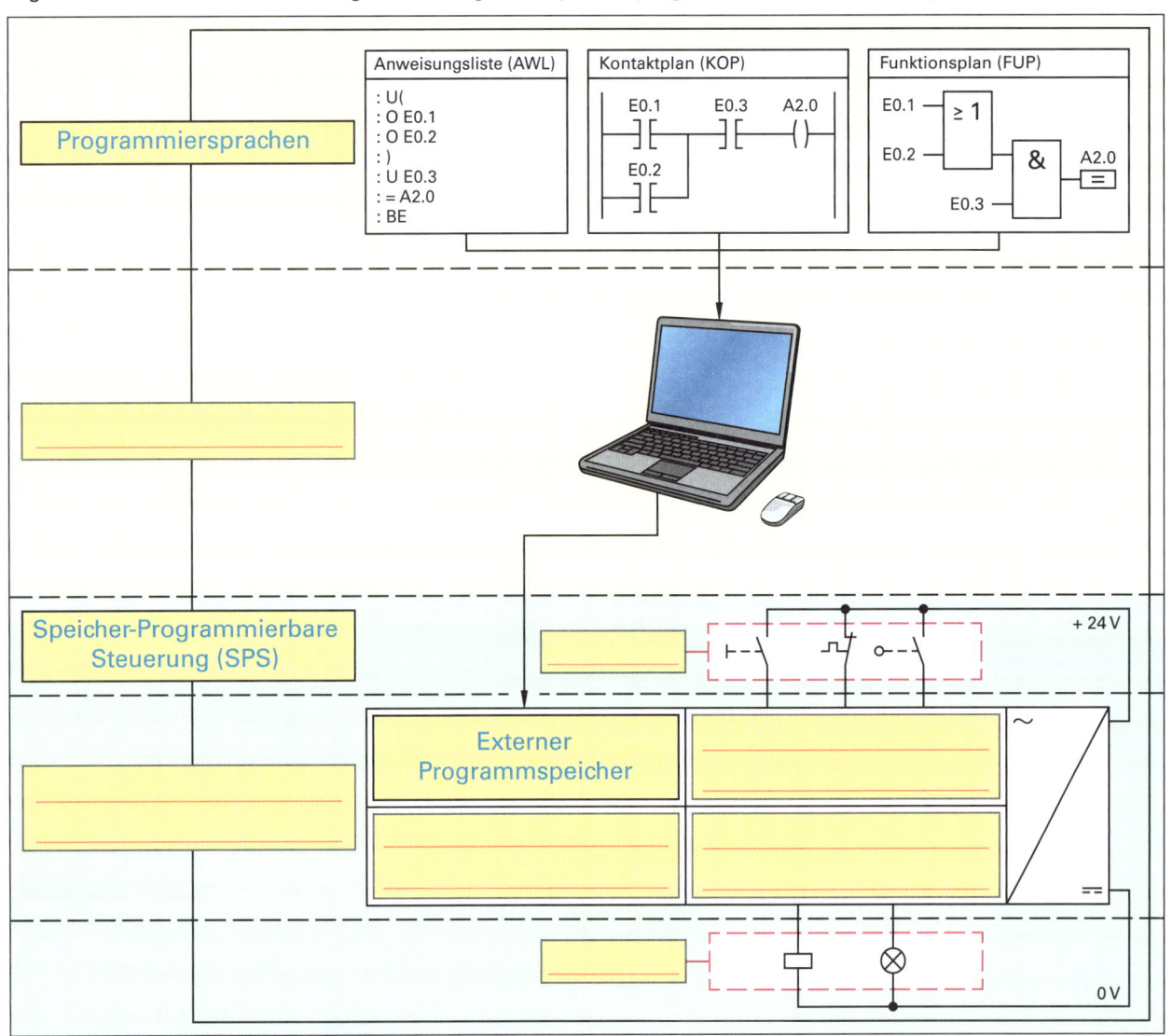

Bild 2: Programmierung einer SPS

2. Nennen Sie Anwendungsbeispiele für Speicherprogrammierbare Steuerungen.

3. Welchen besonderen Vorteil hat eine SPS gegenüber einer Verbindungsprogrammierten Steuerung (VPS)?

Blatt-Nr.: 15.2 | Automatisierungstechnik, **Speicherprogrammierbare Steuerungen (SPS) (2)**

4. Eine Steuerungsanweisung, z. B. U A4.0, für ein Automatisierungsgerät besteht aus zwei Teilen. Ergänzen Sie die Übersicht der Steuerungsanweisungen **(Bild)** für die Programmiersprache AWL am Beispiel der Programmiersoftware STEP 7.

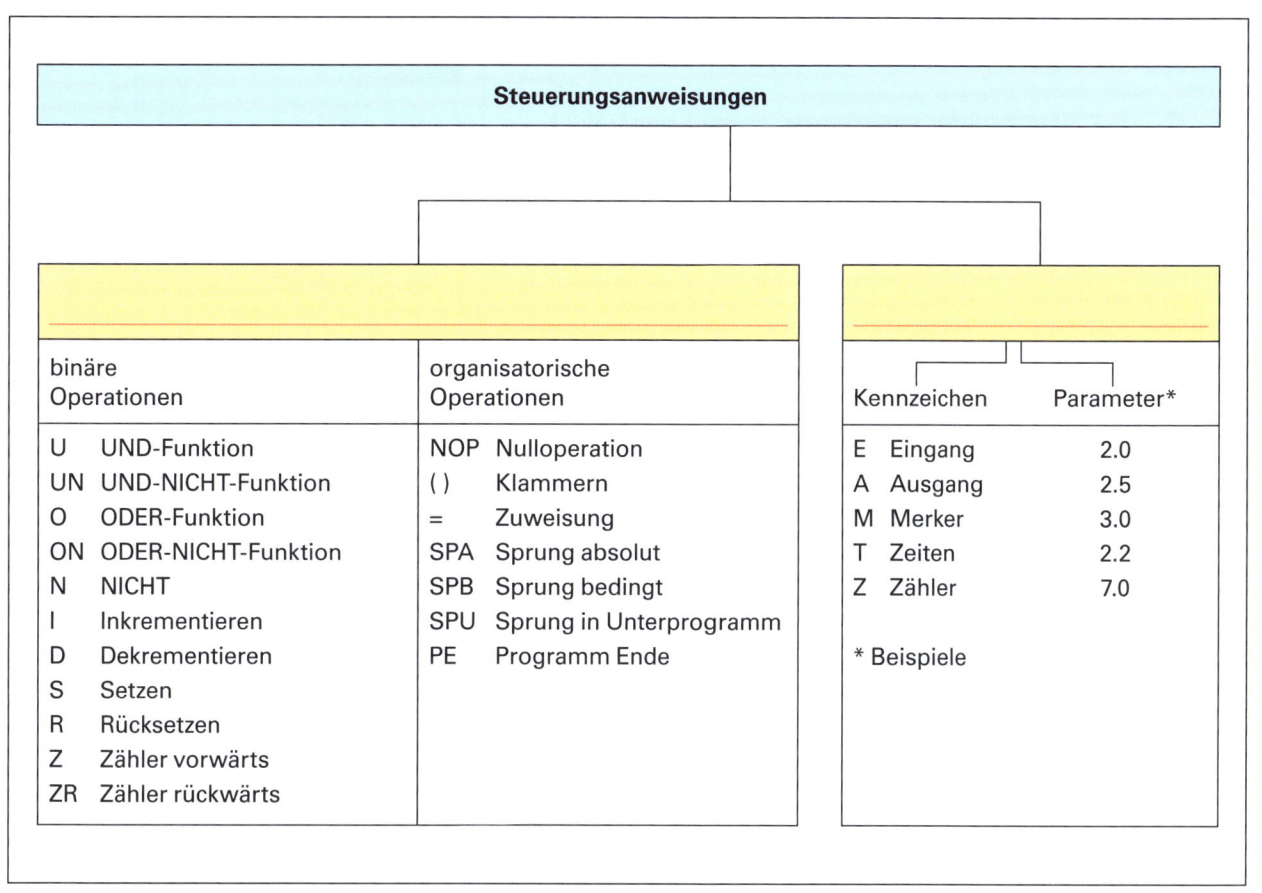

```
                          Steuerungsanweisungen
                                   |
                    _____
                   |                                   |
           _____                    _____
          |                |                  |               |
      binäre          organisatorische    Kennzeichen    Parameter*
      Operationen    Operationen
      
      U    UND-Funktion           NOP  Nulloperation    E  Eingang    2.0
      UN   UND-NICHT-Funktion     ( )  Klammern         A  Ausgang    2.5
      O    ODER-Funktion          =    Zuweisung        M  Merker     3.0
      ON   ODER-NICHT-Funktion    SPA  Sprung absolut   T  Zeiten     2.2
      N    NICHT                  SPB  Sprung bedingt   Z  Zähler     7.0
      I    Inkrementieren         SPU  Sprung in Unterprogramm
      D    Dekrementieren         PE   Programm Ende    * Beispiele
      S    Setzen
      R    Rücksetzen
      Z    Zähler vorwärts
      ZR   Zähler rückwärts
```

Bild: Steuerungsanweisungen der Programmiersprache AWL (Beispiele)

5. Ergänzen Sie die Gegenüberstellung der verschiedenen Programmiersprachen **(Tabelle)** bei der Programmiersoftware STEP 7.

Tabelle: Programmiersprachen AWL, KOP und FUP (Beispiele)			
Operation	**Darstellung**		
	AWL	**KOP**	**FUP**
UND	U		&
	O	⊣ ⊢	≥1
NICHT		⊣/⊢	& (negiert)
Zuweisung	=	⊣( )⊢	
	S	⊣(S)⊢	S
Rücksetzen	R	⊣(R)⊢	
Einschaltverzögert		t1 0	t1 0
	SI	1⊓	1⊓
Vorwärtszählen	ZV		+m
Rückwärtszählen		ZR	-m

Automatisierungstechnik
Kleinsteuergeräte (1)

Blatt-Nr.: 15.3

> Kleinsteuergeräte (**Bild 1**) gehören zur Gruppe der speicherprogrammierbaren Steuerungen (SPS). Sie eignen sich für kleinere Steuerungsaufgaben, z. B. die Beleuchtungssteuerung für ein Wohnhaus. Die Programmierung ist einfach und kann entweder direkt am Kleinsteuergerät oder mit einem PC durchgeführt werden. Es gibt verschiedene Hersteller mit jeweils eigenen Typen von Kleinsteuergeräten, z. B. Easy, LOGO oder Pharao, für die jeweils eine eigene Programmiersoftware benötigt wird.

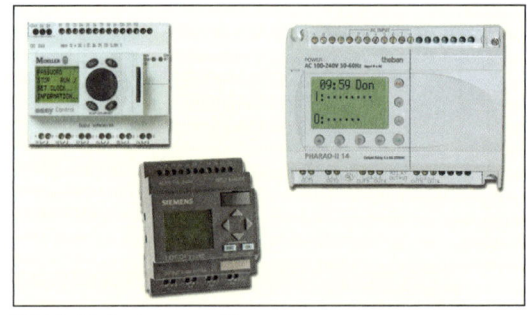

Bild 1: Kleinsteuergeräte

1. Nennen Sie jeweils zwei Beispiele für den Einsatz eines Kleinsteuergerätes **a)** in einem Wohnhaus und **b)** in einem Kleinbetrieb.

   a) _____

   b) _____

2. In einem Kleinsteuergerät sind viele Funktionen enthalten. Damit können universelle Steuerungen programmiert werden. Ergänzen Sie die **Tabelle** für mögliche Funktionen einer Kleinsteuerung.

Tabelle: Funktionen in Kleinsteuergeräten (Beispiele)	
Logische Grundfunktionen:	UND
Sonderfunktionen:	Ansprech- und Rückfallverzögerung
Analogsignale-Verarbeitung:	

3. Beschriften Sie die Anschlüsse und Bedienelemente des Kleinsteuergerätes (**Bild 2**).

   Spannungsversorgung

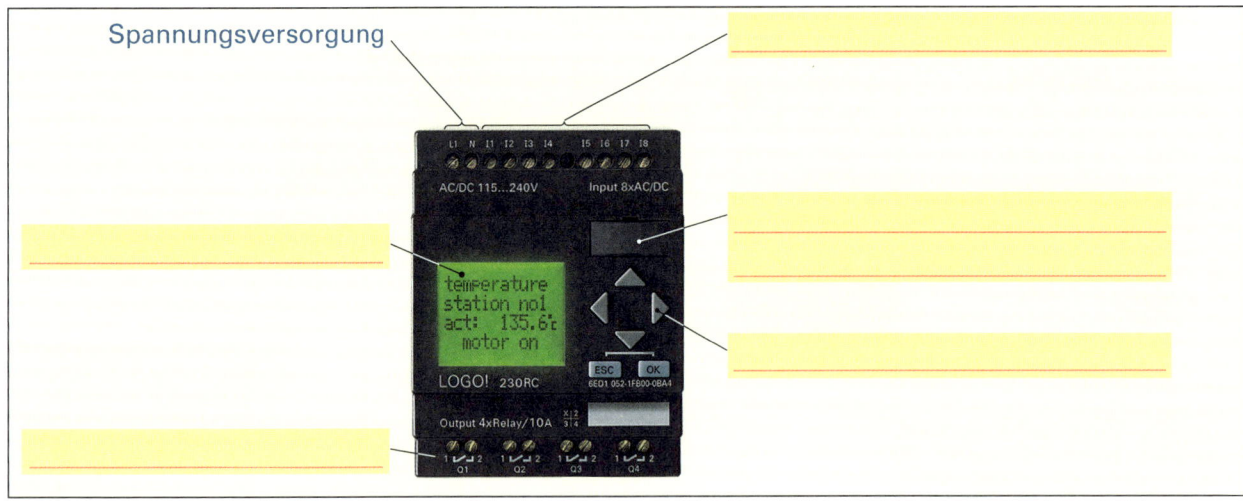

Bild 2: Anschlüsse und Bedienelemente eines Kleinsteuergerätes

4. Nennen Sie wichtige Merkmale für ein Kleinsteuergerät und geben Sie jeweils eine Wertangabe als Beispiel (**Bild 2**) dazu an.

   Betriebsspannung, z. B. 230 V

| Blatt-Nr.: 15.4 | Automatisierungstechnik, **Kleinsteuergeräte (2)** |

5. Mit einer Kleinsteuerung soll eine Beleuchtung gesteuert werden.

Analyse der Aufgabenstellung

a) Die Beleuchtung eines Flurs soll von drei Tastern jeweils ein- und ausgeschaltet werden. Welche elektrische Installationsschaltung wird für die Beleuchtungssteuerung benötigt?

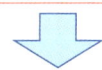

_____

Planen der Steuerung

b) Ergänzen Sie die Zuordnungsliste **(Tabelle)**.

Tabelle: Zuordnungsliste

Operand	Symbol	Kommentar
I1	S1	Taster Licht

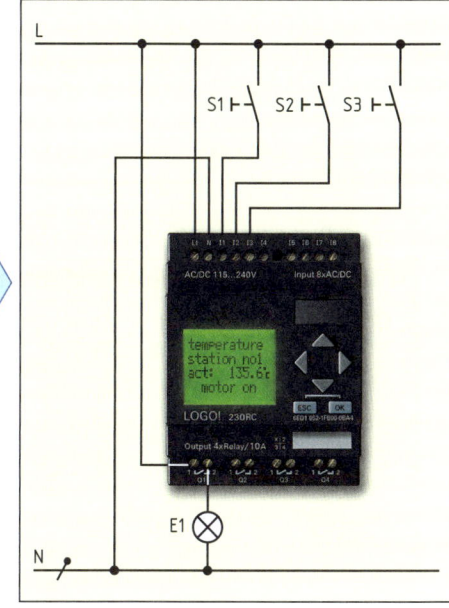

Bild 1: Anschlussplan

Programmieren des Steuerungsprogramms

c) Ergänzen Sie den Funktionsplan **(Bild 2)**.

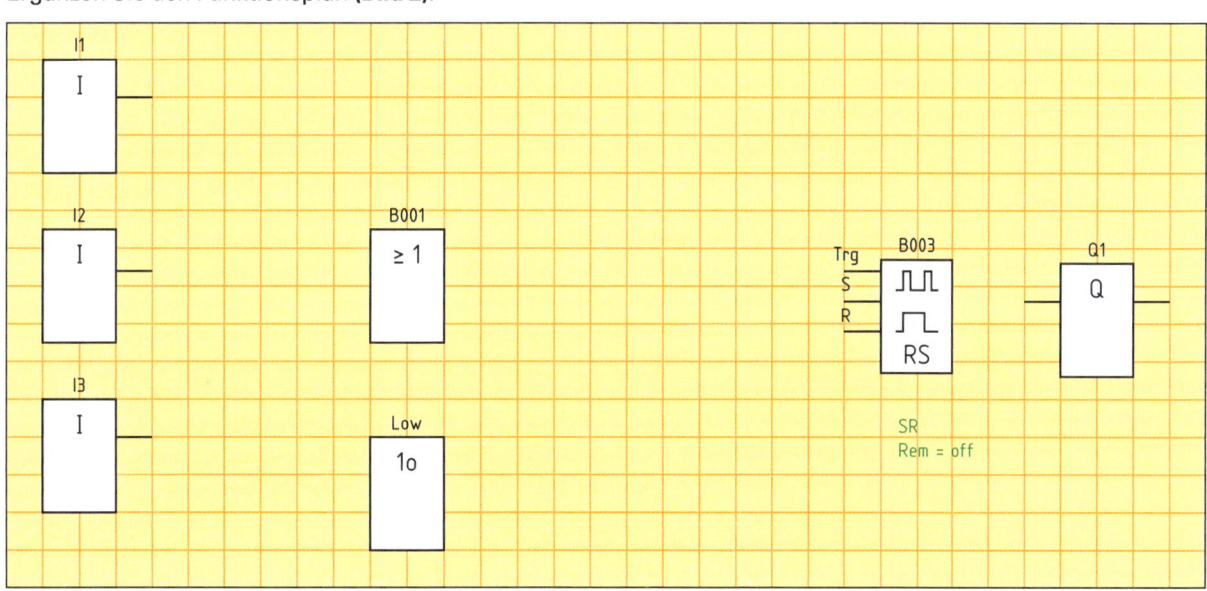

Bild 2: Funktionsplan

Test der Steuerung

d) Nennen Sie zwei Möglichkeiten zum Test der Steuerung.

_____

_____

_____

Automatisierungstechnik
Motorsteuerung mit SPS (1)

Blatt-Nr.: 15.5

> Eine Motorsteuerung, für die bereits ein Stromlaufplan vorhanden ist (**Bild 1**), soll als SPS umgesetzt werden. Dabei wird ein Motor durch jeweils einen Taster ein- und ausgeschaltet. Der jeweilige Schaltzustand wird mit zwei Kontrollleuchten angezeigt. Ein Überlastrelais F2 schützt den Motor vor Überhitzung. Bei der Planung der SPS soll berücksichtigt werden, dass der Überlastschutz hardwaremäßig verdrahtet und nicht durch das Programm gesteuert wird. Die Programmierung soll mit der Programmiersoftware STEP 7 erfolgen. Das Programm für die SPS kann in unterschiedlichen Programmiersprachen, z. B. AWL, FUP oder KOP, erstellt werden.

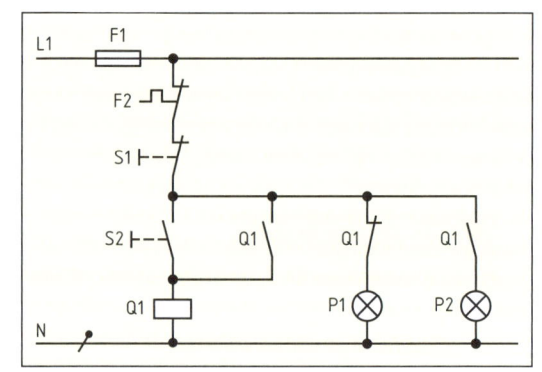

Bild 1: Stromlaufplan für eine Motorsteuerung

1. Ergänzen Sie die Zuordnungsliste (**Tabelle 1**) und den Anschlussplan (**Bild 2**) für die SPS.

Tabelle 1: Zuordnungsliste für Motorsteuerung

Operand	Symbol	Kommentar
E0.1	S1	Taster „Motor Aus"

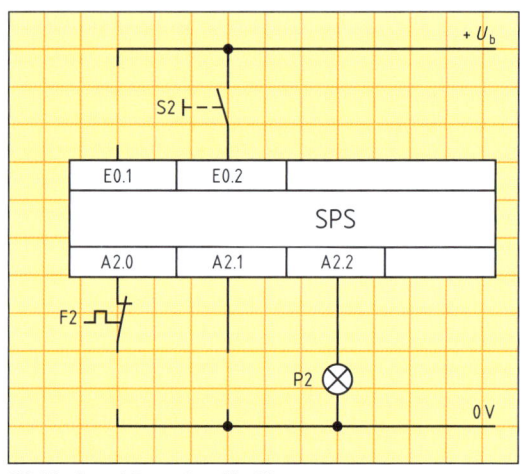

Bild 2: Anschlussplan für Motorsteuerung

2. Erstellen Sie das Programm für die Motorsteuerung als Anweisungsliste (AWL) in drei verschiedenen Varianten (**Tabelle 2**). Verwenden Sie AWL **a)** mithilfe von Klammern, **b)** mit einem Merker und **c)** mit einem RS-Speicher.

Tabelle 2: Anweisungsliste (AWL) für Motorsteuerung

a) AWL mit Klammern		b) AWL mit Merker		c) AWL mit RS-Speicher	
Adresse	Anweisung	Adresse	Anweisung	Adresse	Anweisung
000	U E0.1	000	U E0.1	000	U E0.2
001		001		001	
002		002		002	
003		003		003	
004		004		004	
005		005		005	
006		006		006	
007		007		007	
008		008		008	
009		009		–	–
010		010		–	–

Automatisierungstechnik, Motorsteuerung mit SPS (2)

3. Die Programme in AWL zur Motorsteuerung aus **Aufgabe 2 Blatt 15.5** sollen als Funktionsplan (FUP) erstellt werden. Ergänzen Sie dazu die **Tabelle**.

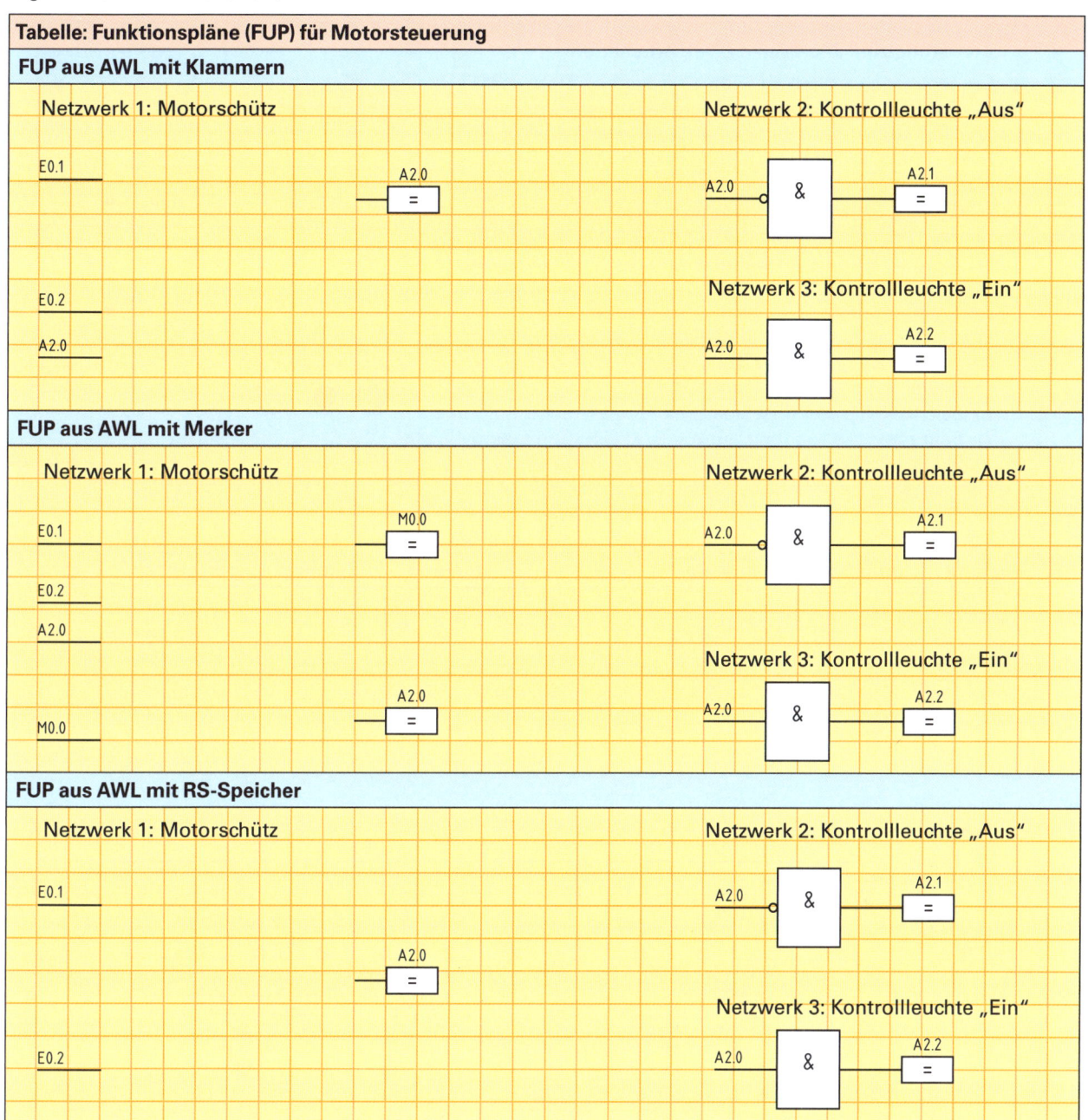

Tabelle: Funktionspläne (FUP) für Motorsteuerung

FUP aus AWL mit Klammern

Netzwerk 1: Motorschütz — E0.1, E0.2, A2.0 → A2.0 (=)

Netzwerk 2: Kontrollleuchte „Aus" — A2.0 (negiert) & → A2.1 (=)

Netzwerk 3: Kontrollleuchte „Ein" — A2.0 & → A2.2 (=)

FUP aus AWL mit Merker

Netzwerk 1: Motorschütz — E0.1, E0.2, A2.0 → M0.0 (=); A2.0 → (=) mit M0.0

Netzwerk 2: Kontrollleuchte „Aus" — A2.0 (negiert) & → A2.1 (=)

Netzwerk 3: Kontrollleuchte „Ein" — A2.0 & → A2.2 (=)

FUP aus AWL mit RS-Speicher

Netzwerk 1: Motorschütz — E0.1, A2.0, E0.2 → A2.0 (=)

Netzwerk 2: Kontrollleuchte „Aus" — A2.0 (negiert) & → A2.1 (=)

Netzwerk 3: Kontrollleuchte „Ein" — A2.0 & → A2.2 (=)

4. Erstellen Sie aus dem Funktionsplan von **Aufgabe 3** (FUP aus AWL mit Klammern) einen Kontaktplan **(Bild)** für die Motorsteuerung.

Netzwerk 1: Motorschütz — A2.0 ( )

Netzwerk 2: Kontrollleuchte „Aus"

Netzwerk 3: Kontrollleuchte „Ein"

Bild: Kontaktplan für Motorsteuerung

Automatisierungstechnik
Programmieren von Kleinsteuergeräten (1)

Blatt-Nr.: 15.7

Steuerung zur Füllung eines Wasserbehälters

Die Steuerung zur Füllung eines Wasserbehälters (**Bild**) soll mit einem Kleinsteuergerät umgesetzt werden. Dem Wasserbehälter wird mit einem Ventil manuell Wasser entnommen. Wenn der untere Füllstand erreicht ist, soll über eine Pumpe, die über den Schütz Q1 geschaltet wird, der Wasserbehälter bis zum oberen Füllstand gefüllt werden. Das Ein- und Ausschalten der Steuerung erfolgt mit den Tastern EIN und AUS. Beim Einschalten der Steuerung soll der Wassertank stets gefüllt werden. Der Betriebszustand EIN/AUS soll mit einer Kontrollleuchte P1 angezeigt werden. Planen Sie die Steuerung für ein Kleinsteuergerät, z.B. LOGO!.

a) Erstellen Sie die Zuordnungstabelle.
b) Zeichnen Sie den Anschlussplan für die Steuerung.
c) Schreiben Sie das Programm, z.B. in FUP, und testen Sie das Programm mit dem Simulator.

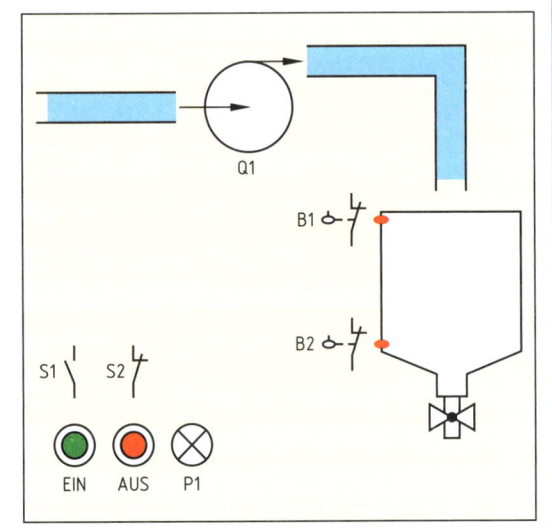

Bild: Technologieschema Füllsteuerung

a) Zuordnungstabelle

Operand	Symbol	Kommentar	Operand	Symbol	Kommentar
I1	S1	Taster EIN			

b) Anschlussplan

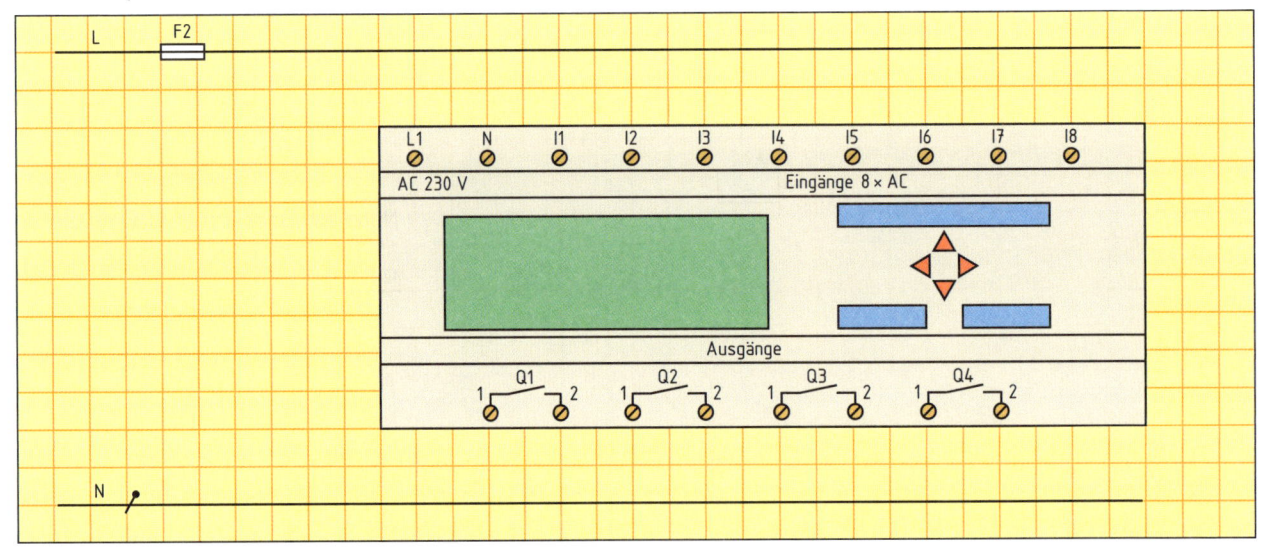

c) Funktionsplan

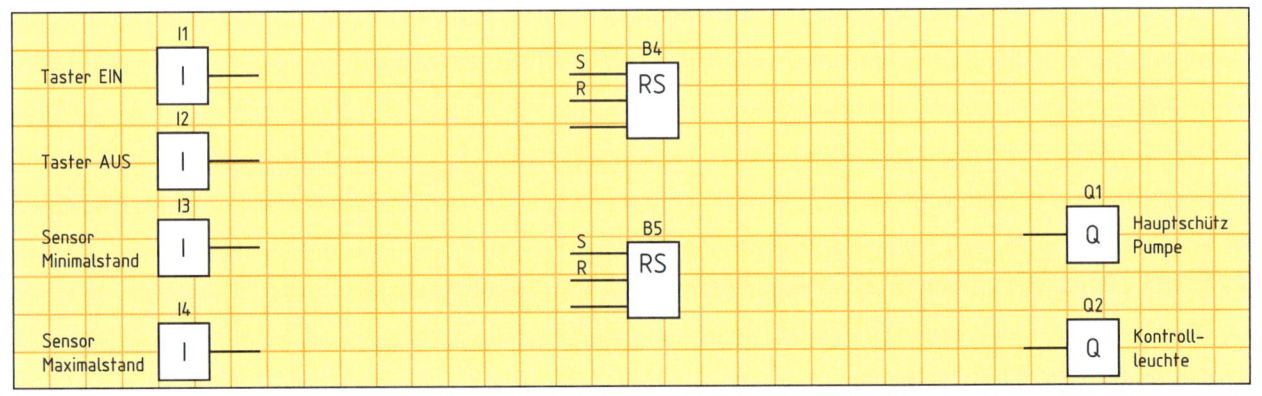

Taster EIN — I1
Taster AUS — I2
Sensor Minimalstand — I3
Sensor Maximalstand — I4

B4 RS
B5 RS

Q1 Hauptschütz Pumpe
Q2 Kontrollleuchte

Blatt-Nr.: 15.8 | Automatisierungstechnik, **Programmieren von Kleinsteuergeräten (2)**

Steuerung für eine Außenbeleuchtung

Für die Steuerung einer Außenbeleuchtung (**Bild**) mit mehreren Leuchten soll ein Kleinsteuergerät verwendet werden. Das Außenlicht soll von einem Bewegungsmelder als auch von einem Taster gesteuert werden. Beim Erkennen einer Bewegung oder bei einem kurzzeitigen Tastendruck soll die Beleuchtung nach der Betätigung noch für 60 s eingeschaltet bleiben. Die Umschaltung auf Dauerlicht und wieder zurück soll jeweils durch Drücken des Tasters für mehr als 5 s erfolgen. Damit der Dauerlichtbetrieb erkannt wird soll er durch eine Kontrollleuchte angezeigt werden. Planen Sie die Steuerung für ein Kleinsteuergerät, z.B. LOGO!.

a) Erstellen Sie die Zuordnungstabelle.
b) Zeichnen Sie den Anschlussplan für die Steuerung.
c) Schreiben Sie das Programm, z.B. in FUP oder KOP und testen Sie das Programm mit dem Simulator.

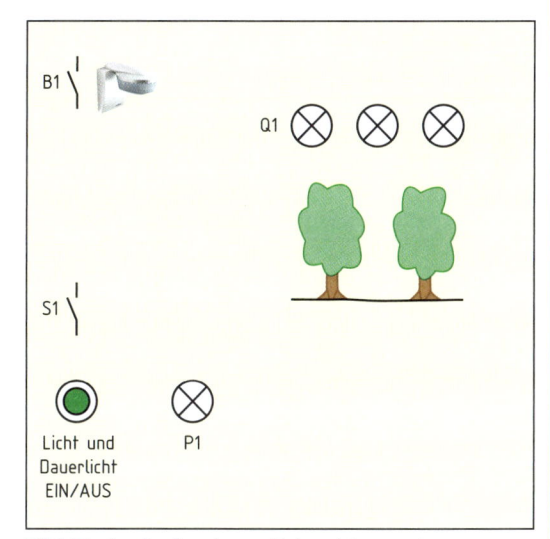

Bild: Technologieschema Beleuchtungssteuerung

a) Zuordnungstabelle

Operand	Symbol	Kommentar	Operand	Symbol	Kommentar

b) Anschlussplan

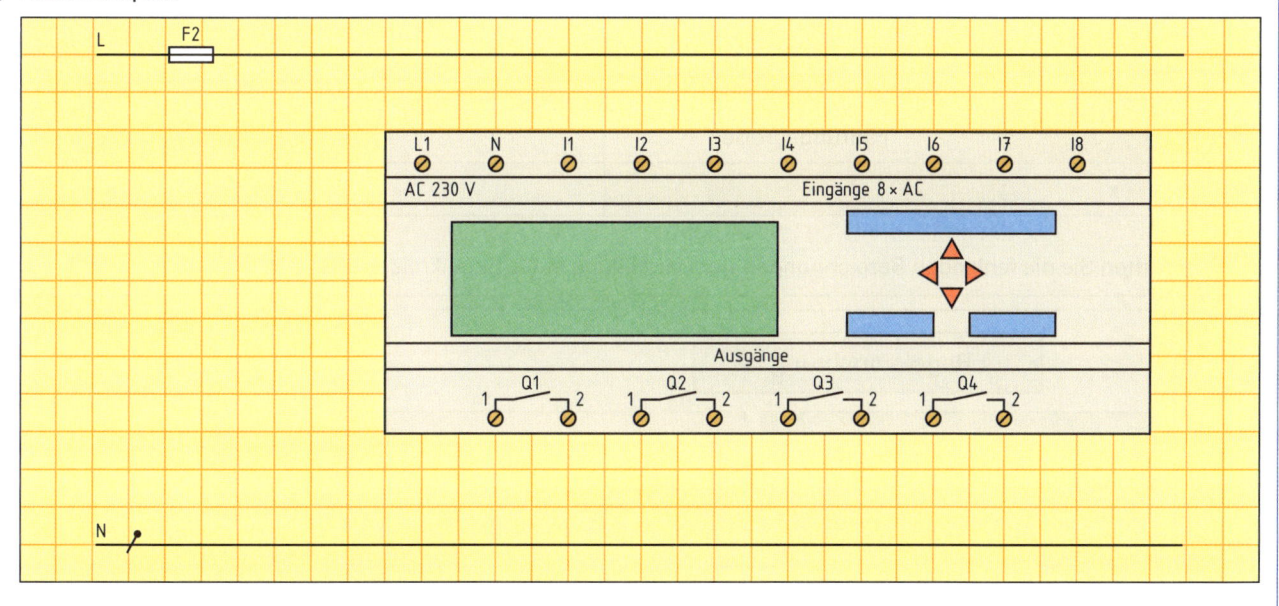

c) Funktionsplan

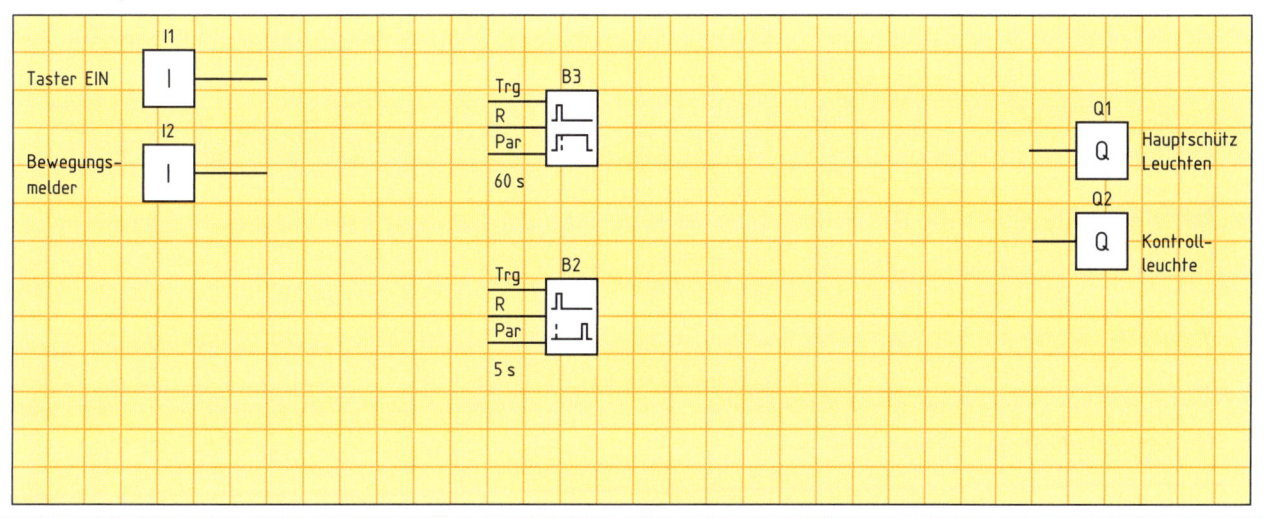

Automatisierungstechnik
Regelungstechnik Grundlagen (1)

Blatt-Nr.: 15.9

> Aufgabe einer Regelung ist es, eine physikalische Größe, z. B. die Ausgangsspannung eines Generators **(Bild 1)**, auch bei Störeinflüssen, z. B. unterschiedlicher Antrieb oder veränderte Belastung, möglichst genau auf einem festgelegten Wert zu halten. Dabei muss die Regelung genau auf die Bedingungen einer vorhandenen Regelstrecke, z. B. einen bestimmten Generator oder einer bestimmten Laständerung, angepasst werden.
> Zur Beschreibung einer Regelung gibt es in der Regelungstechnik festgelegte Fachbegriffe, z. B. Regelstrecke oder Stellglied, sowie wichtige regelungstechnische Größen, z. B. Regelgröße oder Führungsgröße, die ein Elektroniker kennen muss, wenn er Regelungen planen oder einstellen muss.

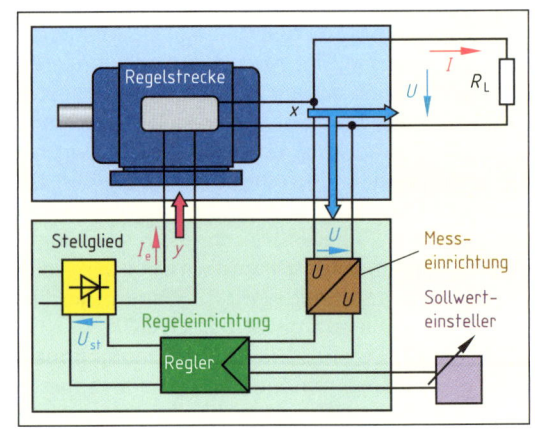

Bild 1: Regelung einer Generatorspannung

1. Wie setzt sich ein Regelkreis zusammen?

_____

_____

2. Ergänzen Sie die fehlenden Größen und Formelzeichen **(Tabelle)** aus der Regelungstechnik.

Tabelle: Formelzeichen der Regelungstechnik (Beispiele)			
Formelzeichen	**Größe**	**Formelzeichen**	**Größe**
e	_____	y	_____
_____	Rückführgröße	_____	Reglerausgangsgröße
_____	Führungsgröße	z	_____
x	_____		

3. Beschriften Sie die fehlenden Bezeichnungen der Darstellung eines Regelkreises **(Bild 2)**.

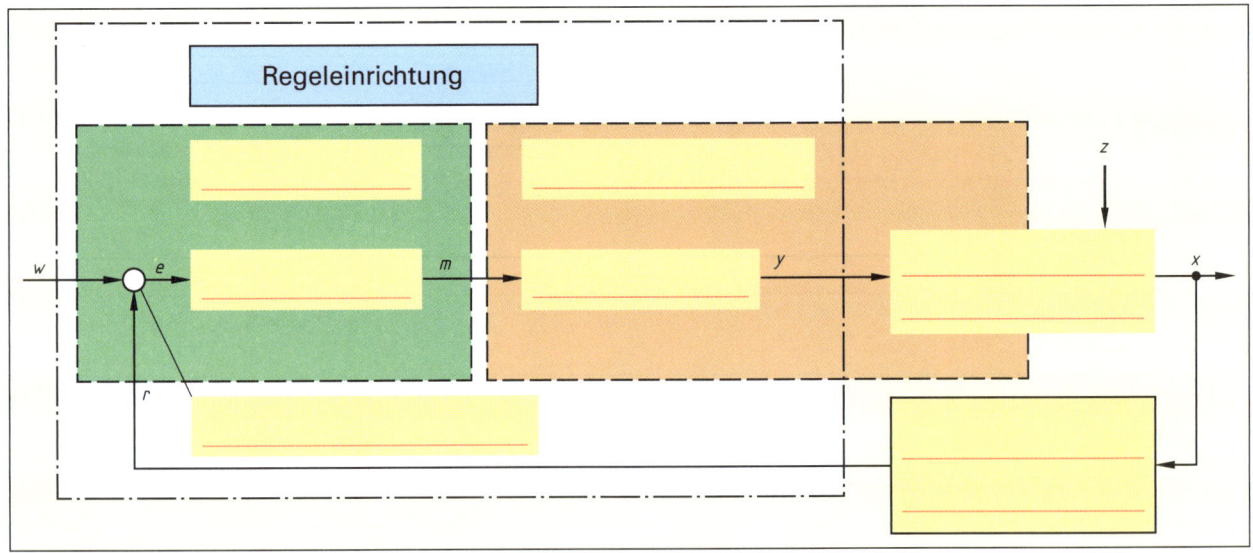

Bild 2: Regelkreis

4. Welche Aufgabe hat eine Regelstrecke?

_____

_____

5. Nennen Sie Beispiele für Regelstrecken.

_____

| Blatt-Nr.: 15.10 | Automatisierungstechnik, **Regelungstechnik Grundlagen (2)** |

6. Ein Raum soll gleichmäßig warm gehalten werden. Nennen Sie **a)** die Regelgröße und **b)** mögliche Störgrößen.

a) _____

b) _____

7. Welche Aufgaben hat der Regler?

_____

_____

_____

8. Bei einer Raumtemperaturregelung beträgt die Führungsgröße 22 °C und die Regelgröße 19 °C. Berechnen Sie die Regeldifferenz.

| Geg.: | Ges.: | Lösung: |

Hinweis: Da die Raumtemperatur niedriger ist als die eingestellte Führungsgröße, muss das Ventil weiter geöffnet werden. Das Ventil bleibt solange geöffnet, bis die Regeldifferenz null wird.

9. Ergänzen Sie die Übersicht der verschiedenen Arten von Regler.

```
                    Regler
           ┌──────────┴──────────┐
    ┌──────────┐           ┌──────────┐
    │          │           │          │
    └──────────┘           └──────────┘
    ├─ P-Regler            ├─ Zweipunktregler
    ├─ _____             ├─ _____
    ├─ _____             └─ _____
    └─ _____
```

10. Worin besteht der Unterschied zwischen einem **a)** stetigen und **b)** unstetigen Regler?

a) _____

_____

b) _____

_____

11. Das Verhalten eines Reglers wird, z.B. grafisch mit der Sprungantwort Δy **(Bild)** dargestellt.
Wie wird die Sprungantwort ermittelt?

_____

_____

_____

_____

$\Delta y = K_{RP} \cdot e$

Δy Änderung der Stellgröße
K_{RP} Proportionalbeiwert des Reglers
e Regeldifferenz

Bild: Sprungantwort-Regler

Notizen

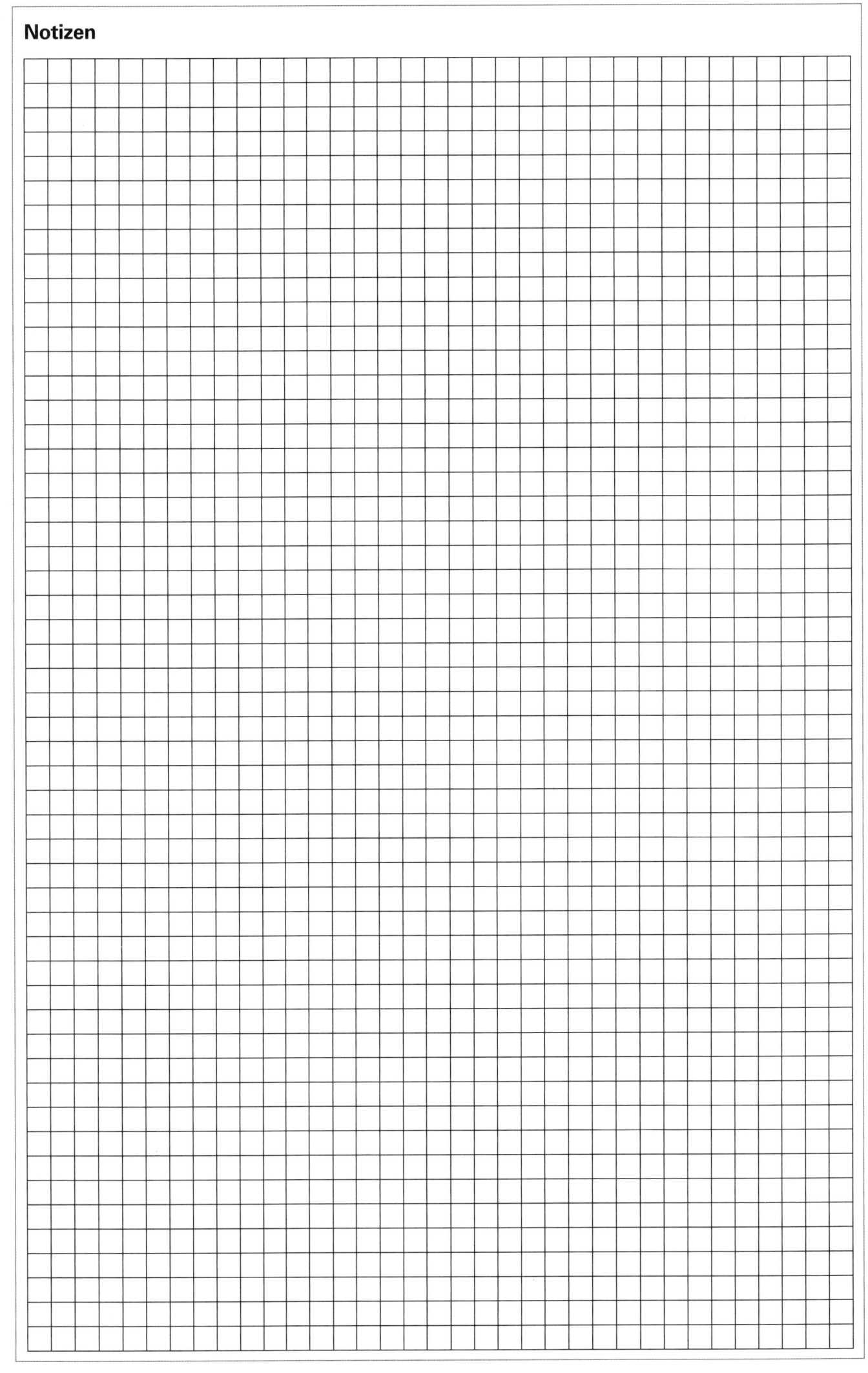